KB039964

왕관 없는 월가의 왕

바루크의 인생 이야기

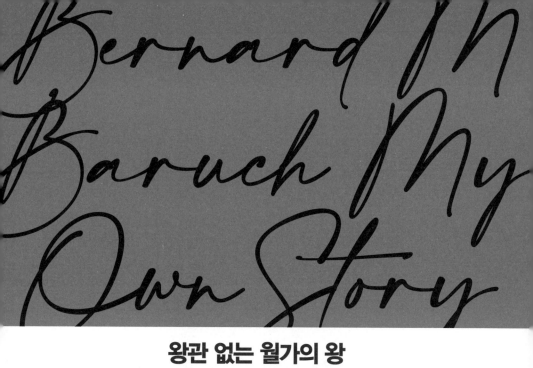

Bernard M Baruch My Own Story

왕관 없는 월가의 왕

바루크의 인생 이야기

버나드 바루크 지음 | 우진하 옮김

page2

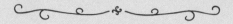

어머니, 아버지,
그리고 나의 사랑하는 아내에게

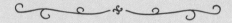

나에게 살아온 인생 이야기를 써보라고 처음 권유했던 건 우리
자식들이었다. 자식들은 자라면서 종종 "인생을 막 시작하는 젊은 남
녀들이 과거에 아버지가 했던 것과 같은 일들을 지금도 할 수 있을까
요?"라거나 혹은 "끊임없이 변화하는 이 세상에서 변치 않고 지속되
는 것들이 있을까요?" 같은 질문을 던지곤 했다.

자식들 말고도 내가 월가에서 겪었던 여러 일들에 대해 들려주기
를 바라는 사람들도 있었다. 아마도 큰 부자가 되는 지름길이나 확실
한 방법을 알고 싶었던 모양이다. 우드로 윌슨Woodrow Wilson부터 드와
이트 D. 아이젠하워Dwight D. Eisenhower에 이르기까지 내가 알고 지냈던
일곱 명의 미국 대통령에 대한 나의 개인적인 평가에 관심을 갖고 있
는 사람들도 있었다.

또한 두 차례나 벌어졌던 세계대전과 함께 두 차례 있었던 평화
협상 과정에서 나의 경험을 돌아보고 내가 관찰했던 것들이 지금의
세계가 직면하고 있는 생존 문제에 관해 어떤 지침이 될 수 있을지
이야기를 해보라고 부탁하는 사람들도 있었다. 솔직히 말하거니와
이 책이 나오는 데는 그 사람들의 영향이 가장 컸다.

사실 이 회고록을 처음 쓰기 시작한 건 1930년대 후반부터였지만

좀처럼 끝을 내지 못했고 게다가 그 무렵 공교롭게 히틀러가 등장하면서 나는 이 나라를 전쟁의 최후 승자로 만들기 위해 전력을 기울여야만 했다. 제2차 세계대전이 발발하면서 나는 승리를 위해 미국의 모든 물자와 자원을 동원하는 임무를 맡았고, 또 지난 제1차 세계대전 당시의 실수가 반복되는 걸 막는 데 온 힘을 기울였다. 그리고 전쟁이 끝난 후에도 그 후유증으로 인한 어려움과 원자력에 대한 국제적인 관리 문제로 여전히 개인 시간을 낼 수 없었다.

그런데 이런 공적인 업무들 때문에 회고록을 쓸 시간을 좀처럼 낼 수 없었지만 또 그 만큼 더 많은 경험을 쌓게 되었다. 이런 경험을 통해 얻은 새로운 통찰력 덕분에 그동안 써놓았던 회고록의 많은 부분을 수정하거나 다시 써야 했을 정도였다.

원래는 이 자서전 겸 회고록은 원고가 완전히 마무리될 때까지 출판하지 않을 계획이었다. 전후 재건 시대의 시작과 함께 원자력 시대까지 이어지는 나만의 이야기는 한 권의 책으로 쉽게 압축될 수 없었다. 또한 나는 한 사람의 회고록은 저자가 살아 있는 동안 세상에 나와 그 내용을 반대하는 사람들이 저자에게 자신의 의견을 자유롭게 피력할 수 있어야 한다고 늘 생각해왔다.

그런 이유로 이제 여든일곱이 된 나로서는 나의 회고록 제1권을 출판하기 위해 더 이상 기다리지 않기로 마음먹었다. 또한 머지않은 장래에 현재 집필 중인 마지막 권도 소개할 수 있게 되기를 바란다.

나의 성장기를 돌아보는 일에 더 많은 관심을 기울이면 도움이 될지도 모르겠다. 우리 중 누구도 자신의 어린 시절의 영향력에서 벗어날 수는 없다. 성인이 된 이후에 마주하게 되는 문제들을 해결하는 방법은 대개는 성장기에 문제를 해결했던 방법과 크게 다르지 않다.

아직 어린아이였을 무렵 나는 수줍음도 많고 겁도 많아서 사람들 앞에 나서는 걸 싫어했다. 게다가 나는 내 성질을 제대로 통제할 수 없었다. 그리고 나이가 점점 들어가면서는 승부를 보는 일에 빠져들었고, 경마나 상금이 걸린 각종 운동 경기는 여전히 좋아한다. 그로 인해 젊음을 되찾은 느낌이 들기 때문이다.

다른 사람들이 뭔가 성취하는 걸 볼 때마다 나 역시 무엇이든 하려고 노력했다. 나는 많은 노력을 기울인 후에야 내 감정을 다스리는 법과 내가 할 수 있는 최선을 다하는 법, 그리고 잘 못하는 일은 더 잘하는 남에게 맡기는 법을 배웠다.

이런 나의 성장 과정에서 어떤 나만의 중요한 '요령'이 있었다면 그것은 나 스스로 비판적으로 평가하기 위한 체계적인 노력이 아니었을까. 그리고 나 자신을 잘 알게 되면서 다른 사람들도 더 잘 이해할 수 있게 되었다.

실제로 월가에서 사업을 하면서 보낸 시간은 인간 본성에 대한 하나의 긴 교육 과정이라고 볼 수 있었다. 증권거래소를 비롯해 사업 분야에서 거의 언제나 발생하는 문제는 인간과 관련 없는 요소들을 인간 심리학과 관련된 요소들과 분리할 수 있는가 하는 것이었다. 공직 생활을 위해 월가를 떠났을 때도 나는 그와 똑같은 영원한 수수께끼, 즉 우리가 살고 있는 이 세상에서 사물의 본성과 인간의 본성 사이의 균형을 맞추는 문제를 마주하게 되었다.

물론 인간의 본성은 우리 주변 환경보다 훨씬 더 천천히 변화한다. 새로운 상황이 발생해도 어떤 사람들은 과거에만 집착하여 오래된 규칙들을 엄격하게 지켜야만 한다고 주장하기도 한다.

그런 반면 또 어떤 사람들은 각각의 새로운 상황에 대해 그때마다 새로운 접근 방식이 필요하다고 주장하며 과거는 아무런 가치가 없는 것처럼 계속 행동해서 시행착오를 반복하기도 한다.

우리 자신을 효과적으로 다스리려면 이러한 두 가지 극단적인 방식을 모두 거부해야 한다. 진짜 문제는 언제 과거의 원칙을 지켜야 하고, 또 언제 새롭고 실험적인 방법을 도입해야 하는지를 아는 것이다. 이 회고록에서 나는 과거의 오류를 반복하지 않는 예방책과 위험하지만 새로운 시도를 할 준비 자세를 조화시킬 수 있는 그런 철학을 제시하려고 노력했다.

내가 해온 일들 중 일부는 어쩌면 사람들의 인정을 받지 못할 수도 있다. 하지만 나는 실패가 성공보다 훨씬 더 나은 스승이라는 사실을 배웠기 때문에 과감하게 나의 실패와 실수에 대하여 여기에 털어놓을 수 있었다.

이 회고록을 준비하는 데 도움을 준 친구 헤럴드 엡스타인Harold Epstein, 새뮤얼 루벨Samuel Lubell, 그리고 허버트 베이어드 스워프Herbert Bayard Swope에게 감사의 말을 전한다. 헨리홀트앤컴퍼니Henry Holt and Company의 로버트 레셔Robert Lescher는 편집 과정에서 역시 많은 도움을 주었다.

1장

남군의 외과 군의관

1

나는 1870년 8월 19일 사우스캐롤라이나주의 캠든Camden 중심가에 있는 2층짜리 목조 주택에서 태어났다. 지금도 그렇지만 그곳은 중심가라고는 해도 그저 넓게 탁 트인 시골이나 다름없었다. 집 바로 뒤에는 푸성귀를 키우는 텃밭이며 마구간, 그리고 창고가 있었으며 또 그 너머로는 3에이커가량(약 12,140m²)의 토지가 펼쳐져 있어서 아버지는 그 땅을 일종의 시범 '농장'으로 활용했다. 지금 기억으로는 어느 해 그곳에 사탕수수를 심었었는데 아버지는 돈벌이가 잘 되는 목화만큼이나 사탕수수 재배에도 크게 공을 들였던 것 같다.

어머니는 아버지가 본업인 의사 업무에 전념해야 한다고 생각했지만, 아버지는 그렇게 자신의 '농장'에서 시간을 보낼 때가 더 많았다. 그래도 어쨌든 아버지는 근방에서 가장 성공한 의사 중 한 명이었다. 사우스캐롤라이나 의사 협회에서 아버지를 회장으로 선출했을 때 그의 나이는 겨우 33세였다. 아버지는 또한 보건 위원회 회장도 역임했으며 남북 전쟁 이후 있었던 남부의 재건 과정에서 때로는 어떤 험한 일이나 어려움도 마다하지 않았다.

최근에 나는 아버지의 초창기 진료 기록을 읽었다. 손으로 대충 적은 기록에는 지역 공동체에서 아버지의 역할이 잘 드러나 있었다. 아버지는 다리에 낚싯바늘이 꽂힌 남자아이부터 섬기던 주인이 죽고 나자 무려 18일이 넘도록 아무것도 먹거나 마시지 않고 굶어 죽으려 했던 불쌍한 늙은 흑인 노예에 이르기까지 어떤 질병이나 사고를 가리지 않고 피부색도 관계없이 모든 환자를 평등하게 대했다.

아버지는 시골을 돌아다니며 환자들을 돌볼 때 종종 2인승 마차에 나를 함께 태우고 다녔다. 나는 아버지가 책을 읽거나 잠시 눈을 붙이는 동안 대신 마차를 몰기도 했다. 언젠가 초라한 오두막 앞에 도착했을 때 나는 마차에서 기다렸고 아버지는 오두막 안으로 들어갔다. 얼마 지나지 않아 서둘러 밖으로 나온 아버지는 도끼를 집어 들고는 닫혀 있는 덧문을 내리치며 이렇게 외쳤다. "신선한 공기가 못 들어가게 막고 있으니 몸이 아프지!"

아버지가 '농장'에서의 실험에 몰두한 건 평생에 걸쳐 지역 공동체를 개선하려 했던 노력의 반영이었다. 내가 열 살이 된 후 약 6개월이 지나 우리 가족은 뉴욕으로 이사했고, 아버지는 다시 사람들이 촘촘하게 몰려 사는 주택 지구를 둘러보며 역시 일종의 환경 개선을 위해 공중목욕탕을 최초로 세우려고 했다. 사우스캐롤라이나 시절에는 주정부 차원에서 아직 더 나은 농사법을 실험해보기 위한 작업을 시도하지 않았기에 아버지가 직접 나서서 시도했었고 농사일을 배운 적이 한 번도 없었음에도 불구하고 곧 누구 못지않은 농사 전문가가 되어 있었다.

아버지의 진료실에는 의학 서적과 함께 노란색 겉표지의 농장 경영일지가 함께 쌓여 있었다. 아버지는 3에이커 크기의 농장에서 자신이 연구한 이론을 실험해보았고 목화와 옥수수, 귀리, 그리고 사탕수수의 수확량이나 품질은 마을 축제 품평회에서 1등을 차지했을 정도였다.

아버지는 주변 농부들에게 씨앗이나 종자를 나누어 주었고 어려움을 겪는 사람들이 있으면 언제나 기꺼이 나서서 문제를 해결할 수 있도록 도왔다. 또한 아버지는 기와로 만든 배수로가 효과가 있다는 사실을 보여주기 위해 따로 몇 에이커가량의 저지대 토지를 구입하기도 했다. 나는 아버지의 그런 실험이 미국 역사상 처음 있었던 일이라고 믿고 있다.

아버지는 겉모습도 범상치 않았다. 키는 1미터 80센티미터가 넘어 건장한 군인 같았고 짙은 수염에 온화하고 흔들리지 않는 그런 파란색 눈을 가지고 있었다. 옷차림은 다소 격식을 따졌는데, 나는 아버지의 셔츠 소매가 웃옷 밖으로 나온 것을 한 번도 본 적이 없었다. 하지만 아버지는 늘 친절하게 사람들을 대했고 부드러운 목소리에는 외국 태생임을 알 수 있는 그런 억양의 흔적이 전혀 느껴지지 않았다.

2

나의 아버지 사이먼 바루크Simon Baruch는 1840년 7월 29일 당시 독일이 통일되기 전의 프로이센 영토였던 포젠Posen 근처에 있는 슈베르젠츠Schwersenz라는 마을에서 태어났다. 아버지는 우리 집안의 조상들에 대해서는 별로 이야기한 적이 없었다. 누군가가 물어보면 지금 어디로 가고 있는지가 중요하지, 어디에서 왔는지는 그다지 중요하지 않다고 말하곤 했다.

스무 살이 되어 아버지와 함께 유럽으로 건너가 내 할아버지와 할머니를 찾아갈 때까지 나는 우리 바루크 집안에 대해 알고 있는 게 없었다. 버나드라는 이름을 물려주신 할아버지, 독일식으로는 베른하르트 바루흐Bernhard Baruch라고 부르는 할아버지에게는 오래된 가족의 유물인 해골이 하나 있었고 거기에는 족보가 기록되어 있었다. 바루흐 집안은 이베리아 반도에서 살았던 유대인 랍비 집안으로 생각되지만 분명 폴란드나 러시아 쪽 피도 섞인 것 같았다.

할아버지는 또한 우리 집안이 『구약성경』의 「예레미야」를 정리했으며 『외경外經』중 한 권의 저자로도 이름이 올라 있는 서기 바루흐의 후손이라고 주장했지만 아버지는 아무런 말도 하지 않았다.

할아버지와 나는 곧 아주 좋은 친구 사이가 되었다. 할아버지는 영어를 못했지만 나는 독일어를 꽤 할 수 있었기 때문에 의사소통에는 별로 문제가 없었다. 할아버지는 키가 1미터 80센티미터를 훌쩍 넘었으며 윤기 흐르는 갈색 머리에 장밋빛 뺨, 그리고 두꺼운 안경 너머로 크게 보이는 검은 눈동자를 가지고 있었다. 학자이자 몽상가였던 할아버지는 노천 술집에 앉아 담배를 피우며 이야기하는 것을 좋아했다. 아버지가 어머니와 함께 집에서 시간을 보내는 동안 나는 할아버지와 그렇게 밖에서 대부분의 시간을 보냈다.

할머니는 또 할아버지와는 다르게 근면한 구두쇠로 엄격하면서도 실용적인 면을 중시하는 사람이었다. 할머니는 키가 작았고 아버지와 나처럼 눈동자가 푸른색이었다. 머리는 항상 가운데 가르마를 중심으로 양쪽으로 단단하게 땋아 늘어트렸다. 할머니의 결혼 전 이름은 테레사 그루엔Theresa Gruen이었고 나는 할머니가 폴란드 사람이라고 짐작했다.

아버지는 군대에 징집되는 것을 피하기 위해 1855년에 미국으로 건너왔다. 당시 아버지는 열다섯 살에 대학 진학을 준비하는 학생 신분이었다. 사정이 사정이었을 뿐더러 미국에는 아는 사람이 단 한 사람밖에 없었기 때문에 고향을 떠나기 위해서는 어느 정도 용기와 결단이 필요했을 것이다. 그 사람은 같은 슈베르젠츠 출신으로 미국으로 건너와 캠든에서 작은 잡화점을 하고 있던 맨스 바움Mannes Baum이었다.

바움 씨는 곧 아버지의 후견인이 되었다. 아버지는 잡화점에서 장부 정리를 맡았고 사전과 미국 역사책으로 영어를 독학했다. 바움 씨의 아내는 다름 아닌 우리 어머니의 이모였으니 결국 바움 부부의 주선을 통해 아버지와 어머니는 부부가 된 셈이었다. 바움 부인은 남편을 설득해 아버지를 찰스턴에 있는 사우스캐롤라이나 의과대학에 보냈다. 그리고 나중에는 리치몬드에 있는 버지니아 의과대학도 보내주었다.

아버지는 이런 바움 부부의 친절을 결코 잊지 않았고 내 이름 중간에 '맨스'를 넣어 그를 기억하게 했다. 나 역시 그 이름을 물려받은 것을 대단히 자랑스럽게 생각한다. 바움 씨는 몸집은 작았지만, 그 지역에서 흔히 하는 말로 '대장군 같은 용기'를 지닌 그런 사람이었다.

아버지는 동네 건달이 바움 씨의 증언을 막기 위해 가게로 찾아왔던 때의 일을 즐겨 이야기하곤 했다. 바움 씨는 건달에게 불리한 증언을 취소하지 않겠다고 했고 결국 몽둥이로 두들겨 맞기 시작했다. 머리가 깨져 피가 흐르기 시작했지만 바움 씨는 여전히 고집을 부렸고 급기야 이 건달은 바움 씨를 쓰러트린 후 손가락으로 눈을 짓누르며 아예 눈알을 뽑아버리겠다고 협박했다.

"이제 증언을 취소할 마음이 좀 드나?" 건달이 물었다.

"천만에!" 바움 씨가 외쳤다.

그러자 건달은 정말 협박을 실행에 옮기기라도 하듯 손가락에 힘을 주었다. 바움 씨는 몸을 웅크렸고 그러다 마침 건달의 손가락이 미끄러지자 그는 손가락을 깨물어 건달이 울며 사정할 때까지 놓아주지 않았다. 그야말로 장님이 될 뻔 했지만 이 고집 센 남자는 그야말로 목에 칼이 들어와도 잘못된 일은 하지 않을 그런 사람이었다.

아버지가 그 일화를 즐겨 이야기했던 건 그만한 이유가 있어서였다. 당시 사우스캐롤라이나에는 필요한 경우 결투를 치르더라도 명예를 지키는 관습이 널리 퍼져 있었다. 아버지는 바움 씨의 용기를 칭찬하며 내게 "절대로 잘못된 모욕을 그대로 받아넘기지 말라"고

가르쳤다.

아버지가 남북 전쟁이 일어나고 1862년 4월 4일 사우스캐롤라이나 제3보병 대대에 입대했을 때 군복과 검을 마련해준 사람도 바움 씨였다. 의과대학을 갓 졸업했던 아버지는 아버지가 즐겨 쓰는 표현처럼 "정말로 수술 한 번 해본 일도 없이" 군의관 보조로 복무하게 되었다.

남군 입대는 아버지로서는 자연스럽고도 당연한 일이었다. 로버트 E. 리Robert E. Lee 남군 총사령관처럼 노예를 소유해본 적도 없고 심지어 노예제도를 찬성해본 적도 없는 다른 많은 사람과 함께 아버지도 자신을 받아준 국가에 관한 충성심을 가장 중요하게 생각했다. 게다가 캠든에서 아버지가 알고 지내던 젊은이 중에는 입대를 미루는 사람은 거의 없을 정도였다.

부대와 함께 북쪽으로 이동하기 전 아버지는 독일에서 막 건너온 17세의 동생 헤르만Herman에게는 입대하지 말라고 충고했다. 하지만 9개월 후 다시 만났을 때 헤르만은 남군 기병이 되어 있었다. 아버지가 난감해 하자 헤르만은 이렇게 말했다. "더 이상 가만히 있을 수 없었다. 여자들의 얼굴을 똑바로 쳐다볼 수 없었으니까."

외과를 담당한 군의관으로서 아버지는 전쟁의 가장 슬프고도 비참한 면을 목격했다. 아버지는 자신의 전쟁 경험에 대해서 그리 많은 이야기를 하지 않았다. 나를 포함한 우리 집 형제 넷이서 아버지에게 전쟁 이야기를 해달라고 조르면 그저 우리에게 가서 공부나 다른 집안일을 하라고 말했을 뿐이었다.

그렇지만 그런 아버지도 네 아들을 앞에 두고 과거를 회상할 때가 있었다. 아버지가 즐겨 했던 이야기 중 하나가 세다 크리크Cedar

_{Creek}에서 남군의 퇴각을 막으려 했을 때의 일이었다. 세다 크리크에서 남군은 윈체스터로부터 달려온 셰리든 장군_{General Sheridan}의 북군 기병대와 맞붙었다.

"나는 얼리 장군_{General Early}이 깃발을 흔들며 병사들의 퇴각을 막으려 애쓰는 모습을 보았지." 아버지는 그때 일을 이렇게 떠올렸다. "나는 제일 앞으로 달려나가 소리쳤어. '전선을 이탈하지 마라! 반드시 제 자리를 지켜야 한다!' 하지만 북군의 포탄이 사방에서 터졌고 내 머리 위로도 폭발이 있었어. 결국 내가 타고 있던 말이 이리저리 날뛰더니 그 자리를 벗어났지. 병사들이 그런 나를 보고 소리쳤다. '아니 자기는 왜 전선을 이탈하는 건데?'"

우리가 즐겨 들었던 또 다른 이야기는 제2차 머네서스 전투_{the Second Battle of Manassas}에서 아버지가 군의관으로 처음 겪었던 일들이었다. 아버지가 야전병원에 막 도착했을 때 마침 경험 많은 어느 군의관이 절단 수술을 하고 있었다. 아버지의 미숙함을 한 눈에 꿰뚫어 본 그 군의관은 한 걸음 뒤로 물러서서 이렇게 말했다. "의사 선생, 물론 직접 해보고 싶겠지?" 아버지는 뒤로 물러서지 않고 생전 처음 수술을 집도했고 그 선배 군의관의 칭찬을 받을 만큼 훌륭하게 제 몫을 해냈다고 한다.

아버지는 전쟁 중에서도 가장 처참했던 전투에 참전했었지만 그런 와중에도 종종 남군과 북군이 서로 기사도 정신을 보여주었다고 말했다. 제1차 세계대전이 발발하자 아버지는 남북 전쟁을 '신사들의 전쟁'이라고 비교해 표현했을 정도였다. 전쟁터의 기사도에 관한 일화들이 너무나 깊은 인상을 남겼는지 아버지는 1921년 세상을 떠나기 직전에도 그때 일들을 회상하곤 했다.

월더니스 전투Battle of the Wilderness에서 전사한 북군 중에는 훗날 손자가 뉴욕에서 연방 상원의원에 당선되기도 한 해리먼 S. 워즈워스James S. Wadsworth 소장도 있었다. 워즈워스 소장은 머리에 총을 맞고 전사했는데 남군의 리 장군은 그토록 용감하게 싸웠던 적장의 시신을 기꺼이 돌려주겠다고 북군에 알렸다. 흰색 깃발을 휘날리며 마차가 장군의 시신을 싣고 전장을 통과해 돌아갈 때 초라한 행색의 남군 병사들은 모두 군모를 벗고 경의를 표했다.

3

아버지는 남북 전쟁을 회상할 때마다 북군에 대해 어떤 적대감도 드러내지 않았다. 어쩌면 북군의 포로가 되었을 때 겪었던 일 때문에 그런지도 몰랐다.

아버지는 앤티텀Antietam 전투에서 처음 북군에게 포로로 붙잡혔다. 사우스 마운틴에서 벌어진 첫 번째 전투에서 사우스캐롤라이나 제3 보병 대대는 큰 타격을 입었고 지휘관 조지 S. 제임스George S. James 대령은 전사했다. 남군이 퇴각하는 동안 아버지는 분스보로Boonsboro 에 있는 어느 교회 앞마당에서 부상자들을 돌보라는 명령을 받았다. 통 위에 문짝을 올려 만든 임시 수술대 위로 중상을 입은 병사들이 계속 실려 왔다. 총알이 우박처럼 쏟아지는 와중에서도 수술은 계속 진행되었고 수술이 끝난 병사는 교회 안으로 옮겨졌다.

어느덧 저 바깥쪽에 북군의 기병들이 가득 몰려들었다. 아버지와 조수들은 저 멀리서 끊임없이 지축을 뒤흔드는 대포 소리를 들으며 맡은 바 임무를 계속했다. 북군의 군의관이 다가오더니 아버지에게 도움이 필요한지 물었고 이 예상치 못한 제안으로 깊은 인상을 받은 아버지는 50년이 지난 후에도 여전히 그 군의관의 이름을 기억했다. J. P. 댈리Daly라는 이름의 군의관이었다.

남군의 외과 군의관 사이먼 바루크는 이제 북군의 포로가 되었다. 하지만 아버지는 군의관이 포로로 잡혔을 경우 가능한 한 빨리 포로 교환이 진행되기 때문에 곧 풀려나리라는 사실을 잘 알고 있었다. 아버지는 분스보로에 거의 2개월가량을 머물렀는데 군에서 보낸 시간 중 가장 느긋하게 지냈던 시기였다고 늘 말하곤 했다. 아버지는 곧 다른 군의관들과 함께 기차를 타고 볼티모어로 이동했다. 그리고 포로 교환을 마칠 때까지 일단 남부를 지지하는 중립지대로 이송된 후 일반 가정집에 잠시 머물게 될 것이라는 이야기를 들었다.

그렇지만 이송 책임을 맡은 북군 중위는 이런 대접이 마음에 들지 않았던 모양이었다. 그래서 군의관 포로들을 지역 사령관에게 끌고 갔다. 하지만 사령관은 그리 딱딱하게 구는 사람이 아니었고 다음 날 사령부에 보고할 때까지 아버지와 한 동료 군의관에게 자유 시간을 주었다. 두 남군 군의관은 지역의 어느 유지의 집에 맡겨져 그날은 새벽 2시까지 춤을 추며 즐거운 시간을 보냈다.

다음 날 아침, 식사를 마친 후 여러 젊은 여성들의 부탁에 두 사람은 지붕이 없는 마차를 타고 사진관으로 가서 사진을 찍었다. 아버지를 우러러보는 여성들이 돈을 대신 내준 이 사진은 내가 어렸을 때 살았던 캠든의 집 안에 걸려 있었다. 어쨌든 남군 군의관들은 약속대로 포로 교환을 위해 버지니아로 이동을 계속했다.

다시 남군으로 돌아온 지 10개월 후 아버지는 게티스버그 전투에서 두 번째로 포로가 되었다. 성인이 된 후 나는 아버지와 함께 게티스버그를 찾아갔고 아버지는 자신이 겪었던 그대로 전투에 대해 이야기를 해주었다. 이야기를 하는 동안 아버지는 검은색 모자를 쓰다듬었고 아버지의 긴 흰 머리는 바람에 나부꼈다. 아버지가 묘사하는 남군의 피케트 장군General Pickett 부대의 돌격은 내게 큰 울림을 전해 주었다. 갑자기 돌격 방향이 바뀌면서 부대는 옆에서 북군의 공격을 받았고 그 때문에 대부분의 남군 병사들이 옆구리에 총상을 입었다고 아버지는 회상했다.

남군의 야전병원은 검은 말이라는 이름의 어느 여관 안에 차려졌다. 아버지는 당시 수술을 위해 물을 길어왔던 시냇가를 손가락으로 가리켜 보였다. 부상자들이 끊임없이 몰려들면서 이틀 동안 꼬박 잠도 자지 못하고 부상자들을 치료했다고 아버지는 말했다.

전투가 끝나고 남군이 통한의 퇴각을 시작하자 총사령관이었던 리 장군은 아버지와 다른 두 군의관에게 다음 지시가 있을 때까지 그대로 야전병원에 남아있으라고 명령했다. 하지만 그건 결국 북군의 포로가 되라는 소리나 마찬가지였다.

북군이 나타나기를 기다리는 동안 아버지와 다른 두 군의관은 근처에서 잡아온 공작새를 구워 먹었다. 사흘 만에 처음 식사다운 식사를 한 것이었다. 그리고 마지막 뼈까지 핥아먹고 나자 바로 북군 기병대가 그 모습을 드러냈다.

아버지는 북군의 포로 대접에 그만 깜짝 놀라고 말았다. 포로로 붙잡히자마자 윈슬로우 박사Dr. Winslow라고 불리는 성직자처럼 보이기도 하는 한 신사가 아버지를 불러 필요한 물자를 제공하겠다고 말했다. 그는 아버지를 게티스버그의 위생 위원회 창고로 데리고 갔는데 당시 남부 사람이나 남군으로서는 상상조차 할 수 없을 정도로 창고 안과 밖을 가릴 것 없이 북군에게는 물자가 넘쳐났다.

창고 담당자는 아버지에게 병참 장교를 찾아가 마차를 부탁해보라고 말했다. 아버지는 혹시나 하는 마음에 병참 본부로 찾아갔고 그곳에서의 대접에 다시 한 번 깜짝 놀라고 말았다.

"의사 선생, 자리에 앉으시지요." 한 젊은 장교가 예의 바르게 의자를 권했다.

"여기 뉴욕에서 발행된 신문이 한 부 있으니 남군 사정이 어떤지 한 번 보시구려. 마차를 불러올 테니 그동안 기다리면서 천천히 읽어보시오."

얼마 지나지 않아 노새가 끄는 마차 한 대가 도착했다. 아버지는 마차에 한 달은 충분히 버틸 수 있는 의약품과 식료품을 실었다. 그중에는 상하거나 깨지지 않도록 잘 포장된 달걀이며 포도주, 레몬, 그리고 버터까지 있었다.

메릴랜드주 출신의 여자 두 명과 나이 든 영국 출신 간호사 한 명이 부상병들을 돌보기 위해 자원해서 찾아왔다. 볼티모어 출신의 한 의사는 보관함 겉면에 아버지의 이름을 새긴 고급 수술 도구들을 가져다주었다. 아버지는 나중에 전쟁이 끝나면 뭔가 새롭게 시작하기 위해 이 수술 도구들을 캠든으로 부쳤다고 한다.

새로운 포로 생활이 시작된 지 6주쯤 지났을 때 아버지는 다른 남군 포로들과 함께 기차 화물칸에 실려 볼티모어에 있는 매켄리 요새Fort McHenry로 이송되었다. 아버지와 다른 남군 군의관들이 일종의 인질이 되었다는 사실은 나중에 밝혀졌다.

웨스트버지니아주 찰스턴Charleston의 루커 박사Dr. Rucker라는 어느 남부 지지자가 살인 혐의로 유죄 판결을 받고 교수형을 선고받았다. 박사의 아내는 남편이 공정한 재판을 받지 못했다고 주장하며 연방 재판소에 항소했고, 북군 사령부는 루커 박사의 문제가 해결될 때까지 남군 군의관들의 포로 교환을 잠시 중단했다.

아버지는 종종 우리를 안심시키려는 듯 매켄리 요새에서의 포로 생활이 우리들이 상상하는 것만큼 힘들지는 않았다고 말했다. 그리고 실제로도 그 시절을 "바닷가 휴양지에서 보낸 여름휴가"라고 표현하기도 했다. 아버지는 다른 군의관들과 요새 안을 자유롭게 돌아다녔으며 장기를 두거나 운동을 하고 또 외국어 공부나 토론을 하기도 했다. 무엇보다 포로나 병사들을 위문하기 위해 젊은 여성들이 매일 요새를 찾아왔고 방문하여 포로들을 응원했고, 포로들은 또 포로들대로 그런 와중에 그럴싸하게 모습을 꾸미기 위해 애를 썼다.

경비를 맡고 있던 북군의 한 상사는 뇌물을 받고 일부 포로들이 해가 진 뒤 볼티모어 시내로 나갈 수 있도록 해주었다. 한동안은 아무 문제가 없었지만, 일부 군의관들이 그만 아침 점호까지 요새 안으로 돌아오지 않는 일이 벌어졌었고, 모든 군의관들이 돌아온 것처럼 점호를 하며 넘기려 했지만 속임수는 곧 탄로 나고 말았다. 결국 다른 포로나 군의관들이 절대로 탈출 시도 같은 건 하지 않겠다고 맹세할 때까지 감시는 한층 더 엄격해졌다. 그로부터 약 2개월 후 루커 박사가 풀려나면서 남군과 북군 사이의 교착 상태도 끝이 났다. 매켄리 요새의 포로들은 다시 남군 진영으로 돌아갈 수 있었다.

매켄리 요새에 붙잡혀 있는 동안 아버지는 의학 논문 한 편을 썼고 이 논문은 나중에 『총검에 찔린 가슴 관통상에 대하여Two Penetrating Bayonet Wounds of the Chest』라는 제목으로 출판되기도 했다. 훗날 제1차 세계대전이 벌어졌을 때 미 육군 의무감 메리트 W. 아일랜드Merritte W. Ireland는 내게 아버지의 논문이 여전히 야전에서 큰 도움이 되고 있다고 말했다.

남북 전쟁과 관련해 아버지는 또 이런 이야기를 들려주었다. 전쟁 말기에 겪었던 가장 고생스러웠던 경험담이었다. 1864년 7월 아버지는 정식 군의관으로 진급했고 이듬해 3월 셔먼 장군General Sherman의 진격을 저지하는 남군을 지원하기 위해 노스캐롤라이나 토머스빌Thomasville로 이동했다.

의료 지원 부대를 꾸려 토머스빌에 도착한 아버지는 두 개의 작은 공장 건물과 호텔을 야전병동으로 꾸미라고 지시했다. 에이버리보로 전투Battle of Averyboro가 끝나고 280명의 부상자들이 이송되고 있다는 소식이 전해지자 아버지는 무장 경비대를 보내 주변의 모든 성인 남성과 청소년들을 징집했다. 이들은 근처에 있던 교회 두 곳을 치워 공간을 추가로 확보했고 또 솔잎과 소나무 잔가지들도 모아왔다. 솔잎은 자루에 채워 침상으로 만들었고 소나무 잔가지에는 불을 붙여 야전병원까지 오는 길을 밝혔다.

부상자들의 처지는 처참하기 그지없었다. 피로 범벅이 된 낡은 천이 깔린 마차에 실려 온 부상자들은 모두 신음과 저주를 내뱉었다.

아버지는 이른 아침부터 사방을 돌아다니며 부상자들에게 먹일 빵이며 베이컨을 준비해달라고 부탁했다. 그렇게 애를 쓴 끝에 부상자들은 일단 모두 배부르게 먹었고 가능한 편한 자세로 쉴 수 있었다. 그리고 두 시간쯤 지난 후 아버지는 치료를 시작했다.

아버지와 두 군의관은 부상자들의 치료가 모두 끝날 때까지 전혀 쉬지 못했고 남북 전쟁 기간을 통 털어 가장 힘들었던 경험이었다고 아버지는 회상했다. 일단 부상자들의 치료가 마무리되자 아버지는 지역 책임자에게 이 사실을 알렸고 벌벌 떨리는 몸을 추스르며 잠시 일을 좀 쉬게 해달라고 요청했다. 그러고 나서 아버지는 끝내 정신을 잃고 쓰러지고 말았다.

나중에 알게 된 사실이었지만 아버지는 이미 장티푸스에 걸려 있었다. 하지만 부상자들을 치료하느라 바빠서 그런 사실조차 알아차리지 못했던 것이다. 2주일이 지나 겨우 정신을 차렸을 때 전쟁은 이미 끝이 난 후였다. 아버지가 정신을 잃고 있는 동안 북군이 그곳까지 진격해 들어왔고 아버지는 그렇게 아무것도 모른 채 '포로'로 잡혀 있다가 공식적으로 풀려나게 되었다.

몸을 움직일 수 있게 되자마자 아버지는 미국에서 유일하게 아는 사람인 캠든의 바움 씨 집으로 돌아갔다. 장티푸스는 그럭저럭 완치 되었지만 목발을 짚을 정도로 몸은 만신창이가 되어 있었다. 남부는 전쟁에 졌고 수많은 다른 남부 사람들처럼 아버지도 큰 어려움을 겪었다. 앞서 언급했던 것처럼 볼티모어 출신의 의사가 선물한 수술 도구가 캠든에 있었기 때문에 아버지는 여기에 의지해 의사로 개업을 하려 했지만 그나마도 북군이 밀려오면서 뜻대로 되지 않았다.

남북 전쟁은 아버지의 일생에 지울 수 없는 상처를 남겼다. 어디 선가 남군의 군가가 들려오기만 하면 아버지는 장소에 상관없이 펄 쩍 뛰며 큰 소리를 질러댔다.

군가가 들릴 때마다 어머니는 무슨 일이 벌어질지 알았고 그건 우리 아들들도 마찬가지였다. 어머니는 아버지의 옷자락을 붙잡으며 "여보, 제발요." 하고 애원했지만 아무런 소용이 없었다. 나는 평소 여유롭고 몸가짐에 신경을 쓰던 아버지가 메트로폴리탄 오페라 하우스 같은 점잖은 장소에서 이리저리 날뛰며 날카롭게 소리 지르는 모습을 본 적도 있었다.

2장

/

식민지 시대의 조상들

1

아버지 집안 입장에서 보면 나는 미합중국이 건국된 이후 건너온 이민자의 후손이다. 반면에 어머니 집안은 1690년대 북아메리카 대륙으로 건너온 개척민들의 후손이었다.

어머니의 조상 중 처음 북아메리카에 도착한 사람은 아이작 로드리게스 마르케스Isaac Rodriguez Marques이며 또 어떤 기록에는 그 이름이 마르퀴즈나 마르퀴스 등으로 표기되어 있기도 하다. 1700년이 되기 전 어느 때쯤 뉴욕에 도착한 마르케스는 세 개의 대륙을 오가며 무역하는 선박들을 소유한 선주로 자리 잡았다. 그는 전설적인 해적 윌리엄 키드William Kidd와 동시대 사람이었는데 키드는 붙잡혀 교수형에 처해졌지만, 지금은 많은 사람이 그가 누명을 뒤집어썼다고 믿고 있다. 어쨌든 키드의 미망인은 마르케스와 길 하나를 사이에 둔 이웃이었다고 하며 그녀는 상류층을 드나들다 결국 어느 존경받는 부유한 사람과 재혼했다.

정착할 도시나 직업에 대한 마르케스의 선택을 보면 그의 사업적 판단력이 아주 예리하다는 사실을 짐작할 수 있다. 그 당시 뉴욕은 그저 나무로 된 담장을 따라 북쪽으로 두세 개의 거리가 뻗어 있는 항구 도시에 불과했다. 다만 인구가 3,500명으로 앞으로 성장할 가능성이 있었는데, 그런 성장의 가능성이 엿보였던 것은 영국 왕실에서 파견한 식민지 총독 벤저민 플레처_{Benjamin Fletcher}가 해적질을 포함한 모든 종류의 해양 사업에 관해 대단히 개방적인 태도를 취했던 것도 큰 영향을 끼쳤다.

플레처는 악명 높은 해적 토머스 튜_{Thomas Tew}를 포함해 모든 선원을 반갑게 맞이했다. 특히 토머스 튜의 경우 플레처는 그를 자신의 거처로 초대해 대접하고 "말이 통하고 믿을 수 있는 사람"이라는 칭찬까지 남겼다. 튜는 자신의 활동 영역을 뉴포트에서 뉴욕으로 옮기면서 이런 플레처의 환대에 적극적으로 화답했다.

플레처 총독이 지배했던 뉴욕은 화물의 출처 확인 같은 당혹스러운 절차에 전혀 구애를 받지 않고 교역할 수 있는 대단히 편리한 항구로 급부상했고 뉴포트, 그리고 찰스턴과 경쟁을 벌였다. 플레처가 총독으로 있을 무렵 뉴욕을 근거지로 활동하는 거의 모든 선원이나 선주들은 해적이라는 의심을 받았다고 한다.

따라서 나 역시 해적의 후손이라고 말할 수 있다면 대단히 흥미로운 일이 되겠지만 내가 조사한 자료들에 의하면 아쉽게도 아이작 마르케스는 해적과는 거리가 먼, 합법적으로 교역하는 사업가였다.

이를 증명할 만한 자료들 중 하나를 살펴보면, 마르케스가 뉴욕 시민이 되어 사업을 시작한 지 1년쯤 지났을 무렵 불법적인 해적 행위가 갑자기 사라지기 시작했다는 사실을 확인할 수 있었다. 그것은 바로 새로운 총독으로 벨몬트 백작_{Earl of Bellomont}이 부임했기 때문이었는데, 신임 벨몬트 총독은 전임 총독이었던 플레처의 방식을 뒤집고 강력하게 해적들을 탄압했다. 그리고 이런 탄압 정책의 희생자들 중 하나가 바로 윌리엄 키드였다.

벨몬트 총독의 개혁 정책은 내 조상의 친구 몇 명을 포함해 뉴욕의 몇몇 유명 인사들이 신중하게 쌓아올린 사업 조직들을 무너트렸다. 그렇지만 마르케스는 이후 재산이 더 불어났고 또 벨몬트 총독의 범죄자 명부 어디에도 그 이름이 올라가 있지 않았던 걸로 봐서 별반 영향을 받지는 않은 것 같았다.

아이작 로드리게스 마르케스가 정확히 언제 어디에서 태어났는지에 대한 기록은 남아있지 않다. 전해 내려오는 이야기에 따르면 그는 덴마크 출신이라고도 하고 또 자메이카 출신이라고도 하는데, 어쨌든 그가 이베리아 반도에 정착해서 살았던 유대인의 후손이라는 사실만은 분명했다.

북아메리카 대륙에 정착했던 최초의 조상에 대한 가장 오래된 기록은 내가 확인한 바에 따르면 1697년 9월 17일의 자료였다. 그날 마르케스는 시청에 출석해 시장과 시의원들 앞에 서서 5파운드를 내고 자유롭게 활동할 수 있는 시민 자격을 획득했다. 시민이 된 만큼 그는 선거에서 투표할 권리를 얻었고 또 민병대에 복무하는 의무도 지게 되었다.

마르케스가 자유 시민으로서 권리와 의무를 동시에 부여받게 되기 전에 뉴욕에서 얼마나 오래 거주했는지는 분명하지 않지만 아마도 그리 오래 머뭇거리지는 않았을 것이다. 물론 시민의 자격이 없어도 도시에서 살 수 있지만 "시민이 아닌 자는 어떤 누구라도…… 상기된 도시 내에서 기술직이나 육체노동을 할 수 없으며 또 종류에 관계 없이 어떤 상품도 판매할 수 없었기" 때문에 자격을 획득하는 것이 좋다. 그리고 이 무렵 마르케스는 바다와 관련된 '기술'과 '노동' 사업에 깊숙하게 관여하고 있었다.

마르케스는 세 척의 선박을 보유했었다고 하는데 기록으로 남아 있는 건 '돌고래'라는 이름의 한 척뿐이다. 마르케스의 돌고래호는 두 개의 항로를 따라 정기적으로 항해를 했으며 첫 번째는 뉴욕과 영국의 왕복 항해, 그다음은 아프리카 노예 해안에서 서인도 제도를 거쳐 뉴욕으로 돌아오는 유명한 삼각 무역로였다. 때로는 아프리카에서 바로 뉴욕으로 올 때도 있었는데, 그때는 북아메리카 식민지에 막 들여오기 시작한 노예들을 싣고 돌아왔다.

돌고래호가 선원과 노예들의 건강을 보살피기 위해 최소한 한 번 이상은 의사를 배에 태우고 항해를 한 적이 있다는 기록은 주목할 만한 가치가 있었다. 당시의 무역상이나 노예상인들이 그렇게 하는 건 흔한 일이 아니었기 때문이다. 또한 마르케스가 노예무역이라는 잔혹한 거래를 통해 재산을 모았지만, 남부와 북부에서 살게 된 그의 후손들이 남북 전쟁을 통해 재산과 생명을 잃는 등 그만큼의 고통을 겪으면서 그 대가를 치렀다는 사실도 주목해야 할 것이다.

뉴욕의 정식 시민이 된 지 일 년 후, 마르케스의 아내 레이첼은 아들 제이콥을 낳았다. 제이콥 위로는 에스터라는 딸이 있었다.

사업이 날로 번창하면서 마르케스는 주변 땅이 이스트 리버_{East River}까지 이어지는 퀸 스트리트 구역에 있는 '커다란 벽돌집'을 550 파운드에 사들였다. 그 집이 있던 자리는 현재 행정구역으로 펄 스트리트_{Pearl Street} 132번가에 속해 있다.

내가 찾은 기록들을 보면 당시 뉴욕에서 지켜지고 있던 각종 법이나 규범들은 대단히 흥미롭게 다가온다. 뉴욕 행정 조례에 따르면 '달빛이 어두운 밤'에는 퀸 스트리트를 따라 서 있는 집들 중 일곱 번째 집마다 집 앞 기둥에 매달린 등불을 밝혀야 했으며 그 비용은 주민들이 공평하게 부담했다. 또 밤에는 야경꾼이 작은 종을 흔들며 거리를 순찰하고 날씨와 시간을 알렸다. 굴뚝과 난로는 화재를 막기 위해 시에서 정기적으로 점검했다.

마르케스와 관련해 아직까지 남아있는 기록이나 문서들에 따르면 그는 뉴욕에서도 가장 부유하고 영향력 있는 인사들 중 한 사람이었으며 퀸 스트리트에 있는 그의 집에서 불과 얼마 멀지 않은 곳에는 뉴욕의 전 시장인 에이브러햄 드페이스터Abraham DePeyster의 저택이 있었다. 또한 역시 근처에 살고 있던 니콜라스 루스벨트Nicholas Roosevelt는 설탕 무역상인 동시에 시의원이기도 했다.

훗날 마르케스의 유언장에 증인으로 서명을 한 사람들만 봐도 시장인 에브니저 윌슨Ebenezer Willson, 북아메리카 출신으로 최초로 식민지 주지사가 된 립 반 담Rip Van Dam, 그리고 일반 선원에서 노예무역선 선장 자리까지 올라갔고 뉴욕 시장이 되었으며 뉴욕에서 최초로 공립학교를 세웠던 윌리엄 피어트리William Peartree 같은 쟁쟁한 인사들이었다.

비버 스트리트Beaver Street에 있는 유대교 회당의 랍비인 에이브러햄 드 루세나Abraham de Lucena와 또 다른 유대인 유명 인사인 루이즈 고메즈Luiz Gomez는 특히 마르케스가 신뢰했던 친구들이었던 것 같다. 유언장에는 아내에게 남기게 될 재산 관리를 이 두 사람이 돕도록 하겠다는 내용이 있었기 때문이다.

1706년 10월 17일에 작성된 마르케스의 유언장은 다음과 같이 흥미로운 문장으로 시작된다. "서인도 제도에서 자메이카로 향하는 항해 중에…… 죽음은 언젠가 분명하게 닥쳐오겠지만, 그 시기를 아무도 알 수 없다는 사실을 생각했다……"

그런 다음 유언장은 본론으로 이어진다. 마르케스는 어머니의 하녀로 일하는 한 노예에게도 유산을 일부 나눠주라고 지시한 뒤 나머지 유산은 아내, 그리고 에스터와 제이콥 남매 셋이 똑같이 나누라고 지시하고 있다. 또한 딸인 에스터에게는 "만 18세가 되거나 혹은 어머니의 동의를 얻어 결혼하게 될 때 예물 마련을 위해 50파운드를 추가로 남긴다"고 적혀 있었다.

이 유언장은 아이작 마르케스와 관련된 마지막 기록이었다. 나는 그의 아내인 레이첼, 그리고 에스터와 제이콥 남매에 대해서는 더 이상 어떤 사실도 알아낼 수 없었다.

나는 특히 뉴욕 항구를 드나들 때마다 배의 갑판 난간에 기대어서서 아이작 마르케스를 종종 떠올렸다. 그리고 저 멀리 뉴욕의 전경을 바라보며 마르케스가 처음 도착했을 때의 모습과 지금의 모습이 얼마나 다를지 상상하면서 조용히 놀라운 감정에 휩싸이곤 했다.

그렇지만 겉모습과는 달리 그 전경 뒤에 있는 땅이 상징하는 의미는 그 긴 세월 동안 전혀 변하지 않았다. 아이작 마르케스에게 북아메리카는 자유와 기회의 땅이었고 그로부터 2세기 반이 훨씬 넘는 세월이 흐른 지금도 여전히 달라진 것은 없었다.

비록 물리적인 변화는 엄청났지만 이 나라가 상징하는 숨은 의미만큼은 그토록 오랜 세월 동안 변함이 없었다는 사실 자체가 미국이라는 나라의 정체성이 얼마나 굳게 지켜지고 있는지에 관한 증거라고 생각한다. 우리의 삶은 쉬지 않고 엄청난 변화를 거듭해왔지만, 이 땅은 여전히 모두를 위한 자유의 땅으로 남아있다.

아이작 로드리게스 마르케스 말고 내가 기록이나 문서상으로 찾아낸 다음 조상의 이름은 아이작 마크스_{Isaac Marks}였다. 마크스는 아이작 마르케스의 아들로 기록되어 있었지만 태어난 해가 1732년이었기 때문에 아들이 아니라 손자였을 가능성이 더 큰 것 같다.

미국 독립 전쟁이 일어나자 마크스는 영국군에 대항해 싸우는 대륙군을 따라 뉴욕에서 철수해 올바니_{Albany}로 이동했고 거기서 다시 제4 올바니 카운티 민병대에 합류했다.

사우스캐롤라이나에서 우리 외가를 본격적으로 일군 조상은 마크스의 아들 새뮤얼이다. 새뮤얼은 1762년 뉴욕시에서 태어났고 성인이 되자 사우스캐롤라이나주 찰스턴으로 이주하여 작은 가게를 운영했다. 새뮤얼의 딸 데보라_{Deborah}는 찰스턴의 랍비인 하트위그 코헨_{Hartwig Cohen}과 결혼했는데, 이 데보라가 바로 나의 외증조할머니다.

내가 외증조할머니인 데보라 코헨을 처음 만났을 때는 벌써 나이가 80세가 넘었을 무렵이었다. 할머니는 당시 여성들 사이에 유행하던 깔끔한 어깨걸이와 손가락이 없는 장갑을 늘 착용하고 다니던 까다로운 노부인이었다.

대부분의 나이든 사람들처럼 데보라 할머니도 최근에 일어났던 사건보다 오래전 사건들을 더 뚜렷하게 기억하고 있었고 당시 열한 살이었던 나는 할머니가 들려주는 옛날이야기를 참 재미있게 들었다. 할머니가 가장 자랑스럽게 간직하고 있는 기억은 1825년 찰스턴에서 열린 무도회에서 프랑스의 라파예트Lafayette 장군과 함께 춤을 추었던 것이었다. 1812년 벌어졌던 영국과 미합중국 사이의 전쟁도 할머니에게는 어린 시절 일어난 사건들 중 하나였다. 할머니는 또한 한 세대 전, 독립 전쟁 기간 영국군이 점령했던 뉴욕에서 어린 시절을 보냈던 할머니의 어머니 이야기도 생생하게 기억하고 있었다.

데보라 외증조할머니를 떠올리면 내가 살고 있는 이 나라가 얼마나 젊은 나라인지 새삼 실감이 난다. 나는 할머니가 들려준 이야기와 나 스스로의 경험을 통해 독립 이후, 이 나라에서 일어난 수많은 사건에 일종의 목격자가 될 수 있었다는 사실을 대단히 자랑스럽게 생각하고 있다.

데보라 마크스와 랍비 하트위그 코헨의 딸인 나의 할머니 새라 코헨Sarah Cohen은 사우스캐롤라이나의 '오지'에서 윈스보로Winnsboro의 젊은 상인이자 농장주인 샐링 울프Saling Wolfe에게 청혼을 받았고, 1845년 11월 유대교 회당에서 전통 의식에 따라 결혼했다. 히브리어로 작성된 두 사람의 결혼 계약서에는 신부의 지참금과 신랑의 의무가 다음과 같이 언급되어 있었다.

"미합중국이 독립한지 70년이 되는 해, 5,606번째 맞는 헤슈반Cheshvan 월의 26번째 날, 그리고 이번 주의 4번째 날에 사우스캐롤라이나주 찰스턴시에서 아이작의 아들인 제이브Zeaib, 즉 샐링 울프는 제사장 가문 제비Zebee의 딸 새라 코헨에게 모세와 이스라엘의 율법에 따라 이렇게 부부가 되기를 청하노라······ 이제 새라는 그의 아내가 되기로 동의하였으니 모두 합쳐 1,000달러에 달하는 은과 금장식이 달린 예복, 그리고 침구와 가구를 가져오게 될 것이며, 신랑인 샐링은 여기에 자신의 재산 2,000달러를 더하게 되노라. 신랑의 상속인과 수탁인, 그리고 집행인은 신부의 후견인인 제사장 가문 야첼Yecheal의 아들 제비, 즉 하트위그 코헨과 이사야의 아들 유다, 즉 L. I. 모제스Moses에게 앞서 언급한 금액과 현재 찰스턴에서 통용되는 가치로 3,000달러에 해당하는 금액을 추가해 지급할 것을 영원히 맹세하노라…… 또한 앞으로 하늘 아래에서 살아가면서 얻게 될 가장 가치 있는 재산도 신부와 함께 나눌 것을 맹세하노라……"

새라와 샐링 울프 사이에 모두 합쳐 열세 명의 자녀가 태어났으며 그중 세 명은 어린 시절에 세상을 떠났다. 나의 어머니 이사벨 울프Isabelle Wolfe는 1850년 3월 4일에 태어난 이 집안의 셋째이자 장녀였다. 어머니의 출생이 기록되어 있는 가족 성경에는 "하느님 이사벨에게 축복을 허락하소서."라는 구절이 함께 적혀 있다. 우리 집안의 성씨인 '바루크'가 '축복'을 뜻하는 히브리어 단어에서 유래되었기 때문에 나는 이 구절이 어머니와 아버지가 맺어질 것을 미리 예언했다는 생각이 들기도 한다.

나의 외할아버지 샐링 울프는 남북 전쟁 당시 많은 노예를 부리던 남부의 재산가였지만 전쟁으로 인해 남부가 무너지면서 모든 것을 잃었다. 4년간의 전쟁이 끝났을 때 외할아버지의 재산은 얼마 남아 있지 않았고, 그나마 남은 것들도 셔먼 장군이 끌고 온 북부 점령군에 의해 약탈당하고 파괴되었다.

외할아버지는 그래도 재산의 일부라도 구해내기 위해 은그릇 등을 우물 속에 숨겼는데 북군이 쳐들어와 온 집안을 샅샅이 뒤지기 시작했을 때 우물 근처에 서 있던 노예들이 어리석게도 그만 이렇게 소리치고 말았다. "저놈들이 은그릇도 곧 찾아내겠네!" 당연히 북군들은 감춰놓은 은그릇마저 모두 찾아서 가져갔고 집을 비롯한 목화 창고에 불을 질렀으며 가축들도 다 내쫓았다.

지역 교구의 목사를 비롯해 외할머니를 포함한 많은 여자가 셔면 장군을 찾아가 이런 무자비한 약탈과 파괴 행위를 멈춰달라고 호소했지만 돌아온 건 아무것도 도와줄 수 없다는 대답뿐이었다.

내가 처음 기억하는 외할아버지의 모습은 가문을 재건하기 위해 고군분투하던 모습이었다. 외할아버지는 농장 몇 곳을 경영하며 다시 재산을 모으려 했지만, 전쟁 때문에 짊어지게 된 오래된 부채로 인해 결국 가지고 있던 거의 모든 것을 다 잃고 말았다. 그렇게 포기하지 않고 노력했음에도 불구하고 외할아버지는 84세의 나이로 쓸쓸하게 세상을 떠났다. 병이 깊어졌을 무렵 외할아버지는 침대에서 내려와 난로 앞 의자에 앉은 채 몸을 따뜻하게 데우는 정도로만 겨우 몸을 움직일 수 있었는데, 그만 의자가 앞으로 넘어지면서 몸에 불이 붙었고 그때 너무 크게 화상을 입었다고 한다. 내가 나중에 들은 바로는 외할아버지는 정말 모든 재산을 잃었고 남은 건 옷장 서랍 가득 들어있던 이제는 휴지 조각이 되어버린 남부의 지폐뿐이었다.

전쟁이 끝나고 나서 다시 지은 외할아버지 집을 찾아갔을 때의 일들은 내게 좋은 추억으로 남아있다. 매일 아침 외할아버지는 영국의 시골 지주 같은 모습으로 자신의 말, 모건_{Morgan}에 올라탄 다음 농장을 돌아보러 나갔다. 때때로 외할아버지는 우리 형제들에게 흑인 일꾼들이 매주 품삯으로 받는 설탕이며 커피, 베이컨, 그리고 쌀을 나눠주는 일을 돕게 했었는데, 우리가 받는 품삯은 한주먹의 흑설탕이었다.

가장 또렷하게 남아있는 기억은 집 뒤를 지나가는 오래된 샬럿, 컬럼비아앤어거스타Charlotte, Columbia & Augusta 철도 노선이었다. 나는 철도 위를 지나가는 기차들을 향해 돌을 던지곤 했었는데, 차장이 이리저리 돌아다니며 기차를 살피는 모습을 보면서 나중에 어른이 되어 철도회사를 운영하게 되면 얼마나 멋질까 하는 생각을 했었다. 철도회사의 주인이 되어 운영하고 싶다는 꿈은 성인이 된 후부터 지금까지도 내 머릿속에 늘 남아있다. 몇 번인가 그럴 기회도 있었지만 내게는 이루어질 수 없는 꿈이었는지 번번이 일이 어긋나고 말았다.

어머니의 오래된 집과 관련해서는 가족들이 즐겨 들었던 일화가 하나 있다. 아버지는 남북 전쟁이 일어나기 전 이 집에 손님으로 왔다가 울프 집안의 맏딸 이사벨에게 관심을 갖게 되었다. 아버지는 전쟁이 일어난 후에도 틈틈이 내 어머니를 보러 왔고 그때 어머니는 이 젊은 군의관의 초상화를 그렸다.

셔먼이 이끄는 북군이 이 집을 약탈하고 불을 질렀을 때 당시 열다섯 살이었던 어머니는 이 초상화를 집어 들고 집을 빠져나왔다. 그렇게 초상화를 들고 가는데 한 북군 병사가 달려와 총검을 들이밀며 초상화를 찢어버렸고 항의하는 어머니를 때렸다고 한다.

하지만 곧 캔틴Cantine이라는 이름의 북군 대위가 달려와 칼등으로 이 비열한 병사를 후려쳤고 어머니는 그의 신사다운 행동에 깊은 감사를 표했다. 결국 북군이 윈스보로를 떠나기 전까지 캔틴 대위와 어머니 사이에 묘한 감정이 싹트기 시작했는데, 아버지도 나중에 이런 분위기를 눈치 챘다고 한다. 어머니와 캔틴 대위는 한동안 편지를 주고받았지만 다시 아버지에게로 마음이 돌아섰고 1867년 시골의 개업의로 이제 막 새로운 삶을 시작한 사이먼 바루크와 이사벨 울프는 부부가 되었다.

두 사람 사이에는 아들만 네 명 태어났다. 1868년에 제일 먼저 맏형 하트위그가 태어났고 2년 뒤 내가 태어났다. 1872년에는 셋째인 허먼이, 그리고 1874년에는 막내인 세일링이 태어났다.

제1차 세계대전이 한창일 무렵 내가 전쟁산업위원회 위원장으로 있을 때 누군가가 워싱턴에 있는 내 사무실로 찾아왔다. 그는 내 어머니가 직접 써준 소개장 한 통을 내밀며 유럽 대륙의 최전선에 나가 싸울 수 있도록 도와달라고 부탁했다.

어머니의 소개장에는 이렇게 적혀 있었다. "이 소개장을 가져가는 사람은 다름 아닌 캔틴 대위의 아들로, 네가 이 사람이 필요로 하는 도움을 줄 수 있을 거로 생각한다."

3장

/

정겨웠던
시골 생활

1

남북 전쟁이 일어나고 셔먼 장군의 부대가 쳐들어오기 전까지 우리 외갓집은 얼마나 형편이 넉넉했었는지 어머니에게는 옷을 갈아입혀 주는 하녀가 따로 있었을 정도였다고 한다. 그렇지만 아버지와 결혼하고 의사 일이 제대로 자리를 잡을 때까지 어머니는 한 번에 25센트씩 받고 피아노와 노래 교습을 했다. 또한 아버지의 자랑거리 중 하나인 암소의 젖도 짜고 버터도 만들어 팔아 살림에 보탰다.

그렇지만 과거 사치스러웠던 시절의 습관 하나만은 그대로 유지했었다. 어머니는 언제나 침대에서 아침밥을 먹었다. 그리고 매일 아침 우리 사형제는 어머니 앞에 나란히 서서 검사를 받았다. "어디 손가락들을 좀 보자. 귀는 어떻지? 이는 제대로 닦았어?" 검사가 끝나고 나면 우리는 종종 다시 한번 세면대로 달려가야 했다.

그 당시 캠든은 인구가 약 2,000명 정도였으며 그중에서 흑인이 약 절반 정도를 차지하고 있었다. 독립 전쟁이 일어났을 때 캠든을 점령했던 영국군 사령관은 콘월리스Cornwallis 후작이었다고 하는데, 캠든의 관광 명소 중 하나가 바로 연인이었던 콘월리스 후작을 따라 이곳까지 왔던 엘렌 글래스고Ellen Glasgow라는 여성의 무덤이다. 근처에 있던 워터리Wateree 강이 범람했을 때, 흑인들은 엘렌의 영혼이 힘을 발휘해 강물이 무덤까지 미치지 못하도록 했고 결국 홍수를 막아 낸 것이라고 말하곤 했다.

캠든은 또한 남북 전쟁 기간 동안 남군 장군을 여섯 명이나 배출 했다는 자부심을 갖고 있는 지역이었다. 캠든 역시 다른 남부 지역들 처럼 전쟁이 끝난 후 꽤 오랫동안 경제적으로 큰 어려움을 겪었는데, 우리 가족이 그런 어려움을 겪었는지에 관하여 기억나는 일이 거의 없다.

우리는 넓고 편안한 집에서 살았고 다른 이웃들과 마찬가지로 물 질적으로 넉넉했다. 아버지의 수입 대부분은 현금이 아닌 실제 물건 의 형태였다. 다시 말해 농장에서 나오는 장작이며 면화, 옥수수, 닭, 그리고 망아지나 송아지 등이 우리 집안의 수입이었던 것이다. 우 리 가족은 푸성귀나 과일들을 직접 키우고 거둬들여 저장해 생활했 다. 집 마당에는 자두나무와 호두나무, 그리고 뽕나무도 자라고 있 었는데, 뽕나무에 제대로 열매가 열리지 않으면 흑인 유모인 미네르 바Minerva는 우리에게 회초리로 나무를 후려치면 내년에는 꼭 열매가 잘 열릴 것이라고 말하곤 했다.

우리는 집에서 쓰는 설탕도 직접 만들었다. 나는 훗날 북부로 이 주할 때까지도 설탕은 무조건 갈색인줄로만 알고 있었다. 가을이면 가족 모두가 나서 견과류 열매들을 주워 모았다. 정기적으로 돈을 주 고 사는 건 크리스마스 같은 특별한 날에 필요한 사탕, 오렌지, 바나 나, 그리고 건포도 등과 옷, 신발, 커피, 차, 소금, 그리고 향신료 같은 꼭 필요한 생필품들뿐이었다. 책이나 잡지, 그리고 신문 등도 귀해서 이런 게 생기면 당시에는 여러 집들이 함께 돌려보곤 했다.

그런 와중에 딸기 축제나 유랑 극단 구경은 정말 큰 즐거움이었다. 지역 사람들도 자체적으로 모임을 만들어 캠든 시청에서 세익스피어의 작품을 낭독하거나 연극을 공연하는 행사를 열기도 했다. 윌리엄 트레버스William Travers가 쓴 희곡 「캐슬린 마부린Kathleen Mavourneen」을 무대에 올렸을 때는 어머니는 주인공을 맡았고 삼촌인 네이선 바루크Nathan Baruch가 악당 역할을 맡았었는데, 연극이 절정에 도달했을 때 악당이 칼로 여주인공을 위협하는 장면이 있었다.

네이선 삼촌이 단검을 휘두르자 어머니가 몸을 피하는 모습을 본 나는 너무 놀랐고 자리에서 벌떡 일어나 이렇게 소리치고 말았다. "삼촌! 네이선 삼촌! 엄마를 다치게 하지 마세요!" 무대 위의 배우들은 당황한 듯 자기 대사를 제대로 하지 못했고 나는 서둘러 밖으로 빠져나왔다.

어렸을 때 나는 수줍음이 많았고 성격이 예민해서 엄마 치마폭을 좀처럼 떠나지 못하는 그런 아이였다. 나는 언제나 식탁에서 어머니의 오른편에 앉았었는데, 이 특별한 자리를 차지하기 위해 얼마나 치열하게 다퉜는지 기억이 날 정도다. 결혼을 하고 나서는 아내에게 어머니의 자리를 넘겨주었고 나는 역시 아내의 오른편에 앉곤 했다.

어머니는 우리 형제들에게 웅변을 가르치기도 했는데 제일 재능이 있었던 건 맏형 하트위그였고 결국 형은 훗날 배우가 되었다. 하지만 나로서는 뭔가를 사람들 앞에서 말하기 위해 나서는 그 일 자체가 고통스러운 시련이나 다름없었다.

나는 아버지의 후견인이었던 바움 씨 집에서 있었던 그 끔찍했던 저녁을 결코 잊을 수 없다. 그날 어머니는 내 손을 잡고 거실 한가운데로 데려가더니 이렇게 권했다. "애야, 사람들 앞에서 뭐라도 하나 외워보렴."

나는 그야말로 죽고 싶을 정도로 몸이 덜덜 떨렸지만 겨우 입을 열었다. 워낙 머릿속에 또렷하게 각인된 일이라 지금도 그때 외웠던 시가 다 기억이 날 정도다. 그날 나는 스코틀랜드의 시인인 토머스 캠벨Thomas Campbell의 「호헨린덴Hohenlinden」의 첫 소절을 낭송했다.

"해가 저무는 린덴에서
쌓여 있는 눈 위로 사람들이 쓰러져간다.
겨울의 어둠이 짙게 깔려가고
이제르강은 그저 무심하게 흘러갈 뿐."

하지만 그때 아버지가 코 위에 손가락을 올리고 나팔 소리를 흉내 내듯 "뿌뿌뿌!"라고 소리를 냈고 나는 거기서 더 이상 아무런 말도 할 수 없었다.

결국 내 시 낭송은 거기서 끝이 났고 나는 거실에서 뛰쳐나와 무서움에 떨면서도 한밤중에 그대로 우리 집까지 달려갔다. 그러고 나서 그날 밤은 울면서 잠이 들었다.

오랜 세월이 흘러 아버지는 그때 장난을 친 걸 얼마나 후회했었는지 모른다고 내게 종종 말하곤 했다. 어쨌든 덕분에 나는 사람들 앞에 나서서 말을 할 수 있는 그런 기술을 배우는 일 자체를 거의 포기할 뻔했다. 꽤 오랫동안 나는 사람들 앞에서 무슨 말을 해야 할 때마다 어디선가 들리는 "뿌뿌뿌!"라는 소리에 시달려야 했다.

언젠가 한 번 이 일화에 대해 윌슨 대통령에게 이야기하자 그는 이렇게 말했다. "세상에 말하기 좋아하는 사람은 얼마든지 있지만 실제로 행동하는 사람은 찾아보기 힘들지. 게다가 이 세상에는 남의 말에 진지하게 귀를 기울이려는 사람들도 찾아보기 힘드니, 구태여 지금에 와서 말 잘하는 법을 배울 필요가 있을까 하는 생각도 드는군."

하지만 나는 그 의견에 동의할 수 없었는데, 나로서는 사람이 자신만의 의견을 갖는 것만큼이나 또 자신의 의견을 표현할 수 있는 능력을 갖추는 일도 중요하다고 생각한다.

어쨌든 훗날 윌슨 대통령은 내가 연설을 잘할 수 있도록 도움을 주었다. 제1차 세계대전이 끝나고 파리에서 강화 회담이 진행되고 있었을 때, 대통령은 어느 날 저녁 천천히 시간을 들여 내게 조급하게 보이지 않고 우아하게 움직이는 법을 보여주었다. "자, 사람들 앞에서 말을 할 때는 손을 이렇게 내밀면서 바로 이런 식으로 하는 편이 더 좋아." 윌슨 대통령은 당황한 듯 급하게 움직이는 건 좋지 않다며 설명해주었다.

다른 친구들도 나에게 많은 도움을 주었다. 나는 말을 할 때 입을 거의 벌리지 않고 하는 버릇이 있었는데 언론인이었던 허버트 베야드 스워프Herbert Bayard Swope는 종종 "그러면 안 되지! 입을 좀 더 크게 벌리고 말해야지!"라며 지적하곤 했다. 1939년 교황 비오 11세가Pope Pius XI 세상을 떠났을 때 라디오 방송으로 짧게 조의를 표해달라는 부탁을 받은 적이 있었다. 방송이 시작되자 스워프는 또다시 내 앞에 자리를 잡고 서서는 계속 입을 크게 벌리라는 듯한 표정을 지어보였었다.

2

네 살인가 다섯 살이 되었을 무렵 나는 형 하트위그와 함께 윌리엄 월레스_{William Wallace} 부부가 운영하는 학교에 다니기 시작했다. 형과 나는 양철 상자에 도시락을 싸 들고 집에서 약 1.5킬로미터가량 떨어져 있는 학교까지 걸어 다녔다. 어머니는 도시락을 천으로 둘둘 감싸주었는데 당연히 당시에는 한 번 쓰고 버리는 종이 포장지 같은 건 찾아보기 어렵던 시절이었다.

월레스 부부의 학교는 지금으로 치면 유치원과 초등학교를 합친 식이었다. '유치원 교실'은 부부의 살림집 부엌이었고 나는 부인이 아기에게 젖을 먹이거나 점심 식사를 준비하는 동안 부엌 바닥에 배를 깔고 누워 글자 쓰는 법을 배웠다. 남편인 월레스 씨는 살림집 옆에 있는 다른 집에 조잡한 책상과 의자들을 갖춰놓고 좀 더 나이가 많은 아이들을 가르쳤다.

비록 그의 교육 방식 중 일부는 지금이라면 인정할 수 없는 부분도 있었겠지만 어쨌든 월레스 씨는 성실하고 부지런한 교사였다. 수업에 집중하지 않는 아이들은 종종 손등이나 손바닥을 자로 얻어맞았고 계속 잘못을 저지르거나 작심한 듯 선생님 말을 안 듣는 아이들은 좀 더 세게 얻어맞곤 했다. 교실 한쪽 구석에는 회초리가 여러 개

준비되어 있었는데 자가 아닌 회초리로 매를 맞은 기억은 없다. 하지만 적어도 교사가 양심을 가지고 훈육의 목적으로 휘두르는 회초리를 처음으로 본 건 이 월레스 부부의 학교에서였다.

어느 날인가 수업이 끝났을 때 나는 한 아이가 책상 위에 반쯤 먹다 남은 막대 박하사탕을 두고 간 것을 발견했다. 가게에서 파는 그런 사탕은 참으로 귀한 물건이었고 나는 그 유혹을 뿌리칠 수 없었다. 결국 나는 다른 한 친구와 함께 그 사탕을 아무에게도 들키지 않고 손에 넣기 위한 계획을 세웠다.

사람들이 다 나가고 교실이 텅 비자 우리는 건물 아래로 기어들어 가 느슨하게 덧대어져 있는 바닥의 판자 하나를 밀어내고 그 사이를 억지로 통과해 교실 안으로 들어갔다. 그리고 사탕을 들고 다시 빠져나와 근처에 있는 나무 밑으로 가서 나눠 먹었다.

그렇지만 사탕을 입에 넣는 순간 죄책감이 나를 덮쳤다. 달콤한 박하사탕의 맛이 왠지 씁쓸하게 느껴졌다. 그리고 이날의 일은 두고두고 나의 삶에 영향을 미치게 되었다.

나중에 내가 월가에서 처음 일을 시작했을 때 당대 최고의 투기자라고 할 수 있는 제임스 R. 킨James R. Keene이 내게 브루클린가스Brooklyn Gas라는 회사의 지분 인수 타당성을 조사해달라는 요청을 해왔다. 조사 결과 나는 아무 문제가 없다는 결론을 내렸다. 그런데 그때 지분을 쥐고 있는 투자자들과 연결되어 있는 한 청년이 자신에게 더 유리한 내용으로 보고를 해달라고 부탁하며 1,500달러의 '수고비'를 제안해왔다.

1,500달러라면 당시 나에게는 적지 않은 금액이었다. 그렇지만

오래전 박하사탕의 기억이 다시 떠올랐고 나는 청년의 제안을 받아들일 수 없었다. 그리고 혹시나 이 회사의 지분 인수에 무슨 문제가 있는 것은 아닐까 하는 염려가 들어 다시 한번 자세하게 모든 내용을 검토했다. 킨에게 보내는 보고서에도 나에게 왔던 그 수상쩍은 제안에 대해 설명하는 내용을 덧붙였다.

월레스 부부의 학교는 학생들의 성향을 확인하는 거친 시험의 무대이기도 했다. 제대로 적응하거나 대응하지 못하는 아이들은 곧 겁쟁이 소리를 들을 수밖에 없었다. 형인 하트위그는 타고난 싸움꾼이었지만 냉정하게 성질을 가라앉히고 머리를 써서 싸우는 법을 배우기까지는 오랜 시간이 걸렸다.

나 역시 언제나 너무 빨리 흥분하는 게 약점이었다. 어린 시절 나는 또래들에 비해 키가 작고 뚱뚱해 '땅꼬마'라는 별명으로 불렸고 다툼이나 싸움이 있을 때마다 번번이 험한 꼴을 당할 수밖에 없었다. 그렇지만 그런 모욕을 당할지라도 흥분을 자제하고 여유 있게 다른 사람들을 상대하는 법을 좀처럼 익히지 못했다.

언젠가 한 번은 하트위그 형이 내 낚싯대를 집어 들고 나가는 걸 보고 그 뒤를 쫓아가서 돌을 집어 들고는 화를 내며 집어던진 적이 있었다. 하지만 막상 돌이 날아가는 순간 나는 형에게 조심하라고 소리쳤는데, 오히려 형은 그 소리를 듣고 고개를 돌리다 입가에 돌을 정통으로 맞고 말았다. 그리고 그때 돌에 맞아서 생긴 흉터는 형이 세상을 떠날 때까지 사라지지 않았다.

또 언젠가는 외할아버지 집을 찾아갔을 때 아침밥을 먹다가 크게 화를 낸 적이 있었다. 지금은 기억조차 나지 않는 어떤 일 때문에 너무 화가 났던 나는 식탁으로 돌진해 손으로 고기를 움켜쥐고 그대로 씹지도 않고 삼켜버렸고, 다행히 별일은 없었지만 외할머니에게 붙잡혀 크게 혼이 났다.

캠든의 남자아이들은 내가 속해 있던 '윗동네' 패거리와 우리보다 더 강하다고 생각되는 '아랫동네' 패거리로 나뉘어 있었다. 이런 갈등과 분열의 이면에는 내가 알지 못했던 어떤 더 깊은 사회적 갈등이 있었는지도 모르겠다. 지금 기억으로 우리 '윗동네' 아이들은 매일 밤 발을 깨끗하게 씻어야 잘 수 있었지만 '아랫동네'에서는 그런 일이 거의 없었다고 들었기 때문이었다.

어쨌든 두 패거리 사이의 경쟁은 대단히 치열했고 그중에서도 정기적으로 열리는 야구 경기는 언제나 피를 끓어오르게 하는 행사였다. 우리는 오래된 감옥 뒤에 있는 마당에서 야구를 했는데 어떤 경기에선가 내가 3루를 향해 달려가다가 3루수와 크게 부딪힌 적이 있었다. 3루수는 나를 잡지 못한 채 공을 떨어트렸고 곧 늘 그렇듯 내가 두들겨 맞으며 싸움이 시작되었다. 그런 캠든 아이들이 살아가는 방식은 마크 트웨인의 소설 속 주인공인 허클베리 핀Huckleberry Finn이나 톰 소여Tom Sawyer를 연상시켰다. 사실 나는 마크 트웨인의 소설, 그리고 클레어 브릭스나 H. T. 웹스터의 만화를 볼 때마다 어린 시절에 대한 향수를 느끼곤 했었다.

해마다 봄이 되면 워커리 강의 강물이 범람해 캠든의 외곽 지역을 휩쓸었다. 어른들에게는 이 홍수가 큰 골칫거리였지만 우리에게는 그저 좋은 놀이터일 뿐이었다. 우리는 뗏목을 만들어 물에 잠긴 지역을 몇 킬로미터가량 이리저리 돌아다녔고 물이 빠지는 게 그렇게 아쉬울 수가 없었다.

낚시와 수영을 하기에 가장 좋은 곳은 팩토리 연못Factory Pond이었다. 강과 이어지는 이 연못에는 물론 씨네 방앗간이 있어 밀과 옥수수를 빻았지만 또 침례식이 열리는 곳이기도 했다. 긴 여름 동안 우리는 매일 이 연못을 찾아가 놀았다. 셔츠와 바지만 입은 우리들은 연못으로 달려가며 단추를 풀어 젖혔고 그대로 옷을 벗어 던지고 황소개구리들처럼 물속으로 뛰어들었다.

연못 안에는 이곳저곳 나무 그루터기 같은 것들이 물 위로 삐죽삐죽 솟아있었는데, 수영할 때는 거리를 나타내는 일종의 기준점이 되어주었다. 나는 첫 번째 그루터기까지 헤엄쳐 갔다가 돌아왔을 때의 짜릿했던 기분을 아직도 기억하고 있다. 얼마 지나지 않아 나는 더 멀리 있는 그루터기까지 왕복할 수 있었고 우리 가족이 사우스캐롤라이나를 떠날 무렵에는 그보다 더 먼 거리를 헤엄칠 수 있을 정도로 수영 실력이 늘어 있었다.

근처에 살고 있는 거의 모든 남자아이는 새들의 알을 모아 서로 필요한 물건들과 교환했다. 그중에서도 특히 하트위그 형은 나무 타는 일에 능숙했지만, 어머니는 새들의 둥지를 터는 걸 그리 좋아하지 않았다. 형과 나는 그 밖에도 오래된 구식 산탄총을 들고 숲으로 가 작은 동물들을 사냥해오곤 했다.

내가 처음 총 쏘는 법을 배웠을 때는 아마도 여섯 살이나 일곱 살 무렵이었을 것이다. 우리 형제들은 아버지의 농장에서 다른 일꾼들과 함께 목화 따는 일을 도우며 용돈을 벌었고 그 돈으로 화약과 총알을 샀다. 그리고 총알은 낡은 가죽 주머니에, 화약은 속을 긁어낸 소뿔 안에 보관했다.

사냥을 나갈 때는 보통 어느 환자가 아버지에게 선물한 흰색 마스티프 사냥개를 함께 데리고 갔다. 이 영국산 사냥개 샤프_{Sharp}는 사실 하트위그 형이 주인이었지만 다른 형제들도 잘 따랐고 모든 남자아이가 부러워할 만한 최고의 친구였다. 샤프는 학교도 따라다녔고 함께 헤엄도 쳤다. 또한 아주 훌륭한 쥐 사냥꾼이기도 했다. 샤프는 옥수수 창고를 뒤지는 쥐들을 잡기 위해 종종 커다란 앞발로 흙을 파헤쳤고 우리는 그 모습을 아주 재미있게 바라보았다. 우리 가족이 북부로 이사하게 되었을 때 아버지는 샤프를 한 친구에게 주었다. 샤프와의 이별은 나에게는 가장 가슴 아픈 기억 중 하나로 남아있다.

남자 형제들만 있다 보니 말썽도 자주 일으키고 다치는 일도 많았지만 부모님은 주로 말로만 타이를 뿐 그 이상 체벌을 가하는 일이 없었다. 아버지에게도 어머니에게도 한 번도 매를 맞은 기억은 없었는데, 아버지는 어머니보다 더 엄격한 편이었지만 어머니가 먼저 나서서 말리는 경우가 많았다. "아이들에게 너무 엄하게 대하지 마세요. 아버지를 믿고 따르도록 만들어야지요."라고 말하곤 했었다.

그렇다고는 해도 두 사람 역시 적절한 체벌이 가져다주는 유익을 아주 잘 알고 있었다. 예컨대 어머니를 대신해 우리를 돌봐주었던 흑인 유모 미네르바는 구식 교육 방법을 더 좋아했다. 세월이 흘러 할머니가 된 미네르바는 종종 사우스캐롤라이나에 있는 나의 농장을 찾아왔고 어린 시절 내가 잘못을 저지를 때마다 회초리로 때려주었다는 이야기를 손님들에게 아주 즐거운 듯 들려주었다.

나를 비롯한 우리 형제들이 미네르바가 오른손을 치켜들 때마다 꼼짝 못 하고 고개를 숙인 건 분명한 사실이다. 그렇지만 미네르바 하면 제일 기억에 남는 건 그녀가 우리에게 들려주었던 옛날이야기며 흥겨운 노래들이었다.

미네르바는 조상들에게 물려받은 흑인들의 미신에 푹 빠져있었다. 미네르바에게는 숲이며 강, 그리고 들판은 물론 심지어 우리 집의 마당이나 정원까지도 온갖 유령이며 정령들로 가득 차 있는 것처럼 보였다. 언젠가 한 번은 흑인들이 사는 오두막에 유리 창문을 끼우지 않는 이유가 그런 유령들이 집 안을 들여다보는 게 싫어서라고 설명해주기도 했다.

소설가이자 민속학자인 조엘 챈들러 해리스Joel Chandler Harris가 『리무스 아저씨 이야기Uncle Remus』라는 책을 통해 소개했던 사람을 흉내 내는 토끼며 여우, 그리고 거북이 등에 대한 옛날이야기를 처음 들려준 건 사실 유모 미네르바였다.

미네르바는 꼬리를 잃어버린 사자 볼렘Bolem에 대한 서글픈 노래를 부르곤 했다. 나는 여전히 미네르바의 애절한 그 목소리가 귓가에 선하다.

"볼렘, 볼렘, 네 꼬리는 어디 있지?
볼렘, 볼렘, 네 꼬리는 어디 있지?"
그러면 사라졌던 꼬리가 이렇게 대답한다.
"볼렘, 볼렘, 네 꼬리는 여기 있지.
볼렘, 볼렘, 네 꼬리는 여기 있지."

볼렘과 잃어버린 꼬리에 대한 영원히 끝나지 않는 슬픈 이야기는 나에게는 그냥 지어낸 이야기처럼 느껴지지 않았다. 나는 꽤 오랫동안 볼렘의 사라진 꼬리를 생각하며 한밤중에도 잠을 제대로 이루지 못했다.

유모 미네르바와 나 사이에는 깊은 애정이 있었다. 미네르바는 죽는 순간까지도 나를 언제나 따뜻하게 맞아주었다. 나는 영원한 미네르바의 '아이'였기 때문이었다.

단 한 번도 정식으로 결혼한 적이 없었지만 미네르바에게는 아이들이 많았다. 미네르바는 종종 어머니에게 "마님, 제가 또 실수를 저지르고 말았습니다."라고 말하곤 했다. 우리 형제들은 미네르바의 아이들은 물론 동네에 살고 있는 다른 흑인 아이들과도 스스럼없이 함께 어울렸다. 그중에서도 특히 미네르바의 아들 프랭크_{Frank}가 기억나는데, 프랭크는 누구보다도 낚시나 사냥 솜씨가 뛰어났고 심지어 날개 달린 새까지 덫을 놓아 잡는 솜씨를 보고 나는 언제나 감탄하곤 했다. 나이가 들어 백인과 흑인 사이 차별의 간격을 알아차리게 되었을 때 나는 얼마나 잔인하다고 생각했던가! 나는 프랭크가 흑인이라고 해서 다른 사람들과 다른 대접을 받는 이유를 결코 이해할 수 없었다.

3

내가 다섯 살이나 여섯 살쯤 되던 어느 해 가을, 나와 하트위그 형은 우리 집 다락방을 뒤지고 있었다. 가을이 오면 다람쥐처럼 주위 모은 견과류 열매들을 보관할 만한 곳이 있는지 찾고 있던 우리들의 눈에 말가죽으로 덮여 있는 적당한 크기의 상자 하나가 보였다. 상자를 열어보니 그 안에는 아버지의 남군 군복이 들어 있었다. 그리고 군복 밑에는 모자가 달린 긴 흰색 겉옷이 있었다. 가슴에 붉은색 십자가가 새겨진 이 겉옷은 다름 아닌 쿠 클럭스 클랜Ku Klux Klan, 즉 KKK단원의 제복이었다.

물론 지금 활동하고 있는 KKK단은 혐오와 증오를 나타내는 상징에 불과하며 특히 1920년대에는 남부 지역 밖에서도 적지 않게 악명을 떨쳤다. 나 역시 그런 KKK단의 표적이 된 적이 있었기 때문에 지금 활동하고 있는 KKK단이 어떤 무리인지 충분히 잘 알고 있다.

그렇지만 남북 전쟁에서 패한 뒤 혼란스러운 남부에서 살아가고 있던 아이들에게 네이선 베드퍼드 포레스트Nathan Bedford Forrest 장군이 이끌었던 최초의 KKK단은 북부로부터 이주해와 남부를 멋대로 휘젓고 다니던 무뢰배들로부터 선량한 남부 시민을 지켜주던 영웅적인 무리였다. 아직 어린아이였던 형과 나는 아버지가 그런 KKK단의 일원이라는 생각이 들자 아버지를 한층 더 우러러보게 되었다.

그래서 우리 두 사람은 계속 상자 안을 뒤졌고 어머니가 다락방으로 올라오는 발소리를 미처 듣지 못했다. 어머니는 우리 형제를 크게 꾸짖고는 절대로 이 사실을 남에게 이야기하지 않겠다는 맹세를 하게 했다. 그건 사실 정말 중요한 비밀이었다. 공식적으로 KKK단은 연방 정부가 규정한 불법 단체였으며 누구든 단원을 고발하면 큰 현상금을 받았다. KKK단의 핵심 인물이나 단원을 쫓는 현상금 사냥꾼들이 남부 전역을 뒤지던 상황이었다. 우리는 마치 중요한 비밀을 알게 될 정도로 어른이 된 그런 기분을 느끼며 다락방에서 내려왔다.

전쟁으로 인한 경제적 후유증도 심각했지만 8년 가까이 북부의 입맛대로 통치를 받으며 지냈던 정치적 후유증은 그보다 더 고통스러웠다. 비록 경제적으로는 크게 회복했지만 심지어 오늘날까지도 정치 문제는 물론 인종 차별과 관련된 후유증의 영향은 그대로 남아 있다.

북부에서 내려온 사람들은 대개 자신들을 대신해서 앞세운 무뢰배들을 동원해 해방된 흑인 노예들의 투표권에 영향을 미치는 식으로 남부를 입맛대로 휘저었다. 이제 막 해방이 되어 아무것도 모르는 흑인들을 꼭두각시로 앞세운 이런 방식은 전쟁과 노예제도, 그리고 인종 차별로 인한 상처를 더욱 악화시켰다. 흑인들 역시 가장 큰 피해자였고 이로 인해 4반세기 이상 인종 문제가 해결되지 않고 있다.

내 어린 시절 대부분 남군에 복무했던 백인들에게는 투표권이 주어지지 않았다. 반면에 정말 자신의 이름조차 읽고 쓸 줄 모르는 흑인들에게는 거의 대부분 투표권이 주어졌다. 우리 주의 상원의원은 흑인이었으며 회계 감사관과 장학관도 마찬가지였다. 게다가 공무원도 3분의 1 이상 흑인이었다. 하지만 워싱턴의 흑인 공화당 의원들이 주도해 만든 이런 상황이 어쩌면 영원히 지속될지도 모른다는 게 더 큰 문제였다.

어쨌든 상황이 너무나 폭압적이었고 아버지처럼 전쟁에 직접 참전했던 사람들은 이런 상황이라면 차라리 사는 것보다 죽는 게 더 낫다고 말할 정도였다. "모든 것을 잃었을 때는 단 한 가지 방법이 남아 있다. 바로 칼을 집어 드는 것이다." 아버지는 어느 편지에 이렇게 적었고 이 말은 훗날 역사가인 클로드 바워스Claude Bowers의 책 『비극의 시대The Tragic Era』에도 그대로 인용되었다. "차라리 대의大義를 위해 죽는다고 생각하면 훨씬 더 행복할 수 있는데, 굳이 이런 독재와 도덕적, 그리고 육체적 압제를 견뎌내며 살아야 할 필요가 있을까?"

투표권을 비롯해 차별과 불평등의 문제는 1876년 주지사 선거에서 그 절정에 달했다. 북부 출신의 현직 주지사 대니얼 H. 체임벌린Daniel H. Chamberlain에게 도전장을 내민 사람은 남부 출신 퇴역 장군 웨이드 햄프턴Wade Hampton이었다. 나는 캠든 거리 구석구석을 횃불로 밝히고 햄프턴 장군을 지지하는 유세가 벌어졌던 날을 지금도 또렷하게 기억하고 있다. 나와 친구들도 함께 참여해 장군을 지지하는 노래를 불렀다.

"햄프턴은 알맹이를 먹고
체임벌린은 껍데기를 먹지.
햄프턴은 천당으로,
체임벌린은 지옥으로!"

당시 이 노래가 더 실감 나고 재미있게 느껴졌던 건 어린아이들이 감히 '지옥'이라는 말을 처음으로 마음껏 쓸 수 있었기 때문이었을 것이다.

꽤 시간이 많이 흐른 뒤 아버지는 흑인들이 압도적으로 현직 주지사를 지지하는 상황에서 남부 후보인 햄프턴이 어떻게 선거를 치렀는지에 대해 많은 숨은 이야기들을 들려주었다. 누군가 선거 당일 마을 중심부에서 멀리 떨어진 곳에서 공연을 시작하는 곡마단 입장권을 나눠주자는 꾀를 내기도 했고, 또 아예 흑인들의 무지함과 단순함을 역으로 이용해 북부의 무뢰배들을 몰아내자는 계획을 세우기도 했다.

당시만 해도 각 후보자들에게는 투표함이 따로 마련되어 있었다. 대부분의 흑인들은 투표함에 적혀 있는 글을 읽을 수 없었으니 어느 후보자의 투표함인지 알 길이 없었지만 대강 사람들이 서 있는 줄을 보고 현직 주지사의 투표함을 확인할 수 있었다. 그런데 한창 흑인들이 투표하기 위해 줄을 서고 있을 때 햄프턴 지지자가 갑자기 허공을 향해 총 한 발을 발사했다. 그렇게 당연히 소동이 일어났고 사람들의 시선이 다른 곳으로 쏠렸을 바로 그때 투표함을 바꿔치기 한 것이었다. 총소리를 들은 흑인들은 불안한 마음에 투표함이 바뀐 줄도 모르고 가능한 한 빨리 투표하기 위해 서둘렀고 그 결과 햄프턴의 투표함에 무더기로 표가 모이게 되었다.

내가 열 살이 되었을 무렵 또 다른 선거가 있었고 아버지는 병원 일과 선거 일로 너무나 바빠서 거의 집에 있는 날이 없을 정도였다. 때로는 병원 일보다 선거 관련 일을 먼저 처리하기도 했다. 그러던 어느 날 집 밖에서 뭔가 큰 소리가 들려왔고 깜짝 놀란 어머니는 하트위그 형과 나에게 가서 총을 가져오라고 시켰다.

우리는 각각 소총 한 자루씩을 집어 들고 돌아왔고 어머니는 총을 장전하고 2층 창가에 가서 자리를 잡으라고 했다.

"하지만 내가 쏘라고 할 때까지는 가만히 있어야 한다." 어머니는 우리에게 이렇게 주의를 주었다.

우리는 어머니가 시킨 대로 창가에 자리를 잡고 거의 우리 키 만큼이나 큰 구식 소총을 움켜쥔 채 거리를 돌아다니는 흑인들을 내려다보았다. 가슴이 터질 것처럼 쿵쾅거렸다. 모두 싸구려 술을 잔뜩 퍼마시고는 투표장이나 유세장으로 몰려가고 있었다.

다음에 무슨 일이 일어났는지는 정확히 기억나지 않는다. 흑인한 사람이 나무 뒤에서 떨어졌고 모두 우르르 도망쳤던 모습만 기억에 남아있다. 우리는 무슨 일이 벌어졌는지 알아보기 위해 그 흑인남자가 쓰러져 있는 곳으로 달려갔다. 남자의 머리에는 도끼로 맞은 듯한 상처가 있었고 어머니는 물로 상처를 씻고 약을 발라주었다. 그흑인 남자가 어떻게 되었는지는 알 수 없었다. 그렇지만 머리에 그정도로 심한 상처를 입고 오래 버틸 수는 없었을 것이다. 이런 식으로 사상자가 발생하는 건 드문 일이 아니었고 역시 가장 고통을 받았던 사람들은 흑인들이었다.

이런저런 일들이 일어나고 있는 와중에 우리는 마침 아버지가 KKK단의 단원이라는 사실을 알게 됐다. 다만 아버지는 폭력을 좋아하는 잔혹한 사람이었기 때문에 KKK단의 단원이 된 것은 아니었다. 아버지는 남부 출신이면서 북부 사람들의 앞잡이 노릇을 했던 어떤 사람의 임종을 지켜보고 돌아온 일이 있었다. 집에 돌아온 아버지는 그렇게 죽어가는 사람을 보러 온 친구나 친척이 한 사람도 없었다고 말하면서 "정치적 견해 차이로 인해 이렇게 인간의 도리마저 잊어버린 사람들을 보는 것"은 참으로 서글픈 일이라고 했다.

아버지에게는 흑인들에 대한 편견이나 북부에 대한 원한 같은 것은 없었다. 아버지는 이성적으로 문제를 해결하지 않으려 했던 북부와 남부의 극단주의자들 때문에 남북 전쟁이 일어난 것이라고 성토했다. 아버지는 링컨 대통령이 암살 당하지 않았다면 전쟁이 끝난 후에도 이런 혼란은 없었을 것이라고도 했다. 하지만 어쨌든 전쟁에 패한 남부의 상황은 아버지를 억압했고 아버지는 그런 남부의 해방을 위해 싸웠다. 그렇지만 흑인이 이런 투쟁의 한가운데에 갇히게 된 것은 참으로 비극적인 일이며 미국의 인종차별 문제는 오늘날까지도 전혀 해결의 기미를 보이지 않고 있다.

4

다른 모든 아이처럼 나 역시 어린 시절 영웅처럼 우러러보던 사람들이 있었다. 하지만 그 영웅들은 책보다는 주로 친척이나 주변 사람들 속에 더 많이 있었다.

나는 남군 총사령관이었던 로버트 E. 리 장군이 그야말로 완전한 인격체라고 믿으며 자라났다. 아버지는 종종 리 장군을 내가 하는 모든 행동과 말의 모범으로 삼으라고 말하곤 했다.

"더 이상 어떻게 할 수 없을 때까지, 그리고 아무런 후회가 남지 않도록 늘 최선을 다하라." 리 장군의 말이다.

보르가드Beauregard나 스톤월 잭슨Stonewall Jackson, 그리고 잽 스튜어트Jeb Stuart 같은 장군들도 독립 전쟁 당시 영국군과 싸웠던 용감한 병사들과 함께 역사에 빛나는 인물들이었다. 나는 때로는 국부 조지 워싱턴보다도 어려운 상황에서도 이렇게 최전선에서 싸웠던 장군이나 병사들이 더 위대하다고 생각했다.

그 밖에 친척이나 실제로 아는 사람 중 나는 아버지의 후견인이었던 맨스 바움, 아버지의 친형제인 허먼 바루크와 조 바루크 삼촌, 그리고 외종조부인 피셸 코헨Fischel Cohen 등을 좋아했다.

17세에 독일에서 미국으로 건너온 작은아버지 헤르만은 이름을 미국식인 허먼으로 바꾸고 새로운 나라에서 활기차고 자유분방하게 살아갔으며 앞서 언급했던 것처럼 남북 전쟁이 일어났을 때는 여자들의 얼굴을 보기 부끄럽다며 전쟁터로 달려가기도 했었다. 캠든에서 상인으로 가장 크게 성공한 맨스 바움 밑에서 일을 배운 허먼 작은아버지는 자기만의 가게를 열었고 사업 때문에 뉴욕을 오가며 겪었던 재미있는 이야기로 우리를 즐겁게 해주기도 했다. 물론 우리를 더 즐겁게 만들었던 건 삼촌이 잊지 않고 가져다주는 선물이었다.

독일에 있을 때 울란_{Uhlan} 기병 연대에서 복무하기도 했던 아버지의 막내 동생 조는 우리 형제들의 기억 속에 "운동 신경이 탁월했던 사람"으로 남아있으며 우리 집 뒷마당에 평행봉을 설치하고 운동법을 가르쳐주기도 했다. 외가 쪽에서는 어머니의 왈가닥 막내 여동생 새라 이모가 종종 윈스보로에서 우리를 찾아와 함께 평행봉을 하곤 했는데 이모가 평행봉에 발만 걸어놓고 거꾸로 매달리는 걸 보고 다들 얼마나 깜짝 놀랐는지 모른다.

나는 외증조부인 랍비 하트위그 코헨의 외아들이자 내 외종조부 피셸 코헨을 크게 존경했다. 피셸 코헨은 보르가드 장군의 참모로 통신을 담당했고 자신이 겪었던 전쟁과 관련해서는 여러 우스갯소리를 들려주었다.

"물론 나도 용감하게 싸웠지. 항상 탄약이 떨어질 염려가 없는 안전한 곳에서 싸우기는 했지만 말이야."

피셸 외종조부는 밴조도 칠 줄 알았고 노래도 꽤 많이 알고 있었다. 그중에는 이런 노래도 있었다.

"장군님을 따라 죽을 때까지 싸우느니,

고향에 돌아가 고향 땅을 지키면 안 될까요."

나는 피셸 외종조부가 밴조를, 그리고 어머니가 피아노를 치며 거실을 가득 채운 사람들이 남부의 옛 노래들을 부르던 행복했던 저녁 시간이 기억난다. 그 후로 70여 년 동안 듣지 못했던 그때의 노래는 항상 다음과 같은 구절로 끝이 났다. "그리고 새라를 위해 종소리가 울려 퍼졌다!"

여배우로서 재능이 있었던 어머니는 아들들도 연기나 노래를 하게 되기를 간절히 바랐지만 한 명도 그런 어머니의 기대를 채워주지 못했다. 맏형 하트위그와 막내 세일링이 겨우 악기를 다룰 수 있을 정도였고 나로 말하자면 휘파람조차 제대로 불지 못했다.

사실 아무에게도 말은 하지 않았지만 내가 어린 시절 존경했던 사람 중에는 체스터필드 카운티_{Chesterfield County}에서 결투 대결로 유명했던 캐시 가문의 보건 캐시_{Boggan Cash}도 있었다. 보건 캐시의 아버지 E.B.C. 캐시 대령은 아버지가 군의관으로 복무하던 여단의 연대장이었고 보건 캐시는 당시 너무 어려 남북 전쟁에 참전하지는 못했지만 나중에 자신의 사격 솜씨를 뽐낼 기회를 잃은 것을 만회하기 위해 다른 쪽으로 노력했다.

내가 어렸을 때 사우스캐롤라이나에서는 결투가 그리 드물지 않았다. 특히 캠든에서는 자주 결투가 벌어졌다. 나는 보건 캐시가 팩토리 연못 근처에서 과녁을 세워놓고 사격 연습하는 걸 자주 보았다. 때로 그는 근처에 나이가 좀 많은 아이가 있으면 자신을 위해 "준비, 발사!"라는 구령을 외치게 했다.

그런데 이 보건 캐시가 연루된 결투로 인해 결국 아버지가 사우스캐롤라이나를 떠나게 됨으로써 결과적으로 그는 나의 삶에 깊은 영향을 끼치게 되었다.

사건은 캐시 부인의 오빠가 술에 취해 소동을 벌이다 다른 사람을 폭행하면서 시작되었다. 캐시 부인의 오빠는 법원의 배상 판결이 나오기 전에 일부 재산을 여동생의 이름으로 빼돌렸고 폭행을 당한 남자의 변호사인 윌리엄 M. 섀넌_{William M. Shannon} 대령은 이걸 계획적인 사기 행위로 보고 별도의 소송을 제기했다.

그러자 이 사기 관련 소송을 캐시 부인에 대한 모욕으로 받아들인 남편 캐시 대령과 아들 보건 캐시는 섀넌 대령을 지속해서 대놓고 모욕하기 시작했고 평화주의자였던 대령은 1년여를 참고 참은 끝에 결국 캐시 대령에게 결투를 신청했다.

이 섀넌 대령 가족은 우리와 가까운 사이였다. 대령은 새로운 농업 기술을 장려하기 위해 농업 관련 축제를 되살려 진행했고 어머니는 우리 형제들을 보고 대령의 예의 바른 태도를 보고 배우라고 자주 말하곤 했었다.

결투는 1880년 7월 5일 달링턴 카운티_{Darlington County}에 있는 두 보스 다리_{Du Bose's Bridge}에서 열렸다. 혹시 일어날지 모를 불상사를 피하기 위해 아버지는 섀넌 대령이 모르게 보안관에게 결투가 벌어지는 시간과 장소를 알려주었다. 보안관은 자기가 가서 결투를 막겠다고 아버지에게 약속했다.

섀넌 대령은 주치의인 버넷과 함께 제일 먼저 두 보스 다리에 도착했고 뒤이어 아버지와 몇몇 친구들이 나타났다. 그리고 몇 분 뒤 캐시 대령도 모습을 드러냈다. 그렇지만 보안관의 모습은 어디에도 보이지 않았다. 심판 역할을 맡은 버넷 의사가 거리를 잰 후 제비뽑기로 위치를 정했다. 여전히 보안관의 모습은 보이지 않았다.

마침내 결투의 당사자들이 자기 위치에 섰고 신호가 떨어지자 섀넌 대령이 먼저 총을 쏘았다. 하지만 총알은 캐시 대령 발밑을 스쳐 지나갔다. 캐시 대령은 신중하게 겨냥한 뒤 총을 쏘았고 섀넌 대령은 총을 맞고 바닥에 쓰러졌다. 사람들이 달려갔지만 이미 손을 쓰기에는 너무 늦고 말았다.

그로부터 몇 분 뒤 보안관이 달려오는 소리가 들려왔다.

이 사건은 미국에서 거의 마지막으로 벌어진, 진짜 희생자가 발생한 결투 중 하나였다. 섀넌 대령은 캠든에서 큰 존경을 받고 있었기 때문에 그의 죽음은 엄청난 충격을 불러일으켰다. 나는 소총이며 산탄총으로 무장한 음울한 얼굴의 남자들이 말을 타고 아버지를 만나기 위해 찾아왔던 걸 기억하고 있다. 그중 한 젊은 남자는 섀넌 대령의 딸과 약혼을 한 사이였다.

아버지는 남자들을 만나 캐시 대령을 죽여 법의 심판을 대신하려 하지 말라고 호소했다. 하지만 일반 대중의 감정은 섀넌 대령의 죽음으로 크게 격앙되어 있었다. 그때까지 이 지역의 유지 대접을 받았던 캐시 대령은 사람들에게 따돌림을 받았고 미합중국 최초의 재무장관 알렉산더 해밀턴Alexander Hamilton을 결투에서 죽인 애론 버Aaron Burr가 이곳저곳을 떠돌아다니다 쓸쓸한 죽음을 맞았듯 캐시 대령 역시 그때까지 쌓아 올렸던 명예와 평판을 모두 잃고 말았다.

또한 이 비극으로 인해 사우스캐롤라이나에서는 결투를 불법화하고 몰래 결투한 사람은 공직에서 몰아내는 법안이 만들어졌다. 1951년 제임스 F. 번스James F. Byrnes가 주지사 취임식에서 자신은 한 번도 결투한 적이 없다는, 이제는 필요 없어진 그런 예전의 선언문을 여전히 계속 읽는 걸 보고 나는 그만 웃음이 터지고 말았다.

사실 그 전에 어머니는 아버지에게 북부로 가서 더 큰 기회를 찾아보라고 여러 번 권했었는데, 아버지는 두 사람의 결투를 막기 위해 계속 캠든에 머물러 있다가 결국 벌어진 결과를 보고 큰 충격을 받았다.

1880년 겨울, 아버지는 집과 병원, 그리고 농장을 처분했다. 거기에 저축했던 돈을 합치니 현금 자산이 총 1만 8,000달러쯤 되었다. 16년 동안 시골 의사로 일한 대가였다.

재산을 정리한 아버지는 뉴욕으로 떠났다. 얼마 지나지 않아 어머니와 우리 형제도 아버지의 뒤를 따랐다. 뉴욕에 가기 위해서는 먼저 마차를 타고 윈스보로로 가서 북부로 향하는 기차를 타야 했다. 기차까지 들고 간 음식 바구니 안에는 외할머니의 과자를 비롯한 먹을거리가 들어있었다. 바구니에 든 먹을거리를 다 먹어 치운 뒤에는 역에 정차할 때마다 기차에서 내려 식당을 찾았다. 음식이 가장 만족스러웠던 건 리치몬드였고 지금까지도 나는 리치몬드 식당의 음식을 먹을 때마다 만족하고 있다. 우리는 해가 질 무렵 뉴저지에 도착했고 거기서 연락선을 타고 허드슨강을 건넜다.

4장
/
낯선 뉴욕에서의 생활

1

거대한 도시 뉴욕은 시골에서 방금 올라온 네 명의 남자아이들에게는 낯선 신세계나 마찬가지였다. 처음에는 뭔가 압도당하는 듯한 두려운 느낌이 들기도 했다. 당시 나는 아직 열한 살이었고 또한 여전히 수줍음이 아주 많았으니까. 게다가 뉴욕으로 오기 전 사우스캐롤라이나에서 겪었던 일 때문인지 뉴욕이 그리 우호적이지 않은 곳이라는 인상도 받았었다.

예전에 뉴욕에 사는 친척 아주머니 한 사람이 캠든의 우리 집을 찾아온 적이 있었는데 우리 형제들은 얼굴과 손을 박박 닦고는 그 아주머니를 기다렸다. 우리는 뉴욕 같은 대도시 사람은 어떻게 생겼는지 몹시 궁금했다.

지금 기억에 첫 만남에서 아주머니는 손잡이가 달린 코안경을 들고 우리를 가만히 쳐다보았던 것 같다. 때는 여름이었고 우리는 맨발차림이었다. 뉴욕에서 온 아주머니는 우리 발을 보더니 "신발이라도 좀 사서 신으라"며 동전 한 푼을 던졌다. 물론 농담이었겠지만 그런 농담을 이해할 수 없었던 우리는 그 자리에서 달아나고 말았다.

캠든에 살 때는 유대교의 안식일인 토요일이나 아니면 꼭 필요할 때 말고는 신발을 신지 않았다. 하지만 뉴욕에서는 매일 신발을 신어야 했다. 그래서인지 우리 형제들은 늘 잘 닦인 뉴욕의 인도를 캠든 주변의 숲길과 비교하며 낯선 느낌을 받곤 했다.

아직도 기억나지만 이 대도시에서 받은 첫인상 중에는 증기를 뿜어내며 머리 위로 달리는 고가 열차나 주방이나 욕실의 수도꼭지를 봤을 때의 놀라움도 포함되어 있다. 사실, 남부에서 살 때와는 다르게 목욕하기 위해 우물에서 물을 길어올 필요가 없다는 건 뉴욕 생활의 즐거움 중 하나였다.

하트위그 형이 맏형으로서 보여준 든든한 모습이 아니었다면 처음 뉴욕에 도착한 이후 겪었던 일들을 다 제대로 견뎌내지는 못했을 것이다. 형은 무엇을 보아도 겁을 먹지 않았고 마치 지금까지 종종 맞서 싸워왔던 덩치 크고 거친 그런 아이가 그저 한 명 더 나타난 것처럼 그렇게 대도시 뉴욕을 보고도 뒤로 물러서지 않았다.

뉴욕에 마련한 새집은 캠든에 있던 넓은 집과 비교하면 여간 좁은 게 아니었다. 아버지는 57번가 144번지에 있는 적갈색 벽돌로 지은 4층 주택의 꼭대기 층을 찾아 방 두 칸을 빌렸다. 어머니와 아버지, 그리고 허먼과 세일링이 방 하나를, 그리고 하트위그 형과 내가 남은 방 하나를 차지했다. 북부에서 맞이한 첫 겨울을 우리는 굴뚝이 지나가는 벽 앞에 옹기종기 모여 앉아 보냈다.

우리가 살고 있는 집은 사실상 식사가 제공되는 하숙집이나 기숙사에 가까웠다. 꽤 시간이 흐른 후 나는 작은 소극장에 자주 출입하게 되었고 그곳에서 보여주는 짧은 희극이나 공연을 보며 웃음을 터트리곤 했는데 셋집이나 셋방살이에 대한 내용을 보면서는 절대로 웃을 수가 없었다. 뉴욕에 처음 이사 와서 보냈던 시간이 계속 머릿속에 떠올랐기 때문이다.

그래도 집주인은 세입자들이 편안하게 지낼 수 있도록 최선을 다 해주었다. 당시 나는 집주인이 결혼을 했는지 안 했는지는 구분도 안 가고 신경도 쓰이지 않을 정도로 어렸지만 어쨌든 주인은 제이콥스 라는 이름의 여성이었고 덩치가 꽤 컸다. 그리고 이마 위로는 곱슬머 리를 늘어트리고 있었다.

집주인 제이콥스는 우리 형제들이 마음에 들었던 모양인지 밥을 먹을 때면 언제나 건포도나 다른 과일을 따로 준비해주었고 때로는 우리 옷 주머니 안에 슬그머니 과자나 사탕을 넣어줄 때도 있었다. 그런 집주인의 친절 덕분인지 우리는 불안하고 낯선 기분을 어느 정 도 추스를 수 있었다.

그런데 우리가 뉴욕으로 이주한 지 얼마 지나지 않아 아버지의 몸이 안 좋아졌다. 의사들은 심장에 문제가 있다며 살날이 얼마 남지 않았다는 진단을 내렸다. 아버지는 그 말을 듣자마자 다시 남부로 돌 아가려 했지만 다행히 앨프리드 루미스Alfred Loomis라는 저명한 의사 를 찾아갔고 낯선 곳에서 가족과 함께 살아가야 한다는 걱정 때문에 소화 불량이 일어난 것뿐이라는 설명을 들었다. 루미스 의사의 말대 로 아버지를 찾는 환자들과 함께 수입도 늘어나기 시작했고 아버지 는 곧 몸을 회복했다.

그러는 사이 어머니는 우리 형제들을 54번가에 있는 P.S. 069 공 립학교에 입학시켰다. 이 학교의 교장 선생님은 매튜 엘가스Mathew Elgas라는 사람으로 아주 친절한 사람이었다. 엘가스 선생님은 나를 직접 담임선생님에게 데려가 인사를 시켰고 당시의 일은 나의 가장 행복한 추억 중 하나로 남아있다. 담임이었던 캐서린 드베레 블레이 크Katherine Devereux Blake 선생님은 새로운 환경을 마주하고 혼란에 빠진 내가 마음을 붙잡을 수 있도록 가장 크게 도움을 준 사람이었다. 나는 지금도 그녀의 첫인사를 기억하고 있다. "버나드, 만나서 정말로 반가워요. 다른 반 친구들도 분명히 나처럼 새로 만난 친구를 반가워할 거예요."

처음에는 나를 앞자리에 앉히기만 했고 별로 관심을 보이는 것 같지 않았지만 오후가 되어 수업이 끝나자 반 아이들에게 나를 집까지 데려다주고 며칠 동안 학교로 오는 길을 익힐 때까지 같이 다녀줄 친구가 없는지 물어보는 것이었다. 그러자 클래런스 하우스만Clarence Housman이라는 통통한 아이가 재빨리 손을 들었다. 그로부터 14년 후 클래런스와 나는 월가에서 동료로서 함께 일하는 사이가 된다.

나는 학생으로서 블레이크 선생님에게 처음으로 상을 받았다. 그때 부상으로 받았던 책인 『올리버 트위스트Oliver Twist』는 여전히 내 서재 책꽂이에 꽂혀 있으며 거기에는 이런 글이 적혀 있다. "우수한 성적과 단정한 행실로 타의 모범이 되었기에 이 상을 수여함. 1881년 6월."

블레이크 선생님과 나는 1950년 선생님이 세상을 떠날 때까지 서로 연락하고 지냈고 존 헤인즈 홈즈 커뮤니티 교회John Haynes Holmes' Community Church에서 열린 장례식에는 직접 참석해 추도문을 읽기도 했다. 나는 선생님을 생각할 때마다 항상 우리 사회가 학교 교사들에게 얼마나 많은 빚을 지고 있는지 절실하게 느끼곤 한다.

오늘날의 미국이라는 국가의 정체성과 양심을 세운 사람들은 다름 아닌 교사들, 특히 아주 어린 아이들을 가르치는 교사들이다. 우리는 이런 교사들이 어린 세대들에게 품위를 지키고 모든 일에 최선을 다해야 한다는 교훈을 계속해서 가르쳐주기를 기대하고 있다. 하지만 불과 얼마 전에 어떤 고등학교 설문조사에서 가장 싫어하는 직업이 교사라는 결과가 나왔던 것도 기억난다.

교사에게는 최소한 생활에 어려움이 없을 정도의 봉급이 지급되어야 한다. 그리고 우리 사회에 대한 이들의 지대한 공헌 역시 대중의 인정을 받아야 한다. 나는 영화배우들이 매년 아카데미상을 받듯 교사들도 자신들의 가치를 인정해주는 그런 상을 받아야 한다고 늘 생각한다. 배우와 작가, 운동선수를 비롯한 많은 사람에게 그런 분명히 확인할 수 있는 적절한 명예가 정기적으로 주어져야 한다는 것이다.

2

뉴욕 생활에 점점 더 익숙해지면서 캠든에 대한 그리움도 조금씩 사라져갔다. 예를 들면 우리는 대도시 안에서도 남자아이들이 놀 수 있는 공간이 있다는 사실을 알게 되었다. 지금은 프라자호텔이 있는 59번가의 경우, 당시 성질 나쁜 개를 키우는 어느 판잣집 한 채를 제외하고는 전부 공터였다. 57번가 북쪽 역시 가드너라는 사람이 주인으로 있는 대장간과 건물 몇 채를 제외하면 공터나 다름없었다. 대장간 주인의 아들은 나와 같은 반 친구이기도 했다. 우리는 그의 아버지가 일하는 것을 보고 그 건장한 덩치를 부러워하곤 했다.

그런데 이런 공터는 이웃하고 있는 패거리들이 서로 놀면서 부딪히는 곳이기도 했다. 사실 우리는 얼마 지나지 않아 캠든의 '윗동네'와 '아랫동네' 아이들 사이의 다툼이 일어날 것만 같은 분위기에 빠져들었다. '52번가 패거리'들은 근처에서 가장 거칠고 난폭한 아이들의 모임이었다.

캠든에서와 마찬가지로 우리 체면을 세워주기 위한 대결은 하트위그 형이 맡기로 했다. 형은 존스턴이라는 잘생긴 아일랜드 아이를 비롯해 52번가 패거리들의 아이들을 여럿 쓰러트렸다. 나를 포함한 아이들은 존스턴을 도저히 이길 수 없었다. 하트위그 형은 학교 계단에서 존스턴을 채찍으로 후려치기까지 했는데, 그걸 마지막으로 존스턴은 선생님에게 하트위그 형에 대해 일러바쳤고 형은 정학 처분을 받았다. 결국 학교까지 옮겨야 했지만 어쨌든 존스턴 패거리와의 다툼은 그 일로 일단락되었다.

여름이면 '좀 더 북쪽에 있는' 워싱턴 하이츠Washington Heights에서 특히 더 행복한 시간을 보낼 수 있었다. 당시만 해도 워싱턴 하이츠 지역은 대부분 시골이나 마찬가지였다. 여름에 아버지를 대신해 병원을 봐준 사람은 윌리엄 프로딩험William Frothingham 선생이었고 이런 관계는 몇 년 동안 계속되었다. 대신 우리는 여름에 157번가에 있는 프로딩험 선생의 널찍한 집에 머물렀다.

지금 기억으로 내 방은 집 뒤쪽에 있었고 그 방에서는 지금 폴로 경기장이 있는 자리가 내려다보였다. 나중에 그쪽으로 내려가 봤을 때 알게 된 사실이지만 거기에는 온갖 나무에 관목과 덩굴, 거기에 담쟁이덩굴까지 서로 잔뜩 얽혀서 자라고 있었다.

당시에는 50센트만 있으면 바닥이 평평한 작은 배를 빌려 할렘강 Harlem River의 야트막한 물줄기와 습지를 따라 오르내릴 수 있었다. 그렇게 배를 타고 가며 물고기나 민물 게를 잡는 것이다.

그러던 어느 날, 좀 특별한 강가 탐험을 나섰다가 나는 큰 봉변을 당할 뻔했다. 그날 하트위그 형과 나는 아침나절을 물고기와 게를 잡으며 보냈고 점심 도시락을 먹은 후 할렘강을 따라 나 있는 뉴욕 중앙 철도 교각에 앉아 있던 다른 남자아이들 몇 명과 함께 어울렸다. 하트위그 형과 나는 남태평양 군도의 원주민들과 보냈다는 등의 있지도 않은 이야기를 멋대로 꾸며내며 새로 만난 친구들을 즐겁게 만들어주었다.

강을 거슬러 집으로 돌아오면서 우리 형제는 가짜 이야기로 아이들을 멋지게 속인 걸 재미있어 하며 함께 큰 소리로 웃어댔다. 나는 뒤쪽 뱃전에 아슬아슬하게 균형을 잡고 앉아 있었는데, 갑자기 다른 배가 와서 부딪히면서 젓고 있던 노가 뛰어 올라 내 몸을 때렸고 나는 야트막한 강물에 머리부터 먼저 빠지고 말았다.

진흙으로 된 강바닥에 처박힌 나는 거기서 벗어나려고 허우적거렸고 그 시간은 마치 몇 년처럼 느껴졌다. 그런 와중에 지금까지 살아오면서 있었던 여러 가지 일들이 머릿속을 스쳐 지나갔다. '아까 그 남태평양 군도 이야기를 엉터리로 지어낸 벌을 지금 받고 있는 것이 아닐까? 아니면 그때 그 검은 고양이를 죽이지 말았어야 했나? 아무리 검은 고양이가 불행을 가져온다고 해도? 무엇보다 내가 여기서 비극적인 최후를 맞는다면 어머니는 얼마나 괴로워하실까…….'

그러다가 나는 겨우 물 위로 얼굴을 내밀 수 있었고, 내 얼굴에는 온통 부드러운 검은색 진흙이 가득 묻어 있었다. 우리와 충돌했던 배의 남자들은 노로 강물을 휘저으며 나를 찾고 있었고 하트위그 형은 뱃전에 웅크리고 앉아 나를 찾아 강물 속으로 뛰어들 준비를 하고 있었다.

다들 내 모습을 보고 웃기 시작했지만, 물이며 흙을 삼킨 내가 얼마나 힘들어하는지를 보고 이내 웃음을 그쳤다. 물가로 끌려 올라온 나는 통 위에 엎드려 앞뒤로 몸을 흔들며 삼켰던 물을 토해냈다.

집으로 돌아오면서 나는 어머니가 무슨 일이 있었는지 알아차리면 어떻게 하나 하는 걱정뿐이었다. 우리는 집에 늦게 도착했고 어머니는 우리가 돌아왔다는 안도감에 더 이상 아무런 질문도 하지 않았다.

부모님도 뉴욕의 새로운 생활에 즐겁게 적응해갔다. 아버지는 의사들 사이에서 크게 인정을 받을 만한 명성을 꾸준히 쌓아가고 있었다. 무엇보다 과학적인 수치료_{水治療}의 선구자로 가장 크게 명성을 얻었고, 또한 미국 최초로 수치료를 가르치는 교수가 되었다. 하지만 이미 그 이전에 아버지는 가난한 사람들을 위한 공중목욕탕을 처음 시작했으며 천공성 맹장염을 처음 진단하고 수술까지 성공적으로 마친 최초의 의사 중 한 사람으로 이름이 알려져 있었다.

1887년 크리스마스 연휴에 있었던 일이다. 허먼 작은아버지의 동업자인 새뮤얼 위트코우스키_{Samuel Wittkowsky}의 아들이 뉴욕을 찾아왔다가 "장기에 염증이 생겼다"는 진단을 받았다. 아버지는 H. B. 샌즈_{Sands}와 윌리엄 T. 불_{Bull}, 두 사람의 외과 전문의를 불러들여 의논을 했고, 자신이라면 맹장 제거 수술을 할 것이라고 말했다. 샌즈 선생은 그러다가 죽을 수도 있다고 반대했지만 아버지는 수술하지 않으면 죽을 것이라고 다시 반박했다.

염증이 발생한 맹장은 1887년 12월 30일 제거되었고 환자는 곧 건강을 회복했다.

1889년 저명한 외과 의사인 A. J. 와이어스_{Wyeth}는 뉴욕 의학 협회에서 이 일을 언급하며 이렇게 선언했다. "맹장 수술에 대해서라면 다른 누구도 아닌 사이먼 바루크에게 의사들과 환자들 모두 큰 빚을 지고 있다."

프로딩험 선생과 지역을 바꿔 진료하면서 아버지는 불량 청소년이나 비행 청소년, 혹은 아이들을 교화시키는 뉴욕 교화 시설의 진료도 담당했는데, 아마도 그때부터 공중목욕탕에 관심이 생기기 시작한 것 같다. 당시 뉴욕시에서는 허드슨강 위에 '수상 수영장'이라는 시설을 설치했다. 강 위에 바닥이 평평한 커다란 배 한 척을 띄우고 그 바닥을 뜯어내 여름이면 아이들이나 청소년들이 안전하게 그 안에서 물놀이를 할 수 있도록 만든 곳이 바로 수상 수영장이었다. 그런데 그 무렵에는 뉴욕시의 폐수가 그대로 허드슨강으로 흘러 들어가고 있었기 때문에 아버지는 맨해튼섬을 '폐수 위에 뜬 섬'이라고 부르곤 했다.

아버지는 뉴욕 의학 협회 위생 위원회 위원장으로서 뉴욕과 시카고에 최초로 시에서 운영하는 공중목욕탕을 세우기 위한 기나긴 여정을 시작했다. 1901년 처음 문을 연 리빙턴 스트리트 목욕탕The Rivington Street baths은 훗날 이런 아버지의 노력을 기리기 위해 그 이름을 리밍턴 스트리트 사이먼 바루크 공중목욕탕Dr. Simon Baruch Public Bath on Rivington Street으로 바꾸게 된다.

어머니 역시 이런 공공사업이나 자선 사업에 관심이 많았다. 어머니는 말솜씨가 뛰어났기 때문에 여러 모임이나 자선 단체에서 연사로 초대를 받는 경우가 많았는데, 어머니는 미국 혁명의 딸들Daughters of the American Revolution과 남부의 딸들Daughters of the Confederacy이라는 단체의 뉴욕 지부 소속이었으며 그 밖에도 유대교와 개신교, 천주교 등 종파를 가리지 않고 모든 종류의 교단이나 단체에서 펼치는 자선 활동에 관심을 보였다. 합당한 이유가 있다면 어머니는 특별히 종파나 교파 같은 것에는 신경을 쓰지 않았다.

어느 해 여름 어머니는 드렉셀 모건 투자 회사를 운영하는 J. 후드 라이트Hood Wright의 아내인 라이트 부인과 알고 지내게 되었다. 라이트 부인이 라이트 병원 설립을 위한 자금을 모으기 위해 자선 행사를 계획했을 때 큰 도움을 준 것이 바로 우리 어머니였다. 라이트 병원은 나중에 니커보커Knickerbocker 병원으로 그 이름이 바뀌었고 아버지도 가끔 객원 의사로 그 병원에서 일을 했다.

어머니에게 뉴욕 생활이 만족스러웠던 또 한 가지 이유는 바로 유대교 회당이었다. 캠든에는 유대교 회당이 없어서 어머니는 가끔 찰스턴에 갔을 때만 회당을 찾아 유대식으로 예배를 볼 수 있었다.

어머니는 그렇게 뉴욕에서 유대인 회당을 드나들었을 뿐만 아니라 일반 개신교 친구들과 어울려 교회 예배에도 자주 참석했다. 침례교 목사이자 강경한 남부 지지파였고 『동지들The Clansman』이라는 KKK단에 대한 책을 쓰기도 한 토머스 딕슨Thomas Dixon 목사의 설교를 듣는 것도 좋아했고 헨리 워드 비처Henry Ward Beecher의 전도회에 참석하러 브루클린에 자주 가기도 했다.

비처 목사는 사실 간통 사건에 연루된 적이 있었고 그 때문에 짓궂은 아이들이 길거리에서 그 사건과 관련된 노래를 만들어 부르기도 했는데, 어느 날인가 우리 형제 중 하나가 이 노래를 부르며 집으로 들어온 적이 있었다.

"주일학교 교사인 헨리 워드 비처는……"

하지만 아버지의 표정이 바뀌는 걸 보고 바로 입을 다물고 말았다.

언젠가 어머니는 유대인이면서 어떻게 기독교 교회에 가서 그리스도를 위한 예배를 볼 수 있냐는 말을 들은 적이 있었다. 그때 어머니는 이렇게 대답했다. "그리스도가 구세주가 아닐 수도 있겠지만, 그의 모든 행위는 물론, 그의 삶과 죽음 자체가 신성했으니까요."

4

어느 겨울날 하트위그 형과 나, 그리고 드러커_{Drucker} 형제가 함께 가드너 씨의 대장간 근처에서 놀고 있을 때 다른 패거리들이 몰려와 눈싸움이 시작되었다. 얼마 지나지 않아 상대편에서는 돌들이 날아왔고 수적으로 열세였던 우리는 우리가 살고 있는 셋집 안으로 도망쳐 들어갔다. 패거리들은 집까지 따라 들어오지는 못하고 밖에 서서 뭐라고 소리쳤다.

나는 그때 처음으로 '시니_{sheenie}'라는 말을 들었다. 우리의 남부 억양 때문에 이곳 아이들이 우리 말투를 흉내 냈고 그건 곧 시비를 거는 것이나 마찬가지였지만, 유대인을 비하하는 욕설인 '시니'라는 말은 듣게 된 건 이번이 처음이었던 것이다. 사실 하트위그 형도 나도 드러커 형제가 그 뜻을 설명해줄 때까지는 우리가 무슨 소리를 들었는지 제대로 알아차리지 못했다.

나도 이제 우리에게 욕을 한 패거리의 우두머리를 알아볼 수 있었다. 파란색 눈동자에 검은 속눈썹, 그리고 아직 아기처럼 뽀얀 피부의 통통하고 건강해 보이는 아이였다. 하트위그 형은 곧 집 밖으로 나갔고 이내 아이들에게 둘러싸였다. 나는 형을 도우러 따라갔지만 이내 제압당하고 말았다. 그러자 형은 내게 위층으로 달려가 거기 세워

놓은 몽둥이를 가져오라고 외쳤다. 내가 몽둥이를 가져오자 하트위그 형은 몽둥이를 마구 휘둘렀고 이내 아이들이 멀찌감치 물러났다.

하트위그 형은 그런 아이들을 보고 겁쟁이라고 소리치며 누구라도 붙어보겠냐고 말했고 그러자 한 덩치 큰 아이가 나오더니 일대일로 대결하겠다고 했다. 형은 하트위그라는 이름이 한동안 이 근처에서 유명해질 정도로 상대방을 두들겨 팼고, 그 뒤로는 그 누구도 우리를 보고 '시니'라고 부르지 않았다.

그날의 싸움으로 나는 그때까지 거의 알아차리지 못했던 유대인에 대한 편견을 처음 알게 되었고 어른이 되고 나서는 자주 그런 편견과 부딪히게 되었다.

사우스캐롤라이나에서 살던 무렵에는 유대인이라고 해서 어떤 차별을 받았던 기억은 단 한 번도 없다. 캠든에는 우리 말고도 유대인 가정이 다섯에서 여섯 정도 살고 있었고 드 레온De Leon 집안과 레비Levy 집안은 북아메리카가 영국의 식민지이던 시절부터 정착해 살아온 사람들이었다. 바움과 위트코우스키 집안은 그보다는 좀 더 나중에 건너왔지만 모두 주위에서 존경 받는 사람들이었다. 특히 드 레온 집안은 군의관이나 외교관들을 포함해 수많은 유명인을 배출한 남부에서도 유명한 집안이었다. 예컨대 나는 직접 본 적은 없지만 어떤 군의관은 남북 전쟁 당시 남부의 항복을 끝까지 인정하지 않았고 멕시코로 도망을 쳤다고 한다. 훗날 그는 그랜트 대통령의 부탁으로 다시 미국으로 돌아와 서부 지역에서 의술을 펼쳤다고 한다.

캠든에는 유대교의 회당이 없었기 때문에 어머니는 집에서 우리에게 유대교의 기도문을 읽어주곤 했다. 유대교의 안식일인 토요일이 되면 우리는 가장 좋은 옷과 신발을 신었고 집안에서만 지냈다.

캠든에서 토요일은 '대단히 중요한 날'이었고 꽤 먼 곳에서도 여러 가지 볼일을 보기 위해 모여들었기 때문에 그렇게 집안에만 갇혀 있는 건 참으로 견디기 어려운 일이었다.

그런 와중에도 어머니는 이웃을 존중한다는 뜻으로 기독교의 안식일인 일요일에도 우리에게 좋은 옷을 입히고 '예의 바르게' 행동하라고 말했다.

어쨌든 이런 종교의 차이 덕분에 우리는 서로를 존중해야 한다는 의식을 갖게 되었다. 또한 1913년, 거의 30여 년이 지난 후 캠든에 다시 돌아왔을 때 당시 주변 사람들이 아버지를 얼마나 존경했는지를 나는 절절하게 깨달을 수 있었다. 기차역까지 나를 태우러 온 흑인 운전기사는 예전에 우리 가족이 살았던 집을 지나치며 이렇게 말했다. "예전에 여기 어떤 의사 선생님이 살았는데, 북부 놈들이 온갖 애를 써서 그분을 모셔갔지요. 그런데 그 의사 선생님이 떠나고 나니 무슨 일만 있으면 사람들이 속절없이 죽어 나갔지 뭡니까."

어머니는 엄격한 유대인 가정에서 자랐고 아버지보다는 어머니가 더 유대인의 절기를 지키는 걸 큰 의미가 있는 일로 생각했다. 사우스캐롤라이나에서 아버지는 히브리자선협회Hebrew Benevolent Association를 이끌었으며 나는 우리 가족이 뉴욕으로 떠날 때 아버지가 제출했던 사직서의 사본을 아직도 가지고 있다. 그 편지에서 아버지는 유대교와 성경의 '높은 도덕성'에 대한 가르침을 계속 전파할 것을 촉구했다. 아버지는 도덕을 대단히 중시하는 분이셨지만 "하느님이 사람들을 칼로 다스리고 강요하는 분이라고는 생각하지 않는다"는 말을 했던 것도 나는 기억하고 있다.

어느 날인가 아버지는 우리 형제들을 서재로 부르셨다. 그리고 문을 꼭 닫은 후 세상을 떠날 때 어머니가 랍비를 불러 유대식의 마지막 기도를 드리려 해도 그러지 못하게 해달라고 우리에게 단단히 부탁했다. "그렇게 랍비를 불러 마지막 기도를 한들 하느님을 속이고 지은 죄가 없어지도록 할 수 있겠느냐"는 것이 아버지의 설명이었다.

아버지는 81세가 되어 뇌졸중을 앓았고 마침내 죽음이 가까워졌다는 사실을 알았다. 비슷한 무렵 어머니도 상태가 좋지 않아 자리에서 일어나지 못해 2층에서 계속 머물렀고 아버지는 3층 방을 떠나지 못했다.

어머니는 우리 형제들에게 82번가 유대인 회당에 있는 랍비 프레드릭 멘데스Frederick Mendes를 불러달라고 말했다. 아버지를 위한 마지막 기도를 부탁하기 위해서였다. 하지만 아버지는 이런 날이 올지 예상한 듯 불과 며칠 전 앞서 언급했던 부탁을 우리에게 했고 다시 그일을 상기하듯 이렇게 말했다. "내가 너희들을 위해 할 수 있는 마지막 일은 제대로 죽는 법을 보여주는 것이다."

결국 우리는 어머니에게 아버지와의 약속 때문에 어머니의 부탁을 들어줄 수 없음을 밝혔고 어머니는 몸을 돌리고 소리 없이 흐느꼈다.

아버지는 마지막에 자신이 정신을 잃고 발작을 일으키거나 않을까 걱정했지만 정말 죽는 순간까지 제정신을 유지했다. 아버지처럼 의사가 된 동생 허먼은 침대 가장자리에 앉아 "아버지 하트위그 형이 누군지 알아보시겠어요?"라고 묻자 아버지는 말을 하지는 못했지만, 눈을 돌려 하트위그 형을 바라보았다. 아버지는 화장해달라고 부탁했고, 아버지의 뒤를 이어 6개월 후 어머니가 돌아가셨을 때 우리는 어머니의 부탁에 따라 화장한 아버지의 유골을 어머니의 관에 함께 넣어 매장했다.

어린 시절 나는 종교 문제에 대해서만큼은 다른 형제들에 비해 유독 어머니를 더 많이 따랐다. 나는 랍비 멘데스에게 기도문도 충분히 읽을 수 있을 정도로 히브리어를 배웠다. 유대교 회당에도 꼬박꼬박 나갔고 대학을 졸업할 때까지 유대교의 모든 절기를 거룩하게 지키며 속죄일에는 또 유대교 교리에 따라 철저하게 금식도 했다.

대학 시절 나는 학생들을 대표해 여러 직책을 맡을 만큼 제법 인기가 나쁘지 않았지만, 지금은 친목 모임 정도로 알려진 당시 상류층 학생들의 이른바 '비밀 모임'에는 한 번도 초대받지 못했다. 그리고 이런 보이지 않는 차별은 월가는 물론 워싱턴에서 공직 생활을 할 때까지도 계속해서 이어졌다.

훗날 사회에 나가 어느 정도 성공과 명예를 얻고 난 후에는 아예 유대인을 대놓고 차별하는 무리가 노리는 집중 표적이 되었다. 자동차왕 헨리 포드Henry Ford가 발행했던 신문《디어본 인디펜던트Dearborn Independent》의 경우 한동안 상당한 지면을 할애해 나를 "국제적인 유대인 음모"의 주모자로 몰아가기도 했다. 이런 종류의 공격은 KKK단이나 찰스 E. 코울린Charles E. Coughlin 신부, 제럴드 L. K. 스미스Gerald L. K. Smith, 그리고 더들리 펠리Dudley Pelley에 의해 반복되었으며 나치 독일의 지도자인 아돌프 히틀러나 요제프 괴벨스는 말할 것도 없었다.

그렇지만 이런 경험은 내 아이들이 겪었던 차별을 보고 느낀 절망감에 비하면 정말 아무것도 아니었다. 나의 두 딸은 아내를 따라 영국 성공회를 믿었지만, 아내가 다녔던 무용 학교에서 입학 거부를 당했고, 심지어 출석 교회의 목사가 발을 벗고 나섰어도 지원하는 여자 사립학교마다 떨어지고 말았다.

아이들에게 왜 그런 아무런 이유도 없는 차별을 당해야 하는지 설명하는 건 쉬운 일이 아니었다. 나는 차별로 인해 의기소침해하고 절망하기보다는 오히려 더 큰 성공을 위한 자극으로 삼으라고 아이들에게 당부했다. 나 역시 그런 편견에 부딪힐 때마다 마음을 다잡고 극복하려고 노력했다.

무엇보다 나는 아이들에게 일부 사람들의 잘못으로 인해 미국의 위대함을 잊어버려서는 안 된다고 강조했다. 미국독립선언문을 처음 만들었던 사람들은 이 점에 있어 얼마나 지혜로웠는가. 미국의 국부國父는 인간의 도저히 포기할 수 없는 권리에 대해 언급할 때 그야말로 신중에 신중을 기해, "생명과 자유, 그리고 행복 추구의 권리"를 포함시켰다.

'행복'이 아니라 '행복 추구'의 권리라는 건 이들이 막연한 이상향만을 약속하지 않았다는 뜻이다. 이들이 진정으로 약속했던 건 더 나은 삶을 살 수 있는 기회였다.

편견과 차별을 없앨 수 있는 그런 법안이 통과된다면 정말 좋을 것이다. 그렇지만 인간의 본성은 그렇게 쉽게 변하지 않는다. 인종이나 종교와 관련된 이해를 발전시키려면 사람들이 스스로 먼저 나서서 성공을 거두어야 한다는 사실을 깨달아야 한다.

미국이 우리에게 준 귀중한 유산, 아니 미국이라는 국가가 바로 무엇이든 할 수 있다는 기회 그 자체다. 우리는 스스로의 노력을 통해 더 나은 자신을 만들 수 있다. 어떤 형태의 정부도 국민에게 그 이상의 약속은 해줄 수 없다. 그 유산이 미국에 그대로 남아있는 한, 우리 스스로 점점 더 자신의 가치를 인정받게 됨에 따라 종교적, 그리고 인종적 이해를 향한 전진도 쉬지 않고 계속될 수 있을 것이다.

5장

/

열정을 만든
대학 시절

1

내가 뉴욕시립대학교에 입학했을 때 내 나이는 14세에 불과했다. 그렇다고 그렇게 진학을 서두를 만큼 내게 뭔가 특별한 재능이 있었다는 건 아니다. 그 당시만 해도 공립 고등학교가 없었기 때문에 지금으로 치면 중학교 교육만 마치고 몇 가지 입학 조건만 맞는다면 바로 대학에 진학할 수 있었다.

처음에 나는 예일대학교를 염두에 두었었고, 학비를 벌기 위해 식당 종업원으로 일할 계획까지 세워두었었다. 그렇지만 어머니는 내가 집을 떠나 먼 곳으로 가기에는 아직은 너무 어리다고 생각했다.

뉴욕시립대학교는 뉴욕시 23번가에 자리하고 있었고 내가 주로 다녔던 오래된 건물은 이미 다 허물어졌지만 대신 그 자리에는 현재 경영 대학원과 행정학과 건물이 들어서 있었다. 우리 집은 60번가였고 대략 30구역 정도의 거리였기에 걸어서 통학이 가능했다.

나는 일주일에 25센트의 용돈을 받았고 이렇게 걸어서 통학하면 10센트가량을 아낄 수 있었다. 학년이 올라가자 아버지는 용돈을 50센트로 올려주었지만 1888년 그 유명했던 눈보라가 몰아쳤던 날 아침에도 내가 걸어서 학교로 향한 건 돈을 아끼기 위한 것이 아니었다. 워낙 눈이 많이 쌓이다 보니 전차가 아예 운행을 중단했던 것이었다. 나는 3번가의 고가 철도 교각들을 방패 삼아 계속 걸어갔고 마침내 학교에 도착했지만 그날 학교에 나올 수 있었던 학생이나 교직원은 그리 많지 않았다.

나는 항상 집에서 도시락을 싸왔고 대학 1학년 때는 아버지의 옷을 물려 입고 다녔다. 그 무렵이 되자 내 키는 콩나물처럼 쑥쑥 자라기 시작했고 아버지 옷도 곧 너무 작게 느껴졌다. 하지만 어머니는 계속해서 아버지 옷을 고쳐서 내게 입혔다.

그때나 지금이나 뉴욕시립대학교는 교육 받기를 원하는 사람에게 지원을 아끼지 않는다. 나 같은 경우는 등록금을 면제 받았을뿐더러 교과서에 심지어 학용품까지 지원 받았다. 물론 그 대신 공부를 열심히 해야 했다. 입학할 수 있는 기준도 높았고 한 학기에 두 번 시험을 쳤다. 성적이 좋지 못한 학생들은 학교를 계속 다닐 수 없었다.

입학했을 때 내 동급생은 300명가량이었고 끝까지 남아 졸업한 건 50명 남짓이었다. 그렇지만 학생들이 그렇게 졸업하지 못한 건 사실 성적보다는 경제적인 이유가 더 컸다.

많은 학생이 학업과 일을 병행했고 그 업적이 이루 헤아릴 수 없을 정도로 많은 유명한 전기 기술자 가노 '징키' 던Gano "Ginkie" Dunn도 역시 파크에브뉴호텔에서 야간에 전신 관리자로 일하며 공부를 하고 홀어머니를 모셨다. 나는 주로 아버지를 도와 병원의 재정이나 회계 업무를 처리했다.

처음 대학에 들어갔을 때는 과학과 현대 언어를 주로 공부하는 이과 과정을 들었지만 얼마 지나지 않아 문과로 옮겨 고전 언어를 공부하기 시작했고 뒤떨어진 진도를 따라잡기 위해 보충 수업을 들어야 했다.

그런 와중에 전체 대학 과정이 5년으로 늘어났다. 1학년 때는 주로 지금의 고등학교 과정에 해당하는 내용을 중심으로 '진짜' 대학생이 되는데 집중했다. 정해진 과목만 공부해야 했으며 출석만으로 학점을 받는 그런 과목도 없었다.

나는 P.S. 069 공립학교를 2등으로 졸업했지만, 대학에서는 더 많은 것들을 공부할 기회를 제대로 활용하지 못했다. 우선 미술과 과학 성적이 최악이었고, 특히 화학 수업의 경우 지금 기억나는 건 고약한 냄새가 나는 혼합물에 황산을 섞어 다른 학생의 주머니에 몰래 집어넣었던 장난뿐이었다. 생물학 관련 과목들은 키가 1미터 90센티미터가 넘고 잘생긴 외모에 금색 콧수염을 풍성하게 기른 윌리엄 스트랫포드William Stratford 교수가 가르쳤다. 나는 스트랫포드 교수가 몇몇 학생을 편애했고 내가 거기에 끼지 못한다는 사실을 알아차렸다. 따라서 나는 스트랫포드 교수에게 질문을 받으며 내가 갖고 있던 지식이 얼마나 형편없는지를 깨닫게 될 때마다 더 기분이 나빠지곤 했다.

반면 나에게 가장 깊은 인상을 심어준 사람은 정치 경제학을 가르쳤던 조지 B. 뉴컴George B. Newcomb 교수였다. 금테 안경을 쓴 뉴컴 교수는 구닥다리 영국인처럼 보였는데, 목소리가 갈라지는 걸 막기 위해 종종 각설탕을 입 안에서 녹이며 이렇게 말하곤 했다. "수업이 재미없는 사람이 있다면 뒷자리에 앉도록. 그렇지만 내 말에 귀를 기울이고 싶은 사람은 앞자리에 앉는 게 좋을 것이다."

나라고 해서 수업이 항상 재미있을 리는 없었지만 나는 언제나 제일 앞자리에 앉아 뉴컴 교수의 말을 한마디도 놓치지 않으려고 애를 썼다.

사실 훗날 내가 거둔 성공의 대부분은 그때 들었던 수업 덕분이라고도 할 수 있다. 뉴컴 교수라면 현재 인기를 끌고 있던 일부 경제학 이론에 대해 전혀 동의하지 않을 것이다. 그는 '수요와 공급의 법칙'을 반복해서 설명하며 우리가 그 법칙을 철저히 믿도록 가르쳤다. 첫 수업에서 뉴컴 교수는 다음과 같이 이야기했다.

"가격이 올라가면 '생산량 증가'와 '소비 감소'라는 두 가지 과정이 동시에 시작된다. 그러면 결국 가격이 점차 하락하게 될 것이다. 만일 가격이 지나치게 낮아진다면 손해를 보지 않기 위해 생산량을 줄이고, 다시 생산량이 감소하고 소비가 증가하는 과정이 시작될 것이다. 그리고 이런 두 가지 현상은 어느 부분에서인가 결국 균형을 이루게 된다."

그로부터 10년이 지난 후, 그 말을 기억하고 있던 나는 부자가 되었다.

뉴컴 교수는 정치 경제학뿐만 아니라 철학과 논리학, 윤리학, 그리고 심리학을 한 학기 동안 혼자서 모두 다 가르쳤다. 물론 지금은 각각의 교수들이 각기 다른 과목을 맡아서 가르치지만 그래도 나는 한 사람이 그렇게 이런 모든 과목을 가르치는 것에도 상당한 장점이 있다고 믿는다. 너무 많은 교육자가 경제학과 정치학, 윤리학, 혹은 논리학을 전체의 일부로 바라보지 않으면 제대로 가르칠 수 없다는 사실을 잊어버린 것처럼 보일 때가 있다.

사실 대학에서는 경제학을 제대로 가르치지 못한다. 지나치게 학문적으로만 파고들다 보니 많은 지식이 곧 좋은 교육이라고 착각하여 세세한 지식은 많아도 창의적으로 생각할 줄 모르는 그런 '헛똑똑이들'만을 길러내는 것이다.

나는 또한 그리스어와 라틴어가 모든 학생이 들어야 하는 필수 과목에서 빠지게 된 것도 큰 실수라고 생각한다. 대학 시절 나는 여러 고전 작품들을 그리스어와 라틴어 원문으로 읽었고 또 심지어 라틴어는 회화도 가능했다. 이 두 가지 고전 언어를 공부하지 않았더라면 나는 우리 문명의 문화적 배경을 결코 이해할 수 없었을 것이다.

퍼로이 미첼Purroy Mitchel이 뉴욕 시장으로 있는 동안 나는 뉴욕시립대학교 이사였다. 그리고 그 무렵 이 대학을 산업체 전문 교육 기관으로 바꾸려는 움직임이 시작되었다. 어느 날 시청에서 이사들과 시장의 회의가 열렸고 나는 월가에서 하다 말고 온 업무를 생각하며 멍하니 창밖만 바라보고 있다가 누군가가 "우선 라틴어와 그리스어 과정부터 없애야 한다"는 말을 들었다.

나는 바로 몸을 돌려 이렇게 물었다. "그게 무슨 말입니까?"

자초지종을 들은 나는 곧바로 일장 연설을 시작했다. 누군가가 나서서 나를 진정시키려 했지만 나는 말을 멈추지 않았다. 나는 교육의 가치가 그저 머릿속에 저장되는 실용적인 지식에만 있지는 않다고 주장했다. 교육의 가치란 우리가 습득한 지식은 물론, 과거의 위대한 지혜를 배워 얻게 되는 우리 삶의 평범한 철학에 있다. 우리는 교육을 통해 새로운 지적 관심의 영역을 개척해야만 한다. 뉴욕시립대학교에서 그리스어와 라틴어 과정을 없앤다면 학생들의 정신과 영혼은 제대로 채워지지 못할 것이다.

회의에 참석한 사람들 중에 특히 금융업에 종사하는 나 같은 사람이 그런 반대 의견을 내놓을 거라고 예상한 사람은 아무도 없었을 것이다. 어쨌든 나의 열변은 대학의 정체성을 바꾸려는 계획을 일단 중단시켰다. 교육 과정을 그저 학생들에게 인기가 있거나 실용적인 과목들로만 채우자는 모든 제안에 대해 나는 이사들 중에서도 가장 강력하게 반대하는 입장에 서게 되었다. 나는 인기가 없는 과목도 지혜와 원칙이라는 가치 때문에 학생들에게 도움이 된다는 입장을 굽히지 않으면서 학생들이 마음대로 과목을 선택할 수 있는 그런 방식을 도입하는 것에 반대했다. 인생을 살아가면서 그렇게 항상 원하는 대로만 살 수 있단 말인가? 그렇지만 새로운 변화의 물결이 마치 거대한 기관차처럼 나를 압박해 들어왔다.

만일 다시 그 시절로 돌아가 이사를 할 수 있다면 나는 과정 축소를 막고 '쓸모없는 언어' 과목들을 다시 예전처럼 중요한 과목들로 복귀시키기 위해 맞서 싸웠을 것이다.

내가 대학에 다니던 시절 흔하게 볼 수 있었던 또 다른 '구식' 교육 방법 중 하나는 동료 학생들 앞에서 연설하는 것이었다. 나는 이 방법을 다시 되살릴 경우 학생들에게 큰 도움이 될 수 있을 것으로 생각한다.

일단 학교에 등교하면 매일 아침 일종의 조회가 열린다. 그러면 대학 총장인 알렉산더 스튜어트 웹Alexander Stewart Webb 장군이 먼저 앞으로 나와 성경을 읽는다. 그다음에는 2학년 학생이 자신이 준비해 온 '연설'을 시작한다. 때로는 시나 수필을 낭독할 때도 있다. 3학년과 4학년이 된 후에도 다시 다들 이렇게 한 번씩 동료 학생들 앞에 나서야 한다.

나 역시 2학년이 되어 '연설'을 하게 되었지만 처음 그 자리에 섰을 때는 오래전 아버지의 "뿌뿌뿌"의 공포가 되살아나는 것 같았다. 3학년이 되었을 때는 줄무늬 바지에 검은색 코트와 조끼를 갖춰 입고 나갔다. 나는 먼저 웹 총장과 교수들, 그리고 그다음에는 학생들에게 인사를 했는데 여전히 무릎이 떨리고 심장이 두근거렸다. 앞에 앉아 있는 학생들 중 일부가 장난삼아 얼굴을 찡그리거나 우스꽝스러운 몸짓으로 집중력을 흐트러트리려고 하는 동안 침착하게 준비해온 연설을 끝마치는 건 쉬운 일이 아니었다.

첫 번째 연설에서 지금 기억으로 남아있는 건 "고통 없이는 기쁨도 없다"는 첫 문장뿐이다. 어디서 들은 말인지 아니면 내가 직접 생각해낸 말인지는 알 수 없지만 그 말은 틀림없는 사실이다.

2

어쨌든 이런저런 일들이 많이 있었지만 그렇다고 해서 학교 안팎에서 즐겁게 지내지 못했던 것은 결코 아니었다.

앞에서도 한 번 언급했었지만 내가 짧은 희극이나 공연을 보여주는 작은 소극장에 자주 드나들게 된 건 대학에 다닐 무렵부터다. 당시에는 25센트를 내면 2층 객석의 제일 싼 자리에 앉을 수 있었다. 우리는 매표소 앞에 줄을 서서 표를 샀고 극장에 들어서자마자 비록 무대에서 거리가 먼 2층이라도 제일 앞줄에 앉을 수 있다는 희망을 품고 계단을 나는 듯이 뛰어 올라갔다.

특히 기억에 남는 건 23번가에 있던 니블로스 가든Niblo's Garden 과 어느 작은 연극 전용 소극장이었다. 그리고 시내 중심가에 새로운 극장들이 속속 등장하고 집안 사정이 더 나아지면서 우리는 그런 새로 생긴 극장들도 자주 찾았다. 어머니와 아버지는 언제나 당대 최고 수준의 셰익스피어 연극을 우리에게 보여주려고 하셨다. 그런데 사실 이런 말 하기는 뭣하지만 나는 셰익스피어보다 미국 최초의 가극歌劇이라고 할 수 있는 「검은 악당The Black Crook」이 훨씬 더 기억에 남는다. 실은 「검은 악당」에서 여자들의 속옷을 처음 보았기 때문이다. 만약 「검은 악당」을 본 친구가 있다면 꽤나 조숙한 친구였으리라.

한편, 정치에 대해서는 그 당시 미국의 제22대 대통령으로 그로 버 클리블랜드Grover Cleveland가 당선되었을 때 축하 행사를 돕고 50센 트를 받은 기억이 어렴풋이 나기는 하지만 나를 포함한 주변 친구 중 에서 정치 문제에 깊은 관심을 두고 있었던 사람은 거의 없었던 것 같다. 물론 대학 내부의 행정이나 운영 문제에 대해서는 모두 열의가 보통이 아니었다. 나는 4학년 1학기에 학년 대표로 선출이 되었고 2 학기에는 서기로 뽑혔다. 내 가장 친한 친구이자 나중에 뉴욕 대법관 이 된 딕 라이던Dick Lydon이 반대로 1학기에는 서기, 그리고 2학기에 는 학년 대표였다. 나는 또한 4학년 주요 행사 일정을 기획하는 위원 회의 위원장이기도 했다.

그리스 문자를 조합해 모임의 이름으로 삼는 것으로 유명한 학생 들의 친목 모임은 대학 생활에서 중요한 역할을 했다. 학교 안에서는 많은 유대인 학생들이 두각을 나타냈지만 이런 모임들은 유대인들 에 대해서 일종의 경계선을 그어 놓은 것 같았다. 매년 내 이름이 입 에 오르내리고 나를 받아들이는 문제에 대한 논쟁도 이어졌지만 나 는 한 번도 그런 모임에 초대받지 못했다. 이 문제는 특히 북부가 남 부에 비해 더 관대하고 열린사회라고 생각하는 사람들에게는 의미 가 있을 것 같은데, 예컨대 내 남동생 허먼은 버지니아대학교에 입학 한 후 별다른 문제 없이 그런 모임의 일원이 될 수 있었다.

대학 시절 학생회 활동이나 사교 모임 다음으로 내가 크게 신경 을 썼던 건 다름 아닌 문학이나 시사문제 토론회였다. 나는 4학년만 참여할 수 있는 에이포니아Eiponia와 프레노코시미아Phrenocosmia라는 이름의 두 토론회 회원이었다.

에이포니아 토론회 회원들은 종종 회원들의 집에 돌아가면서 모여 너새니얼 호손Nathaniel Hawthorne이나 랄프 왈도 에머슨Ralph Waldo Emerson, 헨리 데이비드 소로Henry David Thoreau 등에 대한 토론을 펼쳤고 그러면 거의 대부분 그날 주제 발표를 맡은 회원에게는 신랄한 비판과 비평이 쏟아졌다. 당시 기록을 더듬어보면 나는 소설가 윌리엄 딘 하우웰스William Dean Howells에 대한 주제 발표를 맡아 그 내용을 문서로 적어 전달했고 올리버 웬델 홈즈Oliver Wendell Holmes에 대한 발표 내용에 대해서는 또 비평을 전달하기도 했다.

프레노코시미아 토론회에서는 좀 더 깊은 의미가 있거나 아니면 진실을 가려야 하는 문제들에 대해 더 집중하는 경향이 있었는데, 예컨대 4학년 시절 이 토론회에서 다룬 '주제'들은 다음과 같았다.

"목적은 수단을 정당화하는가?"
"셰익스피어의 작품들은 사실 베이컨이 쓴 것인가?"
"기업들의 독점은 미국의 국익에 이익이 되는가?"

하지만 내가 실제로 그런 토론회에 참석해 토론에 직접 참여했던 기억은 없다. 물론 회원으로 받아준 건 기쁜 일이었지만 나는 여전히 여러 사람 앞에서 내 의견을 강하게 전달하는 것이 너무나 무서웠고 그런 자리가 있을 때마다 좋은 기회라고 생각했지만 모두 피해버리고 말았다.

나는 대학생이 되고 나서 수줍어하는 성격을 많이 극복했지만 어쨌든 사람들이 많이 모이는 자리는 여전히 불편하기 짝이 없었다. 언젠가 한 번은 먼 친척의 결혼식에 온 가족이 참석했는데 나는 결혼식이 다 끝날 때까지 지하실에 조용히 숨어있었다.

처음 참석했던 공식적인 사교 행사에서 느꼈던 그 공포감은 절대 잊을 수 없다. 친구인 딕 라이던에게는 사랑스러운 여동생이 셋 있었는데 그중 맏이인 마리가 사교계에 처음 선을 보이는 날이 다가왔다. 딕과 나는 자주 서로의 집을 오가는 사이였을뿐더러 나는 그의 여동생들과도 잘 아는 사이였지만 공식적인 행사나 모임에 참석한다고 생각하니 정말 긴장되었다. 내 수줍어하는 성격을 잘 알고 있던 딕은 우리 어머니에게 사정을 다 알리고는 내가 참석하도록 설득해달라고 부탁했다. 나는 그야말로 딕을 죽이고 싶은 마음이었다. 어머니는 당연히 나에게 꼭 참석하라고 말했다.

나는 어머니에게 그런 자리에 입고 갈 옷이 없다고 말했지만 어머니는 아버지의 정장이면 충분할 거라고 대답했다. 그 당시 나는 대학 졸업반 무렵으로 키가 1미터 80센티미터인 아버지보다도 몸집이 더 커져 있었다.

딕의 집에 초대 받은 날 저녁에 어머니는 아버지의 정장과 셔츠, 그리고 흰색 넥타이를 꺼내주었고 대강 입어보았지만 바지가 너무 짧았다. 물려받은 바지가 너무 짧은, 우리들이 흔히 말하는 '깡충바지'가 된 것이다. 어머니는 허리띠 대신 착용하는 멜빵을 조금 더 길게 늘여서 겨우 바지 끝단이 발등까지 닿도록 만들었다. 조끼도 너무 짧았는데 어머니는 그걸 감추려고 아예 조끼와 셔츠를 하나로 딱 붙여버렸다.

하지만 아직 외투가 남아있었다. 나의 가늘고 긴 팔이 외투 소매 밖으로 삐져나왔지만, 어머니도 이것만은 어쩔 수 없었는지 팔이 움직일 때마다 외투 등짝도 따라서 이리저리 움직였다. 어쨌든 이렇게 몸에 맞지 않는 옷을 억지로 챙겨 입고 거울 앞에 서니 이마에 맺힌 구슬 같은 땀방울이 보였다. 얼굴은 침대보처럼 새하얗게 질려 있었다.

마지막으로 옷매무새를 다듬고 나자 어머니는 내 손을 잡고 문 앞까지 따라 나와서 이렇게 격려해주었다. "이 세상에서 제일 멋있어 보이는구나." 그 말에 나는 마음이 조금은 놓였다.

어머니는 또 이렇게 덧붙였다. "항상 기억하렴. 네게는 왕가의 피가 흐르고 있다는 걸." 어머니는 항상 우리 외가가 다윗과 솔로몬의 후손이라고 말씀하셨고, 어머니가 그렇게 말했으니 나는 그걸 한 번도 의심해본 적이 없었다. "너보다 더 멋지게 차려입고 올 사람은 없을 거다. 하지만 겉모습 말고 진짜로 그런 사람이라는 걸 증명해 보여야 한다."

집을 나서기 전 나는 잠시 멈칫했지만, 어머니는 그런 내 등을 토닥거리며 모두가 나를 보고 반가워할 것이라고 말했다. 나는 문을 닫고 서둘러 발걸음을 옮기려 했지만, 용기를 쥐어짜 낸 후에야 제대로 움직일 수 있었다. 딕 라이던의 집에 도착하니 사방이 환하게 불이 밝혀져 있었고 나는 다시 겁에 질렸다. 라이던의 집 앞을 계속 왔다 갔다 했고 결국 또다시 용기를 낸 후에야 겨우 집 안으로 들어갈 수 있었다.

집 안으로 들어서자 나를 맞아준 남자 고용인의 옷차림이 눈에 들어왔다. 고용인의 옷이 손님인 내 옷보다 더 좋다니! "자, 2층 뒤쪽에 있는 방입니다." 고용인이 방향을 알려주었다.

나는 방을 찾아 외투를 벗었다. 주변에는 아무도 없었다. 다른 손님들은 이미 다 아래층으로 내려간 모양이었다. 아래층에서 음악과 웃음소리가 들려왔다. 벽에 걸린 거울에는 창백한 얼굴에 어울리지도 않는 옷차림의 내가 있었고, 그 모습에 도저히 아래층으로 내려갈 마음이 들지 않았다.

외투를 보관하는 방에서 그렇게 혼자 얼마나 오래 있었을까. 어디선가 여자아이의 목소리가 들려왔다. "버나드 바루크! 여기서 뭐하고 있어요?" 딕의 둘째 여동생인 베시 라이던Bessie Lydon이었다.

베시가 내 손을 잡고 계단을 따라 아래층으로 내려갔다. 마치 벌거벗은 몸을 내보이는 그런 기분이었다. 베시가 내게 마치 파란 하늘의 구름 위를 떠다니는 것 같은 아름다운 누군가를 소개했을 때도 나는 여전히 제정신이 아니었다. 어쨌든 그렇게 마음이 심란하고 혼란스러운 와중에도 나는 상대방에게서 그런 인상을 받았다.

그러다 문득 정신을 차리고 보니 나는 춤을 추고 있었다. 옷매무새는 더욱더 엉망이 되어갔지만 아무도 신경을 쓰는 것 같지는 않았다. 당시 내 춤 솜씨는 시원치 않았지만, 그럭저럭 음악에 맞춰가며 춤을 출 수 있었고 좋은 시간을 보냈다. 춤이 끝난 뒤에는 또 얼마나 많은 음식을 먹어치웠던가! 사실 나는 다가올 이 끔찍한 시련이 얼마나 걱정이 되었는지 며칠 동안 밥도 제대로 먹지 못했었다.

그날 저녁의 내 어색했던 모습에 대해 내가 좀 지나치게 과장을 했는지도 모른다. 그렇지만 내 옷차림이 제대로 어울리지 않았던 것만은 분명했다. 그래도 친절하고 매력적인 라이던의 가족과 파티에 참석한 사람들은 처음 참석했던 화려한 사교 행사에서 내가 충분히 즐길 수 있도록 많은 도움을 주었다.

그날 이후 나는 그때의 내 경험을 떠올리며 낯선 곳에서 어쩔 줄 몰라 하는 사람이 있다면 나이를 가리지 않고 결코 그냥 지나친 적이 없다. 나처럼 당황해하는 사람들을 편하게 만들어주기 위해 항상 뭐든 하려고 노력한다.

3

수줍음이 많은 성격도 문제였지만 그것 말고도 나를 가장 괴롭히는 개인적인 어려움은 화를 잘 참지 못한다는 것이었다. 어머니는 종종 내 속에서 분노가 끓어오르는 것을 알아차리고는 손을 내밀어 내 어깨를 붙잡곤 했다. 그러고는 이렇게 충고했다. "좋은 말을 하지 않을 거라면 이를 꼭 깨물고 참도록 해라."

화를 잘 참지 못하게 된 건 어렸을 때 항상 또래들에게 매를 맞고 괴롭힘을 당했던 경험 때문인지도 모른다. 그래서인지 어쨌든 나의 자제심은 육체적인 자신감이 커짐에 따라 함께 꾸준히 향상되는 것 같았다. 대학에 다닐 때는 방에 평행봉을 설치하고 매일 운동을 했고 42번가에 있는 YMHA 체육관에서도 많은 시간을 보냈다.

당시 뉴욕에서 인기가 있었던 운동 경기 중 하나가 일주일에 걸쳐 진행되는 '무제한 경주'였다. 이 경기의 참가자들은 자신이 원하는 대로 속도를 조절하며 걷거나 아니면 달릴 수 있었다. 나는 종종 뉴욕 센트럴 파크 주변을 돌아다니며 이 무제한 경주의 우승자들처럼 되기 위해 노력했다.

대학 1학년 시절 나는 여러 운동 종목에서 두각을 나타냈다. 체격은 키가 1미터 90센티미터에 달했고 몸무게는 77킬로그램으로 완전한 성인 체격이었다. 하지만 이상하게도 주로 상반신만 발달했고, 다리는 막대기처럼 가늘었고 이와 대조적으로 가슴이 넓어 몸에 딱 붙는 야구 경기복을 입거나 반바지를 입고 나설 때면 사람들의 웃음을 자아내곤 했다.

나는 대학에서 라크로스와 줄다리기 경기에도 꾸준히 출전했고 부족한 하체 힘은 정신력으로 채웠다. 한동안은 차라리 단거리 경주나 경보에 도전해볼까도 생각했지만 단거리 경주의 경우 100미터를 적어도 13초 안에는 뛰어야 한다는 사실을 알고 포기하고 말았다.

그런 와중에 여전히 자제심을 발휘하기란 그리 쉽지 않았다. 어느 날인가 학교에서 계단을 따라 올라가고 있었는데 누군가 내 앞에서 우리 어머니까지 들먹거리며 내게 시비를 걸어왔다. 나는 주먹을 휘둘러 상대방을 바닥에 쓰러트렸고 우리는 둘 다 웹 총장 앞으로 끌려갔다. 웹 총장은 게티스버그 전투에도 참전했던 장군 출신이었고 학생들에게는 여전히 군기나 군율의 본보기 같은 사람이었다.

나에게 맞은 학생은 피를 흘리고 있었다. 웹 총장은 나를 노려보면서 이렇게 소리쳤다. "학생이 학교에서 싸움이라니 이게 무슨 일인가!"

"총장님, 죄송합니다만." 나는 화가 나서 이렇게 대꾸했다. "싸움은커녕 죽일 수도 있었습니다. 어떻게 남의 어머니까지 들먹이면서 욕을 할 수 있습니까."

웹 총장은 나를 데리고 사무실 안쪽으로 들어가 문을 닫고는 이렇게 말했다.

"여기보다는 사관학교에 더 어울릴 것 같군. 그렇지만 어쨌든 교칙에 따라 정학을 시킬 수밖에 없어."

나는 웹 총장의 이런 뜻밖의 제안에 육군 사관학교에 지원해보기로 했다. 그 전에 먼저 아버지에게 신체검사를 받았는데, 아버지가 내 왼쪽 귀에 시계를 가까이 대자 놀랍게도 아무 소리도 들리지 않았다. 내 왼쪽 귀가 거의 들리지 않았다.

나는 문득 맨해튼대학Manhattan College과 치렀던 야구 경기가 기억났다. 분명 지금의 모닝사이드 하이츠Morningside Heights에서 열렸던 경기였다. 9회에 두 명인가 세 명의 주자가 나가 있었고 내가 타석에 섰알 때 "한 방 크게 날려!"라고 외치는 소리가 들려왔다.

나는 투수의 첫 구를 그대로 받아쳤다. 그때의 느낌이 아직도 기억이 날 정도였다. 앞서 나가 있던 주자들이 다 들어왔고 나 역시 온 힘을 다해 달렸다. 포수가 공을 잡는 순간 나도 거의 엇비슷하게 들어오며 부딪히는 바람에 포수는 공을 떨어트렸고 심판은 득점을 인정했다.

그러자 상대편 선수들이 달려들며 싸움이 시작되었고 누군가 야구방망이로 내 왼쪽 귀를 후려쳤다. 그 당시에는 잘 몰랐지만 나는 그때 고막을 다쳤고 결국 사관학교에 대한 기대는 거기에서 접어야만 했다.

제1차 세계대전과 제2차 세계대전을 겪으면서 워싱턴의 군 간부들과 함께 일할 때 나는 그때 그 야구 경기가 없었더라면 장군이 되었을지도 모른다고 이야기하곤 했다.

뉴욕시립대학교에서 나는 학생회를 이끄는 간부이자 운동선수이기도 했지만 졸업할 무렵에는 좀 더 사교 활동을 활발하게 하는 그런 멋쟁이가 되어보자는 생각을 하게 되었다. 나는 졸업한 후 존 우즈John Woods가 운영하는 체육관의 단골손님이 되어 육체미를 다듬는 데

열중했다. 28번가에 있는 마차 보관소 건물 2층에 있던 이 체육관은 운동을 좋아하는 사람들의 모임 장소로 아주 인기가 높았다.

이 체육관의 이용자이자 후원자 중에는 당대의 유명한 배우와 변호사, 사업가, 성직자, 그리고 온갖 종류의 운동 경기에서 직업 선수로 뛰는 사람들이 여럿 포함되어 있었다.

나는 이 체육관에서 핸드볼 연습도 많이 했지만, 대부분의 시간을 권투를 하면서 보냈다. 존 우즈 체육관을 연습장으로 이용하던 직업 선수들 중에는 밥 피츠시몬스Bob Fitzsimmons와 조 초인스키Joe Choynski, 빌리 스미스Billy Smith, 세일러 샤키Sailor Sharkey, 그리고 톰 라이언Tom Ryan 등이 있었다. 나는 이들의 기술을 배우기 위해 몇 시간이고 연습하는 모습을 바라보곤 했다. 분위기만 괜찮으면 이런 직업 선수들이 우리 같은 사람들에게 문제점과 함께 극복하는 방법을 알려주었다.

밥 피츠시몬스는 나에게 주먹에 힘이 실리지 않는 게 가장 큰 문제라고 지적했다. "상대방의 턱을 노릴 때는 완전히 쓰러트린다는 생각으로 힘을 줘야 하지. 복부를 노린다면 그야말로 주먹이 몸통을 통과한다는 그런 기분으로 휘둘러." 피츠시몬스는 또한 내게 이렇게 주의를 주었다. "무엇보다 일단 시합이 시작되면 절대로 냉정을 잃으면 안 된다."

체육관에서 벌어졌던 한 권투 시합은 나의 가장 짜릿했던 추억 중 하나로 남아있다. 내 상대는 체육관 주변이 순찰 구역인 빨간 머리 경찰관이었다. 그는 키가 나만큼이나 크고 몸무게는 더 나갔으며 권투 솜씨가 여간 아니었다.

시합이 시작되자마자 사방에서 주먹이 날아왔고 내 입과 코에서는 피가 터져 나왔다. 나는 그동안 배운 온갖 기술이며 기법을 다 동원했지만 제대로 들어맞는 게 하나도 없었다.

곧 정신이 몽롱해지기 시작했다. 하지만 그 경찰관도 아마 그쯤에서 긴장이 풀렸던 것 같다. 어쨌든 그가 긴장을 풀고 방어하던 팔을 내리는 순간 나는 내 온 힘을 다해 왼손으로 그의 복부를 강타했고 바로 뒤이어 오른손으로 그의 턱을 향해 날렸다.

덩치 큰 경찰관이 힘없이 바닥에 무너져 내렸고 나는 정말 그 어느 때보다도 더 깜짝 놀라고 말았다. 당시에는 그렇게 상대방이 쓰러진 후에도 쓰러트린 쪽이 자기 자리로 돌아가 쉴 수 없었다. 나는 그대로 지친 몸을 추스르며 상대방이 일어날 때까지 그 자리에 계속 서 있어야 했다. 하지만 내 상대였던 경찰관은 양동이의 물을 얼굴에 끼얹어도 꿈쩍도 하지 않았다. 그때 누군가 내 뺨을 건드렸고 고개를 돌리니 밥 피츠시몬스가 나를 보고 빙그레 웃고 있었다.

"결국 권투를 통해 약한 마음을 떨쳐버렸군." 그는 웃으며 이렇게 말했다. "두들겨 맞으면서도 잘 버텼어. 언제나 그런 사람이 되고 싶었잖아. 지금 자기 상태가 어떤지는 잘 알고 있겠지. 어쩌면 그냥 주저앉고 싶을지도 몰라. 그렇지만 상대방이 어떤지는 또 알 수 없잖아? 훨씬 더 안 좋은 상태일지도 모르고 말이야."

"둘 중 한 사람이 완전히 나가떨어질 때까지는 싸움은 끝나지 않는 거야." 피츠시몬스는 또 이렇게 강조했다. "그리고 내가 아직 완전히 나가떨어질 정도가 아니라면 언제나 기회는 있어. 시합에서 이기려면 그 기회를 놓치지 않는 법을 배워야 해. 안 그러면 아무것도 할 수 없어."

나는 권투 시합에서 배웠던 그 교훈을 또 다른 분야에도 접목해

보려고 노력했다. 살아가면서 내가 언제나 승리만 할 수 있었던 것은 아니었다. 그렇지만 그때 배웠던 교훈이 아니었다면 나는 많은 싸움에서 그냥 무기력하게 무릎을 꿇고 말았으리라. 어쨌든 내가 할 수 있는 모든 노력을 쏟아부어 정상의 자리에 오르려면 다른 사람들의 조롱과 비웃음, 위협, 그리고 끊임없는 반대와 스스로에 대한 실망으로 인해 느낄 수밖에 없는 괴로움과 고통 등을 달게 받아들이는 방법을 배워야만 한다.

그때부터 지금까지도 나는 권투에 대한 열정을 그대로 간직하고 있다. 어린 시절에는 유명한 권투 선수들의 사진을 수집했고, 결혼 후에도 집 지하실에 자리를 마련해 권투 연습을 했다.

나는 시간이 날 때마다 항상 조금이라도 신체를 단련해두려고 노력했고, 당연히 이런 습관은 건강을 유지하는 데 도움이 되었다. 그렇지만 나는 권투를 통해 화를 다스릴 수 있는 자제력과 함께 달라진 나의 체력이나 체격으로 인한 자신감도 얻을 수 있었다. 일을 섣부르게 처리했을 때 나에게도 바로 묵직한 주먹이 날아올 수 있다고 한번 생각해보자. 그렇다면 당연히 마음을 다잡고 서로를 이해하는 편이 더 좋지 않을까.

스물두 살쯤 되었을 때 나는 사진을 한 장 찍었다. 사진 속에는 뽀글뽀글한 검은색 머리에 콧수염을 기르고 상체는 벌거벗은 채 굵은 팔로 팔짱을 끼고 있는 한 남자가 서 있다. 그 사진은 여전히 우리 집 거실 탁자 위에 놓여 있으며 그 사진을 볼 때마다 뉴욕에 처음 온 뚱보 시골뜨기 소년이 어떻게 달라졌는지 그때 그 시절이 새삼 머릿속에 떠오른다.

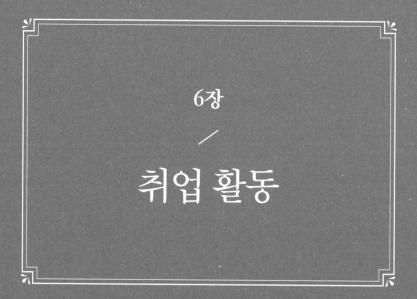

6장

취업 활동

다른 많은 가족도 그렇겠지만, 우리 집 역시 자식들에 대한 어머니나 아버지의 희망이 완전히 이루어지지 않았다. 어머니와 아버지는 네 아들이 모두 대학에 진학하기를 바랐지만, 공부에 관심을 보인 건 나와 바로 밑의 동생 허먼뿐이었다.

막내 세일링은 열두 살인가 열세 살이 되었을 때 군사 학교에 들어갔지만 다른 학생과 싸운 뒤 결국 학교를 그만두고 말았다. 세일링은 영업장 관리인이나 옷 공장 경영까지 다양한 직업을 전전하다가 나중에는 나를 따라 월가에서 일하게 되었다.

허먼은 처음에는 변호사를 목표로 했다가 의사가 되었다. 컬럼비아대학교 의과대학 시절에는 졸업할 때까지 거의 1등을 놓치지 않았고 우등생들의 모임인 파이베타카바Phi Beta Kappa 모임에도 들어갔다. 그는 의사 생활을 몇 년 한 뒤 역시 월가에서 일하게 되었고 나중에는 포르투갈과 네덜란드의 대사를 역임하기도 했다. 허먼은 1953년 81세로 세상을 떠났다.

어머니는 맏형인 하트위그가 랍비가 되기를 바랐다. 형의 이름도 랍비였던 외증조할아버지인 하트위그 코헨의 이름을 따라 지었을 정도였으니까. 하트위그 형은 어렸을 때 큰 병을 앓았고 당시 어머니는 아들을 위해 기도하면서 병만 나을 수 있다면 훗날 아들을 랍비로 만들 것이라고 약속했다. 그렇지만 하트위그 형은 연극배우가 되었다.

키가 1미터 80센티미터가 넘었고 얼굴도 잘생겼던 하트위그 형은 정말 타고난 배우였다. 체격이나 힘도 운동선수 못지않았을뿐더러 전문 곡예사나 체조 선수 같은 기술을 뽐냈고 심지어 역도도 했다. 언젠가 한 번은 극장들이 주로 모여 있는 브로드웨이 42번가 근처 한 식당에서 시비가 붙은 어떤 남자를 문밖으로 그냥 내던진 적도 있었다.

하트위그 형은 79세에도 다리를 절단하는 큰 수술을 이겨낼 정도로 강한 남자였고 그로부터 5년 뒤에 세상을 떠났다. 그리고 2주 뒤에는 허먼이 맏형의 뒤를 따랐다.

하트위그 형이 처음 무대에 올랐을 때가 생각난다. 사실 그렇게 형의 배우 생활이 가능해지도록 도운 것은 다름 아닌 나였지만 딱히 내세울 만한 자랑거리도 아니었기에 나는 그 일에 대해서는 거의 이야기를 꺼내 본 적이 없다. 하지만 제1차 세계대전 기간 윌슨 대통령은 어디에서 들었는지 내 앞에서 그 이야기를 꺼내 나를 깜짝 놀라게 했다. 아마 꽤 재미있다고 생각했던 모양이었다.

하트위그 형의 절친한 친구이자 연극 제작자이기도 한 존 골든John Golden이 윌슨 대통령에게 이야기한 것이다. 그는 그때 일을 이렇게 묘사했다. "버나드 바루크가 연극 제작자로 화려하게 등장한 건 아니다. 그렇지만 그 퇴장만큼은 정말로 극적이었다."

당시 나는 대학을 졸업한 지 1년이 넘었지만 하트위그 형과는 여전히 관계가 가까웠다. 형은 디온 부시코Dion Boucicault 배우 학교에서 공부하고 있었는데 그곳에서 위대한 배우라는 인상을 심어준 어느 연상의 여성을 만났다. 이 여성은 두 사람 모두에게 밝은 미래가 기다리고 있다고 믿고 하트위그 형을 격려했다. 그들에게 필요했던 건 자신들을 기다리고 있는 세상에 재능을 보여줄 기회를 마련해줄 사람, 그러니까 두 사람을 위한 무대를 만들어줄 사람이었다.

하트위그 형과 그 여배우는 결국 나를 찾아와 자신들의 계획을 털어놓았다. 그 여배우는 극장 무대의 매력을 온몸으로 보여주었고 안타깝게도 당시의 나는 감수성이 지나치게 풍부했다. 게다가 그녀는 마크 트웨인의 소설 속 주인공만큼이나 언변도 뛰어났다. 그녀는 예술가를 후원했던 사람들이 어떻게 큰 성공을 거두었는지를 아주 단순하게 설명해주었다. 극장에 있는 수백 개의 자리 하나하나가 결국 표 한 장에 해당하며 그저 사람들만 불러 모으면 돈을 벌 수 있다고 했다. 연극이든 다른 공연이든 실제 제작비용은 생각보다 적었고 따라서 나머지 이익은 몽땅 다 제작자의 호주머니로 굴러 들어온다니 이토록 쉬운 돈벌이가 또 있을까!

당시 나는 일주일에 봉급을 5달러 받고 있었지만 어찌어찌해서 돈을 긁어 『이스트 린East Lynne』이라는 소설을 각색해 연극으로 올리기로 했다. 출연진이 모였지만 사전 연습 같은 건 없었다. 이렇게 훌륭한 예술가들이 한자리에 모였으니 무대에 올라가기 직전에 하는 그런 사전 연습 같은 건 불필요하다는 게 모두의 생각이었으리라.

연극이 무대에 올라가는 첫날, 나는 가능한 한 빨리 일을 끝내고 연락선이 출발하는 부둣가에서 배우들과 합류했다. 연락선을 타고 뉴저지로 건너간 후에는 출연자들에게 기차표를 나누어주었는데, 주연 남자 배우 앞에 서니 그가 10달러나 되는 돈을 요구했다. 돈을 주지 않으면 그 자리에서 바로 돌아갈 것 같은 그런 분위기였기 때문에 나는 기차표와 함께 요구하는 대로 10달러를 줄 수밖에 없었다.

그 아름다운 봄날 저녁, 관객들이 모이자 무대 위의 막이 올랐다. 관객석의 앞쪽 세 줄이 금방 가득 채워졌다. 나는 이번 연극에 참여한 모든 사람이 진정한 예술가라는 확신이 들었다. 이 연극에서 전형적인 도시 사람 역할을 한 주인공은 적어도 진짜 배우였고 출연료를 미리 챙겨 갈 그런 자격이 있었다. 심지어 3막에서 여주인공이 무대에 안고 올라갈 아기는 인형이 아니라 진짜 아기였다! 이렇게 무대에 진짜 아기를 동원하는 건 정말로 드문 일이었다. 하지만 이 아기가 우리에게 도움을 줄 기회는 오지 않았다. 연극이 그만 2막에서 그치고 말았던 것이다.

우리 배우들은 연기가 뭔지를 아는 진정한 예술가였을지는 몰라도 안타깝게도 대사 외우는 솜씨는 예술이 아니었다. 1막이 진행되는 동안 관객들은 화를 내면서도 어느 정도는 흥미로워했는데, 2막이 시작되고 나서도 엉터리 대사가 이어지자 그제는 화밖에 내지 않았다.

극장을 찾아온 관객들의 숫자는 예상보다 적었지만 어쨌든 출연자들보다는 많았다. 나는 매표소를 맡았던 사람에게 돈을 돌려주라고 말했다. 그리고 「허클베리 핀」에서 관객들을 속였던 엉터리 배우들처럼 조용히 무대 뒤로 가서 배우들에게 다행히 기차표는 왕복으로 끊어두었으니 어두운 밤거리를 따라 조금만 걸어가면 된다고 말했다.

아마도 관객들이 3막을 보여줄 배우들이 사라졌다는 걸 깨닫기도 전에 우리는 기차역에 도착했었던 것 같다. 우리가 올라타자마자 기차는 곧 출발했다. 그리고 제대로 행선지도 확인하지 못한 채 다시 허겁지겁 연락선으로 갈아탔다. 다행히 우리가 탄 배는 곧장 뉴욕으로 향하기 시작했다.

첫 무대에서 이런 낭패를 경험했지만 하트위그 형은 낙담하지 않았다. 형은 보스턴 라이시움Boston Lyceum 학교에서 연기 공부를 계속했고 그곳에서 같은 배우 지망생이던 존 골든을 만났다. 골든은 어머니에게 '다섯 번째 아들'이라는 소리를 들을 정도로 우리 집안과 절친한 사이였다.

몇 차례 있었던 지방 공연에서 작은 역할로 출연할 수 있었던 하트위그 형은 로버트 만텔Robert Mantell이 주연을 맡은 연극 「코르시카의 형제들The Corsican Brothers」에 너새니얼 하트위그Nathanial Hartwig라는 이름으로 참여해 뉴욕 첫 공연 무대에 올랐다. 그리고 마리 웨인라이트Marie Wainwright 극단에 들어가 「춘희椿姬」나 「문제아들The School for Scandal」, 그리고 여러 셰익스피어 작품들에서 마침내 주연 배우로 활약할 수 있게 되었다.

하트위그 형은 또한 「카르멘Carmen」에서는 당대의 유명 여배우 올가 네더솔Olga Nethersole의 상대역이 되어 그녀가 멋진 입맞춤 연기를 펼치는 데 큰 도움을 주기도 했다. 하트위그 형이 맡은 남자 주인공 '돈 호세Don José' 앞에서 여자 주인공 카르멘이 춤을 춘다. 돈 호세는 카르멘의 팔을 더듬다가 입맞춤한 입술을 떼지 않은 채 그대로 카르멘을 위층으로 데리고 올라간다. 당시 연극 무대에서 가장 긴 입맞춤으로 기록된 장면이었다. 나중에 또 다른 연극 「사포Sappho」에서 올가 네더솔은 더 긴 시간 남자 품에 안겨 있었고 그 때문에 경찰이 풍기 문란을 이유로 극장으로 쳐들어오기도 했었지만, 그 무렵 하트위그 형은 연극 무대를 포기하고 월가로 자리를 옮긴 후였다.

2

처음에 가족들은 둘째 아들인 내가 아버지의 뒤를 이어 의사가 되었으면 하고 바랐다. 그렇지만 어머니는 곧 생각을 바꾸었는데 어머니가 그런 결정을 내리게 된 것에는 다소 특별한 이유가 있었다.

우리가 뉴욕으로 이사한 지 얼마 되지 않아 아버지의 동생인 작은아버지 허먼의 사업 동업자 새뮤얼 위트코우스키가 사우스캐롤라이나에서 물건을 매입하러 뉴욕으로 왔다. 어머니와 함께 우리 형제들의 미래에 대한 이야기를 나누던 중 위트코우스키 씨는 어머니에게 나를 골상학骨相學 전문가인 파울러 박사Dr. Fowler에게 데려가 보라고 권했다. 파울러 박사는 당시 A. T. 스튜어트Stewart 상점 맞은편 건물에서 연구실을 운영하고 있었다.

내 기억 속 파울러 박사는 금테 안경을 쓴 특이한 인상의 사람이었다. 그는 먼저 내 머리를 살펴본 다음 눈썹 위 툭 튀어나온 부분에 손가락을 대고 이렇게 물었다.

"그래서 이 젊은이가 장차 어떻게 되었으면 하시는 겁니까?"

그러자 어머니가 이렇게 대답했다. "그 아이는 의사가 되었으면 좋겠다고 생각하고 있습니다."

파울러 박사는 고개를 끄덕였다. "아마도 훌륭한 의사가 될 수 있겠지요. 그렇지만 가능하다면 금융계나 정치계 같은 곳에서 큰 일꾼이 되는 걸 추천드리겠습니다."

어머니는 나중에 이날 파울러 박사의 이야기를 듣고 의사를 시키지 말아야겠다고 결심했다는 것을 내게 말해주었다.

1889년 뉴욕시립대학교를 졸업한 나는 실제로 가을에 의과대학에 진학할 생각으로 의학 공부를 하기 시작했다. 그렇지만 나는 이런 결정이 왠지 마음에 들지 않았다. 내 앞날에 관하여 이야기가 나오자 어머니는 파울러 박사가 했던 말을 넌지시 언급했다. 물론 아버지는 이게 어머니 나름대로 아들에게 진로에 관한 충고를 하는 방법이라는 걸 잘 알고 있었다. 아버지는 내게 그저 이렇게 말했을 뿐이었다. "얘야, 그 일이 정말로 마음에 들지 않는다면 의사가 되어서는 안 되는 거다."

결국 나는 어머니의 권유대로 의과대학 진학을 포기하고 다른 일자리를 찾았지만, 그 과정이 생각처럼 쉽고 희망에 찼던 것만은 아니었다. 나는 다른 평범한 대학 졸업생처럼 밑바닥에서부터 시작하고 싶지는 않았다. 새로 마련한 어색한 정장 차림에 구인 광고를 찾아 연락하고, 또 내가 직접 구직 운동에 나서기도 하며 아무 소득 없이 시간을 낭비한 끝에 나는 아버지를 찾는 환자들의 목록을 만들어 그중 유명한 사람들에게 직접 한 번 연락해보기로 했다.

가장 먼저 연락한 사람은 유명한 구겐하임 가문의 대니얼 구겐하임Daniel Guggenheim이었다. 당시 열아홉 살이었던 나는 아마도 구겐하임 씨보다는 키가 30센티미터는 더 컸을 것인데, 구겐하임 같은 유명 인사 앞에서 내 자존심을 세워줄 수 있는 건 고작해야 그런 겉모습 밖에는 없었다.

그렇지만 구겐하임 씨의 너무나도 멋진 그 웃음은 내 마음을 어느 정도 편하게 만들어주었다. 그렇게 친절하게 맞아준 구겐하임 씨는 구겐하임 가문이 광산업과 제련 사업을 하고 있다고 말하면서 "필요한 광석을 사들이기 위해 멕시코로 갈 수 있는지"를 내게 물었다.

그렇지만 어머니는 나를 멕시코로 보내려고 하지 않았다. 물론 어머니는 우리 형제들에게 늘 꿈을 크게 가지라고 말했지만 그러면서도 형제들이 집을 떠나 어디론가 멀리 가는 걸 바라지는 않았다.

어머니는 우리 형제들과 가까운 곳에 함께 모여 사는 그런 삶을 꿈꿨던 것 같다. 어느 날인가 함께 길을 걷다가 어머니는 57번가 모퉁이에 있는 정계와 재계의 거물인 윌리엄 C. 휘트니_{William C. Whitney}의 저택을 가리키며 이렇게 말했다.

"너도 언젠가는 저런 집에 살게 되겠지."

오랜 시간이 지난 후 내가 86번가 모퉁이에 있는 큰 저택을 샀다고 어머니에게 말했을 때 어머니는 그때 나눴던 대화를 다시 언급하기도 했다.

구겐하임 씨의 제안을 받아들일 수 없었던 나는 이번에는 아버지의 또 다른 환자인 찰스 테이텀_{Charles Tatum}을 찾아갔다. 테이텀 씨는 약사들이 사용하는 유리병을 도매로 취급하는 상인으로 바클레이 거리_{Barclay Street} 86번가에 휘트홀앤테이텀이라는 이름의 상회를 경영하고 있었다. 테이텀 씨는 필라델피아 출신의 퀘이커 교도로 1889년 여름에서 가을로 넘어갈 무렵 나를 사무직 수습 직원으로 채용해주었다. 이 첫 번째 정식 직장에서 일주일에 3달러의 봉급을 받았다.

그러던 어느 날 테이텀 씨가 내게 '모건 씨의 사무실_{Mr. Morgan's office}'로 가서 유가 증권을 받아오라고 말했다. 여기서 '모건 씨의 사무실'이란 드렉슬앤모건투자회사를 의미했다. 나는 월가에 있는 어느 오래된 건물을 찾아갔다. 지금도 모건금융기업이 자리하고 있는 곳이다. 나는 아무런 절차를 거치지도 않고 바로 그 J.P 모건을 만날 수 있었다.

그날 모건 씨가 내게 무슨 말을 했었는지는 기억나지 않는다. 그렇지만 그의 그 유명한 큰 코와 황갈색 눈동자가 지금도 또렷하게 기억난다. 뭔가 엄청난 힘 같은 게 느껴지는 그런 모습이었다.

그 무렵 막 권투를 시작했던 나는 모건 씨를 보고 나서 제일 먼저 그가 정말 권투에 잘 어울리는 사람이라고 생각했다. 또 만일 그가 말 위에 올라타 전투용 도끼를 휘두른다면 프랑크 왕국의 영웅 샤를마뉴Charlemagne 대왕과도 비슷하게 보일 거라는 생각도 했다.

내가 훗날 월가에 뛰어들어 금융업에 종사하게 된 계기가 바로 이 날 있었던 모건 씨와의 잊을 수 없는 만남이었다고 해도 과언은 아닐 것이다. 사실 내가 월가에 들어가기 전에 어떤 사건이 있기는 했었다. 하지만 그건 교훈을 주는 책에서 흔히 볼 수 있는 그런 일은 아니었다. 나는 우연히 대부분의 선량한 사람들이 '막장'이라고 부르는 어느 도박장에 발을 들이게 되었다.

이 무렵 어머니와 아버지는 뉴저지주 롱브랜치Long Branch에서 여름을 보내고 있었다. 당시 롱브랜치는 해수욕이나 낚시, 그리고 도박을 즐길 수 있는 미국 최고의 휴양지 중 한 곳이었다.

아버지는 롱브랜치에 있는 웨스트엔드호텔West End Hotel에서 여름 동안 입주 의사로 일했고 두 개의 객실을 진료실과 침실로 제공 받았다. 나는 평일에는 뉴욕 시내에 머물렀지만, 토요일 오후가 되면 하트위그 형과 함께 롱브랜치로 가서 주말을 보냈다. 잠은 아버지의 진료실 환자용 침대에서 해결했다.

또 때로는 리틀 실버Little Silver에 있는 작은 하숙집에서 지내기도 했는데, 이곳의 주인인 딕 보든Dick Borden은 근처에서 '보든아저씨'라는 별명으로 더 유명했다. 그리고 보든 아저씨네 하숙집 손님들이 제일 좋아하는 시합이 바로 근처에 있는 플레저 베이Pleasure Bay에서 열리는 작은 돛단배 경주였다. 나도 이 하숙집 주인이 가지고 있는 돛단배인 엠마 BEmma B를 빌려 슈루즈버리를 지나 프라이스부두까지 간 적이 있었다. 복장은 평소 배를 탈 때처럼 셔츠나 모자, 그리고 신발도 없이 그저 짧은 바지뿐이었다.

양손으로 각각 키와 돛을 능숙하게 다루며 프라이스부두에 최대한 배를 붙여서 지나가고 있었는데 어떤 여자의 목소리가 들려왔다. 고개를 들어 부두 쪽을 올려다보니 큰 부자면서 각종 운동 경기에서도 뛰어난 재능을 발휘했던 프레디 겝하트Freddie Gebhardt 옆에 누군지 알 수 없는 눈부시게 아름다운 여자가 서 있었다. 그녀는 내 모습을 보고 뭐라고 놀리는 듯한 재미있는 말로 겝하트를 즐겁게 했는데, 물론 여기에 따로 언급할 정도로 심한 말은 아니었다.

그럼에도 불구하고 나는 그런 시간을 누릴 수 있었던 것에 감사했고 그 마음은 지금도 변하지 않았다. 나는 여자를 쳐다보며 잠시 긴장을 풀었다. 그리고 그 순간 한 줄기 강한 바람이 내가 타고 있는 배의 돛을 후려쳤다. 주변을 지나가던 다른 사람들이 큰 소리로 주의를 준 덕분에 나는 다시 정신을 차렸고 간발의 차이로 돛을 풀어 바람을 흘려보낼 수 있었다. 그렇게 바다 위에서 좀 더 시간을 보낸 후 나는 그 아름다운 여자가 나를 바라보고 뭐라고 말했던 일을 생각하며 여전히 왠지 아득한 기분으로 집으로 돌아갔다. 나는 나중에야 그날 보았던 여자가 유명한 여배우인 릴리 랭트리Lily Langtry라는 사실을 알게 되었다.

보든아저씨네 하숙집에 머물 때면 몬머스Monmouth에서 열리는 경마를 구경하기 위해 5킬로미터의 가까운 거리를 왕복하는 것도 아무렇지 않게 생각했다. 그렇게 걸어가서 차비를 절약하면 50센트를 더 경마에 걸 수 있었다. 당시는 테니 더 스웨이백Tenny the Swayback이나 하노버Hanover, 코렉션Correction 같은 당대의 유명한 경주마들이 활약하던 시대였다. 그리고 어거스트 벨몬트나 프레디 겝하트를 비롯해 로릴라드Lorillard, 모리스Morris, 듀이어Dwyer 같은 유명 인사나 가문들이 이런 경주마들을 길렀는데, 아마도 그중에서도 경마나 경주마를 가장 크게 후원했던 건 듀이어 가문이었을 것이다. 지금 내가 기억하고 있는 유명한 기수 중에는 머피Murphy나 맥로플린McLaughlin, 개리슨 Garrison 같은 사람들이 있었는데, 아슬아슬한 승리를 뜻하는 '개리슨 끝내기Garrison finish'가 바로 그의 이름에서 가져온 것이다.

롱브랜치에는 그 밖에도 적지 않은 도박장들이 있어 주말이면 꽤 흥청거렸고 아버지가 머물렀던 웨스트엔드호텔 근처에도 필 데일리 Phil Daly가 운영하는 유명한 도박장이 있었다. 데일리도박장은 판에 끼어들 수 있는 최소 금액이 1달러 이상이었기 때문에 나로서는 거기에 드나들 여유 같은 건 없었다. 그렇지만 나는 종종 그곳을 찾아가 주위를 어슬렁거리며 다른 사람들이 도박하는 것을 지켜보곤 했다. 마권업자나 수상쩍은 거간꾼, 혹은 운동선수들을 구경하는 것도 꽤나 흥미로운 일이었다. 주식거래인이나 사업가, 혹은 은행가는 쉽게 알아볼 수 있었지만 여자는 한 사람도 없었고 또한 도박장 안에는 다른 사람들에게 도박하는 것을 알리고 싶지 않은 사람들을 위한 내실內室이 따로 준비되어 있었다.

어느 날 밤인가 또 데일리도박장에 가서 그렇게 구경하고 있으려니 유명한 도박사인 팻 쉬디Pat Sheedy가 다가와 내게 말을 걸었다. "이 보게, 젊은이. 잠깐 이야기 좀 할 수 있을까?" 우리는 도박장 밖으로 나왔고 그가 다시 말을 이었다.

"이거 보게, 젊은 친구. 여기 자주 드나드는군. 사정을 잘 아는 나 같은 사람의 충고를 듣고 이런 도박장 출입은 인제 그만두게나. 나는 훌륭하신 자네 어머니와 아버지를 잘 알고 있어. 사실 언젠가 내가 복통으로 고생하고 있을 때 나를 돌봐 준 것도 자네 아버지거든. 이런 도박장을 멀리하지 않는다면 부모님이 얼마나 슬퍼하시겠나. 물론 본인에게도 큰 손해고 말이야."

그렇지만 팻 쉬디의 진심 어린 조언은 나에게 아무런 감흥도 주지 못했다. 그로부터 며칠이 지난 후 저녁이 되자 나이는 나와 비슷했지만, 부자 부모님에게 풍족한 용돈을 받는 딕 본살Dick Bonsal이 데일리의 또 다른 도박장에 가보자고 했다. 거기서는 50센트부터 도박을 할 수 있다는 것이었다. 나는 2달러인가 3달러 정도를 꺼내 들고는 우선 원반 위에 구슬을 돌리는 도박 기계 쪽으로 갔다. 그리고 계속 같은 숫자에만 돈을 걸어 2달러 정도를 땄다. 그렇게 기분이 꽤 들떠 있는데 갑자기 사방이 쥐 죽은 듯이 조용해진 것 같은 기분이 들었다. 원반을 돌리던 사람도 손을 멈췄다.

고개를 들어보니 문 앞에 아버지가 서 있었다. 그 순간 누군가 내 소원을 한 가지 들어줄 수 있다면 땅이 갈라져 나를 삼키게 해달라고 빌었을 것이다.

사실 내게 이런 비슷한 승부를 걸어보도록 처음 돈을 주었던 사람은 다름 아닌 아버지였다. 어느 경마장에서 내가 아버지에게 어떤 말이 이길 것 같다고 말하자 아버지는 내게 2달러를 주면서 정말 그렇게 생각한다면 그 생각을 믿어보라고 말했다. 하지만 내가 골랐던 말은 진짜 실력보다는 그저 겉모습이 더 그럴듯했을 뿐이었다.

그렇지만 그런 아버지에게도 경마와 도박장 출입은 완전히 다른 이야기였다. 아버지는 나에게 다가오더니 최대한 부드러운 목소리로 조용히 이렇게 말했다. "볼일이 다 끝나면 말해라. 그때까지 기다리마."

그 순간 내 볼일을 이미 다 끝나버렸다. 도박장 밖에는 하트위그 형도 와서 기다리고 있었다. 내가 느낀 수치심은 곧 분노로 바뀌었다.

"어떻게 이럴 수가 있어!" 나는 하트위그 형에게 이렇게 속삭였다. "아버지를 도박장에 끌고 오다니 무슨 짓이야?"

하트위그 형은 어쩔 수 없었다고 말했다. 내가 보이지 않자 사고가 나지나 않았을까 가족들이 걱정했고 하트위그 형은 바닷가를 따라 이리저리 오가며 나를 찾았다고 했다.

웨스트엔드호텔로 돌아온 하트위그 형과 나는 말없이 옷을 갈아입었다. 그렇게 막 잠이 들려고 할 때 아버지가 딱 이렇게 한마디 했다. "이 나이에 아들을 찾으러 도박장을 뒤지고 다니게 될 줄이야."

나는 그날 밤 꽤 오랫동안 잠들지 못했고 내 침대 옆에 앉은 어머니의 기척에 잠에서 깼다. 어머니는 내 손을 잡고 조용히 몇 마디 말로 위로해주었다.

나는 더 이상 잠을 이루지 못했고 내 가족을 부끄럽게 만들었다는 생각만 들었다. 나는 새벽 5시쯤 일어나 조용히 옷을 입고는 발소리를 줄여 밖으로 나왔다. 그러고 나서 기차역 근처 어느 선술집을 찾아 새벽에 일하는 사람들 틈에 끼어 이른 아침을 먹고는 첫차를 타고 뉴욕으로 돌아갔다. 날이 밝아오기 시작하자 다시 기운이 나는 것 같았다. 나는 열아홉 살이었고 계속 풀이 죽어 있기에는 아직은 너무 어린 나이였다.

뉴욕에 도착했을 때는 부끄러움을 잊기 위해 도망치듯 롱브랜치를 빠져나왔다는 사실 같은 건 이미 다 잊어버린 후였다. 벨뷰의과대학Bellevue College에서 공부하고 있던 사촌 마커스 헤이맨Marcus Heyman을 찾아가 보니 몇 명의 다른 친구들과 함께 일요일 내내 카드놀이를 할 준비를 하고 있었다. 나는 마침 우리 집이 비어 있으니 카드놀이를 하기에 딱 적당한 장소라고 말했다. 우리 집 지하실에서 모두 카드놀이를 하고 있을 때 마커스가 갑자기 벌떡 일어나더니 이렇게 소리쳤다. "아이고, 이사벨 이모가 오고 있잖아!"

마커스의 말처럼, 지상을 향해 뚫려있는 창문으로 어머니가 다가오는 모습이 보였다. 어머니가 지하실로 내려왔을 때 우리는 카드를 다 치우고 마치 우리도 금방 도착한 것처럼 옷을 다시 차려입었다. 나는 지난밤 있었던 일을 떠올리며 이제는 어머니도 나를 구제 불능의 도박 중독자로 여기고 그만 포기할 거라고 생각했다. 하지만 어머니는 여기에서 무슨 일이 있었는지 전혀 알지 못하는 듯 그저 달려와 나를 힘껏 끌어안았다.

어머니는 나를 찾아낼 수 있어 너무 잘 되었다고 소리쳤다. "네 성격이 너무 예민하니 무슨 안 좋은 일이라도 일어난 줄 알았잖니."

나는 나 자신이 부끄럽기 짝이 없었지만, 어머니에게 다시 한번 깊은 고마움을 느꼈다. 어머니는 계속해서 좋은 소식이 하나 있다고 말했다. 뉴욕으로 오는 기차 안에서 어머니는 의류 사업을 그만두고 월가의 투자자가 된 줄리어스 A. 콘Julius A. Kohn을 만났다. 콘은 어머니에게 금융업에 대해 마치 유럽의 수습생들처럼 밑바닥부터 배울 각오가 되어 있는 그런 젊은이를 찾고 있다고 말했다. 진지하고 신뢰할 수 있으며 또 근면할뿐더러 "나쁜 버릇 같은 것도 전혀 없는" 그런 사람이 필요하다는 것이었다.

그러자 어머니는 콘에게 마침 그런 젊은이를 하나 알고 있다고 말했다.

"그렇습니까! 그게 누구입니까?"

"우리 둘째 아들인 버나드지요." 어머니는 내가 도박장에 드나들었던 일은 전혀 다 잊어버린 듯 그렇게 대답했다.

　다음날 나는 콘 씨에게 전화를 걸었고 그는 유럽의 수습생들은 오랜 기간 돈 한 푼 받지 않고 일을 한다고 설명했다. 자신도 나에게 봉급을 전혀 지급하지 않겠지만 대신 장차 사업가가 되고 싶다면 필요한 모든 걸 가르쳐 주겠다고 말했다. 나는 곧 휘트홀앤테이텀상회에 그만두겠다고 연락했고 이렇게 해서 처음으로 월가에 발을 들여놓게 되었다.

새로운 고용주는 엄격했지만 따뜻하게 나를 대해 주었다. 휘트홀 앤테이텀상회와 비교해 나는 처음부터 내가 하는 일에 더 많은 매력을 느꼈고 또 더 많은 것들을 배우고 싶다는 의욕에 불타올랐다.

무엇보다도 나에게 재정 거래, 혹은 차액 거래의 복잡한 과정에 대해 처음 알려준 사람이 바로 콘 씨였다. 예를 들어, 미국의 뉴욕이나 볼티모어, 보스턴, 그리고 유럽의 암스테르담과 런던 등지에서는 동일한 증권이 같은 날에도 각기 조금씩 다른 가격에 거래될 수 있다. 따라서 암스테르담에서 사서 보스턴에서 팔거나 혹은 볼티모어에서 사서 뉴욕에서 팔면 거래에 따른 차익을 얻을 수 있는 것이다.

비록 아직은 사무실의 말단에 불과했지만 그런 나에게도 외국과 이런 차액 거래를 할 수 있는 기회가 주어졌다. 특히 환율과 관련된 거래는 아주 적은 차이라도 큰 이익이나 손해로 이어질 수 있기 때문에 다른 국가의 통화로 계산하고 거래할 때는 대단히 기민하게 행동할 필요가 있었다. 이 과정을 반복함으로써 나는 네덜란드 길더를 영국 파운드로, 영국 파운드를 프랑스 프랑으로, 또 프랑스 프랑을 미국 달러로 필요할 때마다 거의 즉시 환산해 계산하는 법을 스스로 익혀나갔다. 훗날 제1차 세계대전과 베르사유 강화 회담에서 관련 국가들 사이의 많은 경제 문제를 처리하게 되었을 때 이 시절의 경험은 아주 크게 도움되었다.

콘 투자 회사에서는 철도 노선이 개편될 때 예전 유가 증권들을 처분하고 새로 발행되는 증권들을 취급했다. 개편된 철도 노선의 가치가 올라간다면 새로 발행된 증권들 역시 전보다 훨씬 더 큰 인기를 끌게 된다. 이런 증권 거래를 함으로써 회사는 수익을 얻을 수 있는데, 물론 예상대로 되지 않을 경우 회사는 팔리지 않는 증권만 끌어안고 손해를 보게 된다.

어쨌든 나는 말단 수습사원으로서 다양한 차액 거래와 외환 거래, 그리고 각종 투자와 투기의 과정을 현장에서 직접 목격할 수 있었다. 이런 과정과 작업이 기록된 장부는 내가 가장 즐겨 읽는 책 중 하나가 되었다. 되돌아보면 내게는 그런 거래에 대해 타고난 소질 같은 것이 있었던 것 같다. 결국 나는 훗날 대서양을 사이에 둔 미국과 유럽의 차액 거래와 관련해 중요한 영향력을 미치는 사람 중 하나라는 평판을 얻게 된다.

처음에는 돈을 전혀 받지 않고 일하는 수습사원이라는 조건이었지만 실제로는 콘 투자회사에 들어온 지 얼마 지나지 않아 나는 일주일에 3달러의 봉급을 받게 되었다. 그리고 그해 여름 아버지는 고향을 떠난 지 35년 만에 처음으로 다시 유럽에 가보기로 결심했다. 허먼 작은아버지와 어머니, 그리고 우리 형제들은 함부르크 선박 회사의 여객선 컬럼비아호를 타고 떠나게 된 아버지를 배웅하기 위해 모였는데, 나를 늘 아껴주었던 허먼 작은아버지가 갑자기 아버지에게 "버나드도 유럽에 데리고 가면 어떨까?"라고 말했다.

아버지는 내가 여객선이 떠나기 전까지 여행 준비를 다 해 돌아올 수 있다면 그렇게 하겠다고 대답했다. 이미 전차도 거의 끊어질 정도로 밤이 깊었지만 나는 그럭저럭 다시 집에 돌아가서 여행 준비를 하고 시간에 맞춰 돌아올 수 있었다. 여객선 안에서 나는 쿠바 사람 세 명과 함께 같은 선실에 묵었고 우리 네 사람은 대서양을 건너는 내내 모두 뱃멀미에 시달렸다.

나는 이미 앞에서 독일에서 만났던 친할아버지와 할머니에 대해 언급했었다. 슈베르겐즈의 고향집을 방문한 후 아버지는 나를 데리고 수도였던 베를린으로 향했다. 베를린에서 가장 기억에 남는 것은 브란덴부르크 개선문Das Brandenburger Tor과 거리 곳곳에서 볼 수 있었던 독일 장교들이었다.

아버지는 독일이 내세우는 이른바 군인 정신이나 군국주의를 혐오했고 그런 성향은 아마 내게도 영향을 끼쳤던 것 같다. 군복 하나 입었다고 여기저기에서 거들먹거리고 있는 장교들의 모습은 나를 무척이나 짜증 나게 했다. 그 무렵 나는 권투 실력도 꽤 늘어있었기 때문에 어떤 장교와 겨뤄도 이길 수 있을 것 같은 기분이었다. 내가 아버지에게 거리에서 나를 옆으로 밀치고 지나간 장교에게 주먹을 날리고 싶다고 말하자 아버지는 그런 어리석은 짓은 하는 게 아니라고 점잖게 충고했다.

그러는 사이 미국에서는 어머니가 콘 씨를 찾아가 내가 갑자기 유럽으로 떠날 수밖에 없었던 사정을 설명했다. 콘 씨는 유럽에 다녀와서 다시 회사로 돌아와도 문제가 없다고 친절하게 배려해주었지만, 결과적으로 나는 유럽에 다녀온 후에도 콘 씨의 투자회사에 오래 근무하지는 못했다. 나는 언제나 한 자리에 가만히 있지 못했고 큰 모험을 하고 싶었기 때문에 딕 라이던과 함께 콜로라도의 금광이나 은광을 찾아 빨리 부자가 되는 방법을 찾아보기로 결심했다. 어머니가 반대하지는 않을까 걱정되었지만, 뜻밖에도 어머니는 순순히 허락해주었다.

우리는 열차 3등석에 몸을 싣고 오랜 시간을 달려 콜로라도주의 중심지인 덴버Denver에 도착한 다음 다시 역마차를 타고 술집과 도박장, 그리고 무도장을 비롯해 온갖 가게들이 가득 차 흥청거리는 광산 마을 크리플 크릭Cripple Creek으로 갔다. 우리는 마을에서 그나마 가장 깨끗하고 안전한 팰리스호텔을 찾아가 간이침대로 가득 차 있는 어느 큰 방에 들어갔다. 너무 밤늦게 도착했기 때문에 이미 잠들어 있는 사람들을 이리저리 넘어 다니며 우리가 쓸 침대를 찾아야 했다.

사방에서 순식간에 크게 한몫을 잡은 사람들의 이야기가 수도 없이 들려왔다. 지금 내 기억에 따르면, 가장 성공한 광산 중 하나는 목수로 일하기 위해 이곳을 찾은 어떤 남자의 소유지였다. 물론 세계 4대 다이아몬드 중 하나라는 호프 다이아몬드Hope diamond의 주인이자 훗날 내가 워싱턴 정가로 진출한 뒤 좋은 친구 사이가 된 이블린 월시 매클레인Evalyn Walsh McLean의 아버지 톰 월시Tom Walsh가 크게 성공했다는 소식도 들을 수 있었다.

나는 이른바 '샌프란시스코 광산the San Francisco Mine' 개발 사업에 나의 '자본'을 '투자'하기로 결정했다. 태어나서 처음으로 투자를 하고 지분으로 주식을 받은 것이다. 라이던과 나는 팰리스호텔에 계속 머물고 싶었지만 돈이 떨어져 싸구려 하숙집으로 옮겼다. 그리고 작업복을 구해 샌프란시스코 광산과 인접해 있는 한 갱도에 막노동을 하러 갔다.

이 막노동꾼들은 광산에서도 가장 힘들면서도 특별한 기술이 필요 없는 일을 하는 육체노동자들이었다. 주로 발파 작업이 끝나면 잘게 쪼개진 돌들을 양동이에 담아 옮겨 광차鑛車에 싣고는 지상으로 가지고 가는 게 이들이 하는 일이었다. 그리고 이런 곳에서는 흔히 있는 일이었지만, 일을 시작한 지 얼마 지나지 않아 성질이 나쁜 광부 하나가 나를 괴롭히기 시작했다. 나는 어쨌든 싸움이라도 해서 나 자신의 가치를 증명해야 했고, 그런 경우에는 먼저 공격하는 편이 낫다고 생각했다. 나는 더 이상 기다릴 것도 없이 주먹 한 방에 모든 것을 걸고 그 광부를 쓰러트렸다. 그러고 나니 또다시 불필요하게 시비를 걸어오는 사람은 없었다.

라이턴과 나는 낮에만 일했기 때문에 저녁 시간에는 자유롭게 우리의 운을 시험해 볼 수 있었다. 다시 도박장에 드나들기 시작한 것이다! 나는 특히 팰리스호텔 안의 도박장을 자주 찾았는데 이 마을에서 가장 사람들이 많이 몰리는 이곳에서는 매일 밤 적지 않은 돈이 사람들의 주머니 사이를 이리저리 옮겨 다녔다.

다양한 종류의 도박이 어떻게 진행이 되는지 세심하게 확인한 끝에 나는 원반 위에서 구슬을 돌리는 도박 기계에 아마도 어떤 조작이 되어 있을 거라고 확신하게 되었다. 최소한 판돈이 커질 때면 도박장에 좀 더 상황이 유리하게 돌아가도록 누군가 손을 봤다는 뜻이다. 따라서 나는 도박꾼들이 큰돈을 걸 때 항상 반대쪽에서 적은 액수의 돈을 걸었고 결국 매일 저녁 몇 달러 정도를 딸 수 있었다.

아무도 모르게 안정적이고 믿을 수 있는 수입원을 찾아냈다고 기뻐하던 중, 도박장 주인이 나를 따로 불러내더니 나의 도박장 출입을 막을 수도 있다고 경고를 해왔다.

이런저런 일이 있는 동안 나는 막노동을 벗어나 발파 작업으로 옮겨갔다. 일종의 승진이었다. 바위에 구멍을 뚫고 폭탄을 설치하는 작업은 발파 후 뒤처리하는 막노동보다는 쉬웠지만, 내 마음은 항상 내가 투자한 샌프란시스코 광산 쪽에 가 있었다.

나는 샌프란시스코 광산에서 작업하는 사람들과 종종 길게 이야기를 나누었고 얼마 지나지 않아 내게 사업 지분을 팔아넘긴 언변 좋은 수다쟁이의 주장과는 달리, 그 광산에서는 결코 황금의 꿈을 이뤄낼 수 없다는 사실을 깨달았다. 이렇게 나는 사업 분야에서 첫 번째 교훈을 배웠다. 금광이나 은광에서 부자가 되려고 하는 사람들은 종종 투자한 돈의 본전도 제대로 건지지 못한다는 사실이었다.

그때쯤 뉴욕 생활이 다시 그리워지기 시작했다. 딕 라이던도 나와 같은 생각이었기에 우리 두 사람은 결국 광산 생활을 정리하고 집으로 돌아왔다. 얼마간 잔소리를 들은 후 나는 다시 월가로 향했다. 그리고 이번에는 우드로 윌슨 대통령이 나를 찾을 때까지 월가를 떠나지 않았다.

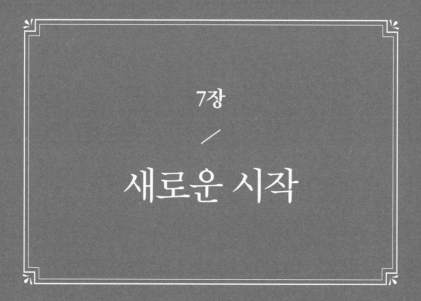

7장

/

새로운 시작

1

사람들을 매료시키는 주식시장의 그 기이한 매력은 나에게도 역시 결코 마르지 않는 경이로움의 원천이었다.

월가에서 투기자로 일하던 젊은 시절, 나는 사람들이 시장에서 자신들에게 필요한 작은 '정보'를 얻기 위해 어떤 비범한 책략을 쓰는지 빨리 배워나갔다. 투자자나 투기자들은 필요한 정보를 알고 있는 사람을 저녁 식사나 다른 모임, 혹은 시골 별장으로 초대한다. 그리고 상대방이 눈치채지 못하도록 아주 정교하게 계산된, 하지만 평범해 보이는 질문을 던져 그 과정에서 사소한 것 하나까지라도 다 귀기울여 듣는다. 그러면 그 사람은 자신도 모르는 사이에 정보 제공자가 되어버리는 것이다.

이런 형편을 알게 된 나는 예전 수도원의 수도사들이나 하는 그런 침묵의 서원을 월가에서도 지키기 위해 애를 썼다. 하지만 그런 노력에도 불구하고 사람들은 나의 침묵조차도 주식시장과 관련된 정보로 해석했다.

한 번도 듣지도 보지도 못했던 사람들이 투자에 대한 조언을 구한다며 나에게 편지를 보내왔고 나는 지금도 여전히 그런 편지나 부탁을 받고 있다. 지금 이 글을 쓰고 있는 이 순간에도 옆에는 1만

5,000달러의 현금을 어떻게 투자해야 할지 알려달라는 어느 미망인의 편지가 놓여 있을 정도다. "지금 당장 투자를 해야 할까요, 아니면 나중에 완전히 은퇴한 이후에 생활할 수 있도록 돈을 모으며 더 기다려야 할까요?" 보통 이런 식이다.

또한 가장 자주 받는 질문들은 다음과 같다.

"예를 들어 빈털터리 젊은이가 지금 당장 월가에서 새롭게 시작해 당신처럼 성공할 수 있을까요?"

"1929년 대공황이 시작되었을 때 어떻게 주식시장의 위험을 감지할 수 있었습니까?"

"지금 일을 해서 먹고살기에는 너무 나이가 들었는데 갖고 있는 저축을 투자할 만한 안전한 투자처를 알려줄 수 있겠습니까?"

"내게는 손해를 봐도 괜찮을 정도로 어느 정도 돈의 여유가 있습니다. 이 돈을 가지고 뭘 하면 좋을까요?"

당연한 이야기지만 내게는 그동안 경험을 통해 배워왔고 지금도 여전히 적용이 가능한 투자나 투기에 대한 많은 지침이 있다. 그렇지만 나에게 몰려든 저런 편지들을 보면 저 사람들은 주식시장을 중세의 연금술사가 찾았던 싸구려 금속을 황금으로 바꾸는 마법의 수단과 비슷하게 보고 있는 것 같다. 물론 황금을 만드는 데 결정적인 역할을 한다는 '마법의 돌philosopher's stone'과 같은 그런 '주식시장의 지혜'를 손에 넣을 수 있다면야 가난뱅이는 부자가 되고 지금의 재정적 불안은 넉넉한 평안함으로 바뀔 것이다.

하지만 내가 어떤 답장을 써준다 해도 정말 그렇게 될 수 있다는 보장은 없다. 많은 사람에게 월가는 여전히 계속해서 도박장이나 경마장 비슷한 곳으로 생각될 것이다. 하지만 월가는 확실히 그런 곳들과는 차원이 다른 곳이다.

실제로 주식시장은 인간 문명의 모든 지표가 총집합해 있는 곳일지도 모른다. 주식과 채권, 그리고 상품의 가격은 새로운 발명이나 달러의 가치 변화, 그리고 변덕스러운 날씨나 전쟁의 위협 혹은 평화에 대한 전망에 이르기까지 말 그대로 이 세상에서 일어나는 모든 사건의 영향을 받는다. 그렇지만 월가에서 일어나는 모든 변화는 그저 숫자로만 기록되는 다른 변화나 지표들과는 달리 대단히 인간적으로 느껴진다. 주식시장의 변화를 통해 우리는 거기에 영향을 미친 사건들 자체가 아니라 인간들의 반응, 그러니까 수백만 명의 개인이 이러한 사건들의 미래에 어떤 영향을 끼칠 수 있다고 느끼는지에 대해 알 수 있는 것이다.

무엇보다 주식시장은 그 자체가 바로 인격과 감정이 있는 인간과 비슷하다고 볼 수 있다. 바로 미래를 읽고 싶어 하는 인간이다. 그리고 남녀노소에 따라 각기 달라지는 판단, 희망과 두려움, 강점과 약점, 탐욕과 이상이 뒤엉키는 주식시장을 그토록 극적인 무대로 만드는 것도 인간만이 가지고 있는 강렬한 특성이다.

당연한 일이지만 처음 월가에서 투자 사무실의 말단 수습사원으로 일할 때 이런 사실을 전혀 몰랐고 알아차리지도 못했었다. 나는 야심과 활력이 넘쳤지만 아마도 그런 이유로 내가 감당할 수 있는 것보다 훨씬 더 많은 실수를 저질렀는지도 모른다. 월가에서의 나의 모든 경력은 인간 본성에 대한 하나의 기나긴 교육 과정을 증명해주었다고 말할 수 있다.

훗날 공직 생활을 시작하게 되면서 나는 월가에서 사람들에 대해 배운 모든 사실이 다른 분야의 인간사에도 똑같이 적용될 수 있다는 걸 알게 되었다. 주식 상황에 집중하고 있든 백악관에서 연설을 하든, 아니면 전쟁이나 평화 협상에 참여하고 또 그저 돈을 버는 일에만 신경을 쓰거나 원자력에 대해 고민을 하든 상관없이 어디에서나 인간의 본성은 다 똑같다.

월가에서 내가 투기자를 넘어서 진정한 투자자로 활동하기 시작한 시점은 1891년 익스체인지 플레이스 52번가52 Exchange Place에 있는 A. A. 하우스만상회Housman & Company라는 주식 거래 업체에 입사했을 때부터라고 생각된다. 나의 첫 직장과 마찬가지로 이번 취업도 어머니의 도움이 컸다. 어머니는 여러 가지 자선 활동에 참여했고 그런 와중에 유명한 은행가이자 자선사업가인 제이콥 시프Jacob Schiff가 관여했던 많은 자선 시설 중 하나인 몬테피오레 홈Montefiore Home 건립을 위한 기금 마련용 행사를 기획하고 있던 A. B. 드프리스deFreece를 만났다. 내가 콜로라도에서 돌아오자 어머니는 드프리스 씨를 만날 수 있도록 자리를 주선했고 그는 다시 나를 데리고 아서 A. 하우스만Arthur A. Housman을 찾아갔다.

알고 보니 하우스만의 남동생인 클래런스 하우스만은 우리가 처음 뉴욕으로 이사를 왔을 때 통학하는 길이 익숙해질 때까지 54번가에 있는 P.S. 069 공립학교에 나와 같이 다녀주었던 그 착하고 통통했던 소년이었다. 클래런스는 하우스만상회에서 장부 정리를 맡았고 나는 일주일에 5달러를 받으며 이전과 비슷하게 잡다한 사무를 보는 등 그때그때 주어진 일들을 맡아서 처리했다.

아침에 가장 먼저 출근하면 하우스만 씨의 책상 위에 종이나 펜 같은 사무용품들이 잘 준비되어 있는지 확인하고 그런 다음 나는 금고에서 장부를 꺼내 클래런스의 책상 위에 놓았다. 또한 편지를 복사하거나 자료를 정리하고 각종 명세서를 확인하는 일도 도왔다. 그리고 나와 같은 말단 수습사원들이 주문서나 계약서를 들고 들락거릴 때 혹시 빠진 내용이나 다른 문제는 없는지 옆에서 함께 확인하기도 했다.

당시만 해도 월가에서는 한 곳에서 주식이나 채권 거래와 결제를 한꺼번에 처리하지 않았고 거래되는 모든 증권이나 대금을 해당 투자 회사나 상회에 다음 날 오후 2시 15분까지 직접 배달했다. 익스체인지 플레이스와 브로드 스트리트의 북서쪽 모퉁이에는 하우스만상회 같은 투자회사나 상회, 사무실로 가득 차 있는 몇 층 정도 되는 높이의 건물이 하나 있었고 우리는 매일같이 계단을 오르락내리락하며 배달했다. 나는 "하우스만상회에서 왔습니다"라고 외치며 회계 담당 사무원의 책상 위의 유가증권 다발을 던져 넣고는 또 다른 배달을 위해 바쁘게 움직였다.

어느 날인가 주웨트브라더스Jewett Brothers 상회에 주식을 배달한 후 다른 배달을 하러 갔다가 다시 대금을 받기 위해 주웨트상회로 돌아왔다. 내 앞에는 이미 여러 다른 사무원들이 서 있었는데 물론 나는 그중에서 키가 제일 컸다.

나는 제일 뒤에 서서 앞에 있는 어린 사무원들 머리 너머로 이렇게 소리쳤다. "하우스만상회에서 대금을 받으러 왔습니다!"

아무런 대답이 없자 나는 다시 소리쳤다. "거기요, 하우스만상회에서 대금을 받으러 왔으니 빨리 결재해주세요!"

담당 직원은 고개를 옆으로 젖히고 나를 보더니 그저 이렇게만 말했다. "의자에 올라가 소리치지 마세요."

"의자 같은 건 없는데요." 나는 이렇게 대꾸했다.

"남의 사무실에서 자꾸 그렇게 장난을 치면 가만두지 않을 겁니다." 그가 다시 이렇게 말했다.

"가만두지 않으면요?" 나는 이렇게 말했다.

담당 직원이 자리에서 일어나 내 쪽으로 왔고 그 뒤로 회사의 다른 직원들도 두 사람이 더 따라 나왔다. 직원들은 키가 1미터 90센티미터가 넘는 나를 보고는 이렇게 소리쳤다. "아이고 맙소사!"

그들은 모두 웃으며 다시 제자리로 돌아갔다. 훗날 내가 뉴욕 증권거래소의 회원이 되었을 때 주웨트의 직원들은 때때로 나를 보고 "의자에서 내려오라니까!"라고 농담을 하곤 했다.

월가에 들어오고 보니 말단 사무직을 벗어난 바로 다음 자리가 회계나 장부 정리 담당이었다. 나는 아버지 병원에서 장부 정리를 한 경험이 있었지만 야간 학교에 등록해 회계와 부기를 전문적으로 배우기로 했다. 지금도 나는 다른 사람의 도움 없이 상당히 복잡한 내용의 장부들을 보고 그 내역을 파악할 수 있다.

콘 씨 밑에서 일할 때 나는 우리가 거래하는 증권을 발행한 회사들의 정보를 확인하는 일의 중요성을 배웠다. 그리고 하우스만상회에서 일하면서부터는 《파이낸셜 크로니클Financial Chronicle》이라는 경제 전문 일간지도 매일 읽기 시작했다. 나는 또한 틈이 날 때마다 《푸어스 철도 안내서Poor's Manual》를 펼쳐 들고는 각기 다른 철도회사에 대한 온갖 종류의 정보들을 머릿속에 집어넣곤 했다.

그 당시에 적지 않은 상금이 걸린 문제 풀이 대회 같은 게 없었다는 것이 지금 생각하면 정말 아쉽다. 나로 말하자면 당시 미국의 모든 주요 철도의 노선을 비롯해 어떤 상품이나 재화들이 운송되는지에 대해 훤히 알고 있었다. 또한 지도나 다른 안내서의 도움 없이도 어떤 지역의 가뭄이나 또 다른 지역의 홍수, 혹은 새로운 광산 개발이나 정착지 개발로 인해 어떤 철도 노선이 영향을 받을지도 잘 알고 있었다. 그러니 그런 대회가 있었다면 나는 아주 손쉽게 상금을 탈 수 있었을 것이다.

나는 또한 주변에서 오가는 대화들을 언제나 집중해 경청했는데, 그렇게 하다 보니 나중에 내가 만난 정계나 재계의 어떤 중요 인사들보다도 실제 월가에서 벌어지는 일에 대해 더 명확하게 알 수 있게 되었다. 말단 사원 시절 남의 말을 귀담아듣는 능력을 열심히 갈고닦은 것이 결국 내게는 적지 않은 도움이 되었다.

얼마 지나지 않아 나는 월가의 비슷한 직원들이나 동료들 사이에서 언제든 유용한 정보를 제공해줄 수 있는 준비된 젊은이라는 평판을 듣게 되었다. 정보를 항상 머릿속에 담고 다녀서 그런지 직접 책이나 자료를 통해 답을 찾기보다 내게 질문하는 걸 더 편하게 생각하는 나이든 선배 투자자들의 관심도 끌게 되었다.

이런 식으로 내가 만난 사람이 바로 미들턴 스쿨브레드 버릴 Middleton Schoolbred Burrill 이었다. 그는 주식 거래가 원래 직업이 아니면서도 시장에서 지속적으로 돈을 버는 거의 유일한 인물이었다. 밴더빌트 Vanderbilt 가문 같은 유명한 부호들을 고객으로 두고 있던 변호사 존 버릴 John Burrill 의 아들이었던 그는 아버지의 업무를 도왔고 동시에 하우스만상회의 고객 중 한 사람이었다. 버릴은 사무실에 찾아올 때마다 《파이낸셜 크로니클》이나 《푸어스 철도 안내서》를 뒤적이는 대신 내게 질문을 던지곤 했다.

덕분에 나는 기분이 우쭐해지기도 했지만, 실제로도 큰 도움이 되었다. 나는 그와의 대화를 통해 시장에서 거래할 때 필요한 더 나은 정보들이 무엇인지, 그리고 그런 정보를 얻으려면 어떻게 해야 하는지를 깊이 생각하게 되었다. 버릴은 이따금 나를 점심 식사에 초대하기도 했는데, 우리가 찾는 곳은 주로 익스체인지 플레이스와 뉴스 트리트 사이 모퉁이에 있는 오래된 식당이었고 보통 쇠고기 찜에 으깬 감자를 곁들인 호화스러운 점심을 먹었다. 나 혼자라면 샌드위치와 맥주 정도로도 충분했는데 말이다.

당시 나는 하버드나 예일 같은 명문대를 졸업했거나 아니면 잘나가는 금융 업계 집안 출신으로 월가에 뛰어든 나와 비슷한 사무원들이 샌드위치로 때우는 나와는 다르게 제대로 된 식사를 주문해 여유 있게 먹는 모습이 부럽기 짝이 없었다.

내가 아는 어떤 투자자나 투기자보다 더 뛰어난 인물이었던 제임스 R. 킨을 만날 수 있었던 것도 바로 버릴을 통해서였다. 경마광이었던 킨은 도미노Domino라는 이름의 자기 소유 경주마를 코니 아일랜드Coney Island 경주에 출전시켰고 소란이 일어나지 않게 자기 정체를 드러내지 않고 돈을 걸고 싶어 했다. 킨과 버릴은 내가 그 일을 대신해 줄 수 있을 거라고 생각했던 것 같다.

킨은 버릴의 소개로 브로드 스트리트 30번지에 있는 자기 사무실에 나를 불러들였고 몇 가지 질문을 통해 내가 경마장이 돌아가는 상황에 대해 충분히 알고 있다고 확신하게 된 것 같았다. 그는 경마든 도박이든 평생 몇 달러 이상 걸어본 적이 없었던 내게 수천 달러를 건네주었고 나는 기차를 타고 코니 아일랜드로 가서 누군가 눈치채기 전에 재빨리 돈을 걸었다.

킨의 경주마인 도미노는 어렵지 않게 우승을 거머쥐었고 나는 말 그대로 주머니를 돈으로 가득 채운 뒤 이번에는 여객선을 타고 뉴욕으로 돌아왔다. 돌아오는 내내 누군가 내 머리를 후려치고 돈을 몽땅 빼앗아 가지나 않을까 하는 걱정이 떠나지 않았었다.

거센 파도가 여객선을 덮쳤을 때 혹시나 배가 침몰하는 게 아닐지 그런 생각을 했던 기억도 난다. 나는 옷을 단단히 여민 채 배가 침몰하더라도 아무도 내게 손을 대지 못하도록 사람들과 멀리 떨어져 있어야겠다고 결심했었다. 물론 나중에 돌이켜보면 그렇게 터무니없을 정도로 어리석은 생각이 또 없었지만. 어쨌든 나는 그럴 정도로 사고로 돈을 잃어버렸느니 어쩌니 하는 변명 같은 걸 하지 않고 오직 킨에게 안전하게 돈을 모두 전달하겠다는 생각만 굳게 하고 있었다.

3

나는 브로드웨이에 있는 호니그먼 앤 프린스Honigman and Prince라는 상회에 소액의 증거금 계좌를 열어놓고 직접 주식투자를 시작했다. 지금은 거래소를 통해 주식을 매입할 때 최소한 총구매 가격의 70퍼센트는 있어야 거래할 수 있지만, 그때만 해도 10퍼센트에서 20퍼센트만 '증거금'으로 계좌에 예치해 놓으면 나머지는 거래소가 부담해 거래하는 것이 가능했다. 물론 주식 가격이 증거금 정도로 소진되는 수준까지 내려갈 경우 내가 추가로 증거금을 더 예치하지 않는다면 거래소에서는 마음대로 내 주식을 처분할 수 있었다.

나는 보통 뉴욕 통합 증권거래소Consolidated Stock Exchange를 통해 한 번에 10주 정도를 사고팔았고 주로 법정 관리를 받는 철도회사나 일부 업체에만 관심을 가졌다.

물론 가끔 돈을 벌기도 했다. 모든 주식 '초짜'들이 그렇게 돈을 벌수도 있었지만 안타깝게도 그 때문에 이 '초짜'들은 주식시장에 훨씬 더 깊이 뛰어들고 싶은 유혹을 느낀다. 그렇지만 나는 몇백 달러 정도를 벌게 되면 처음 투자했던 돈까지 포함해 모든 걸 정리하곤 했다.

하지만 내 돈뿐만 아니라 아버지의 돈까지 잃었던 적도 있었다. 언젠가 한 번은 이리 호수의 어느 섬에 있는 숙박업소까지 전차로 오갈 수 있도록 고가 철도를 건설하면 큰돈을 벌 수 있겠다는 생각을 한 적이 있다. 1890년 아버지와 유럽의 고향을 돌아보고 돌아오던 여객선 안에서 존 P. 캐로더스John P. Carrothers라는 개인적으로는 참으로 매력적인 사업가를 만나 그의 사업 제안에 관심을 갖게 된 것이다.

나는 확신에 가득 차 아버지를 설득해 8,000달러라는 막대한 액수를 투자했지만, 큰돈을 벌기는커녕 투자한 돈까지 모두 날려버리고 말았다.

이리 호수에서의 실패 이후 얼마 지나지 않아 나는 또 어머니에게 500달러만 있으면 테네시 석탄 및 철광석 회사Tennessee Coal & Iron에 투자해 돈을 벌 수 있을 거라고 넌지시 말했다.

"그러면 왜 아버지에게 부탁하지 않니?" 어머니가 물었다.

나는 이리 호수에서의 재난 이후 아버지에게는 한 푼도 더 부탁할 수 없다고 대답했다.

그런데 며칠 후 아버지가 내게 500달러짜리 수표를 건네주는 것이 아닌가! 당시의 기억이 정확하지 않아 내가 그 돈을 받았는지 안 받았는지는 정확히 알 수 없다. 그렇지만 그런 자잘한 내용보다 거기에는 더 큰 의미가 있었다. 내가 아버지의 저축을 그렇게나 많이 탕진했음에도 불구하고 아버지가 여전히 나를 믿고 있다는 사실을 깨닫게 되자 내 자존심이 다시 한껏 되살아나게 된 것이다.

아버지는 확실히 내 마음속에서 일어나고 있는 갈등을 훤히 꿰뚫어 볼 정도의 뛰어난 심리학자였던 것 같다. 당시 내 마음은 아슬아슬하게 균형을 잡고 있어서 아주 작은 일만 벌어져도 앞으로의 내 인생 전부를 결정지을 수 있는, 그런 방향으로 쉽사리 기울어질 수 있는 상태였다.

그런 상황이라면 어떤 사람들은 걷잡을 수 없는 혼란에 빠지기도 하지만 나는 점점 더 신중한 사람이 되어갔다. 나는 결코 버리지 말아야 할 습관, 즉 내가 어디에서 실수했는지 알아내기 위해 손해를 본 과정을 분석하는 습관을 들이기 시작했다. 이런 습관은 내 투자 규모가 커짐에 따라 더욱더 체계적으로 개발해야 하는 그런 습관이었다. 중요한 일이 있을 때마다, 그리고 특히 상황이 나빠질 때마다 나는 월가를 떠나 내가 한 일과 잘못한 부분에 대해 검토를 할 수 있는 조용한 곳으로 갔다. 그럴 때면 나는 절대로 변명하지 않고 그 대신 같은 실수를 반복하지 않도록 하는 데만 집중했다.

이런 식의 주기적인 자기 점검이나 반성은 개인은 물론 정부 같은 통치 기구에도 꼭 필요하다. 개인이든 정부든 잠시 가던 길을 멈추고 과거에 그랬던 것처럼 맹목적으로 앞으로만 달려가야 하는지 스스로에게 물어보는 건 아주 현명한 행동이다. 달려가는 방향이나 속도를 바꿔야 하는 새로운 상황이 발생했는가? 본질적인 문제를 놓치고 주변의 사소한 일에만 신경을 쓰고 힘을 낭비하고 있지는 않은가? 오래된 똑같은 실수를 반복하지 않기 위해 우리는 무엇을 배워야 할까? 또한 우리는 스스로의 실패에 대해 더 많이 알게 될수록 다른 사람들에 대해, 그리고 그들이 그렇게 행동하는 이유에 대해 쉽게 이해할 수 있게 된다.

내가 투자를 시작했던 초창기에 어떤 잘못을 했는지 알아내는 건 그리 어렵지 않았다. 주식시장에서는 거의 모든 초보자가 두 가지 중요한 실수를 저지른다.

그 첫 번째 실수는 자신이 거래하는 유가 증권에 대해 정확한 지식이 없을뿐더러, 관련 회사의 경영이나 수익, 그리고 앞으로의 성장 가능성이나 전망에 대해서도 너무 조금 알고 있다는 것이다.

두 번째 실수는 자신이 거래하는 규모가 자신의 실제 재정적 능력을 넘어설 뿐만 아니라 아주 적은 자본으로 큰돈을 벌려고 애쓰는 것이다. 나도 처음에 그런 실수를 저질렀다. 내게는 애초부터 '자본' 자체가 거의 없었다. 주식을 거래할 때 예치하는 증거금이 아주 적었기 때문에 주가가 아주 조금만 변해도 내 모든 자산이 다 사라질 형편이었다. 나는 그저 주가가 오를지 내릴지에 대해 도박을 걸고 있는 것뿐이었으며 내 판단이 옳다면 별문제가 없었지만 예상치 못한 큰 변동이 있을 경우 완전히 파산할 수도 있었다.

이렇게 투자와 투기를 통해 주식시장에 대해 조금씩 배워나가는 동안 나는 하우스만상회에서 채권 판매를 담당하면서 고객들을 직접 상대하게 되었다. 당시 미국은 재정 상황과 관련해 아주 중요했던 시기였다. 1893년 일어난 공황으로 인해 수많은 광산과 제철소가 문을 닫았고 역시 많은 철도회사들이 법정 관리에 들어갔다. 그렇지만 1895년이 되자 상황이 더 나아질 것이라는 첫 번째 희망을 볼 수 있었다.

나는 전에 이런 경제 공황이나 불황을 한 번도 경험한 적이 없었다. 그렇지만 그 무렵에는 불황에서 벗어나는 시기가 큰돈을 벌 수 있는 드문 기회라는 사실을 어렴풋이 깨닫기 시작했다.

불황이 오면 사람들은 불황에서 벗어나는 시기가 결코 오지 않을 것 같은 기분을 느낀다. 절망에 빠진 사람의 눈에는 그 안개 밖에 있는 밝은 미래가 보이지 않는 것이다. 그럴 때 국가의 미래에 대한 기본적인 확신이 있다면 언젠가는 그런 확신에 대한 보답을 받게 된다. 증권을 매입해 다시 호황이 돌아올 때까지 보유하고 있으면 이득을 볼 수 있는 것이다.

내가 보고, 듣고, 또 읽은 것들을 통해 나는 금융계와 산업계의 거인들도 그렇게 하고 있다는 사실을 확실하게 깨달았다. 이들은 지금 당장은 이익이 없지만 경제 상황이 정상적으로 회복되면 유능한 경영자에 의해 가치가 올라갈 자산을 조용히 매입하고 있었다. 나는 비록 그들보다 여력이 충분하지는 않았지만 그런 상황에서 똑같은 일을 하려고 노력했다.

나는 특히 철도회사의 부실 증권에 관심이 많았다. 어린 시절 윈스보로에 있는 외가 근처를 지나가는 화물 열차의 직원들이 손을 흔들어주는 걸 보고 철도에 매료되었던 것도 한 가지 이유였던 것 같다. 어쨌든 그 무렵은 과도하게 건설되었던 미국 철도가 더욱더 효율적인 자산으로 통합되고 정리되는 시기이기도 했다.

문제는 어떤 회사의 어떤 증권이 이런 재정리 후에 다시 가치를 되찾을 수 있을지 판단하는 것이었다. 미래를 기대하고 확보했지만, 가치를 되찾지 못하는 증권은 그야말로 쓰레기나 다름없는 신세로 전락하게 된다.

처음에는 제대로 된 증권을 잘 골라낼 수 없었고 그 때문에 철도에 대해 더 자세히 연구하게 되었다. 나는 재정리 이후 관련 증권이나 주식의 가치가 올라갈 것으로 기대되는 철도의 목록을 만들어보았다. 그리고 일종의 모의 투자 과정으로, 검은색 표지의 작은 공책을 마련해 이런 증권들에 대한 나의 예상을 적어보았다.

이 모의 투자에서 나는 뉴헤이븐New Haven의 주식을 정리하고 대신 리치먼드Richmond와 웨스트포인트터미널West Point Terminal의 주식을 매입했다. 웨스트포인트 터미널은 훗날 남부철도회사Southern Railway System에 합병되어 정리됐다. 애치슨, 토피카앤산타페Atchison, Topeka &

Santa Fe나 노던퍼시픽Northern Pacific에 대한 나의 예상도 어느 정도 들어맞았다. 검은 공책을 통한 또 하나의 성공적인 모의 투자의 사례는 유니언퍼시픽Union Pacific에 대한 것이었다. 지금 가격 그대로 일단 매입해두면 관리를 벗어나 다시 사업이 완전히 정상 궤도에 올랐을 때 투자금의 2배 이상을 회수할 수 있을 것이라고 예상했다.

철도회사와 관련된 유가 증권들의 현재 가치와 미래에 대한 예상을 고민해 본 후에는 실제로 나의 의견을 듣고 투자를 할 만한 사람이나 회사를 찾아야 했다. 물론 쉬운 일은 아니었다. 나는 A. A. 하우스만상회라는 작은 회사의 여전히 보잘것없는 일개 직원에 불과했다. 세상은 여전히 불황에서 완전히 벗어나지 못했다. 고객들에게 가끔 철도 관련 주식을 추천했지만 그럴 때마다 회사가 파산하면서 고객은 큰 손해를 보았다. 투자나 투기를 하는 일반 대중은 늘 그렇듯 가격이 저렴할 때 더 조심했다.

투자할 만한 여력이 있는 개인이 내 주변에는 거의 없었기 때문에 나는 투자 회사 주소록을 훑어보고 수십 통의 편지를 직접 손으로 정성스럽게 써서 부쳤지만, 그에 대한 반응은 거의 전무(全無)라고 할 수 있을 정도로 부정적이었다.

매일 오후 증권거래소가 문을 닫으면 나는 브로드웨이로 가서 투자 회사나 거래 회사 사무실을 하나씩 찾아다니며 내 사업 전망을 알리기 위해 애를 썼다. 첫 번째 투자를 성사시키기 위해 얼마나 많은 사무실 문을 두드리고 또 얼마나 많은 길을 직접 발로 뛰었던가!

직물 업계에서 크게 이름을 떨치던 상인인 제임스 탈콧James Talcott 과의 첫 번째 투자를 성사시켰던 일을 나는 아직까지도 선명하게 기억하고 있다. 키가 크고 인상적인 외모에 회색 수염을 덥수룩하게 기른 탈콧은 누가 봐도 뉴잉글랜드 지방의 전형적인 상인의 모습이었다. 비서들에 의해 계속 거절을 당해 탈콧을 만나볼 수 없었던 나는 아예 그가 사무실에서 퇴근할 때까지 기다렸고, 그가 문밖을 나서자 옆으로 다가가 내가 누구인지를 소개하고 계속 그를 따라갔다. 탈콧은 그저 아무런 말 없이 무뚝뚝하게 고개만 끄덕일 뿐이었다.

함께 거리를 따라 걸으며 나는 탈콧이 짜증을 내는 기색을 완전히 무시하고 내가 할 수 있는 한 가장 정중하고 설득력 있는 태도로 그야말로 내가 갖고 있는 노력을 모두 기울여 이야기를 계속했다. 탈콧은 몇 번이고 나의 사업 계획에 아무런 관심이 없다고 말을 했지만, 그러다 마침내 나를 통해 액면가 78달러에 오리건 앤 트랜스 콘티넨털Oregon & Trans-Continental의 채권을 6퍼센트 인수하기로 결정했다.

나는 A. A. 하우스만 상회의 직원이었기 때문에 탈콧이 채권 1장당 상회에 지급해야 하는 수수료는 1.25달러였다. 그렇지만 당장 손에 들어오는 그런 수수료보다 내게 더 중요했던 건 내가 전망하는 미래였다. 나의 추천이 수익성이 있는 것으로 판명된다면 나는 단기 고객이 아닌 장기간 거래할 수 있는 고객을 확보할 수 있게 되는 것이다.

탈콧이 매입한 채권은 당시 진행되던 재정리 사업의 영향을 받지 않았으며 얼마 지나지 않아 그 가치가 더 올라갔다. 그 첫 거래를 시작으로 나는 탈콧과 적지 않은 규모의 거래를 계속해나갈 수 있었다.

나는 그 밖에도 또 다른 고객들과 내가 추천한 상품에 대해 논의했고, 때로는 고객들의 투자 금액을 보호하거나 그로 인한 이익을 높이기 위해 투자 종목을 바꿀 것을 제안하기도 했다. 그렇게 고객들의 재산을 보호하기 위해 온갖 주의를 기울이는 한편 나는 또 개인적으로는 투자라기보다는 투기사업에 더 많은 관심을 기울였다.

그렇게 이렇게 다소 이중적인 모습으로 금융업계에서 일을 해나가는 과정에서 한 가지 재미있는 사건이 일어났고 나는 내 생활의 모순에 대해 깊이 깨닫게 되었다. 쉬는 날이 되면 나는 긴장과 피로를 풀기 위해 비슷한 또래 젊은이들이 관심을 두고 있는 다양한 오락거리에도 깊은 관심을 가졌다. 증권거래소에서 직접 거래할 수 있는 회원이자 운동에도 만능이었던 샌디 해치Sandy Hatch는 닭싸움 도박에도 일가견이 있었다. 이 닭싸움 도박은 175번가 근처 허드슨강이 내려다보이는 어느 여관에서 열리곤 했다.

그러던 어느 날 누군가가 "경찰이 왔다!"라고 소리쳤고 사방은 난장판이 되었다. 우리는 창문이며 문이란 문은 모두 찾아 앞다투어 몰려나갔지만 이내 누군가 잘못 알았던 것으로 확인되었고 사람들 대부분 다시 도박판으로 돌아갔다. 하지만 나는 그대로 집으로 향했다.

젊은 증권 중개인이 닭싸움 도박에 기웃거렸다는 이유로 치안판사 앞에 끌려가 곤욕을 치르게 된다면 고객들에게 건전하고 보수적인 투자 안내로 이름을 알려 나가는데 전혀 도움이 되지 않을 것이라고 생각했다. 그 이후 나는 다시는 닭싸움 도박판을 찾아가지 않았다.

물론 당시 내가 마음속으로 겪고 있던 갈등은 다른 모든 야심만만한 젊은이들도 계속해서 겪어온 그런 오래된 갈등이었다. 모두 한탕 크게 하고 싶은, 어쩌면 무모해 보이는 충동과 내일을 위한 자금을 조금씩 비축해나가려는 조심스러운 욕망 사이에서 고민하고 있었다. 나 역시 조심스러운 접근을 통해 착실하게 이익을 쌓아가고 싶었지만 그러면서도 무모한 도전과 그로 인한 좌절까지 완전히 피할 생각은 없었다.

8장

/

결혼을 하다

1

월가에서 보낸 시간도 어느덧 4년이 넘어가고 있었지만 그동안의 나의 노력을 증명해줄 물질적 자산 같은 건 거의 쌓인 것이 없었다. 내 봉급은 일주일에 5달러로 시작해 25달러까지 조금씩 올라갔지만, 초보자 수준으로 좌충우돌하며 투자 아닌 투기를 하느라 남은 게 거의 없었다. 나는 시장에서 크게 한탕하고 싶은 간절한 마음에 하우스만 씨에게 봉급 인상을 요청했고 그것도 무려 두 배가 인상된 주급 50달러를 요구했다.

그러자 하우스만 씨가 이렇게 말했다. "일주일에 50달러라니, 그건 어려운 일이네. 그렇지만 봉급 대신 회사 수익의 8분의 1을 나눠 받는 것은 어떤가."

하우스만상회의 전년도 수익은 1만 4,000달러였다. 이를 바탕으로 계산하면 적어도 일주일에 33달러 이상을 받을 수 있고 수익이 늘어날 경우 실제로 주급이 50달러 이상이 될 수도 있었다.

나는 그 제안을 받아들여 스물다섯 살에 월가에서 이제는 일반 직원이 아닌 수익 일부를 나눠 받는 일종의 공동 경영자가 되었다.

물론 공동 경영자나 동업자라고는 해도 처음부터 회사에 개인적으로 투자를 하고 지분을 확보한 경우가 아닌 만큼 아직은 책임도,

그리고 권리도 대단할 건 없었다. 어쨌든 직책이 바뀌면서 개인적으로 뭔가 좀 변해야 할 필요성을 느꼈다. 나는 곧 그럴듯한 정장에 중절모, 그리고 그밖에 필요한 남자용 장신구들을 몽땅 다 사들였다. 그 당시에는 날씨가 좋은 일요일 아침에 5번가를 산책하는 것이 유행이었는데, 일요일이면 나는 준비한 정장을 차려입고 평소보다 더 신경을 써서 구두를 닦은 후 지팡이까지 들고는 당당하게 거리로 나섰다.

하지만 이 산책이 늘 그렇게 즐거웠다고 말할 수는 없다. 월가에 처음 들어왔을 때부터 알고 지낸 젊은 친구들이 있었는데 이들은 알 만한 투자가나 은행가 집안의 자제들이었고 따라서 내가 꿈도 꿀 수 없는 오락이나 즐거운 놀이에 쓸 돈이 넉넉했다. 이런 사람들이 화려한 옷차림으로 고급 마차를 타고 내 옆을 지나갈 때 나는 종종 부러움을 느끼지 않을 수 없었다.

나로서는 이런 상황이 마음속으로 갈등을 느낄 수밖에 없는 또 다른 시련이었다. 따라서 아직은 젊은 나이에 나보다 더 잘사는 또래 친구들에 대한 질투나 시기심으로 인해 성급한 결정을 내리거나 아니면 나쁜 마음을 먹지 않기 위해서는 부단한 노력이 필요했다.

안정적인 봉급 대신 회사의 공동 경영자로 수익을 배분 받으라는 제안을 하기 전에 하우스만 씨는 궁금한 듯 내게 갑자기 돈이 많이 필요한 일이라도 생겼느냐고 물었고 나는 결혼하고 싶은 사람이 생겼다고 말했다.

나를 기다리고 있던 상대는 바로 애니 그리핀Annie Griffen이었다. 나는 대학을 졸업할 무렵 애니를 처음 알게 되었다. 의붓아버지가 호텔을 운영하고 있는 데이브 솅크Dave Schenck라는 친구와 거리를 걷다가 우리는 매력이 넘치는 두 젊은 여자와 우연히 마주쳤다. 데이브는 그중 한 명은 루이스 권돈Louise Guindon이며 다른 한 명은 사촌인 애니 그리핀이라고 소개했다.

그저 슬쩍 보기만 했을 뿐이지만 키가 크고 늘씬한 그리핀 양은 정말 매력이 넘쳐흘렀다. 나는 애니 그리핀과 그녀의 가족에 대해 모든 것을 다 알고 싶었다. 그렇게 내가 알아낸 바에 따르면 애니 그리핀은 58번가 41번지에 있는 집에서 아버지 벤저민 그리핀Benjamin Griffen, 그리고 어머니와 함께 살고 있었다. 그 집이라면 매일 출근길에 지나치는 곳이었다. 성공회 목사의 손자인 벤저민 그리핀은 뉴욕 시립대학교를 졸업했고 아들도 같은 학교에 다녔는데 공교롭게도 내 동생 허먼과는 친구 사이였다.

그리핀 씨는 반혼그리핀상회Van Horne, Griffen & Company라는 이름의 유리 수입 업체를 운영하고 있었고 공동 경영자인 반 혼 집안과는 사촌지간이었다. 그리핀 부인은 돼지기름을 취급하는 상인 W. J. 윌콕스Wilcox의 딸이었는데 나는 몇 년 전 윌콕스의 대형 공장에 화재가 일어난 모습을 본 적이 있었다. 그리핀 집안은 말 여러 마리와 개인 마차가 있을 정도로 부유했다.

나는 진심으로 애니 그리핀을 다시 만날 수 있는 방법을 찾을 수 있기를 바라며 이런 내용을 조사한 것이다. 그렇지만 이런 식으로 나와 인연이 될 만한 부분을 억지스럽게 찾아보려고 해도 별반 큰 도움이 되는 내용은 거의 없는 것 같았다.

그러던 어느 날, 나는 그리핀 씨네 집 근처를 어슬렁거리다가 애니 그리핀이 다가오는 모습을 보았다. 나는 가지고 있는 모든 용기를 쥐어짜 집 안으로 들어가려는 애니 그리핀에게 접근했다. 그리고 모자를 슬쩍 들어 올리며 혹시 애니 그리핀 양이 맞는지 말을 걸었다.

"아니오, 사람 잘못 보셨어요!" 그녀는 고개를 좌우로 흔들며 이렇게 쏘아붙이더니 그대로 계단을 올라 집 안으로 사라졌다.

나로서는 꽤나 답답하고 속상한 일이었지만 그래도 결국 데이브가 자신이 잘 알고 있던 루이즈 귄돈을 통해 애니 그리핀과 내가 만날 수 있도록 주선을 해주었다.

그 이후 나는 애니 그리핀의 집을 자주 찾아갔다. 그녀의 아버지는 양 집안의 서로 다른 종교가 결국 우리의 행복을 가로막는 극복할 수 없는 장벽이 될 거라고 생각했는지 나와 자신의 딸이 맺어지는 걸 반대했다. 다행히도 그녀의 어머니는 나에게 호의적이었다.

여름이 되면 그리핀 씨는 그대로 뉴욕에 남아있었고 애니와 그리핀 부인만 매사추세츠의 피츠필드Pittsfield로 떠났다. 나도 주말마다 그곳을 찾아 애니의 친구들을 만나기도 했고 또 둘이서만 자전거를 타고 멀리 떠나기도 했다.

뉴욕에서 나는 매일 출근길에 그녀의 집을 지나쳐갔고 그러면 역시 거의 매일 애니가 창가에 서서 내게 손을 흔들어주었다. 둘만 아는 비밀 신호도 있었다. 창문이 조금 열려 있으면 그리핀 씨가 집에 없으니 잠깐 들릴 수 있다는 뜻이었고 창문이 완전히 닫혀 있으면 그 반대 의미로, 나는 그냥 가던 길을 그대로 갔다.

또 어떨 때는 애니와 함께 센트럴 파크에서 만나 자리를 잡고 앉아서 내가 가족을 부양할 정도로 충분한 돈을 벌게 되는 즉시 바로 결혼할 수 있을지 이야기를 나누곤 했다. 내 소소한 투자나 투기가 잘 되는 것처럼 보일 때 우리의 희망도 따라서 부풀었고, 바로 다음 날이라도 시장 분위기가 심상치 않으면 우리의 희망도 함께 사그라지곤 했다.

1951년에 로버트 모제스Robert Moses라는 사람이 센트럴 파크 안에 사람들이 모여 쉬면서 장기도 둘 수 있는 그런 쉼터를 짓겠다고 설명하면서 내게 필요한 지원을 해줄 수 있을지를 물었다. 나는 그가 점 찍어둔 장소를 내 눈으로 직접 확인하고 나서 그렇게 하겠다고 대답했다. 모제스는 내가 그렇게 바로 대답하자 좀 놀란 눈치였다. 나는 그 장소가 바로 그 옛날 나와 애니가 만나서 이야기를 나누던 바로 그곳이라는 말은 그에게 하지 않았다.

2

내가 단순한 고용인이 아닌 동업자이자 공동 경영자로 사업에 참여한 첫해 우리 회사는 4만 8,000달러의 수익을 거두었으며 처음 약속대로 6,000달러를 내 몫으로 받았다. 내가 기대했던 것보다 훨씬 더 큰 액수였기에 그 돈 그대로 저축했더라면 결혼하는 데 아무런 문제가 없었을 것이다. 그렇지만 나는 여전히 내가 가진 역량 이상으로 투자나 투기를 하고 있었다. 뭔가 잘될 것 같다는 판단이 서면 나는 가지고 있는 돈을 몽땅 긁어서 주식이나 채권을 매입했고 그러면 시장에서 약간의 변동만 일어나도 큰 타격을 입었다. 이런 상황이 반복되고 나서야 나는 가지고 있는 돈을 몽땅 털어 넣지 않고 항상 일부를 예비 자본으로 남겨두어야 한다는 걸 배웠다. 내가 이런 이치를 좀 더 일찍 깨달았더라면 계속해서 빈털터리가 되는 마음의 고통을 조금은 덜 겪었을 것이다.

1897년 봄, 하우스만상회의 동업자로서 거의 2년이 다 되어가던 무렵 나는 간신히 몇백 달러를 긁어모아 증거금 거래로 아메리칸 설탕 정제회사American Sugar Refining의 주식을 100주 매입했다. 이 거래는 투기에 대한 나의 접근 방식에서 중요한 변화가 일어났다는 신호였다. 나는 이 설탕 정제회사의 주식을 사기 전에 관련 산업의 전망에 대해 철저하게 조사했다. 아직은 투자라기보다는 도박에 가까운 투기를 하고 있다고 볼 수 있었지만 그래도 이번에는 여러 상황이나 사실들을 면밀하게 분석한 후 전망에 대해 직접 판단을 내렸다.

이 당시 아메리칸 설탕 정제회사는 미국의 설탕 생산량의 4분의 3을 차지하고 있었으며 2500만 달러 상당의 흑자를 올리며 언제나 높은 액수의 배당금을 주주들에게 지급했다. 하지만 미래를 생각하면 어딘지 불안한 구석이 있었다. 이른바 이 '설탕 업계의 독점 기업'은 커피 산업을 주도하는 아버클 브라더스_{Arbuckle Brothers}와 상업 전쟁에 휘말리게 되었다. 두 회사 모두 각자의 영역을 침범하고 있었다.

또 다른 문제는 의회의 조사였다. 설탕의 원료가 되는 사탕수수나 사탕무 원당_{原糖}은 종가관세_{從價關稅}가 부과되어 수입되었는데, 이 원당을 수입해 정제하는 회사의 수익이 올라가면 세금도 올라가고 수익이 떨어지면 따라서 세금도 내려가는 그런 제도였다. 하지만 설탕 회사들이 수익을 속이고 있다는 소문이 나돌았고 결국 조사가 이루어졌다. 이런 소문과 의심에는 어느 정도 근거가 있다고 밝혀지면서 아메리칸사탕수수 정제회사는 200만 달러에서 300만 달러가량의 세금을 추가로 납부해야만 했다.

그렇지만 내가 이 회사의 주식을 매입했을 때 가장 중요했던 문제는 바로 관세였다. 특히 농부들은 '독점 기업'에 대해 상당한 적대감을 느끼고 있었으며, 당시 좌익을 표방하던 인민당도 이런 문제를 집중적으로 선전했다. 그러다 원당이 아닌 설탕의 관세를 낮추는 법안이 하원을 통과했는데, 다시 말해 이 법안이 상원에서까지 완전히 통과되면 미국 내 설탕 제조업체들도 더 이상의 독점이 힘들어질 것이기 때문에 관련 업체들의 주식 가치가 급격하게 떨어졌다.

상원에서 토론이 벌어지고 있을 때 나는 서부 농업 지대에서 역시 설탕의 원료가 되는 사탕무를 재배하는 농가들이 자신들의 이익을 위해 관세를 계속 유지하기를 바라고 있으며 그 뜻이 상원에 전달되면 결국 관세는 지금 수준으로 계속 유지될 것으로 판단했다. 그리고 결국 이들의 주장대로 상원에서는 사실상 관세를 그대로 유지하기로 결정을 내렸다. 아메리칸 설탕 정제회사의 주식 가격은 다시 폭등해 9월 초에는 주당 159달러를 돌파했다.

그동안 나는 내가 얻은 수익을 몽땅 '재투자'했다. 설탕 회사 주가가 올라 벌어들인 수익으로 다시 설탕 회사의 주식을 매입한 것이다. 그러다 마침내 모든 주식을 처분했을 때 내게는 약 6만 달러의 순수익이 남았다. 그 6만 달러로 인하여 나는 그야말로 백만장자가 된 듯한 기분이 들었고 그 즉시 애니 그리핀에게 전화를 걸어 마침내 우리가 결혼할 수 있게 되었다고 말했다. 처음에 그녀도 내 말을 믿지 못했고 "쉽게 번 돈은 쉽게 잃게 될 것"이라는 말만 반복했다. 나는 그런 애니에게 그렇지 않을 것이라고 안심을 시키고 나서 바로 그날 밤 그녀의 아버지인 벤저민 그리핀 씨와 담판을 짓겠다고 말했다.

그리핀 씨는 나를 최대한 정중하게 맞아주었지만 거절 역시 그 못지않게 정중하면서도 단호했다. 그는 내가 처음이나 지금이나 여전히 상냥하고 붙임성 있는 좋은 청년이지만 역시 우리 집안과 자기 집안의 종교가 서로 다르다는 것이 문제라고 했다. 그는 이런 차이는 행복한 결혼 생활을 유지하기에는 너무나 큰 위험 요소라고 주장했다.

나는 그녀의 아버지 뜻을 애니에게 전달했지만 나와 결혼하겠다는 애니의 의지에는 변함이 없었다. 우리는 1897년 10월 20일에 결혼하기로 했다.

3

나는 설탕 관련 주식을 모두 현금으로 바꾸기 전부터 증권거래소의 회원 자격을 사는 문제를 고민하고 있었다. 그 비용은 1만 9,000달러였는데 어머니에게 그 문제에 관한 이야기를 하니 굉장히 기뻐하셨던 기억이 난다. 어머니는 내게 이렇게 말했다. "그렇구나. 그렇게 한 걸음씩 더 전진하면 되겠구나."

그날 밤 나는 어머니와 이런저런 이야기를 나누면서 카드놀이를 했다. 카드놀이를 막 한 판 끝마치고 나니 하트위그 형이 집으로 들어왔다. 자정이 넘은 시간이었다. 하트위그 형은 여배우 네더솔과 자신의 공연 재계약 여부를 두고 오랜 시간 의논했다고 말했다. 그런데도 그다지 만족스러운 결론에 도달하지 못했다.

나는 하트위그 형의 곤란한 상황을 돕기 위해 나 대신 증권거래소의 회원이 되는 게 어떻겠냐고 제안했다. 형은 내 제안을 받아들였고 그렇게 배우로서 형의 경력은 끝이 났다.

그렇지만 모든 이야기가 마무리되고 침대에 누워 잠을 청하려 할 때 나는 비로소 내가 무슨 일을 했는지 깨닫게 되었다. 그야말로 부들부들 떨리는 심장을 몸속에서 꺼내 탁자 위에 올려놓는 것만큼이나 고통스러운 일이었다. 그날 밤이 새도록 이리저리 뒤척이며 한숨도 자지 못했던 나는 결국 이제 내가 할 일은 한 가지밖에 없다고 결론을 내렸다. 나도 똑같이 증권거래소의 회원이 되는 수밖에 없었다.

애니와 나는 그리핀 씨의 친척인 리처드 반 혼_{Richard Van Horne} 목사의 주례로 결혼식을 올렸다. 흰 수염을 기른 몸집이 작은 남자인 반 혼 목사는 누가 보더라도 전형적인 목사의 모습과 태도 그 자체였다. 결혼식이 시작되기 전에 그는 성공회 의식에서 빠지지 않는 성부와 성자, 그리고 성령에 대한 특정한 언급은 이번에는 생략하겠다고 내게 말했다. 나는 내가 믿는 유대교 신앙 의식과 크게 어긋나지 않게 하려고 노력하는 반 혼 목사의 사려 깊음에 깊이 감사했지만 별로 크게 상관 없으니 항상 그랬던 것처럼 편하게 결혼식을 진행해달라고 말했다.

결혼식을 마치고 우리는 신혼여행을 떠났다. 우선 워싱턴을 여유롭게 둘러본 다음 배를 타고 체서피크만에 있는 올드 포인트 컴포트_{Old Point Comfort}로 갔다. 다만 늘 배에 익숙하지 않았던 나는 이번에도 뱃멀미를 심하게 겪었다. 그런 다음 우리는 남쪽으로 내려가 내 고향 캠든으로 향했다.

신혼여행을 끝내고 뉴욕으로 돌아왔을 때 우리 부부는 그 무렵 어머니와 아버지가 70번가 51번지에 마련해 놓은 집에서 얼마간 함께 지냈다. 그렇지만 곧 서쪽 345번지에 있는 너비가 채 5미터도 되지 않는 작은 방 한 칸을 빌려 독립했다. 우리의 첫 아이 벨_{Belle}은 1899년 뉴저지에 있는 작은 여름 별장에서 태어났다. 출산은 아버지가 직접 도왔다.

셋방살이를 청산하고 처음으로 산 우리 집은 86번가 351번지에 있는 넓은 4층짜리 건물이었고 거기에서 둘째인 버나드 2세가 태어났다. 우리 집은 전차 노선 종점 근처에 있었기 때문에 전차 차장인 피터 미노_{Peter Minnaugh}와 친한 사이가 되었다. 추운 겨울이 되면 우리는 항상 그에게 따뜻한 커피 한 잔을 대접하곤 했다. 매년 3월 17일, 버나드 2세의 생일이 되면 피터는 차장 제복을 입고 찾아와 아들에게 금화 한 닢을 선물했다.

그 후 우리는 다시 52번가 6번지에 있는 다른 집으로 이사했다가 마침내 86번가 모퉁이에 있는 근사한 저택을 사들였다.

나는 아내가 나의 성공을 기다려준 세월을 잊지 않고 언제나 여러 가지 선물로 아내를 깜짝 놀라게 해 힘든 시절을 보상해주려 했다. 언젠가 한 번은 내가 값비싼 반지를 선물하자 아내는 이렇게 말했다. "더 이상 아무것도 필요 없어요. 필요한 건 이미 다 가지고 있으니까." 나는 마음이 아주 흡족했다.

아내의 아버지는 끝까지 우리 사이를 허락하지 않았고 결혼식에도 모습을 보이지 않았다. 하지만 시간이 지나면서 다행히도 사이는 점점 회복되었다. 장인은 나에게 서로 다른 종교적 차이 때문에 결혼 생활이 결코 잘 유지되지 못할 것이라는 자기 생각이 틀렸음을 인정한다며 말했고, 나는 그 말을 듣고 무척 기뻤다.

우리 부부의 결혼 생활이 행복하게 유지될 수 있었던 이유 중 하나는 아마도 서로의 믿음에 대한 존중이었을지도 모른다. 결혼한 후 몇 년 동안 아내는 나와 함께 유대인의 안식일에 회당에 참석했고 나는 언제나처럼 유대인의 축일을 잘 지켰다. 그리고 아내는 성공회 예배에도 빠지지 않고 참석했다.

1899년 태어난 벨 말고도 1905년에 다시 둘째 딸 르네_{Renee}가 태어났고 우리는 두 딸이 세례를 받고 아내의 신앙을 따라 자라는 데 동의했다. 다만 아들은 다 자란 후 스스로 자신의 종교를 선택하게 하기로 했다.

나 역시 내가 믿고 따르는 종교와 관련해 도저히 만족할 수 없는 그런 여러 가지 측면 때문에 고민하곤 했다. 다만 나는 다른 사람의 신앙에 의문을 제기하거나 어떤 식으로든 그 신앙에 영향을 끼치지 않는 것을 평생 원칙으로 삼아왔다. 남자든 여자든 신에 대해 어떻게 느끼는가는 지극히 개인적인 문제이기 때문에 각자가 스스로 결정해야 하고 또 그 결정이 무엇이든 다른 사람들이 존중해야 하는 그런 문제라고 생각했다.

9장

처음 거둔 큰 성공

돌이켜보면 설탕과 관련해 큰 수익을 거두면서 나는 성공한 투기자가 되는 길을 처음부터 제대로 다시 배워나가기 시작했던 것 같다.

요즘은 투기자가 아니라 '투기꾼'이라는 말 때문에 부정적인 느낌이 많이 들기는 하지만, 사실 이 '투기'라는 말 자체의 뜻이 투자와 별반 다르지 않고, 둘 다 자세히 들여다보고 관찰한다는 라틴어 '스페쿨라리$_{speculari}$'에서 유래했다.

따라서 나는 투기자를 미래에 대해 집중해 생각하다가 중요한 사건이 일어나기 전에 행동하는 그런 사람으로 정의했다. 이 일이 성공적으로 수행되려면 전쟁과 평화를 포함해 모든 인간사에서 값을 매길 수 없는 세 가지 능력이 필요하다.

첫째, 상황이나 문제에 대한 진실을 꿰뚫어 보는 능력이다.

둘째, 그러한 진실이 암시하는 것과 그에 관한 판단을 내리는 능력이다.

셋째, 너무 늦기 전에 제때 행동할 수 있는 능력이다.

나는 많은 사람이 어떤 문제에 대해 현명하게, 심지어 아주 그럴

듯하게 말하는 것을 여러 번 들어왔지만, 그런 사람들이라도 자신이 믿는 바에 따라 행동하는 데 있어 그저 무기력할 뿐이라는 사실을 아울러 깨달았을 뿐이다.

정확한 순간에 필요한 조치를 하는 문제는 민주주의 사회의 가장 잔혹한 한 가지 모순을 드러내게 만든다. 민주주의에서는 다수의 의견이 중요하다. 그렇지만 여러 중요한 문제에 있어서 모든 구성원에게 그 중요성을 정확하게 다 알릴 때까지 조치를 취하지 않고 미룬다면 그때는 모든 것이 너무 늦을 뿐이다. 그런데 모든 사람이 상황을 분명하게 깨닫게 되었을 때는 또 그런 문제나 위험이 감당할 수 없을 정도로 커져 버린 이후다.

물론 해결책을 찾기 위해서 어느 정도 시간을 들여 기다려야만 하는 그런 문제들도 있다. 그렇지만 우리는 다른 많은 문제에 대해서도 바로 행동하지 않고 막연히 해결책이 나타나기를 기다리다가 모든 걸 망치게 될 수 있다.

예를 들어 제1차 세계대전 당시 나는 전쟁산업위원회 위원장으로 있으면서 혹시 비슷한 규모의 전쟁이 다시 일어났을 때 물가 상승이나 부당이득이 발생하는 것을 막기 위해 비상사태가 발생한 초기에 물가와 임금, 임대료, 그리고 발생하는 이익 모두에 대해 일정한 한계선을 정해야 한다는 사실을 배웠다. 그런데 실제로 제2차 세계대전이 시작되자 당시 프랭클린 D. 루스벨트Franklin Delano Roosevelt 대통령과 의회는 모두 '좀 더 기다려보기로' 결정했다. 정말 필요했던 한계선 정하기는 2년 동안 실시되지 않았고 물가 상승이 심해진 뒤에야 비로소 실시되었다. 한국 전쟁이 일어났을 때도 같은 실수가 반복되었다.

두 차례의 전쟁에서 물가 상승을 방지하기 위한 효과적인 조치가 바로 취해졌더라면 지금 우리가 짊어지고 있는 국가 부채는 절반 정도로 줄어들었을 것이며 지금 우리를 괴롭히고 있는 많은 문제도 발생하지 않았을 것이다.

이와 마찬가지로, 정부의 다른 업무에서도 초창기에 해결할 수 있는 문제를 너무 오래 방치할 때 해결하기 어려워지거나 비용이 감당할 수 없을 정도로 늘어나게 된다. 나는 우드로 윌슨 대통령이 하려고 했던 일을 떠올릴 때마다 평화를 이루기 위한 비용이 시간의 흐름에 따라 얼마나 크게 오르는지에 대해 크게 놀라곤 한다. 1919년 윌슨 대통령이 국제 연맹 가입을 제안했을 때 많은 미국 국민은 너무 갑작스럽고 급진적인 주장이라고 생각했다. 그렇지만 우리가 평화를 위해 지금까지 지급해왔고 앞으로 우리의 후손들이 지급해야만 하는 대가를 생각하면 그건 얼마나 대수롭지 않은 일이었던가!

제2차 세계대전이 끝나고 지금까지 이어지는 냉전 기간 내내 우리는 '시간을 들이는' 방향으로 많은 정책을 폈지만, 아직 이런 질문을 스스로에게 던져본 적이 없다. 무엇을 위해서 시간을 쓰고 있는가? 시간은 들여 기다리는 것이 진정 평화를 위한 일인가? 만일 그런 생각이 틀렸다면 어떻게 그런 사실을 알 수 있을까?

주식시장에서 우리는 신속하게 행동하는 것이 얼마나 중요한지를 빨리 배우게 된다. 나에게도 잊을 수 없는 경험이 하나 있다.

7월 첫째 주 휴가를 뉴저지주 롱브랜치에서 어머니, 그리고 아버지와 함께 지내고 있을 때였다. 일요일 밤 늦게 아서 하우스만이 전화를 걸어와 슬라이 제독Admiral Schley이 산티아고에서 스페인 함대를 격파했다는 소식을 한 신문기자에게 들었다고 알려줬다. 앞서 듀이 제독도 마닐라에서 승전보를 전해왔었기 때문에 이제 미국과 스페인 사이의 전쟁은 빨리 마무리될 것이 거의 확실했다.

그런데 다음 날은 7월 4일 독립 기념일 휴일로, 미국의 증권거래소들이 다 문을 닫지만 영국은 그렇지 않았다. 따라서 런던의 거래소가 문을 열었을 때 미국 주식들을 거래하면 상당한 이익을 볼 수 있었다. 그러기 위해서는 우선 뉴욕으로 가서 시간에 맞춰 전보를 보내야 했다.

그렇지만 일요일 늦은 밤 시간에 운행하는 기차는 없었다. 나는 결국 차장과 기차를 전세 내어 허드슨강 저지 강변에 정박해 있는 여객선까지 달려갔다. 내가 클래런스 하우스만, 그리고 동생 세일링과 함께 그렇게 뉴욕을 향해 달려가고 있었을 때는 새벽 2시가 훨씬 더 넘은 시간이었다.

태어나서 처음 타보는 특별 '전세 열차'는 얼마나 짜릿했는지! 우리가 그렇게 잠들어 있는 마을을 빠르게 지나쳐갈 때 나는 마치 나폴레옹 전쟁 당시 영국의 네이선 로스차일드Nathan Rothschild가 내렸던 그 전설적인 결단을 작은 규모로 나마 반복하고 있는 것 같은 기분이 들었다.

영국 정부가 머뭇거리고 있을 때 총사령관 웰링턴을 지지하며 나폴레옹의 몰락에 전 재산을 걸었던 것이 바로 로스차일드 가문이다. 웰링턴과 나폴레옹이 벨기에의 워털루Waterloo에서 격돌했을 때 처음에는 전황이 영국을 비롯한 연합군에게 불리했고 영국의 주식시장도 타격을 입었다. 상황을 더 자세히 알기 위해 대륙으로 건너갔던 로스차일드는 워털루에서 전황의 흐름이 바뀌기 시작하는 걸 직접 목격한다. 그는 공식적으로 승전보가 전해지기 몇 시간 전에 런던으로 이 소식을 전해 주가가 크게 오르기 전 로스차일드 가문이 막대한 규모로 주식을 매입할 수 있도록 했다.

기차가 어둠 속을 질주하는 것을 보면서 나는 역사는 반복되는 것 같다고 생각했다. 이제는 영국 대신 미국이 남아메리카 쿠바에서 저 멀리 아시아의 필리핀에 이르기까지 육지와 바다 모든 곳에서 승전보를 전해왔고 나는 새로운 제국이 태어나는 것이 느껴졌다. 하지만 이 미국이라는 '제국'이 앞으로 몇 년 동안 부딪히게 될 문제나 책임에 대해서는 아직 아무것도 머릿속에 떠오르지 않은 상태였다.

맨해튼 남쪽에 있는 사무실에 도착했을 때 나는 너무 서둘러서 오느라 사무실 열쇠를 가져오지 않았다는 사실을 깨달았다. 하지만 다행히 문 위의 작은 채광창은 열려 있었고 동생 세일링의 몸집이 무척 작았기 때문에 창문 안으로 동생을 밀어 넣었다. 그렇게 해서 나는 동이 트기 전에 전보를 보낼 수 있었다.

런던에서 주식시장이 시작되고 몇 분이 지나자 상황이 확실히 눈에 보였다. 조금 늦게 사무실에 도착한 아서 하우스만은 전화기를 붙들고 휴일이라 늦잠에 빠져있던 고객들을 깨우기 시작했다. 항상 여유 넘치고 낙관적이던 그가 사업가로서 진짜 솜씨를 발휘하는 순간이었다. 하우스만이 흥분해서 소리치는 이야기가 역시 바쁘게 움직이고 있던 나의 귓가에 띄엄띄엄 들려왔다. "위대한 미국의 승리입니다…… 이제는 미국이 세계 최대의 강대국이 되었습니다…… 새로운 전리품에 이어 새로운 시장까지…… 영국에 대항할 수 있는 제국이 되었습니다…… 이제 앞으로 몇 년 동안 사상 유례가 없는 주식시장의 호황이……"

우리는 하우스만과 연락이 닿은 거의 모든 사람으로부터 주식 매입 주문을 받았고 이 일이 끝난 후에 우리 역시 개인적으로 런던 시장을 통해 미국 주식을 대량으로 매입했다. 그리고 다음 날 아침, 뉴욕 증권거래소가 문을 열자마자 모든 주식 가격이 일제히 상승했다. 런던 시장을 통한 매입으로 우리는 즉시 큰 이익을 보았을뿐더러 뉴욕의 다른 중개 사무실들을 실적에서 완전히 압도했다. 거기에, 이날의 성공을 바탕으로 A. A 하우스만상회는 행동해야 할 때를 아는 민첩한 회사라는 명성 또한 얻게 되었다.

우리가 얻게 된 새로운 명성이 그 이유가 되었는지는 모르겠지만 어쨌든 몇 개월이 지난 후 아서 하우스만에게 새로운 제안이 하나 들어왔고 이 제안은 내 경력에 있어 또 다른 전환점이 되어주었다.

나는 이때를 기점으로 주식시장에서 한 번도 경험해보지 못했던 가장 큰 사업에 참여하게 되었으며 또 새로운 방식도 배우게 되었다. 그리고 당시 금융 업계의 거물 중 한 명이었던 토마스 포춘 라이언 Thomas Fortune Ryan과 길고도 깊은 우정을 나누게 되는 계기도 되었다.

라이언 씨는 키가 1미터 85센티미터가 넘었고 지금까지 한 번도 본 적이 없는 가장 부드럽고 느리면서, 또 다정한 남부 억양으로 말을 하며 주변 사람들에게 깊은 인상을 심어주는 그런 남자였다. 그는 특히 중요한 순간이다 싶을 때는 더 속삭이듯 말하곤 했다. 하지만 그런 반면에 행동은 또 번개처럼 빠른 사람이었으며 내가 월가에서 가장 친하게 지냈던 사람 중에서도 정말 사업 수완이 뛰어났다. 또한 어지간한 일에는 전혀 놀라거나 당황스러워 하는 사람도 아니었다.

버지니아의 가난한 농부의 아들로 태어난 라이언 씨는 부와 권력을 얻기 위해 그야말로 물불을 가리지 않았다. 그를 보고 무자비할뿐더러 신뢰할 수 없다고 냉정하게 평가하는 사람들도 많았다. 예컨대 메트로폴리탄 스트리트 철도회사Metropolitan Street Railway Company가 완전히 파산한 후 그의 개입 여부에 대한 조사에서는 범죄 사실을 찾지 못했지만 '심각한 비난을 받을 만한 많은 일'이 이루어졌다는 결론이 나오기도 했다. 그럼에도 불구하고 나는 그가 나와 한 치의 오차 없이 모든 거래를 진행하고 있다는 사실을 잘 알고 있었다.

내가 그를 처음 만났을 때 라이언 씨는 이미 뉴욕의 공화파 정치 조직이었던 태머니 홀Tammany Hall에서 확고하게 자신의 위치를 다진 상태였고 또 뉴욕의 지하철과 전차 운행에도 큰 영향력을 행사했다. 그리고 동시에 담배왕 제임스 듀크James Duke의 담배 제국에 대한 공격을 준비하고 있었다.

그런데 사실 제임스 듀크는 상대하기에 그리 만만한 인물이 아니었다. 그에 대한 한 가지 일화는 그가 어떤 사람인지를 잘 보여준다. 듀크의 동료 중 몇 명이 사실상 듀크가 창업한 아메리칸타바코American Tobacco를 장악할 수 있을 정도의 지분을 손에 넣기 위해 제임스 R. 킨을 앞에 내세웠다. 그러자 듀크는 그들에게 아주 퉁명스러운 태도로 회사를 빼앗아 갈 수는 있겠지만 자신은 그대로 남아있을 거라고, 만약 뺏긴다고 해도 나가서 새롭게 다른 담배 회사를 세우면 그만이라고 말했다고 한다. 결국 그들은 듀크를 이기지 못하고 물러났다. 사실 듀크가 없는 아메리칸타바코는 아무런 의미가 없다는 사실을 알고 있을 정도의 상식은 있었던 것이다.

제임스 듀크는 1898년까지 경쟁 회사들을 계속 합병했고 그러다가 그의 '독점 연합' 밖에서 제대로 된 담배 사업을 하는 업체는 세 곳밖에 남지 않았다. W. T. 블랙웰 상회Blackwell & Company는 담배를 직접 말아서 피우는 사람들이 가장 좋아하는 불 더램Bull Durham이라는 상표의 담배로 유명했으며 내셔널시거렛National Cigarette Company의 대표 상품 애드미럴Admiral의 인기는 듀크의 스위트카포랄Sweet Caporal 못지 않았다. 또한 리겟앤마이어스Liggett & Myers의 씹는 담배 스타브랜드Star Brand는 듀크의 배틀액스Battle Axe 판매량을 압도했다. 듀크는 당시 배틀액스를 선전하는데 연간 100만 달러의 비용을 지출하고 있었다.

물론 오늘날에는 사람들 대부분 담뱃잎을 종이로 말아 필터를 붙여 판매하는 일반적인 담배를 피우지만 1889년 당시만 해도 씹는 담배와 냄새를 맡는 담배를 애용하는 사람들이 아주 많았다. 따라서 씹는 담배를 주로 생산하는 리겟앤마이어스의 기업 가치는 상당했다. 그리고 담배를 즐기는 여성은 대부분 남부 농촌 지대에 살며 씹는 담배나 냄새 맡는 담배를 애용했다. 물론 교회와 주일학교에서는 금연 운동을 활발하게 펼치고 있었는데, 이들이 반대한 건 주로 불을 붙여 피우는 일반 담배였고 이들의 좋은 의도와는 상관없이 뒤에서 이들의 금연 운동을 비밀리에 지원한 건 다름 아닌 씹는 담배나 냄새 맡는 담배를 만드는 회사들이었다. 하지만 나는 이러한 불편한 진실이 이들의 순수한 의도에 대한 불신으로 이어지지 않기를 바랄 뿐이다.

내 경우는 비위에 맞지 않아 씹는 담배에 영 적응할 수 없었고 따라서 그냥 옛날 방식으로 직접 종이로 담배를 말아 피우는 것에 만족했다.

블랙웰이나 내셔널시거렛과 마찬가지로 리겟앤마이어스 역시 우호적 합병과 관련된 듀크의 모든 제안을 다 거부했다. 또한 파격적인 가격 인하나 광고 등 듀크가 집요하게 벌인 경쟁자들에 대한 모든 공격 역시 지지 않고 다 막아냈다.

그런데 1898년 가을이 되자 이 중에서 내셔널시거렛이 토마스 포춘 라이언이 이끄는 새로운 기업 연합에 팔리더니 곧 유니언타바코

컴퍼니_{Union Tobacco Company}라는 회사의 일부로 합병되었다. 이 회사는 겉으로는 드러나 있지 않았지만 실제로는 라이언 씨를 비롯해 윌리엄 C. 휘트니, P. A. B. 와이드너_{Widener}, 앤서니 N. 브래디_{Anthony N. Brady}, 그리고 윌리엄 L. 엘킨스_{William L. Elkins}를 비롯한 정계와 재계의 유력자들이 그 주인이었다. 사장은 한때 아메리칸타바코의 부사장이었다가 제임스 듀크와 결별한 윌리엄 H. 버틀러_{William H. Butler}였다.

이 무렵 우리는 점점 더 긴장이 고조되는 이 담배 전쟁과 관련된 귀중한 정보 하나를 얻었다. 정보를 가져온 사람은 C. W. 헤이즐틴_{Hazeltine}이었다. 해군 사관학교를 졸업하고 중위까지 진급했던 헤이즐틴은 좀 더 많은 돈을 벌기 위해 해군 생활을 그만두었고 스페인과 전쟁이 벌어졌을 때 잠시 해군에 복귀했다가 완전히 퇴역한 상황이었다.

어느 날 헤이즐틴은 아서 하우스만을 만나기 위해 사무실로 찾아왔다. 짧은 대화가 끝난 후 하우스만 씨와 헤이즐틴이 내 책상 앞에 모여 앉았다. 헤이즐틴은 유니언타바코가 리겟앤마이어스를 인수하여 곧 듀크에 버금갈 경쟁자가 될 것이라고 설명했다. 그는 자신이 리겟앤마이어스의 직원들을 잘 알고 있으니 그들과 접촉할 기회를 만들 수 있다고 힘주어 말했다.

이런 이야기를 전해 들은 나는 제일 먼저 아메리칸타바코의 경영진 중 한 사람이었으며 현재 유니언타바코의 사장인 윌리엄 H. 버틀러_{William H. Butler}의 동생 조지 버틀러_{George Butler}를, 그런 다음에는 라이언 씨를 만났다. 사실 나는 두 사람을 지금까지는 단 한 번도 실제로 만나본 적이 없었다.

처음에는 두 사람 모두 쉽게 이야기를 풀어놓지 않았지만 나는 곧 리겟앤마이어스와 관련해 헤이즐틴이 말해준 정보가 옳았다는 사실을 알게 되었다. 그리고 나는 헤이즐틴의 정보를 이용해 이 문제와 관련해서 내가 도움이 될 수 있다고 두 사람을 설득할 수 있었다.

버틀러 형제와 관련해 나는 이번 거래가 사실상 듀크에 대한 선전포고나 다름없다는 사실을 알게 되었다. 버틀러의 목표는 유니언타바코의 이름 아래 문제의 세 담배 회사를 하나로 합쳐 듀크에게 뜨거운 맛을 보여주는 것이었다.

그로부터 얼마 지나지 않은 1898년 12월 초, 유니언타바코는 불더램 담배로 유명한 블랙웰을 인수했다고 발표했다. 그로 인해 이제 리겟앤마이어스는 듀크나 라이언 씨의 영향력을 받지 않으면서도 무시할 수 없는 유일한 담배 업체로 남게 되었다.

지금까지 버틀러의 행동에 대해 어떻게 생각을 해왔는지 상관없이, 듀크는 이제 본격적인 전쟁이 시작되었다는 사실을 깨달았다. 리겟앤마이어스의 주주들은 대부분 미주리강 근처에 있는 세인트루이스의 주민들이었다. 듀크의 직원들은 황급히 세인트루이스로 가서 리겟앤마이어스의 주주들에게 그럴듯한 제안을 하기 시작했다.

라이언 씨는 나를 자신의 사무실로 불러내어 변호사인 윌리엄 H. 페이지William H. Page를 소개해주었다. 라이언 씨는 우리 두 사람에게 세인트루이스로 가서 듀크 쪽 직원들보다 먼저 선수를 치라고 말했다. 우리는 곧 사무실에서 나와 기차에 올라탔다.

나와 마찬가지로 페이지 역시 라이언 씨를 위해 중요한 임무를 맡은 것은 이번이 처음이었다. 우리는 세인트루이스에 있는 서던호텔에 우선 방을 잡았다. 조지 버틀러도 이미 그곳에 와 있었다. 우리는 먼저 리겟앤마이어스의 사장인 모제스 위트모어 대령Colonel Moses Wetmore을 찾아보기로 했다.

모제스 위트모어 대령은 예의가 바르면서도 약삭빠른, 대단히 입체적인 인물이었다. 그는 플랜터스호텔Planters Hotel의 소유주였고 또 호텔에 있는 자신의 방에 여러 번 우리를 초대해 저녁을 대접하기도 했다.

리겟앤마이어스에서 위트모어 대령 못지않게 중요한 인물은 회사의 법정 대리인이자 '그림자 빌Gumshoe Bill'이라는 별명으로 불리는 윌리엄 J. 스톤William J. Stone이었다. '그림자 빌'은 미주리주 주지사를 역임했고 나중에는 연방 상원 의원이 되어 미국이 제1차 세계대전에 참전하기 직전 일반 상선을 무장시키려는 윌슨 대통령의 노력에 반대하고 나선 '11인의 반대파willful men'의 일원이기도 했다.

흥미로운 일이지만 지금 돌이켜보면 줄잡아 몇 주 이상 계속되었던 사전 교섭 과정에 대해 기억나는 부분은 거의 없다. 우리가 우선 내세울 수 있는 전술이라고는 먼저 안면을 트고 서로 친해지는 것이었다.

그 당시 세인트루이스에서 우리가 뭔가 상대방에게 압력을 넣을 수 있는 그런 방법은 전혀 없었다. 위트모어 대령의 오랜 친구인 버틀러는 카드 솜씨뿐만 아니라 말솜씨도 뛰어났다. 그런데 그건 페이지도 마찬가지여서 거의 매일 저녁 그들은 대령의 호텔에 모여 술도 한 잔씩 하고 또 카드놀이도 했다. 헤이즐틴과 나는 대주주들과 접촉하는 일을 맡았다. 페이지는 "우리는 위트모어 대령의 마음을 결국 누그러트렸다"고 말했었는데, 나로서는 우리가 세인트루이스에서 했던 모든 노력을 그가 가장 잘 정리했다고 생각했다.

우리가 진행한 협상에 대해 언론에서 많은 기사를 냈고 나는 내 인생에서 처음으로 큰 주목을 받게 되었다. 당연한 일이었지만 스물여덟 살의 나이에 사업적으로 큰 업무를 수행하게 된 나로서는 전혀 불쾌한 상황이 아니었다. 어느 날 신문을 보니 듀크의 '독점 연합'이 승리를 거두었다는 기사가 실렸다. 그런데 다음 날에는 상황이 조금 '의심스럽다'는 기사가 다시 실렸다. 하지만 결국 위트모어 대령이 우리에게 모든 지분을 넘기게 되었다는 이야기가 마지막을 장식하게 되었다.

세인트루이스는 크게 들뜬 분위기였다. 리겟앤마이어스는 세인트루이스의 자랑이었고 사람들은 이 회사가 어디에도 합병되지 않고 그대로 유지되기를 바라고 있었다. 그리고 독점 연합 세력에 대해서는 특별한 편견도 존재했다. 한번은 이 지역의 상인연합회 회원 100여 명이 무리를 지어 행진을 벌인 일도 있었다. 리겟앤마이어스 공장에는 '독점 연합 반대'라는 푯말이 세워졌다. 위트모어 대령은 반대하는 사람들을 개인적으로 만났으며 어떤 특별한 약속이나 언급 없이 그들이 마음을 돌리게 만들었다.

협상 결과 회사 상속인이나 다른 대주주들이 모든 권리를 위트모어 대령에게 일임하기로 결정했다. 여기에 대령 자신의 지분을 합치게 되면 그는 모든 상황을 좌지우지할 수 있는 위치에 서게 된다. 대령은 우리와 행동을 함께하기로 했다. 리겟앤마이어스 전체 지분의 절반 이상을 우리가 인수하는 걸로 계약이 체결되었다. 그 총금액은 660만 달러에 달했다.

계약서가 작성될 때 어느 쪽이 약 20만 달러에 달하는 관련 법률 비용을 떠맡는지에 대한 문제가 제기되었는데 페이지와 '그림자 빌'이 동전을 던져 결정하기로 했다. 결국 우리가 그 비용을 떠맡게 되었지만 세인트루이스 사람들과 쌓은 신뢰와 우정에 비하면 아무것도 아니라는 생각이 들었다.

이제 라이언 씨의 세력과 듀크 세력 사이의 전쟁은 그 전선이 더욱 확장되었다. 듀크는 승기를 잡기 위해 새로운 자회사인 콘티넨털 타바코Continental Tobacco Company를 세웠고 이 회사의 주식은 장외 거래소에서 거래되었다.

당시 이 장외 거래는 뉴욕 증권거래소 앞 공터에서 이루어졌다. 중개인들은 브로드 스트리트Broad Street에서 거래를 했다. 때로는 근처 사무실 창문가에 서 있는 직원의 신호에 따라 증권을 사거나 팔기도 했다. 거래가 끝나면 다시 직원에게 신호를 보내는 것이다.

라이언 씨는 유니언타바코의 위세와 자금을 앞세워 듀크를 깜짝 놀랄 정도로 몰아붙이기 위해 콘티넨털타바코 주식에도 개입하기로 결정했다. 나는 세인트루이스에서 불려와 이 작전의 총책임을 맡게 되었다. 세인트루이스에서 나는 협상에 참여한 여러 사람 중 하나였지만 여기에서는 오직 라이언 씨의 지시만 따르는 총책임자가 된 것이다.

나는 매일 아침 라이언 씨를 만났다. 그는 우리 집에서 얼마 떨어지지 않은 72번가에 살았고 나는 시내로 나가는 길에 그의 집에 먼저 들릴 수 있었다. 보통은 라이언 씨가 아직 완전히 깨지 않았을 때 도착했는데, 그의 침실로 가면 때로는 면도하면서 나와 이야기를 나누는 때도 있었다.

꽤 시간이 지난 후에 라이언 씨와 그의 아내 사이의 불화에 대한 많은 이야기가 나돌았지만 내가 처음 봤을 당시만 해도 두 사람은 헌신적인 사이로 보였다. 물론 라이언 씨는 자기 일 말고는 다른 건 거들떠보지도 않는 그런 사람처럼 생각되기는 했다. 반면에 그의 아내는 가정과 가족에게 모든 걸 쏟아부었다. 그 집에 딸은 없었고 모두 아들뿐이었는데, 그해 겨울 라이언 씨의 아내는 우리 딸 벨을 위해 털실로 작은 웃옷을 떠주었다.

콘티넨털타바코 주식 거래는 내가 장외 시장에서 얼마 해보지 않았던 거래 중에서도 처음 해본 대규모 거래였다. 당시 나는 다른 사람을 대신한 중개인으로서가 아니라 직접 나서서 주식을 거래하는 실력이 영 시원치 않았다. 아무래도 재능의 문제였던 것 같은데, 그런 나의 재능 부족을 일찌감치 발견한 것도 행운이라면 행운이었을 것이다. 많은 사람이 중개인을 거치지 않고 직접 거래에 나서 수수료 몇 푼을 절약하려 하지만, 그 대신 수천 달러를 손해 보는 일도 자주 벌어진다.

어쨌든 그런 이유로 나는 이번 거래를 위해 두 명의 중개인을 따로 고용했다. 라이언 씨는 내가 20만 달러까지는 손해를 봐도 괜찮다고 했고 나는 1899년 새해가 밝자마자 콘티넨털타바코 주식 거래에 착수했다.

당시 콘티넨털타바코의 주식 가격은 45달러였고 나는 6주 만에 그 가격을 30달러까지 떨어트렸다. 콘티넨털타바코 입장에서는 타격을 입을 수밖에 없는 담배 전쟁이 임박했다는 두려움 때문에 주가가 그렇게 떨어진 것이다.

보통 시장에서 가격 하락을 예측하고 투기하는 중개인은 주가가 하락할 때 이를 더 부추기기 위해 갖고 있는 주식을 계속해서 매도한다. 그렇지만 나는 시장이 약세일 때 매수를 하고 반등할 때 다시 매도하는 전략을 택했다. 덕분에 콘티넨털타바코의 주가를 떨어트리면서도 순이익을 올릴 수 있었다.

평소보다 전략이 더 성공적으로 먹혀들어 갔던 어느 날, 라이언 씨가 사무실로 달려와 내게 거래를 당장 중지하라고 말했다. 그리고 도대체 자기 돈을 얼마나 잃었는지를 물었다. 나는 그런 라이언 씨에게 잃은 돈은 한 푼도 없으며 오히려 그의 주머니가 더 두둑해졌다고 대답했다.

"그쪽의 신경을 곤두서게 만들라고 했지 완전히 망하게 만들라는 말은 하지 않았어." 그는 나를 꾸짖듯 말했지만, 속으로는 적지 않게 만족하고 있다는 걸 알 수 있었다.

콘티넨털타바코에 대한 공격을 통해 라이언 씨는 독점 연합을 흔들 수 있는 자신의 힘을 과시했다. 내가 더 이상 거래를 하지 말라는 말을 듣고 얼마 지나지 않아 월가에는 듀크와 라이언 세력 사이에 협상이 이루어졌다는 소문이 퍼졌다.

1899년 3월 1일의 만남에서 아메리칸타바코의 이사들은 유니언타바코 인수를 승인했다. 유니언타바코에는 불 더램 담배의 블랙웰을 비롯해 내셔널시거렛, 그리고 리겟앤마이어스가 속해 있었다. 라이언 씨는 와이드너, 그리고 브래디와 함께 아메리칸타바코의 이사가 되었다. 이상의 모든 거래를 통해 최종적으로 라이언 씨와 동업자들은 듀크의 핵심 경영진 속으로 들어가는 데 성공했으며 동시에 개인적으로는 적지 않은 이익을 손에 넣었다. 그리고 사실상 아메리칸타바코의 담배 산업 독점이 완성되었다.

버틀러 형제는 듀크의 독점 연합의 세력을 약화시키기 위해 유니언타바코를 시작해 힘을 키워나갔지만 라이언 씨는 다른 방식으로 자신만의 해결책을 찾아냈다. 따라서 처음부터 라이언 씨가 듀크와 비밀리에 공모한 것이 아닌가 하는 의심이 제기되었다. 나로서는 이 문제에 대한 진실은 알 수 없었지만 라이언 씨가 나에게 콘티넨털타바코 주식 거래를 지시한 걸 보면 그런 의심은 신빙성이 떨어진다고 볼 수 있다.

담배 산업을 둘러싼 전쟁이 끝나자 아메리칸타바코와 그 자회사들의 주가는 듀크와 라이언 세력이 전쟁을 벌이며 입었던 손실과 들어간 모든 비용을 채울 수 있을 정도로 크게 치솟았다.

마지막으로 한 가지만 더 언급하자면 시간이 흐른 뒤 정부에서는 듀크의 강력한 반발에도 불구하고 이 담배 산업 독점 연합의 해체를 강요하였다. 몇 년이 지난 후 우연히 듀크를 만났을 때 그가 이렇게 말했다. "담배 산업 독점 연합 해체에 반대해 열심히 싸웠던 만큼 다시 연합하기 위해 더 열심히 싸워야 할까? 그런데 사실 그렇게 해체되고 나서 서로 경쟁하면서 우리는 더 많은 돈을 벌 수 있었다."

독점의 결과는 바로 이런 것이다. 독점 연합을 이끄는 사람들조차 독점의 단점을 잘 알지 못하는 경우가 많다.

4

이 담배 사업에 끼어들면서 나는 1928년 그가 사망할 때까지 사적으로 친구 사이를 유지했던 라이언 씨와의 사업적인 관계를 시작하게 되었다. 라이언 씨는 그리 알기 쉬운 사람이 아니었고 어떤 사람들에게는 기이할 정도로 모순된 모습을 보여주기도 했다. 그는 때로는 관대했으며 또 때로는 무자비한 그런 사람이었다.

나는 특별한 경우가 아니면 그와 엮이기를 거부했고 라이언 씨나 다른 사람들이 아니라 바로 내가 보는 방식에 따라 거래해야겠다고 주장하는 등 여러 차례 그를 짜증 나게 만들기도 했다.

우리 두 사람이 알고 지낸 지 얼마 되지 않았을 무렵 라이언 씨와 윌리엄 C. 휘트니가 제임스 R. 킨을 감옥에 보내려고 했는데, 나의 이런 성향 때문에 결국 갈등이 일어났다. 이들은 자신들이 눈독을 들이고 있던 은행을 위태롭게 만들었다며 킨을 고발했지만 내가 그에 대한 증언을 거부한 것이다.

킨과의 그 무자비하고 피 튀기는 싸움은 그 어느 쪽도 단 한 걸음도 물러서려 하지 않았기 때문에 좀처럼 해결의 실마리를 찾지 못한 채 지루하게 계속되고 있었다.

그런 와중에 킨과 관련된 증언을 거부했으니 이제 라이언과의 관계는 그걸로 끝이 났다고 나는 생각했지만, 오히려 그는 전보다 더 나를 신뢰하게 된 것 같았다. 서로 원수나 다름없는 라이언과 킨 사이에서 나만의 신념을 지킬 수 있었다는 것 자체가 당시의 나에게는 어느 정도 자부심을 느끼게 해주었다.

그렇게 라이언 씨와의 관계가 쌓여가던 초창기에 그는 새로 세운 모튼신탁회사Morton Trust Company 안에 있는 자신의 사무실로 나를 불러들였다. 사무실 안쪽에 있는 그의 책상 앞에서 나는 메트로폴리탄 전차회사Metropolitan Street Railway Company 문제로 그에게 가해진 공격에 대해 어떻게 생각하는지를 물었다. 그러자 라이언 씨는 평소의 그 차분하고 느리며 낮은 목소리로 이렇게 대답했다. "글쎄, 이 안에 있으면 그런 사소한 문제 같은 건 눈에 들어오지 않으니까."

그런 다음 그는 자리에서 일어나 커다란 금고 쪽으로 걸어가며 이렇게 말했다. "그보다는 여기 처분해줘야 할 것들이 있네."

금고 안에는 조지아퍼시픽퍼스트Georgia Pacific First의 채권들이 마치 그냥 종이 뭉치라도 되는듯 아무렇게나 가득 쌓여 있었다. 당시 채권 1매당 가격이 9달러쯤이었던 걸로 기억한다.

나는 밖으로 나가 삯마차에 올라탔다. 채권이 워낙 많아 마차 안 바닥을 가득 채웠기 때문에 발을 둘 곳이 보이지 않을 정도였다. 나는 우리 사무실로 돌아가 조지아 퍼시픽에 대해 연구하며 사람들이 이 채권에 관심을 갖게 만들 방안을 궁리하기 시작했다.

어느 날 채권 가격이 30달러 정도까지 올랐을 때 라이언 씨가 전화를 걸어 왜 아직 채권을 처분하지 않았는지를 물어왔다. 나는 적절한 때가 되었다고 판단되면 그때 처분하라는 지시를 따를 것이며 아직 가격이 더 오를 것 같은 느낌이 든다고 대답했다. 하지만 그는 계속해서 나를 재촉했고 나는 50달러에 채권을 모두 팔아치웠다. 그리고 결국 채권 가격은 더 올라갔다.

리겟앤마이어스 거래를 끝낸 후 얼마 지나지 않아 라이언 씨는 나에게 노포크앤웨스턴 철도회사Norfolk & Western를 움직일 수 있을 만한 지분을 확보하라고 주문을 해왔다. 나는 주식 가격이 올라가지 않도록 하면서 적지 않은 주식을 사들였지만 경영권을 가져올 정도로 많은 양은 아니었다.

또 한 번은 라이언 씨가 나에게 위배시 철도회사Wabash Railroad의 경영권을 확보해달라고 요청했다. 나도 그 무렵에는 꽤 알려진 개인 투자자가 되어 있었고 따라서 누군가 다른 사람의 요청에 의해 움직인다는 그런 의심을 사지 않고도 그런 식의 주문이나 요청을 실행할 수 있었다. 때로는 실제로 내게 요청이나 부탁했던 바로 그 사람들이 그런 사실을 감추기 위해 능청스러운 표정을 지으며 "바루크가 도대체 누구를 대신해 그렇게 주식들을 사들이고 있는지 나도 궁금할 정도다" 같은 말을 퍼트리고 다니기도 했다.

위배시 거래와 관련해서 월가의 중개인들이 어떻게 함께 작업을 하는지를 한 번 살펴보도록 하자. 위배시 주식이 거래되는 중개소로 가는 동안 나는 롱브랜치에서 알게 된 좋은 친구인 데이브 반즈Dave Barnes를 우연히 만났다. 반즈와 그의 친구들은 바다에서 수영을 할 때는 작은 위스키 병을 하나씩 들고 들어가 추위를 느낄 때마다 한 모금씩 들이키곤 했다.

이날 데이브는 위배시 보통주 가격을 3달러에서 4달러 정도, 그리고 우선주를 17달러 정도로 내게 제시했다. 만일 내가 데이브가 보유하고 있는 주식을 사들인다면 그는 또다시 위배시 주식을 사들여 가격을 올린 뒤 내게 팔 것이 분명했다.

나는 데이브에게 다가가 바로 옆에 앉고는 이렇게 말했다. "데이브, 이번에는 내 말을 좀 들어주게. 오늘은 주식을 팔지 말고 그냥 하루 일과를 마무리해 줘."

"그러면 그렇게 하지, 배리." 그는 이렇게 대답하고는 자리에서 일어섰다. 이유를 정확히 알려주지는 않았지만 반즈는 항상 나를 '배리Barrie'라고 불렀다.

그렇게 해서 나는 워배시와 보통주와 우선주를 계속 사들였지만 반즈는 어떤 참견도 하지 않았다. 만일 내가 솔직하게 그에게 도움을 청하지 않았다면 아마 그 비용이 수천 달러는 더 들어갔을 것이다. 나는 그저 데이브에게 내가 하는 거래에서 손을 떼 달라고 부탁을 한 것인데, 그는 언젠가 자신도 내게 그와 똑같은 부탁을 할 날이 올 거라는 사실을 잘 알고 있었다. 당시 월가의 중개인들은 그렇게 서로를 믿고 의지하며 사업을 꾸려나갔다.

리겟앤마이어스 관련 거래에서 내가 속해 있던 A. A. 하우스만상회에 떨어진 수수료는 15만 달러가량이었다. 그 거래 규모와 중요성을 고려해보면 그리 큰 금액은 아니었지만 그 무렵의 나로서는 어느 정도의 수수료가 적당한지 잘 알 수 없었다. 하지만 A. A. 하우스만상회에게 15만 달러는 적지 않은 금액이었고 덕분에 그해 우리 회사의 순이익도 50만 달러 이상으로 크게 올라갔다. 이제 나의 몫은 순이익의 8분의 1이 아니라 3분의 1까지 올라가 있었다. 브로드 스트리트 20번가에 큰 사무실을 마련한 A. A. 하우스만상회는 월가의 대형 증권 중개 업체 중 한 곳으로 착실하게 성장하는 중이었다.

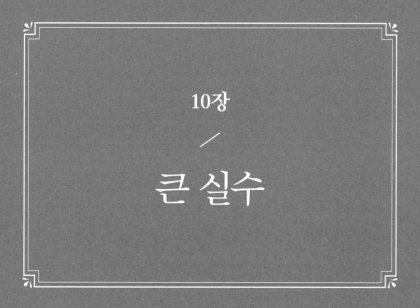

10장

/

큰 실수

나도 적지 않은 돈을 내 몫으로 받았고 그중 3만 9,000달러를 내고 뉴욕 증권거래소의 회원 자격을 취득했다. 2년 전 하트위그 형을 회원으로 만들어줄 때만 해도 비용이 1만 9,000달러 정도였지만 나는 그동안 비용이 두 배 정도 오른 것 정도는 전혀 신경 쓰이지 않았다.

거래소 회원들 명단에 내 이름이 올라가 있는 걸 보니 뭔가 살아가는데 필요한 새로운 기운이 솟아오르는 것 같았다. 자부심과 자신감이 넘쳐나게 된 나는 금융계에서 새로운 도전 거리를 찾기 시작했다. 그렇지만 나는 곧 돈을 버는 것과 번 돈을 지키는 건 전혀 다른 문제라는 사실을 배웠다. 사실 돈을 버는 것이 지키는 것보다 더 쉬운 경우가 많다.

지금 내가 고백하려는 실수는 주식시장의 가장 형편없는 초짜라도 변명의 여지가 없는 그런 종류의 실수일 것이다. 나는 아메리칸스피릿 제조회사American Spirits Manufacturing의 주식이 전망이 좋다는 말을 들었다. 지금 기억으로는 라이언 씨에게 직접 들은 것도 같고 나보다 라이언 씨와 훨씬 더 가까운 사람에게 들은 것도 같다. 어느 쪽이든 나는 라이언 씨의 역량을 믿었고 그래서 투자를 했다.

아메리칸스피릿 제조회사는 1893년 공황으로 무너진 오래된 디스틸링앤캐틀피딩연합Distilling & Cattle Feeding Association, 즉 '위스키 독점 연합'의 잔재, 혹은 유물이었다. 그렇지만 아메리칸스피릿은 여전히 미국에서 가장 큰 주류 제조 및 유통 업체였다. 나는 아메리칸스피릿을 비롯해 다른 세 곳의 대형 주류 관련 업체들이 합병된다는 소식을 먼저 전해 듣고는 갖고 있던 모든 여유 자금으로 아메리칸스피릿의 주식을 사들였다.

합병에 대한 소식은 곧 다른 사람들에게도 알려졌다. 그런데 나의 예상과는 달리 주가는 오히려 하락하기 시작했다. 나는 현금을 다쓴 뒤 증거금 거래까지 했기 때문에 이를 보충하기 위해 내가 보유하고 있던 다른 증권들까지 처분해야 했다. 그야말로 몇 배나 더 손해를 보게 된 것이다.

잠시 나 자신을 으쓱하게 만들어주었던 리겟앤마이어스 관련 거래가 성공적으로 마무리된 지 불과 몇 주 만에 나는 그야말로 바닥까지 추락하고 말았다.

아메리칸스피릿 거래는 정말 정신을 차릴 수 없을 정도로 순식간에 내게 큰 손해를 입혔다. 사실상 내가 겪었던 가장 큰 손해라고 해도 과언이 아니었다. 나는 전에 아내에게 유리 등잔까지 달린 번쩍이는 검은색 소형 마차를 사주었고 제복을 입은 마부를 두 명이나 고용했다. 그런데 이제 아내에게 나는 마차를 정리하고 다른 계획들도 잠시 연기해야 한다고 말해야 했다.

나는 크게 풀이 죽은 채 라이언 씨를 찾아가 내가 실패한 이유를 솔직하게 고백했다.

"내가 그 회사 주식을 사라고 직접 말했던가?" 그가 물었다.

나는 아니라고 대답했다. 사실 나는 그에게 직접 이 문제에 대해 물어본 적이 한 번도 없었다. 대신 그와 가까우면서도 내게 호감이 있는 어떤 사람에게 라이언 씨도 그 회사에 대해 좋게 생각한다는 말을 전해 들은 것이다.

라이언 씨는 늘 그렇듯 조용한 목소리로 이렇게 말했다. "내가 다른 사람에게 무슨 말을 한들 그걸 이리저리 건너서 듣고 진지하게 생각해서는 절대 안 되지. 나에게 뭔가를 알아내려고 애쓰는 수많은 사람에게 내가 제대로 조언해줄 의무 같은 건 없어. 하지만 자네가 직접 내게 물었다면 나는 제대로 된 대답을 했겠지."

나는 아메리칸스피릿 거래에서 불운을 겪으며 많은 것들을 배웠다. 또한 월가에 떠도는 조언에 대해 한 가지 사실을 분명하게 알 수 있었다. 사람들은 때로 그렇게 여기저기에 떡밥을 흩뿌린다. 그건 사실 아주 큰 놈을 잡기 위한 사전 작업인데 가끔 얼토당토않게 피라미들이 먼저 걸려들 때가 있다. 이번 경우는 내가 바로 그 피라미였던 것이다.

월가에서 활동하는 기간이 길어질수록 그런 각종 조언이나 '내부 정보'에 대한 불신은 더 커져만 갔다. 나는 이런 식의 무분별한 정보가 언젠가는 영국이나 미국의 중앙은행까지 무너트릴 수 있다고 믿고 있다.

그건 단순히 내부 정보가 사람들을 속이기 위해 잘못 퍼지기 때문만은 아니다. 내부자가 회사 내부의 사정을 정확히 알고 있는 경우라도, 그런 사실만으로 심각한 실수가 발생할 가능성이 높기 때문이다.

내부 정보에는 사람들의 논리나 상식을 뒤흔드는 무엇인가가 있다. 무엇보다 사람들은 진실이 아닐지라도 다른 사람들이 알지 못하는 것을 자신이 알고 있다는 것에 큰 가치를 둔다. 특별한 정보통의 도움을 받지 못하는 사람이라면 경제적 상황을 정확하게 살피고 그에 따라 냉정하게 행동할 것이다. 그런데 내부 정보를 제공받게 되면 그런 사람이라도 자신이 다른 사람들보다 훨씬 더 똑똑하다고 느끼게 되면서 가장 명백한 사실조차 무시하게 된다. 다른 모든 사람이 주식에 대한 투자를 중단하거나 처분해야 한다는 사실을 분명하게 깨달은 뒤에도 내 눈에는 내부자들이 계속 주식을 쥐고 있는 모습이 들어올 때가 있었다.

장기적으로 볼 때 경제적 상황에 대한 냉철한 판단에 의존하는 것이 더 낫다는 사실을 나는 알게 되었다. 쿤앤뢰브 투자은행_{Kuhn,} Loeb & Co의 오토 칸_{Otto Kahn}은 유니언퍼시픽과 관련해 시장에서 상당한 움직임이 있었던 날 나를 어떻게 만나게 되었는지 이야기하는 것을 좋아했다. 내가 그를 말리고 나서자 그는 내게 이렇게 말했다. "유니언퍼시픽 내부 사정에 대해 뭔가를 알고 있다면 제발 아무 말도 하지 말아주시오. 나는 스스로 내린 판단이 당신의 말에 영향을 받고 싶지 않으니까 말이오."

아메리칸스피릿이라는 회사의 역사에는 과거에 거뒀던 성공의 잔해들이 가득 차 있었다. 제임스 R. 킨은 훗날 나에게 아메리칸스피릿과 관련된 사람들 중 일부는 너무 문제가 많아서 스스로 궁지에 몰리게 될 수도 있다고 말했다. 나의 실수를 변명하거나 굳이 설명하기 위해 이런 일화를 덧붙이는 것은 아니다. 모든 것은 잘못된 판단을 내린 나의 책임이다.

나는 투기나 투자와 관련된 중요한 규칙을 모두 어기고 말았다. 나는 그저 겉으로만 상황을 확인한 후 제대로 확인되지 않은 정보에 따라 행동했으며, 다른 수천 명의 사람들과 마찬가지로 나의 그런 행동에 합당한 결과만을 얻게 되었다.

2

아메리칸스피릿 거래에서 큰 낭패를 본 후 다시 기운을 추스르는 데 몇 개월이 넘는 시간이 걸렸다. 하지만 나는 다시 다른 기회를 찾다가 뉴욕 주지사에서 물러난 로스웰 P. 플라워Roswell P. Flower의 행적에 주목하기 시작했다.

금융가인 헨리 클루스Henry Clews는 플라워 씨가 정장을 차려입으면 부유한 농부를 연상시킨다고 말했는데, 아주 적절한 설명이었다. 실제로 플라워 씨는 뉴욕 북부의 한 농장에서 태어났으며 어린 나이에 아버지를 잃고 집안의 가장이 되었다. 그는 훗날 뉴욕주의 하원의원과 주지사를 역임했다.

플라워 씨는 기업의 중역으로서도 검증된 경험을 가진 인물이었다. 시카고가스Chicago Gas나 시카고록아일랜드퍼시픽 철도회사Chicago, Rock Island and Pacific 등의 사례에서 그는 파산한 기업을 인수한 뒤 합리적인 경영 방법을 도입하여 기업을 되살릴 수 있음을 보여주었다. 플라워 씨의 명성이 어찌나 높았던지 월가에 있는 친구들에게 그가 어떤 주식에 대해 좋은 이야기를 되풀이하면 바로 그 주식 주가가 오른다는 말이 있을 정도였다.

마침 이 무렵 플라워 씨는 브루클린라피드교통Brooklyn Rapid Transit

Company을 책임지고 있었다. 브루클린라피드교통의 주가는 약 20달러 정도였는데, 그가 회사 경영에 문제가 있으며 제대로만 회사를 이끌면 주가가 75달러는 되어야 한다고 단언하고 직접 행동에 들어가자 과연 회사의 수익도 늘고 따라서 주가도 함께 올라갔다.

1899년 봄이 되자 브루클린라피드는 주식시장의 선도 기업으로 떠오르기 시작했다. 나도 그 상승세를 따라 이득을 보았지만 조금씩 불안한 마음이 들기 시작했다. 회사 상황이 밖에서 보는 것만큼 그렇게 확실하거나 분명하지 않았기 때문이다. 나는 뭔가 잘못되어가고 있다는 예감이 들었다.

그래도 아직까지는 플라워 씨가 했던 예측대로 상황이 진행되고 있었다. 주가가 20달러 일 때 그는 75달러로 오를 것이라고 말했고 50달러쯤 되자 이번에는 125달러도 충분하다고 장담했다. 그리고 그런 그의 예측은 모두 실현되었다.

그런데 4월이 되자 137달러까지 치솟았던 주가가 내려가기 시작했다. 그동안 주가가 너무 빨리, 그리고 너무 높게 치솟은 바람에 건전한 수익 발생을 기대하기 어렵다는 이야기가 나오기 시작했다. 나도 그와 같은 생각이었다.

1899년 5월 12일 자 조간신문에는 플라워 씨가 브루클린 라피드의 수익은 꾸준히 증가하고 있으며 전망 역시 장밋빛이라고 말한 기사가 실렸고 잠깐 상황을 진정시키는 효과를 발휘했다.

그런데 오후가 되어 어떤 소문이 거래소에 퍼지며 주가가 폭락했다. 어디서부터 흘러나온 소문인지는 모르겠지만 플라워 씨가 위독하다는 것이었다. 그날 저녁 거래소 업무가 끝이 난 후《월가 저널》에는 "전 주지사 플라워, 건강 상태 양호"라는 제목으로 사람들을 안심시키는 기사가 실렸다. 기사에 따르면 그는 단지 가벼운 소화 불량을 앓고 있을 뿐이었다. 그렇지만 《월가 저널》이 월가까지 배달되었을 때, 플라워 씨의 상태는 다시 악화되었고 그는 거의 죽어가고 있었다.

플라워 씨는 피곤을 풀기 위해 롱 아일랜드에 하루 일정으로 낚시를 하러 갔다고 했다. 날씨는 화창했고 그는 평소처럼 아주 거하게 점심 식사를 하고는 다시 차가운 얼음물 한 주전자를 들이켰다. 그러고 나서 바로 심장마비가 왔다. 결국 그날 밤 10시 30분에 플라워 전 주지사의 사망 소식이 발표되었다.

다음 날 아침이 되자 증권거래소는 말 그대로 공포에 휩싸였다. 시장이 받을 충격을 조금이라도 완화하기 위해 쟁쟁한 인물들이 서로 힘을 합치지 않았다면 정말로 비참한 결과가 뒤따랐을 수도 있다. 그 인물들이란 J. P. 모건을 비롯해 밴더빌트 가문, 제임스 R. 킨, 다리우스 밀스Darius Mills, 존 D. 록펠러John D. Rockefeller, 그리고 헨리 H. 로저스Henry H. Rogers 등이었다.

브루클린라피드의 주가는 100달러까지 떨어졌다가 큰손들이 참여해 상황을 진정시키고 있다는 이야기가 퍼지면서 다시 115달러까지 반등했다. 심각한 공황 상태를 벗어난 것으로 판단한 이 큰손들은 조용히 브루클린라피드에서 손을 떼기 시작했다. 시장의 다른 종목들의 주가가 올라가는 동안 브루클린라피드는 또다시 주가가 하락하기 시작했고 9월 어느 날, 마침내 액면가까지 떨어졌다. I. & S. 웜저Wormser의 공동 경영자 중 한 사람의 아들이자 팔방미인이기도 한 알리 웜저Allie Wormser가 주가를 방어하기 위해 액면가로 2,000주에서 3,000주가량을 사들이기로 했고 나는 재빨리 그 가격에 주식을 웜저에게 넘겼다.

그리고 주식은 다시는 그 가격에 매매되지 않았다. 그 해가 가기 전 브루클린라피드의 주가는 1869년대 수준으로 주저앉았다. 이 브루클린라피드와 관련된 전체 거래를 통해 나는 약 6만 달러의 수익을 올렸고 다시 자신감을 되찾기 시작했다.

3

모처럼 다시 자신감을 되찾기는 했지만 얼마 지나지 않아 중요한 시험의 무대가 다가왔다. 31세가 되던 1901년 봄, 한 무리의 사람들이 아멜가메이티드 금속회사Amalgamated Copper Company를 세우고 이 회사의 주가를 올리기 위한 모의를 시작했다. 아멜가메이티드는 1899년 존 D. 록펠러가 자신의 스탠더드오일Standard Oil로 석유 산업을 독점했듯이 구리 산업을 독점하기 위해 세워진 회사였다. 1905년에 출간되어 큰 화제를 모은 책『광란의 금융업계Frenzied Finance』에서 저자 토마스 로손Thomas Lawson은 이 회사 설립 과정의 기형적 형태에 대해 잘 설명하고 있다.

아멜가메이티드의 이사들은 '구리의 왕'이라고 불리던 사업가 마커스 달리Marcus Daly로부터 아나콘다 구리회사Anaconda Copper와 다른 자산들을 모두 합쳐 3900만 달러에 사들였다. 로손의 기록에 따르면 달리와 동업자들은 내셔널시티은행에서 발행한 수표를 받았다. 이 수표는 일정 기간이 흐른 뒤에 현금으로 바꾸는 것으로 서로 합의했다.

그다음으로 총액 7500만 달러에 달하는 아멜가메이티드의 주식이 발행되었다. 주식 공모를 맡은 건 다름 아닌 로손이었다. 미국 금융계 인사 중에서도 가장 내로라하는 인물들인 헨리 H. 로저스, 윌리엄 존 D. 록펠러, 내셔널시티은행의 제임스 스틸먼James Stillman 등이 이 회사의 이사로 알려졌다. 1주당 100달러에 판매된 주식은 완판되었다. 주식을 판매해 확보한 현금 7500만 달러가 있으니 달리는 언제든 수표를 현금으로 바꿀 수 있다는 확답을 받은 것이나 마찬가지였다.

그렇게 해서 아멜가메이티드의 이사들은 실제로는 자신들의 돈은 단 한 푼도 쓰지 않고 회사 자산으로 3600만 달러를 남길 수 있었다.

그렇지만 1901년 아멜가메이티드가 전 세계의 구리 공급을 독점하기 시작할 때까지 이런 세부적인 사정들 중 어느 것도 세상에 알려지지 않았다. 6월이 되자 공모가 100달러의 주가가 130달러로 뛰어올랐다. 월가에는 곧 주가가 150달러에서 200달러까지 치솟을 거라는 소문이 파다하게 퍼졌다.

하지만 이 무렵 나는 우연히 독일 이민자 출신의 저명한 커피 상인인 허먼 실켄Herman Sielcken과 긴 대화를 나누게 되었다. 비단 커피뿐만 아니라 모든 사업과 관련해 그의 정확한 판단력은 정평 나 있었다. 당시 그는 1미터 80센티미터가 넘는 키에 건장한 체구를 자랑하는 검고 날카로운 눈의 중년 사내였다. 그는 주식시장에서 투기를 즐겼지만 자신의 커피 사업이 크게 번창했기 때문에 돈을 벌기 위해서가 아니라 자신의 판단력을 시험하기 위한 무대로 주식시장을 활용했다.

그날 오후 실켄 씨는 자신이 지내고 있던 월도프아스토리아Waldorf-Astoria호텔에서 열린 구리시장 설명회에 들렀고 구리의 높은 원가 때문에 전 세계적으로 구리 수요가 줄어들고 있다고 생각했다.

게다가 이미 구리가 과잉 공급되어 있던 상황이라 미국의 구리 수출은 계속 감소하고 있었다. 또한 사람들은 몇 년 전 프랑스에서 시도되었던 구리 매점을 떠올렸다. 실켄 씨는 아멜가메이티드의 구리 가격 인상 시도 역시 프랑스의 구리 매점 시도와 마찬가지로 실패로 돌아갈 것으로 예측했다.

나는 실켄 씨에게 들은 말을 곰곰이 되새기며 직접 조사에 나섰다. 그리고 내가 찾아낸 사실은 그의 염려에 근거가 있음을 알려주었다. 7월과 8월에 걸쳐 아멜가메이티드의 주가가 떨어지기 시작했다. 1901년 9월 6일에는 버팔로에서 열린 미국 세계 산업 박람회에 참석했던 윌리엄 매킨리William McKinley 대통령이 암살범의 총에 맞는 사건이 발생했다. J. P. 모건이 자신의 힘과 명성을 앞세워 증권거래소에 불어 닥치던 공황을 막아내면서 주가는 잠시 폭락했다가 다시 반등했다. 이 무렵에 나는 아멜가메이티드의 주식을 공매도하기로 결정했다.

물론 이런 결정을 내린 건 아멜가메이티드의 이사들이 주가를 올리기 위해 어떤 노력을 기울이든 상관없이 주가가 하락할 것이라고 판단했기 때문이다. 따라서 내 판단과는 달리 주가가 오른다면 나는 그만큼 값비싼 대가를 치러야 할 게 분명했다.

내가 막 공매도를 시작하려고 했을 때 라이언 씨가 나를 찾아와 이렇게 말했다. "아멜가메이티드 주식을 공매도할 생각이라는 소식을 들었네. 그쪽의 큰손들이 그리 만만한 친구들이 아니라는 사실만은 알고 있기를 바라네."

아멜가메이티드 쪽의 '큰손들' 중에는 제임스 R. 킨도 있었다. 라이언 씨의 충고도 충고려니와 킨의 입장을 생각해보니 나는 자연스럽게 일단 고민을 할 수밖에 없었다. 하지만 또다시 생각해보니 아멜가메이티드에서 수요와 공급의 원칙을 무시하려고 한다는 확신이 들었다. 뉴욕시립대학 시절 배웠던 뉴컴 교수의 가르침을 떠올리며 나는 구리의 공급이 수요를 초과한다면 당연히 가격은 떨어질 수밖에 없다고 생각했고 결국 계속해서 공매도를 했다.

앞서 언급했던 모건의 개입 후 반등이 있었지만 다시 주가가 106 달러까지 떨어졌고 나는 처음에는 수익을 올렸다. 그런데 아멜가메이티드의 주가가 다시 올라가기 시작했다.

9월 14일이 되자 가장 믿을만한 소식통에 의해 매킨리 대통령이 회복 중이라는 소문이 퍼졌지만, 그는 곧 사망했고 주식시장은 다시 타격을 받았다. 게다가 아멜가메이티드의 내부자들 중 일부가 확보하고 있는 주식을 팔아치우려고 한다는 소문도 들려왔다. 나는 조심스럽게 공매도 규모를 늘려갔다.

주요 내부자들에게서 나에 대한 불만의 소리가 흘러나오는 것을 들으며 내가 제대로 잘하고 있다는 확신은 점점 더 커져갔다. 그렇게 계속 주식을 처분하면 아멜가메이티드의 큰손들과 척을 질 수밖에 없다는 말도 들었다. 나는 젊음의 치기랄까, 그런 기분으로 나에게 권투를 가르쳐 주었던 밥 피츠시몬스가 했던 말을 인용해 이렇게 대응했다. "상대가 강할수록 쓰러질 때 충격은 더 큰 법이다." 나는 또한 멀쩡한 기업에 대해 부정적인 평판을 흘리고 괴롭히는 것은 아주 고약한 행동이라는 말도 들었다.

물론 하나같이 다 말도 안 되는 소리였다. 애초에 아멜가메이티드의 이사들이 의도적으로 그렇게 기업 가치를 부풀리지 않고 주가도 띄우지 않았다면 주가는 그렇게 높이 치솟아 오르지도 않았을 것이며 또 나중에 그렇게 폭락하지도 않았을 것이다. 현재 구리 관련 산업의 주가를 떨어트리고 있는 건 균형을 추구하는 경제 원리의 거부할 수 없는 힘이었다.

나에게 어떤 사악한 의도가 있었고 그 원인을 다른 누군가에게 돌리려는 것은 아니다. 업계의 많은 사람이 아주 여러 차례 큰 사업에 대한 전망을 내보였고 그런 전망이 타당한 것으로 입증될 경우 관련 주가가 오르는 건 당연한 일일 것이다. 그런데 나는 아멜가메이티드의 사람들과 관련된 모든 과정이 경제적 관점에서 건전하거나 타당하다는 생각은 들지 않았다. 나는 그들이 구리 산업을 독점해 억지로 가격을 올리려는 시도가 현명한 행동이라고 생각되지 않았다. 그리고 그런 나의 생각을 나는 다른 사람이 아닌 바로 나의 노력과 돈으로 증명해 보이려고 했다.

다른 사람들의 비난에 직면하게 되었을 때 나는 내가 옳다면 이길 것이요 틀렸다면 패배할 것이라는 사실을 잘 알고 있었기에 그저 말없이 잠자코 있는 편이었다.

그렇지만 이러한 태도는 어쩌면 실수였을지도 모른다. 어쩌면 나는 나를 공격하는 사람들에게 똑같이 대응해 싸웠어야 했을지도 몰랐다. 내가 본 대로 그들의 잘못된 판단을 폭로하고 심지어 인격 문제까지 언급했어야 하지 않을까? 그렇지만 나는 월가에서 활동하는 내내 비슷한 일이 있을 때마다 이 침묵의 원칙을 고수했다. 어쩌면 내가 너무 지나치게 입을 다물고 있었을지도 모른다. 나는 나만의 투자의 길을 혼자 갔고, 계속해서 혼자 갈 것이며 내가 한 말이나 행동의 결과로 인해 다른 누군가가 영향을 받지 않기를 바랐다.

이제 아멜가메이티드의 이사회 소집에 모든 사람의 시선이 집중되었다. 8퍼센트에 달하는 배당금이 계속 유지될 수 있을까? 배당금을 줄이거나 아예 없애지 않을까?

그들이 지금까지와 마찬가지로 후한 배당금을 계속 지급한다면 주가 하락을 예상하고 공매도를 시작한 나의 판단은 잘못된 것으로 확인될 것이다. 설렘과 불안이 공존하는 한 주였다. 9월 19일 목요일, 매킨지 전 대통령의 장례식이 있었고 뉴욕 증권거래소는 문을 닫았다. 뉴욕 금융 전문가들의 의견은 배당금에는 변화가 없을 거라는 쪽으로 기울었다.

1901년 9월 20일 금요일에 마침내 이사회가 열렸다. 거래소가 하루를 마치고 문을 닫은 후 배당금이 8달러에서 6달러로 줄어들었다는 소식이 전해졌다. 토요일 반나절만 시장이 열렸을 때 아멜가메이티드의 주가는 7달러가량 떨어지며 어쨌든 100달러 선을 유지했다. 나는 주말이 지나 월요일이 되면 나에게 위기가 닥쳐오리라 예상했다.

그런데 그 와중에 좀 이상한 일이 하나 일어났다. 스스로의 지혜나 선견지명과는 관계없이 뜻하지 않게 큰 재산을 모을 수 있는 기회를 잡게 된 것이다. 어느 날 어머니가 전화를 걸어와 이렇게 말했다. "곧 있으면 욤 키푸르Yom Kippur라는 걸 알고 있지?" 욤 키푸르란 유대인들이 지키는 절기 중 하나인 대속죄일을 뜻한다. 그런데 올해는 그 욤 키푸르가 바로 다음 주 월요일이었다.

나는 입장이 굉장히 곤란해졌다. 어머니는 유대인들의 절기나 축일 중에서도 가장 중요한 대속죄일을 어기지 않고 지키는 게 당연하다고 생각하셨지만, 그렇게 되면 다른 사람들이 일하는 평일에 나는 절대로 아무런 일도 할 수 없게 된다.

결국 나는 결단을 내리고는 혹시 일어날지 모를 여러 상황을 대비해 내가 할 수 있는 일들을 미리 준비하기로 했다. 나는 우선 나를 대신해 공매도를 진행하던 중개인 에디 노튼Eddie Norton에게 하던 일을 계속하라고 지시했다. 그런 다음 혹시 주가가 상승해 발생할 손해를 최소화하기 위해 또 다른 중개인인 해리 컨텐트Harry Content에게는 아멜가메이티드의 주가가 일정한 가격까지 오르면 사들이기 시작하라고 말해 두었다. 물론 나는 주가가 떨어질 거라고 거의 확신하고 있었지만 말이다. 사실 장차 어떤 일이 벌어질지 분명하게 장담할 수 있는 사람은 아무도 없다. 따라서 나는 모든 돌발 상황에 대한 대처 방법을 마련해두려고 애를 썼었다.

그리고 마지막으로 돌아오는 월요일에는 나는 아무리 급한 상황이 벌어져도 절대 아무 일도 할 수 없다고 다짐을 해두었다.

그럼에도 불구하고 월요일이 되자마자 전화가 오기 시작했다. 우리는 뉴저지 사우스 엘베론South Elberon에 있는 여름 별장에 머물고 있었는데 뉴욕에서 나와 직접 연락이 되지 않을 때는 롱브랜치의 중개인이 나를 찾아오게 되어 있었다. 하지만 그날만큼은 어떤 연락도 받지 않는 것은 물론, 또 어떤 사람도 만나지 않을 생각이었고 오후가 되자 1.5킬로미터쯤 떨어진 곳에 살고 있는 어머니를 찾아갔다. 그런데 어머니 집까지 나를 찾는 전화가 걸려 왔다.

마침내 해가 지고 욤 키푸르가 끝난 후에야 나는 그날 무슨 일이 일어났는지 알게 되었다. 월요일 주식시장이 시작되고 한 시간쯤 지나자 아멜가메이티드의 주가가 100달러에서 98달러로 떨어졌고 정오까지 97달러 정도에서 올랐다가 떨어지기를 반복했다. 내가 만일 그날 출근을 했었더라면 그 정도에서 모든 거래를 중단하고 비교적 소소한 수익을 얻은 후 그걸로 모든 이야기가 마무리되었을 것이다.

그런데 오후가 되자 주가는 계속 떨어져 93달러 75센트에서 마감이되었고 등락을 거듭하는 상황 속에서도 안전하게 거래가 이어지며상당한 수익이 남게 되었다.

이런 식으로 나는 아멜가메이티드의 주가가 계속해서 떨어질 거라는 나의 판단을 또다시 확인하면서 하던 대로 거래를 계속했다. 그해 12월이 되자 주가는 60달러까지 떨어졌다.

아멜가메이티드에 대한 공매도 거래가 완전히 마무리될 때까지어느 정도 금액이 오갔는지는 정확하게 기억나지 않지만 어쨌든 내가 벌어들인 순수익은 약 7만 달러 정도였다. 내가 단일 종목에 투자해서 벌어들인 금액 중 가장 액수가 컸다. 종교 교리를 지키라는 어머니의 부탁에 대한 순종과 수요와 공급의 법칙을 무시하려는 아멜가메이티드 이사들의 헛된 노력이라는 두 가지 이유 덕분에 그런 일이 가능했다.

브루클린 라피드에서의 실패와 아멜가메이티드에서의 성공으로한 가지 사실만은 분명해졌다. 이런저런 조언이라면서 떠도는 정보나 내부자들의 이야기, 혹은 나만의 희망 사항과는 전혀 상관없이 상황에 대해 정확히 파악하는 것이 정말 중요하다는 사실이다. 정확한정보를 찾는 과정에서 나는 투자자나 투기자라면 외과 의사만큼이나 냉철해져야 한다는 것을 배웠다. 정확한 정보에 근거해 판단을 내렸다면 비록 나보다 훨씬 더 전문가처럼 보이는 사람들이 있다고 해도 그들의 의지나 변덕에 대해 확신을 갖고 맞설 수 있다.

훗날 나는 공직 생활을 하면서 거기에도 이런 원칙이 똑같이 적용될 수 있다는 것을 알게 되었다. 어떤 행정부에서 일하게 되든 상관없이 나는 주어진 상황에 대한 끈질긴 사실 확인으로 나의 업무를 시작했다. 윌슨 대통령은 그런 나를 일컬어 '사실 확인 전문가'라고 부르기도 했다. 나는 늘 정확하게 주어진 정보와 사실들을 확인하고 이를 바탕으로 결정을 내리고 행동하기 위해 노력했다. 제2차 세계 대전 이후 발생한 물가 상승 같은 경제적 어려움과의 긴 싸움에서 나와 가까운 사람들은 여러 번 나를 찾아와 왜 좀 더 융통성 있게 행동하지 않느냐, 왜 정치적으로 불가능한 해결책만 제시하려고 하느냐는 식으로 말을 하곤 했었다.

그렇지만 나는 그런 상황 속에서도 내가 확인한 정보나 사실들이 정확하다면 그걸로 충분하다는 확신을 갖고 결코 뒤로 물러서지 않았다. 나는 여전히 대통령도 그리고 의회도 없는 것을 있다고 하거나 있는 것을 없다고 하며 국민을 설득할 수는 없다고 굳게 믿고 있다.

11장

주식시장의 위기

1

왜 지금은 20세기가 시작될 무렵 월가를 지배했던 그런 금융계의 거물들을 찾아볼 수 없는지 그 이유를 내게 물어보는 사람들이 종종 있다. 미국 사람들은 정말 그때와는 다르게 야심이 줄어든 얌전한 사람들이 되어버린 것일까?

물론 오늘날의 주식시장이 모건이나 록펠러, 그리고 에드워드 H. 해리면Edward H. Harriman 같은 사람들이 활약했던 시대와는 크게 다르다는 것도 한 가지 이유가 될 수 있을 것이다. 정부가 규제에 나서면서 1929년까지 행해졌던 많은 관행이 이제 불법이 되었다. 토마스 라이언이 제임스 듀크와 벌였던 그런 담배 전쟁 같은 일은 오늘날 절대 일어날 수 없다. 내가 아멜가메이티드 주식으로 공매도를 해서 돈을 번 것도 마찬가지다.

또한 현재의 세법에 따르면 한 개인이 아무리 큰 수익을 거두게 되더라도 적지 않은 금액이 정부에 귀속되는 것도 그 이유가 될 수 있을 것이다.

하지만 그래도 역시 월가에서 내가 젊었을 때 만났던 그런 극적이고도 놀라운 활약을 보인 인물들이 사라진 가장 큰 이유는 주식시장의 활동과 관련된 경제적 이익의 범위와 영역이 놀랍도록 확장되었기 때문일 것이다.

　결국 미국이 북미 대륙을 평정하려 애쓰던 개척 국가에서 서구 문명 전체에서도 중요한 핵심 세력으로 변모한 것만큼이나 놀라운 변화가 경제 분야에서도 일어났다.

　이러한 변화는 개인주의가 거의 통제되지 않았던 시대에서 누구든 자신의 행동에 스스로 책임을 져야 하는 시대로 전환되면서 일어난 현상 중 하나로도 생각할 수 있다. 이러한 변화의 의미에 대해서는 나중에 다시 한번 언급할 것인데, 그 의미를 통해 미국 역사의 많은 부분을 알 수 있고 또 미래를 전망하는 데 도움이 될 수 있는, 이해의 열쇠 중 하나를 얻을 수 있기 때문이다.

　나의 개인적인 경력은 전환기를 중심으로 양쪽 시대에 거의 다 걸쳐 있는 것처럼 보인다. 나는 앞으로 어떤 일들이 펼쳐질지 정확하게 예견하지는 못했지만 대신 그런 전환이나 변화에 어느 정도 기여할 수밖에 없게끔 시대의 상황에 깊이 연관되어 있었다. 내가 막 월가에 들어와 금융업을 시작했을 때 우리가 익히 알고 있는 금융계나 재계의 거물들은 최전성기를 보내고 있었고, 이들의 사례와 사투가 만들어낸 분위기 속에서 나는 제1차 세계대전을 겪으며 전쟁 산업위원회의 위원장에 임명되어 전혀 의도치 않게 전 세계가 함께 책임을 져야 하는 모든 문제에 관여하게 되었다.

　제1차 세계대전이 끝난 후 다른 사람들이 '예전 상황'으로 돌아가려고 할 때 나는 파리강화회담에서는 윌슨 대통령의 고문으로, 또 나중에는 국제연합원자력위원회의 미국 대표 등으로 계속해서 공직에 있으면서 이런 문제들과 씨름했다.

　사실 지난 40여 년 동안 나는 월가에서 배운 내용을 이제는 하나

로 연결된 세상 때문에 각국에 새롭게 강요하고 있는 요구들과 조화
시키려 노력하는 위치에 서 있었다.

50년 전의 월가는 완전한 지배는 아니더라도 소수의 사람들이 미
치는 영향의 정도가 오늘날과는 현저하게 달랐기 때문에 실제로 어
떤 일이 벌어지고 있는지 보통 사람들은 잘 알아차리지 못했을 수도
있다. 당시 사람들이 주목하던 매력적인 거물들은 대부분 금융이나
재계 쪽 인물들이었으며 여러 언론 매체에서는 '이들'의 사생활에 대
해 수많은 음모론을 만들어냈다. 이 '거물'들은 다름 아닌 모건이나
해리먼, 라이언, 그리고 록펠러 같은 사람들이었다.

시장이 일부 대담무쌍한 인물들에 의해 어떻게 좌지우지될 수 있
었는지에 대한 재미있는 사례 중 하나로 나는 U.S. 스틸Steel의 이사
였지만 때로 주식시장의 큰손 역할도 마다하지 않았던 댄 레이드Dan
Reid에 대한 일화 한 가지를 기억하고 있다.

주가가 크게 떨어지는 동안 레이드는 자신이 시장 전체를 완전히
손에 넣을 수 있을 때까지 쉬지 않고 주식시장을 뒤흔들었다. 실제로
그의 이런 '공격'은 시장이 불안정한 상황에 놓여 있었기 때문에 가
능했던 것이며, 과감한 용기가 있는 사람이라면 아주 잠깐의 틈을 놓
치지 않고 수익을 거둬들일 수 있었다. 그리고 이런 사실을 가장 잘
알고 있었던 것이 바로 댄 레이드였다. 가장 강력한 은행가들조차 감
히 레이드처럼 과감하게 행동하는 것을 두려워했다.

레이드는 우연히 알게 된 헨리 P. 데이비슨Henry P. Davison에게 큰
호감을 갖게 되었다. 데이비슨은 J. P. 모건이 가장 신임하는 하급 경
영진 중 하나였다. 어느 날 레이드는 데이비슨에게 전화를 걸어 이렇
게 물었다.

"해리, 내가 앞으로 뭘 할지 알고 있나?"

"글쎄요." 데이비슨이 대꾸했다.

"그러면 뭘 할지 알고 싶어?"

"그야 물론이지요." 데이비슨이 냉큼 대답했다.

"정말로 알고 싶다고?"

"그렇다니까요." 데이비슨이 잔뜩 기대하는 말투로 이렇게 말했다.

"그렇다면 말이지," 레이드가 말했다. "이제 좀 쉬려고."

주식시장은 거의 즉시 안정되었다. 물론 오늘날에는 누구도 단 며칠 동안이라도 이렇게 시장을 뒤흔들어 놓거나 혹은 전화 한 통으로 안정시킬 수는 없다.

오래전 월가의 끈끈했던 분위기를 훨씬 더 잘 보여주는 사례는 아마도 지금 엠파이어 스테이트 빌딩Empire State Building이 서 있는 곳에 있던 월도프아스토리아호텔에서 찾아볼 수 있을 것이다. 그 당시에는 뉴욕 증권거래소에서의 업무가 마감되면 거래인들 대부분 아스토리아호텔에 모였고 그런 '아스토리아 패거리'에 속한다는 건 어엿한 월가의 거래인이 되었다는 사실을 의미했다. 나는 리겟앤마이어스 거래를 진행하면서 얻은 평판 덕분에 이 아스토리아 패거리에 들어갈 수 있었다.

또 오후쯤 아스토리아호텔에 가면 언론인 리처드 하딩 데이비스 Richard Harding Davis이며 작가 마크 트웨인, 배우 릴리언 러셀, 권투 선수 짐 코버트, 미서 전쟁의 영웅 듀이 제독, 상원의원인 마크 한나와 촌시 디퓨, 자선사업가인 '다이아몬드' 짐 브래디, 철도왕 에드윈 하울리 등을 비롯한 수많은 은행가나 철도회사 사장들을 아주 가까이

서 볼 수 있었다. U.S. 스틸을 이끄는 엘버트 개리는 찰스 슈왑이나 제임스 R. 킨과 마찬가지로 아예 월도프아스토리아호텔에서 살고 있었다. 희대의 도박사 존 W. 게이츠_{John W. Gates}가 카드놀이에 100만 달러를 거는 모습을 본 것도 바로 이 호텔에서 열린 어느 개인 만찬회 자리에서였다.

당시 월가의 거물 거의 대부분 아스토리아호텔에서 만나볼 수 있었다는 사실은 그곳이 인간 본성에 대한 연구를 할 수 있는 공개적인 실험실이나 마찬가지였다는 뜻이다. 나중에 다시 언급하게 되겠지만 나 역시 이곳에서 일종의 인간 심리 실험을 해본 적이 있었다. 예컨대 이곳에서는 비록 현금이 아니라 수표라도 지불 보증이 확실하기만 하면 바로 회사에 필요한 자금을 조달받을 수 있었다. 엠파이어 룸_{Empire Room}이나 피코크 앨리_{Peacock Alley} 같은 다양한 이름의 특별실을 비롯해 당구장이나 혹은 4면 벽 모두에 술을 전시하고 언제든 마실 수 있게 차려놓은 저 유명한 맨스 카페_{Men's Café} 같은 다양한 '별실'은 말하자면 인간의 모든 특성이 전시되어 있는 수많은 특별 전시장이나 다름없었다.

그런 '별실'에 자리를 잡고 앉아 말로만 떠드는 허풍선이와 진짜 행동하는 사람을 구별하고 또 거짓과 진실을 구분하기 위해 노력하는 건 언제나 흥미로운 일이었다. 그렇지만 그 못지않게 어느 날 밤 공포가 아스토리아호텔을 강타하면서 화려하고 들뜬 분위기가 순식간에 겁에 질린 짐승들의 둥지로 변해버렸던 모습도 나는 영원히 잊지 못할 것이다.

이른바 공포와 공황 상태를 직접 눈으로 목격한 건 그때가 처음이었고 그 분위기는 단 하룻밤 동안만 지속되었다. 1907년과 1929

년처럼 내가 나중에 경험한 다른 공황은 미국과 전 세계 경제에 훨씬 더 심각한 영향을 미쳤지만 그럼에도 불구하고 1901년 5월 8일의 이 특별했던 사태는 뭔가 더 많은 것들을 드러내는 것처럼 보였다. 아마도 너무 빨리 왔다가 갔기 때문이거나 혹은 우연히 내가 그 불운한 희생자가 아니라 관계 없는 관중 입장에서 그 모습을 관찰할 수 있었기 때문이 아닐까.

2

대부분의 금융 공황과 마찬가지로 공황이 닥쳐오기 전에는 '새로운 시대'에 대한 과장된 희망과 이야기로 가득 찬 무대가 미리 준비된다. 이렇게 낙관론이 급증하게 된 건 다양한 요인들이 작용했기 때문이다. 스페인과의 전쟁에서 승리를 거두면서 우리는 새로운 제국이라는 환상적인 꿈과 새로운 해외 시장에 대한 눈부신 예측에 빠져들었다. 일반 대중까지 전례가 없을 정도로 앞을 다투어 주식시장에 뛰어들게 된 것이다.

나는 이 무렵에 여성도 처음 주식시장에 등장했다고 생각한다. 이들은 유리로 둘러싸인 월도프아스토리아호텔의 팜 룸Palm Room 같은 곳에 앉아 서로의 찻잔 너머로 U. S. 스틸이나 유니언퍼시픽, 그리고 아멜가메이티드의 전망에 대해 이런저런 이야기를 나누었다. 호텔의 심부름꾼에서 식당의 종업원, 그리고 이발사에 이르기까지 사람들은 모두 주식과 주가에 대해 다들 '한 마디'씩 거들고 나섰다. 주가는 계속해서 오르고 있었기 때문에 이들의 전망이나 조언은 거의 다 실현되었고 따라서 거의 모든 사람이 전문가나 예언자처럼 보이던 시절이었다.

주식시장은 순항 중이었고 주가가 오르고 내리는 것도 정상적인 반응처럼 보였다. 새로운 종목이 추가되면 또 역시 분위기를 타고 주가가 상승했다. 예컨대 1901년 4월의 마지막 날에는 시장 역사상 가장 큰 규모인 327만 884주가 거래되었다. 거래소가 열린 5시간 동안 1분마다 평균 100만 달러씩 돈이 오갔다는 뜻이다. 여러 중개소에 대한 수수료만도 다 합치면 80만 달러가 넘었다.

5월 3일 시장의 평균 주가가 7달러에서 10달러가량 떨어졌다. 나를 포함한 많은 사람은 이것을 보고 오래전부터 예상해온 침체기가 마침내 시작되었다는 신호라고 생각했다. 그렇지만 5월 6일 월요일이 되자 예상치 못했던 새로운 요소가 시장에 발생했다. 노던퍼시픽 철도회사의 눈부신 등장이었다.

증권거래소에 처음 발을 디딘 이후 그곳을 떠날 때까지 이 정도 규모로 첫 거래가 시작되는 걸 본 적은 단 한 번도 없었다. 노던퍼시픽의 첫 거래 주가는 지난 토요일 종가보다 4달러 높은 114달러로 시작되었다. 두 번째 거래부터는 117달러가 되었고 그 이후 스트리트앤노튼Street & Norton 중개소의 에디 노튼이 시장에서 노던퍼시픽의 주식을 눈에 보이는 대로 몽땅 다 사들이면서 산발적으로 상승세를 보였다.

하지만 아무도 이런 주가 상승세의 원인을 설명할 수 있을 것 같지는 않았다. 그건 노던퍼시픽의 이사들도 그리고 은행가들도 마찬가지였다. 중개인 자격으로 주식을 사들이던 에디 노튼은 입을 꼭 다물고 아무런 말도 하지 않았다.

그렇지만 아주 운이 좋게도 나는 그 운명의 월요일 아침, 그 이유를 알고 있는 전 세계에서 몇 안 되는 사람 중 하나가 될 수 있었다. 노던퍼시픽의 수수께끼 같은 성장세 뒤에는 아주 중요한 사실 하나가 감춰져 있었다. 단순한 시장 조작이 아닌, 철도의 통제권을 둘러싼 거대한 전투가 벌어지고 있었던 것이다. 전투를 벌이고 있었던 건 각각 쿤앤뢰브 투자은행과 J. P. 모건 은행을 앞세운 에드워드. H. 해리먼과 제임스 힐이었다.

내가 이런 정보를 알 수 있도록 해준 기묘할 정도로 비정상적이었던 비결을 공개하기 전에 이 거물들 사이에 무슨 문제가 있었는지를 먼저 간략히 설명하려 한다.

월가에서 사무실 심부름꾼으로 경력을 시작한 에드워드 H. 해리먼의 부상은 모건 측에서 보면 오랫동안 눈에 가시나 다름없었다. 해리먼의 세력이 점점 커지면서 그는 모건과 충돌했고 그 와중에 한 번도 아니고 두 번, 세 번이나 모건을 앞질렀다. 모건은 해리먼을 '싸구려 중개인'이라고 낮춰 부르며 그에 대한 식지 않는 적개심을 숨기지 않았다.

1890년대 후반 유니언퍼시픽은 미국 철도 노선 중에서도 가장 희망이 없는 곳처럼 보였다. 모건이 별다른 개선의 의지를 보이지 않자 해리먼이 경영권을 사들이더니 노선을 정비하고 확장했다. 그러자 수익성이 크게 개선되었을 뿐만 아니라 그레이트노던과 노던퍼시픽 철도회사를 위협할 경쟁자로 성장했다. 두 회사 모두 힐과 모건이 경영하던 곳이었다.

그런 다음 해리먼은 서던퍼시픽 철도회사 Southern Pacific 를 사들이더니 언제나처럼 빠르고 조용하게 움직여 경쟁자들이 무슨 일이 벌어지고 있는지 알아차리기도 전에 자신의 목표를 달성했다. 이렇게 해서 이 '싸구려 중개인' 해리먼은 세계 최고의 철도 거물 중 한 사람이 되었다.

한 마디 더 덧붙이자면, 우리 회사는 지금까지 아서 하우스만과 클래런스 하우스만이 했던 것처럼 해리먼 편에 서서 대규모 거래를 처리했다. 1906년 해리먼은 하우스만상회를 앞세워 뉴욕 주지사 선거에서 윌리엄 랜돌프 허스트William Randolph Hearst가 아니라 찰스 에반스 휴즈Charles Evans Hughes에게 엄청난 승부를 걸었다.

하우스만상회는 휴즈의 승리에 수십만 달러를 걸었었고 더 이상의 승부를 중단했다. 그런데 이 소식을 들은 해리먼이 찾아와 이렇게 말했다.

"내가 계속 승부를 걸라고 하지 않았던가? 그러면 하던 일을 계속해야지."

클래런스 하우스만이 나에게 말하기를 상황을 보고하기 위해 해리먼을 찾아갔을 때 민주당을 지지하는 언론사 사장이자 정치인 윌리엄 제임스 코너스William James Conners가 있는 것을 보았다고 했다. 물론 코너스가 사업 문제 때문에 해리먼을 찾아갔을 수도 있다. 그렇지만 두 사람의 만남에 대한 해명이라면 우리는 어쩔 수 없이 냉소적인 시선으로 바라볼 수밖에 없었다.

해리먼의 서던퍼시픽 인수 역시 대부분 A. A. 하우스만상회의 주도로 이루어졌다. 그렇지만 나는 그 거래에서는 아무 일도 하지 않았고 그 당시만 해도 해리먼이라는 사람에 대해서 잘 알지 못했다.

어느 날인가 뉴욕 증권거래소에서 다리가 약간 구부정하고 신경질적으로 보이는 한 작은 남자가 커다랗고 둥근 안경을 쓰고 지나가는 걸 본 적이 있었다. 나는 동료 거래인 하나를 붙잡고 이렇게 물었다. "지금 유니언퍼시픽 주식을 몽땅 다 사들이고 있는 저 작은 남자가 도대체 누구지?"

돌아온 대답은 바로 에드워드 해리먼이었고 나는 그가 왜 그날 중개인을 내세우지 않고 증권거래소에 직접 모습을 드러냈는지 이유를 전혀 알 수 없었다. 그러고 나서 다시는 그의 모습을 보지 못했다.

해리먼이 유니언퍼시픽과 서던퍼시픽을 손에 넣으면서 힐과 모건은 자신들의 이익을 지키기 위해 시카고에 진출할 필요를 느꼈다. 그래서 그들은 해리먼도 눈독을 들였던 버링턴 철도회사Burlington를 사들였다. 해리먼도 거기에 끼고 싶었지만 당연히 거절 당했다. 그에 대한 해리먼의 대응은 월가 역사상 가장 대담한 행동 중 하나였다. 그는 총액 1억 5500만 달러에 이르는 노던퍼시픽의 보통주와 우선주 대부분을 아무도 모르게 시장을 통해 사들이려고 한 것이다.

4월 초, 벌링턴에 대한 해리먼의 관심에 별다른 흥미를 보이지 않았던 모건이 유럽으로 떠났다. 그리고 해리먼과 쿤앤뢰브 투자은행의 공동 경영자인 제이콥 시프는 노던퍼시픽의 주식을 사들이기 시작했다.

주식 매입이 시작되자 노던퍼시픽의 주가가 25달러 정도 상승했다. 그렇지만 시장 전체 분위기가 좋았기 때문에 노던퍼시픽을 눈여겨보는 사람은 거의 없었다. 얄궂은 일이지만 일반 대중은 버링턴 거래로 인해 노던퍼시픽의 가치가 더 올라갈 것으로 기대했던 것 같다. 심지어 모건 측과 노던퍼시픽 내부자들까지 높은 가격의 유혹을 이기지 못하고 보유하고 있던 노던퍼시픽 주식을 처분하기 시작했다.

4월 말이 되자 뉴욕에서 멀리 떨어진 시애틀에 있던 그레이트 노던의 노회한 제임스 힐이 뭔가 낌새를 눈치챘다. 힐 씨는 특별 열차를 타고 전용 노선을 따라 뉴욕으로 달려오면서 최단 시간 기록을 깼다. 5월 3일 금요일에 뉴욕에 도착한 힐 씨는 늘 그렇듯 네덜란드호텔Netherlands Hotel에 짐을 풀었다. 그리고 그날 밤 제이콥 시프는 해리먼이 노던퍼시픽 경영권을 장악했다고 그에게 알렸다. 덥수룩한 머리털의 이 서부의 사나이가 도무지 그 말을 믿으려 하지 않자 시프 씨는 평소처럼 더할 나위 없이 침착한 태도로 자신의 말은 모두 진실이라고 한 번 더 일깨워주었다.

하지만 시프 씨의 설명은 반은 맞고 반은 틀렸다. 해리먼은 분명 우선주 지분의 과반수를 확보했고 보통주와 우선주를 합쳤을 때 총자본의 절반 이상을 보유하고 있었지만 보통주의 과반수를 확보하는 데는 실패했다. 다음 날인 토요일이 되자 해리먼은 쿤앤뢰브 투자은행에 전화를 걸어 노던퍼시픽 주식 4만 주를 매입하라고 하면서 지분의 과반수 확보를 시도했다. 이 소식을 들은 시프 씨 쪽 직원이 유대교의 안식일을 지키기 위해 자리를 비운 시프 씨와 상의하기 위해 기다렸고 시프 씨는 그날은 주식 거래를 하지 말라고 지시했다.

시간은 흘러 월요일이 되었고 상황은 돌이킬 수 없게 되었다. 제이콥 시프와 이야기를 나눈 후 제임스 힐은 J. P. 모건 투자은행의 로버트 베이컨Robert Bacon을 찾아갔고 아직 유럽에 있던 모건에게도 연락했다. 5월 5일 일요일 모건은 노던퍼시픽의 보통주 15만 주 매입을 승인했다. 제이콥 시프가 간과한 것은 노던퍼시픽 이사들에게 우선주를 처분할 수 있는 권한이 있으며, 따라서 그런 후에도 여전히 보통주 지분을 가지고 노던퍼시픽의 경영권을 유지할 수 있다는 사실이었다.

바로 이 시점에서 나는 무슨 일이 벌어지고 있는지를 파악할 수 있었다. 노던퍼시픽을 둘러싼 상황 뒤에는 이런 일들이 벌어지고 있었던 것이다.

3

줄리어스 A. 콘 투자 회사에서 수습 직원으로 월가 경력을 시작했을 때 나는 런던 주식시장 시세로 차액 거래 이익을 얻을 수 있는 기회가 있는지 확인하기 위해 반드시 뉴욕 증권거래소가 열리기 한두 시간 전에 출근하는 습관을 들였다. 특히나 월요일에는 주말 동안 일어났을지도 모를 그럴 가능성에 크게 기대되었다.

노던퍼시픽 거래로 그 어느 때보다도 더 혼란스러운 하루가 시작됐던 월요일 아침, 나는 런던과 소식을 주고받는 차익 거래 관련 창구에 서 있었다. 그런 내 옆에는 제임스 R. 킨의 사위이자 유명한 중개인인 탈봇 테일러Talbot Taylor가 서 있었는데 모건 측에서는 시장에서 문제가 생길 때마다 보통은 테일러에게 의지했다.

나는 테일러에게 노던퍼시픽의 주식을 런던에서 뉴욕 시장보다 주당 몇 달러 더 낮은 가격으로 매입할 수 있다는 사실을 알렸다.

테일러의 갈색 눈동자가 나를 빤히 바라보았다. 표정에는 아무런 변화가 없었다.

"버니," 그가 쥐고 있던 연필 끄트머리로 자기 입술을 톡톡 두드렸다. "노던퍼시픽과 관련해서 뭘 진행 중인 건가?"

"그렇습니다." 내가 대답했다. "그와 관련해서 수익을 좀 올릴 방법을 알려주려고요. 런던에서 주식을 매입해서 이곳에서 팔면 차액 거래로 인한 수익이 생기겠지요."

테일러는 계속해서 연필 끝으로 입술을 두드리다가 다시 이마를 두드렸다. 그리고 마침내 이렇게 말했다. "나라면 그런 거래는 하지 않을 거야."

나는 그 이유를 묻지 않았다. 테일러에게 그럴 마음이 있었다면 내게 그 이유를 말해주었을 것이다. 대신 나는 혹시 필요하다면 내가 먼저 런던에서 매입한 주식들 중 일부를 넘겨도 좋다고 말했다.

"그건 좋군." 테일러가 고개를 끄덕였다. "자네는 런던 가격으로 노던퍼시픽 주식을 사고 만일 내가 그 주식이 필요하다면 내가 원하는 가격과 차액에 맞춰 내게 팔아줬으면 좋겠는데."

나는 그렇게 하겠다고 말했다. 테일러는 잠시 그 자리에 서 있다가 내 팔을 잡고 사람들이 없는 곳으로 끌고 갔다.

"버니," 그가 거의 속삭이듯 이렇게 말했다. "이번 거래를 가로막는 일에 아무런 관련 같은 건 없는 거지? 노던퍼시픽의 경영권을 차지하기 위해 지금 전쟁이 벌어지고 있잖아. 그리고 킨이 J. P. 모건의 편을 들고 있고 말이야."

그리고 테일러는 이렇게 덧붙였다. "그러니 조심하라고. 노던퍼시픽을 가지고 공매도 같은 건 하면 안 돼. 그리고 내가 매입하는 주식은 여기서 당장 내 손에 들어와야 하는데, 그러면 런던에서 사들이는 주식은 그럴 수 없으니까 곤란해."

이 귀중한 정보 덕분에 나는 그날 늦게 에디 노튼이 왜 노던퍼시픽의 주식 매입을 시작했는지 잘 이해할 수 있었다. 그날 무슨 일이 벌어지고 있는지 내가 다른 사람들에게 말을 했다면 어떻게 되었을까. 만일 그랬다면 많은 일이 일어나지 않았을 것이다. 하지만 테일러는 나를 더 이상 신뢰하지 않게 되었으리라. 그리고 일단 소문이 퍼지고 나면 테일러로서는 자신의 회사가 나서서 실행해야 하는 주식 매입 작업을 제대로 할 수 없었을 것이다.

중개인들은 내가 비밀을 지키고 자신들의 작업을 방해하지 않을 것이라는 믿음이 있었기에 종종 그렇게 자신들이 지금 무슨 일을 하고 있는지 몰래 알려주곤 했다. 보통은 서로 어색한 상황이 벌어질 수도 있기에 나는 그런 정보를 일부러 피하곤 했다. 나를 믿어주는 사람들에게 그 믿음을 배신한 것처럼 보이고 싶지 않았기 때문에 정보를 듣기도 전에 이미 다 결정했던 사항들을 행동에 옮기지 못한 적도 여러 번 있었다. 이번 경우 역시 이런 동료 중개인의 신뢰와 믿음은 내게 아주 중요한 의미가 있었다.

그 자리를 떠나면서 나는 킨의 사위인 테일러가 내게 한 말의 의미를 곰곰 생각해보았다. 모건과 해리먼이 손에 넣을 수 있는 모든 주식을 원하고 있는 지금, 노던퍼시픽 주식 중 시장에 나온 분량은 생각보다 빨리 '소진'될 수 있었다. 가격 하락을 예상하고 공매도를 한 거래인들이 큰 손해를 볼 수도 있는 상황이었다. 이들은 노던퍼시픽 주식에 대해 어쩔 수 없이 예상치 못한 가격을 제시하게 될 수도 있었다. 이러한 손실을 메우려면 보유하고 있는 다른 유가 증권들을 급히 처분하게 되는 상황이 발생하는데, 다시 말해 노던퍼시픽의 주식을 둘러싼 이런 상황들이 시장 전체를 혼란의 도가니로 몰아갈 수도 있었다.

그래서 나는 시장의 다른 주요 선도주들을 공매도하기로 결정했다. 이 주식들의 가치가 크게 떨어졌을 때 수익을 올리기 위해서였다. 나는 노던퍼시픽 주식은 전혀 거래하지 않기로 다짐했다. 결과적으로 보면 뉴욕 증권거래소가 겪었던 가장 파란만장했던 상황을 관찰하기에는 역시 바로 옆자리가 가장 좋다는 것이 증명되었다.

다음 날인 5월 7일 화요일이 되자 노던퍼시픽의 주식이 모두 소진되었다는 것이 분명해졌다. 팔고 싶어도 노던퍼시픽의 주식은 사실상 전혀 남아있지 않았다. 거래가 진행되는 동안 주가는 최고 149달러까지 치솟았다가 143달러에 마감되었다. 그렇지만 진짜 혼란은 오후 3시에 장이 마감된 이후에 찾아왔다.

당시 뉴욕 증권거래소의 규정에 따르면 그날 사거나 팔았던 모든 주식은 시장이 마감된 뒤 반드시 그다음 날까지 전달되어야 하는 것이 관례였다. 주식을 공매도한다는 건 거래인들이 중개인에게 일정한 사용 대가를 지불하고 필요한 주식을 일단 빌려서 판다는 것인데, 먼저 주식을 판 뒤에 주식을 빌려 전달하는 경우도 있었다. 하지만 전달해야 하는 주식을 확보할 수 없다면 그때는 사용 대가가 문제가 아니라 무슨 수를 써서라도 주식을 확보해야 하는 것이다.

그런데 노던퍼시픽의 경우 먼저 주식을 판 모든 거래인이 빌릴 수 있는 충분한 주식이 남아있지 않았다. 시장이 마감되자 거래인들은 대혼란에 빠졌고 웃돈을 주고라도 주식을 확보하기 위해 증권거래소 밖에서 노던퍼시픽 주식을 거래하는 일반 미들턴 버릴 거래소로 몰려들었다.

그날 있었던 상황을 이해하기 위해서 《뉴욕 해럴드 New York Herald》에 실린 여러 기사를 한 번 살펴보자. 내 기억으로도 신문에 실린 그날의 혼란스러운 모습은 전혀 과장이 아닌 것 같다.

한 중개인이 사람들 속으로 걸어가고 있었는데 그에게 노던퍼시픽의 주식이 있다고 지레짐작한 거래인들이 한꺼번에 달려들어 그를 다그쳤다.

"나를 놔줘!" 중개인이 소리쳤다. "나에게는 그 주식이 하나도 없다고. 설사 있다고 해도 그걸 무슨 주머니에 넣어서 갖고 다닐 것 같아?"

그때 절망에 빠진 사람들 사이로 헤츠펠드앤스턴Herzfeld & Stern의 젊고 야심만만한 중개인인 알 스턴Al Stern이 성큼성큼 걸어서 나타났다. 그는 쿤앤뢰브 투자은행의 대표로 나온 것이며 쿤앤뢰브 투자은행이라면 해리먼을 대신해 노던퍼시픽 주식을 사들였던 곳이다. 스턴이 태평스러운 표정으로 이렇게 말했다. "노던퍼시픽 주식을 빌리고 싶은 사람이 있나? 나에게 주식이 있는데."

제일 먼저 거칠고 요란한 외침이 터져 나왔고 잠시 조용해졌다가 절망에 빠져있던 중개인들이 그에게 한꺼번에 달려들었다. 그들은 각자 수수료를 제시하며 서로를 밀치면서 스턴에게 한 걸음이라도 더 가까이 다가가려고 애를 썼다. 힘이 약하거나 몸집이 작은 중개인들은 뒤로 밀려났고 모두 손을 마구 공중에 대고 휘저었다.

몸이 접히다시피 의자 위에 구겨지듯 앉은 스턴은 거래를 시작했다. 그가 한 남자에게 이렇게 웅얼거렸다. "좋아, 그 가격에 빌려주지." 그런 다음 다른 사람에게는 이렇게 투덜거렸다. "아이고 맙소사. 제발 내 눈 좀 손가락으로 찌르지 말라고."

어떤 중개인은 그의 관심을 끌기 위해 모자를 벗겨내고 머리를 손으로 두드리기도 했다.

"내 모자를 돌려달라고!" 스턴이 소리쳤다. "그리고 다들 좀 흥분을 가라앉혀. 그래야 내가 제대로 일을 처리할 수 있을 것 아니냐고!"

그렇지만 거래인이며 중개인들은 전혀 아랑곳하지 않고 계속 서로를 밀치고 싸우며 스턴에게 가까이 다가가기 위해 애를 썼다. 마치 갈증에 미친 사람들이 물을 놓고 싸우는 형국이었다. 물론 세상에서 가장 거칠고도 요란한 싸움이었다.

　　얼마 지나지 않아 스턴이 들고 있던 주식이 바닥났다. 그의 얼굴에는 핏기가 하나도 없었고 옷은 엉망진창이었다. 그는 그 자리를 얼른 빠져나가려고 했다.

　　다음날인 5월 8일에 노던퍼시픽 주식은 정말로 어디에서도 찾아볼 수 없게 됐고, 시장은 공황 상태에 빠졌다. 어제 공매도 했던 주식을 오늘 오후 3시 거래소가 문을 닫기 전까지 전달해야 했기 때문에 빌리는 게 문제가 아니라 매입도 괜찮다며 다들 맹렬하게 매입에 뛰어들었다. 주가는 전날 마감 가격보다 12달러 높은 155달러부터 시작해 얼마 지나지 않아 180달러까지 치솟았다.

　　그날 낮에 해리먼이 노던퍼시픽의 경영권을 장악했다는 발표가 제이콥 시프에게서 나왔다. 그렇지만 힐과 모건 측에서는 '싸구려 중개인'을 공격하려 하지 않았다. 이들은 당대 최고의 주식 투자자이자 자신들을 지휘하는 사령관 제임스 R. 킨의 판단에 전적으로 의존하고 있었다.

　　킨은 자신이 개입하는 거래에 대해 어떤 경우도 직접 거래소에 모습을 드러내지 않았다. 실제로도 그는 뉴욕 증권거래소의 회원이 아니었다. 노던퍼시픽 사태 내내 그는 탈봇 테일러의 회사 사무실에서 아무도 만나지 않고 혼자 있었다. 이런 킨에게 뭔가 상황을 보고하기 위해서 에디 노튼은 해리 컨텐트를 찾았고 그러면 컨텐트는 잠시 시간을 끈 후 테일러에게 다시 자신이 들은 상황을 전달했다.

뉴욕 증권거래소 현장은 이제 이성은 사라지고 공포만 남았다. 전체 주가가 10달러에서 20달러 가까이 폭락했다. 다른 종목들도 위험하다는 소문이 퍼졌다.

이런 상황에서 함께 광란의 분위기에 휩쓸리지 않기란 쉽지 않은 법이다. 그렇지만 이런 경우 나는 미리 계획을 세워두었기 때문에 한 발 뒤로 물러서서 냉정함을 유지할 수 있었다. 시장에 주식들이 싼값에 쏟아져 나왔을 때 바로 매입했고 나는 그 어느 때보다도 많은 수익을 올렸다.

나는 또한 다른 종목에는 문제가 없을 거라고 판단했다. 나는 철도회사에 투자한 자본가들에게 여력이 충분하기 때문에 곧 이런 공황 상태를 끝내기 위해 노력할 것이라고 생각했다. 내가 보았을 때 지금의 상황 전체는 어쨌든 타협할 수밖에 없는 거대한 두 세력의 손에 달려 있었다. 나는 그 시기가 빨리 와야 한다고 느꼈다.

그렇지만 그날 오후 3시가 지난 이후의 상황을 봐도 두 세력이 평화를 바란다는 징후는 어디에서도 찾아볼 수 없었다. 3시부터 시작된 대혼란은 4시 30분까지 주식을 빌려 거래했던 사람들을 휩쓸었다. 알 스턴이 다시 모습을 나타내자 전날 그에게 주식을 빌려 갔던 사람들이 기간을 더 늘리기 위해 몰려들었다. 뒤로 넘어질 뻔했던 스턴은 급기야 의자 위에 올라가 할 말이 있으니 좀 조용히 하고 자기 말을 들으라고 소리쳤다.

겨우 사람들이 잠잠해지자 스턴은 자신에게 주식을 빌려 가 거래를 한 사람들에게 기간을 더 늘려줄 수 없으니 다시 주식을 돌려달라는 충격적인 소식을 전했다.

해명을 하자면, 스턴이 이런 식으로 나온 건 1872년 시카고앤노

스웨스턴Chicago & Northwestern 사태 당시 제이 굴드Jay Gould가 그랬던 것처럼 공매도 세력으로부터 마지막 남은 한 푼까지 쥐어짜기 위해서가 아니었다. 모든 행동의 배후에는 노던퍼시픽을 완전히 장악하기 위한 해리먼과 모건 측 세력의 다툼이 자리하고 있었고 이제 그 다툼은 정점을 향해 치닫고 있었다. 실제로 주식이 완전히 자기들 손에 들어올 때까지는 어느 쪽이 어느 정도의 지분을 확보했는지 확인할 수 없었다.

그날 밤 아스토리아호텔의 휴게실과 복도는 사람들로 가득 찼다. 하지만 불과 며칠 전 이 안락한 향락의 궁전을 가득 채웠던 사람들과는 전혀 다른 종류의 사람들이었다. 여자들은 전혀 보이지 않았을 뿐더러 남아있는 남자들은 분위기 같은 건 전혀 신경 쓰지 않았다.

아무런 위험이 느껴지지 않는 평안한 날에 동물들이 어떻게 행동하는지 본 적이 있는가? 동물들은 몸을 핥아 단장한 뒤 이리저리 뽐내며 무리에서 더 잘난 모습을 보여주려고 애를 쓴다. 인간도 마찬가지다. 그리고 동물과 마찬가지로 인간 역시 두려움에 휩싸이게 되면 그런 우아함이나 교양은 물론 가장 기본적인 예의 같은 것들도 다 잊어버리고 만다.

그날 밤 아스토리아호텔 안의 모습은 우리가 얼마나 동물과 다를 것이 없는지를 적나라하게 보여주는 현장이라고 할 수 있었다. 화려했던 궁전이 온통 겁에 질린 사람들의 소굴로 바뀌어버렸다. 사람들은 상황이 어떻게 변하고 있는지 조금이라도 정보를 얻기 위해 이 무리에서 다른 무리로 이리저리 돌아다녔다. 얼마나 겁에 질렸는지 그저 술만 퍼마시는 사람들도 있었고 심지어 그 술마저도 목구멍으로 넘기지 못하는 사람들도 있었다. 간단히 말해 거기 모여 있는 건 납

득할 수 없는 두려움과 충동, 그리고 열기에 휩싸여 어찌할 바를 모르는 우매한 군중이었다.

그런 상황을 견뎌내고 적어도 겉으로 보이게 평정심을 유지할 수 있었던 건 가장 강한 사람들뿐이었다. '100만 달러의 도박사Bet Million'로 유명한 존 W. 게이츠의 옆에 아서 하우스만이 있는 것이 보였다. 배짱 좋고 늘 유쾌함을 잃지 않는 이 시카고 출신의 도박사이자 투자자 게이츠는 전혀 기가 죽은 것 같지 않았다. 그는 자신은 한 푼도 손해 본 것이 없고, 설사 손해가 있더라도 그렇게 요란을 떨지 않을 것이라고 말하며 노던퍼시픽의 공매도와 관련해 자신을 둘러싼 모든 소문을 다 부인했다.

그가 정말 손해를 보지 않았다는 말은 거짓일지 몰라도 어떤 일이 있어도 요란을 떨지 않는다는 말은 사실이었다. 사실 게이츠는 전 재산이 다 사라질 위기에 처해 있었다. 그를 포함한 월가의 큰 손들이 알고 싶은 건 오직 한 가지였다. 하룻밤 사이에 타협안이 나올 수 있을까?

다음 날 아침 긴장되어 하얗게 질린 얼굴로 거의 말도 하지 못하던 남자들이 무리를 지어 노던퍼시픽 거래소를 둘러쌌다. 저 단단한 문 너머 각 세력의 우두머리와 야전 사령관이 앉아 있는 곳에서는 어떠한 타협의 말도 나오지 않았고 휴전에 대한 희망도 보이지 않았다.

사람들이 술렁거리는 사이로 거래가 계속 진행되었다. 한 시간 만에 노던퍼시픽의 주식이 주당 400달러에 거래되었다. 정오 무렵이 되자 주가는 700달러로 뛰었다. 그리고 오후 2시가 지나자마자 누군가 300주를 30만 달러에 사들였다는 소식이 들려왔다. 주당 1,000달러가 된 것이다.

나는 에디 노튼이 개인적으로 공매도를 했다는 사실을 알게 되었다. 나중에 그가 한 말에 따르면 그런 높은 가격이 계속 유지될 수 없다는 것과, 만약 그렇게 된다면 시장 전체가 함께 무너질 것으로 생각해 도박을 걸었다는 것.

노던퍼시픽의 주가가 그렇게 급등하는 사이 나머지 종목들은 폭락했고 가격에 상관없이 다들 그저 처분만을 바라게 되자 평균 60달러 이하로 가격이 하락했다. 은행에서 중개인들에게 단기로 빌려주는 자금의 이자가 40퍼센트에서 시작해 60퍼센트까지 올라갔다. 가치에 대한 감각도 분별력도 모두 다 어디론가 사라져버렸다.

에디 노튼은 많은 친구에게 거의 목전까지 닥쳐온 파멸을 생각하며 눈물을 흘리며 서 있었다. 평소라면 상상도 하지 못할 그런 소문들이 사방으로 퍼졌다. 나중에 알았지만 누군가는 런던으로 아서 하우스만이 자기 사무실에서 쓰러져 세상을 떠났다는 소식을 보내기도 했다. 그 소식이 사실이 아님을 밝히기 위해 하우스만은 뉴욕 증권거래소에 직접 모습을 드러내야 했다.

각 중개 사무소들의 풍경은 뉴욕 증권거래소만큼이나 애달팠다. H. B. 홀린스상회H. B. Hollins & Company의 내 친구 프레드 에디Fred Edey는 J. P. 모건의 사무실로 달려가 대출을 해주지 않으면 해가 질 때까지 파산하는 중개인들이 스무 명은 넘을 것이라고 경고했다. 에디는 은행마다 찾아다니며 그런 읍소와 설득을 반복했고 결국 그런 노력 덕분에 수백만 달러가 뉴욕 증권거래소로 수혈되며 재난을 잠시 피하는 데 도움이 되었다.

2시 15분은 공매도를 한 사람들이 전날 팔아치운 주식을 전달해야 하는 마감 시간이었다. 그런데 그보다 몇 분 전 쿤앤뢰브 투자은행의 알 스턴이 증권거래소에 나타났다. 그는 의자 위에 자리를 잡고 앉아 큰 소리로 이런 소식을 알렸다. 어제 자신들이 사들였던 노던퍼시픽 주식을 꼭 오늘까지 전달받지 않아도 괜찮다는 것이었다.

이번에는 에디 노튼이 나섰다. 역시 자신들이 사들인 주식 8만 주를 오늘 전달받지 않아도 상관없다는 내용을 사람들에게 알렸다. 위기는 진정되었다. 노던퍼시픽의 주가는 300달러를 기록했다. 다른 종목들도 안정세로 접어들었다.

그날 오후 5시, 아스토리아호텔에 모여든 사람들은 모건과 쿤앤뢰브 투자은행이 공매도를 한 사람들에게 150달러에 주식을 제공할 것이라는 소식을 전해 듣고는 안도의 한숨을 내쉬었다. 대부분의 사람들이 예상했던 것보다 훨씬 더 관대한 조건이었다. 공황 상태는 끝이 났다.

그중에서 게이츠보다 더 마음을 놓은 사람은 없었을 것이다. 그는 더 이상 자신의 속마음을 감출 수 없는 지경까지 몰려 있었다. 그날 밤 게이츠는 아스토리아호텔의 특별실에서 사람들을 만났다. 많은 사람이 앞을 다투어 그의 옆에 다가가려고 했지만 결국 그의 옆자리는 변호사 맥스 팜_{Max Pam}과 아서 하우스만의 차지였다. 게이츠는 예전처럼 쾌활한 척을 하려 했지만 이번에는 꽤나 노력을 기울여야만 했다.

"게이츠 씨는 이번 소동에 대해 어떻게 생각하나요?" 누군가 그에게 이렇게 물었다.

"소동이요?" 그가 이렇게 쏘아붙였다. "그걸 소동이라고 부른다면 나는 다시는 그런 소동에 휘말리고 싶지 않군요."

"그렇게 큰 손해를 본 건가요?" 누군가 또 이렇게 끼어들었다.

"그냥 좀 고초를 겪었다고 할까." 산전수전을 다 겪은 노련한 도박사가 또 이렇게 내뱉었다. "오래전 고향에서 기르던 우리 집 개가 된 그런 기분이오. 그 개는 이리저리 걷어차이다 보니 비틀거리며 걷는 게 버릇이 되었는데, 그러다 마침내 무슨 일이 있든 개의치 않고 평소처럼 똑바로 걷게 됩디다. 바로 얼마 전까지 그렇게 나도 제대로 걷지를 못했지. 온갖 일을 겪느라 정신이 없을 정도였다고. 그렇지만 오늘 저녁 해 질 무렵이 되어서야 그럭저럭 몸을 가눌 수 있게 되었소. 이제 다른 사람들처럼 똑바로 서서 가능한 한 모든 방법을 찾아보려는 중이오."

그로부터 얼마 후 게이츠는 머릿속의 모든 상념을 지워버리고 유럽으로 떠났다. 아니, 적어도 겉으로 볼 때는 누구라도 그가 마음을 비웠다고 생각했다.

상황이 정리되자 결국 누가 노던퍼시픽에 대한 경영권을 확보했는지에 대한 의문이 생겼다. 해리먼은 갈기를 세운 사자였고 그는 계속해서 싸울 준비가 되어 있었다. 그렇지만 모건과 힐은 충분히 할 만큼 했다고 생각했고 더 이상의 적대 행위를 피하려고 기꺼이 타협에 응했다. 해리먼은 버링턴과 노던퍼시픽 양쪽의 대표 이사가 되었는데, 처음 요구했던 것보다 더 큰 성과였다.

12장

/

월도프아스토리아
호텔의 거인들

역사가들은 노던퍼시픽 사태에 대해 금융계의 거인들이 활동하던 시대의 정점을 장식한 사건이라고 기록했다. 물론 그 이후에도 이른바 그런 '거인들'이 충돌하던 일이 있었지만 해리먼과 모건의 다툼처럼 치열했던 적은 단 한 번도 없었다.

이 다툼과 관련해 특히 주목할 만한 가치가 있는 한 가지 측면이 있다. 겉으로 보기에는 서로 완전히 다른 두 세력의 충돌처럼 보였지만 좀 더 크게 본다면 이건 똑같은 목표를 달성하기 위한 두 가지 서로 다른 방법의 충돌이었다. 어느 쪽이든 목표는 미국 철도 노선의 더 효율적인 통합이었다.

모건과 해리먼은 모두 미국이라는 국가의 발전을 위해서는 꼭 필요한 존재였다. 두 사람은 그 발전이 어떤 형태를 취해야 하는지에 대해 영향을 미쳤을 수도 있다. 다만, 모건과 해리먼 두 사람이 존재하지 않았더라도 어떤 식으로든 미국은 계속 발전했을 것이다.

지금 와서 돌이켜보면 이야말로 내가 월도프아스토리아호텔에서 목격했던 장면들의 본질적인 의미였을 것이다. 이 호텔은 스스로를 역사의 주역이라고 생각하는 사람들로 항상 가득했다. 하지만 그들 중 대다수는 미국이라는 국가의 발전이라는 더 큰 그림 속에서 그저 패기만 앞세웠던, 그래서 그냥 스쳐 지나가기만 했던 그런 사람들이 아니었을까?

아스토리아호텔 안에 있으면 언제나 서로 뽐내고 자랑하는 말을 들을 수 있었지만 나는 실제로 그 말에 혹하는 사람들이 얼마나 있을지 궁금할 뿐이었다. 예를 들어 에디 와서맨Eddie Wasserman이라는 중개인도 자신의 거래 규모를 과장하기 좋아하는 남자였지만 사람들의 관심을 끌지는 못했다. 어느 날인가 와서맨이 월가에서도 가장 머리 회전이 빠르다고 알려진 제이콥 필드Jacob Field에게 다가가 이렇게 물었다.

"제이콥, 오늘 내가 얼마나 많은 거래를 성사시킨 것 같아?"

"남들 하는 거 절반이나 했을까." 제이콥의 대답이었다.

독일식 억양을 섞어 말하는 몸집 작은 친구 제이콥은 교육을 많이 받지 못했고 자신의 거래 내역을 제대로 기록하지 못하는 경우도 많았지만 다른 중개인들에게 인기가 많았다.

언젠가 한번은 제이콥이 친한 친구들에게 접대를 받은 적이 있었다. 그날의 주인공으로서 제이콥은 두 명의 매력적인 여성 사이에 자리를 잡고 앉았다. 하지만 딱히 서로 무슨 이야기를 해야 할지 알 수 없었다. 결국 한 여성이 프랑스의 소설가 발자크Balzac에 대해 어떻게 생각하는지를 물었다. 제이콥은 뭐라고 할 말이 없을 때 늘 그러듯 콧수염을 매만지며 그저 이렇게 대꾸했다. "나는 주식 말고는 아무것도 몰라서요."

그렇지만 프랑스 소설가의 이름을 모르면 좀 어떤가. 제이콥은 월가에 대해서라면 모르는 것이 없었다. 그는 두 여성에게 레딩 철도회사의 주식을 각각 50주씩 나눠주었다. 당시 레딩의 주가는 4.5달러였는데 그는 머지않아 주가가 100달러까지 오를 테니 나눠준 주식을 잘 보관하고 있으라고 당부했다. 하지만 그의 예상은 빗나갔다. 얼마 지나지 않아 주가는 200달러까지 치솟고 말았다.

아스토리아호텔을 드나든 사람들에 대한 이야기는 끝이 없겠지만 나는 특히 세 사람에게 큰 흥미를 느꼈다. 바로 다이아몬드 짐 브래디와 제임스 R. 킨, 그리고 존 게이츠였다. 이들은 각자 다른 방식으로 인간의 수수께끼 같은 공통된 본성을 보여주는 것 같았다. 다른 사람들 앞에서 보여주는 모습 말고 그 내면에 숨어 있는 진짜 인간의 본성이란 과연 어떤 것일까?

2

다이아몬드 짐 브래디의 차림새는 어찌나 요란하고 화려한지 실
제로 그의 안색이 힘이 없고 파리하다는 생각은 전혀 들지 않았다.
짐은 사람들을 놀라게 하고 재미있는 이야기를 하는 걸 좋아했다. 그
는 결코 오래되고 낡은 돈은 쓰지 않았다. 구겨지거나 더러운 돈이
있으면 은행으로 가져가 항상 깨끗한 새 돈으로 바꿨다. 짐은 사람들
앞에 나타날 때마다 항상 정장을 잘 차려입었고 대부분 아름다운 여
인들과 함께했다.

이렇게 겉으로 보이는 모습에 신경을 많이 썼지만 어쨌든 짐은
대단히 친절한 사람이었고 친구로서도 최고였다. 그의 겉모습 치장
에도 어떤 악의 같은 건 없었다.

사람들은 브래디와 배우 릴리언 러셀이 서로 깊이 사랑하는 사이
라고 생각했지만 실제로는 에드너 매컬리Edna McCauley를 오랫동안 쫓
아다녔으며, 릴리언 러셀 곁에 있었던 건 르위슨 구리 사업의 상속자
인 덩치 크고 잘생긴 제시 르위슨Jesse Lewisohn이었다. 이 네 사람은 다
른 사람들이 혼동할 정도로 떼려야 뗄 수 없는 친구처럼 함께 돌아다
녔는데 어느 날인가 브래디가 나에게 찾아와 이렇게 말했다. "버니,
끔찍한 일이지만 제시가 에드너와 함께 도망쳐 결혼을 해버렸어." 그

리고 몇 년 후에 릴리언 러셀은 스페인 미국 대사로 임명된 알렉산더 P. 무어_{Alexander P. Moore}와 결혼했다.

브래디는 철도 관련 장비 사업을 했고 수완도 뛰어났다. 그는 많은 노력을 기울여 엄청난 재산을 모았다. 보수적이며 성실한 사업가 제임스 B. 브래디와 뉴욕 중심가를 휘저었던 멋쟁이 다이아몬드 짐 브래디 사이의 차이점과 공통점에 대한 설명은 내가 아니라 다른 심리학 전문가에게 듣는 편이 더 좋으리라.

짐은 자신만의 방식으로 말을 했고 또 자신만의 재치가 있었다. 언젠가 그는 내게 이런 이야기를 했다. "어떤 친구가 나랑 누가 더 햄을 많이 먹나 내기를 하자고 하더군. 그래서 내기를 하기 전에 햄을 얼마나 먹을 수 있는지 그걸 먼저 물어봤지."

짐은 차나 커피 혹은 술은 입에 대지도 않았고 심지어 담배도 피우지 않았다. 하지만 먹는 양에 대해서는 내가 아는 사람 중에 정말 손가락으로 꼽을 수 있을 정도였다. 짐은 앉은 자리에서 아이스크림 1킬로그램이나 오렌지 수십 개를 먹어 치우곤 했는데 심지어 여행이나 출장을 갈 때는 오렌지를 상자째 들고 다녔다. 게다가 나는 짐이 저녁 식사 전 입가심으로 굴을 40개나 50개쯤 까먹는 걸 본 적도 있었다.

짐은 또 500그램이 넘는 사탕 한 봉지도 단숨에 먹어 치울 만큼 사탕을 좋아했고 그가 좋아하는 사탕 회사에서는 10가지가 넘는 사탕을 담은 500그램들이 사탕 봉지를 따로 특별히 제작해 그에게 제공했을 정도였다.

짐은 키가 1미터 85센티미터가 넘었고 엄청나게 뚱뚱했지만 춤추는 것을 좋아했다. 그와 내 막내 동생인 세일링은 특히 가까운 친구 사이였고 춤 경연대회 같은 곳에도 여러 번 찾아가 세일링이 우승

하는 걸 지켜보기도 했다. 나도 86번가에 있는 짐의 저택에서 열린 경연대회에서 가장 우아하게 춤을 춘 사람에게 주는 상을 받은 적이 있었다. 내가 받은 상품은 뚜껑에 진주가 잔뜩 박힌, 크기만 빼면 남자보다는 여자에게 더 잘 어울리는 시계였다.

짐은 사람들을 잔뜩 불러 모아 함께 어울리는 걸 좋아했다. 언젠가 한 번 내가 집사람과 함께 친구들을 몇 명 불러 그의 보석 수집품들을 보고 싶다고 하니 그는 흔쾌히 우리를 저녁 식사에 초대해주었다. 모인 사람은 대략 12명 정도였고 음식이 새로 나올 때마다 여자들은 보석을 포함한 진기한 물건들을 선물로 받았다.

이런 자리가 마련되면 짐은 손님들과 비슷하게 식사했지만 사실 그 전에 이미 잔뜩 배를 채운 후였고 친구 집에 초대를 받아서 갈 때도 집에서 미리 뭘 먹고 가곤 했다.

그날 저녁 짐은 금고에서 보석으로 만들거나 장식된 다양한 장신구들을 꺼내와 우리에게 보여주었다. 거기에는 갖가지 다양한 정장용 단추, 회중시계와 거기에 연결된 사슬, 안경, 지갑, 멜빵, 혁대, 반지, 그리고 필기구며 들고 다니는 지팡이의 손잡이 등이 포함되어 있었다. 장식된 보석들의 종류도 다이아몬드며 에메랄드, 루비, 사파이어, 진주, 월장석 등 아주 다양했다. 짐은 자신의 장례식을 위해 쓸 귀금속도 미리 다 준비해두었다고 말했다.

짐은 또 우리에게 자신의 옷장도 보여주었다. 옷장 안에는 진주색과 파란색, 그리고 자주색과 검은색 천으로 만든 각종 정장이며 외투들이 가득 들어차 있었다. 나는 옷가게가 아닌 개인 집에서 이 정도로 많은 옷과 구두를 본 적이 한 번도 없었다. 옷 말고도 화려한 천이나 어깨걸이 등도 잔뜩 있었고 손님용 방의 욕실에는 은으로 만든 욕조가, 화장실에는 금으로 만든 세면대며 변기 등이 있었다.

짐에게는 골드 힐스Gold Heels라는 이름의 경주마가 한 마리 있어서 여러 유명한 경마대회에 출전시켰다. "뭐 대단한 건 아닙니다." 짐이 이렇게 말했다. "골드 힐스라면 보통은 몇 미터나 앞서서 이기곤 하니까요." 그의 말에는 과장이 섞여 있었지만 경마장에서 골드 힐스에 대한 사람들의 기대가 큰 건 사실이었다. 그날 따라 짐은 그를 우러러보는 사람들에 둘러싸여 마치 인생의 정점에 올라가 있는 듯 보였고 계속해서 골드 힐스에 대한 자랑을 늘어놓았다.

하지만 얼마 뒤 실제로 벌어진 경마대회는 손에 땀을 쥘 정도의 근소한 차이로 승부가 났다. 경주마들이 코와 코를 맞대고 앞서거니 뒤서거니 하면서 달리자 짐은 팔을 휘저으며 입을 크게 벌렸지만 아무런 말도 하지 않았다. 순위가 변하자 짐은 팔짱을 끼고 입을 벌렸지만 아무 소리도 나오지 않았다. 골드 힐스의 승리에 큰돈을 걸었던 제시 르위슨은 연신 이마에 흐르는 땀을 닦아냈다.

다행히도 골드 힐스가 1위로 결승선을 통과했고 짐의 친구들이 모여들어 축하의 인사를 건넸다. 여전히 창백한 표정의 르위슨은 이렇게 불평했다. "아니, 저 말이 넉넉하게 앞서서 이길 거라더니!"

짐의 얼굴이 벌겋게 달아올랐다. 그는 최종 순위를 알리는 알림판을 손으로 가리키며 씩씩거리다가 뭐라고 웅얼웅얼하더니 마침내 이렇게 일갈했다. "그래서 결국 누가 이겼는데?"

나는 큰 어려움을 겪으면서 결국 성공을 이뤄낸 사람들에게 그 과정의 어려움만 보고 뭐라고 트집을 잡는 사람들을 보면 똑같은 말을 해주고 싶다는 생각을 자주했다.

3

하지만 누군가 '월가의 진짜 마법사'로 불릴 만한 사람이 있다면 그건 바로 제임스 R. 킨일 것이다. 내가 아는 사람 중 어느 누구도 주식시장의 거래나 투자 기술에서 그를 능가할 만한 사람은 없었다. 그의 주식 거래 경력 중에서도 특히 모건의 부탁으로 처리한 U.S. 스틸 거래는 가히 걸작이라 부를 만했다.

철강 독점 연합이 만들어졌을 때 필요했던 건 보통주 5억 달러어치와 우선주 5억 달러어치가 거래될 수 있는 시장이었다. 따라서 대부분의 사람들은 다른 철강 관련 주식이나 다른 종목들의 기세를 억눌러야만 이들의 10억 달러어치 유가 증권을 일반 사람들에게 판매할 수 있다고 생각했다. 그런데 킨은 매수와 매도 주문을 뒤섞을 수 있는 기이한 능력을 가지고 있었고 시장은 그의 뜻에 따라 움직였다. 그의 영업 방식은 너무나 절묘했기 때문에 모건 측 세력은 단지 2500만 달러만 투자하는 것으로 원하는 결과를 얻어냈다. 이들이 발행한 주식은 전부 판매되었고 필요한 자금은 확보되었다.

다만 여기서 한 가지 사실을 덧붙이자면 미국 증권거래위원회SEC, Securities and Exchange Commission의 규정에 따라 킨이 사용했던 방법은 이제는 더 이상 허용되지 않는다. 킨은 따로 경제에 대해 배운 적이 없었고 굳이 말하자면 정말로 자수성가를 한 그런 사람이었다. 영국 런던에서 태어나 미국 캘리포니아로 이민을 온 그는 목축업자, 노새 몰이꾼, 광부, 그리고 신문사 편집자 등 여러 직업을 전전하다가 샌프란시스코 광산 증권거래소의 회원이 되고 나서야 자신의 능력을 꽃피울 수 있었다.

적당한 체구의 킨은 언제나 과하지 않은 깔끔한 차림새였다. 그는 '은빛 여우'라고 불렸고, 그 이유는 언제나 깔끔하게 손질된 그의 잿빛 턱수염 때문이었다. 그가 젊은 시절을 상당히 거칠게 보냈다는 사실을 적어도 겉으로 확인할 수 있는 건 흥분할 때 터져 나오는 거친 캘리포니아 욕설뿐이었다. 그럴 때면 그의 가늘고도 높은 목소리가 묘하게도 그런 거친 욕설과 잘 어우러졌다.

제임스 R. 킨은 제이 굴드가 투기를 통해 절정의 세월을 누리고 있던 1870년대에 뉴욕으로 진출했고 내가 그를 알게 되었을 무렵에는 이미 몇 차례나 성공과 실패를 거듭한 후였다. 그는 투자에 실패하고 큰 손해를 보았을 때도 눈썹 하나 까딱하지 않았다. 심지어 집안의 가재도구들까지 정리해야 할 때가 있었지만 누구의 동정도 구하지 않고 모든 도움의 손길을 거부했다.

킨은 투자나 거래를 준비할 때 많은 주의를 기울였고 준비가 끝나면 내가 아는 그 어떤 사람들보다 더 빠르고 확실하게 행동에 들어갔다. 또한 자신이 가는 방향이 옳다고 생각할 때는 꽤 참을성을 발휘했지만 이 길이 아니다 싶을 때는 순식간에 방향을 바꿀 수 있는 그런 사람이었다.

나는 그의 투자나 거래 활동을 보면서 사람들에 대해 많은 것들을 배울 수 있었다. 언젠가 킨은 U.S. 삭구(索具)제조상사 Cordage

Company의 주식을 거래하다가 회사의 수익이 현재의 주식 가격에 어울리지 않게 떨어지고 있다는 사실을 알게 되었다. 그는 자신이 대표로 있는 투자자들을 위해 주식을 매입하고 있었지만 즉시 중단하고 매도에 나섰다. 나는 재빠르게 매도를 결정한 그의 결단력에도 감탄했지만 자기 자신이 아니라 다른 투자자들의 손해를 줄이는 일에 먼저 신경을 썼다는 사실에 더욱 감동을 받았다.

아메리칸사탕수수 정제회사의 주식에 대한 다소 큰 규모의 투기가 진행될 때의 일이다. 사탕수수 원당을 싣고 온 화물선 선원들 사이에 황열병이 발생했다는 소식이 뉴욕 증권거래소에 들려왔다. 그 때문에 정제회사의 주가가 떨어지기 시작했지만 킨은 주식의 가치에 대한 믿음이 흔들리지 않았고 거기서 등을 돌리지 않고 오히려 주식을 매입하며 지원에 나섰다.

당시 나에게 제임스 R. 킨을 처음 소개해주기도 했던 미들턴 버릴은 킨에게 이 황열병 사태가 시장에 어떤 영향을 미칠지 물었다. "글쎄," 킨이 그 특유의 억양으로 이렇게 대꾸했다. "물론 그렇게 기분 좋게 이야기할 만한 그런 상황은 아니겠지."

킨은 대부분의 경우 시장 상황을 낙관적으로 바라보며 투자를 했다. "시장을 낙관적으로 바라봐야 주식으로 큰돈을 번다"라는 말을 내가 한 것으로 오해하는 사람들이 많지만 실제로 그런 말을 처음 한 건 바로 킨이었다.

한번은 또 누군가 킨에게 주식으로 그렇게 많은 돈을 벌었는데 왜 위험한 투기를 계속하느냐고 물은 적이 있었다. 그러자 킨은 이렇게 대답했다. "개는 지치지도 않고 토끼만 보이면 뛰어나간다. 우리의 삶은 그 자체로 투기이며 인간은 태어날 때부터 투기나 투자의 정신을 갖고 태어난다."

제임스 R. 킨은 도박을 좋아했고 유명한 경주마도 여러 마리 갖고 있었다. 킨의 외아들의 이름을 딴 경주마 폭스홀_Foxhall은 1881년 파리 그랑프리 대회에서 우승했다. 킨이 제일 좋아했던 말은 사이슨비_Sysonby였는데, 킨은 사이슨비가 죽자 그 유골을 자연사 박물관에 기증했고 곧 박물관의 유명한 전시품이 되었다. 어느 마술馬術 대회를 찾았다가 갑자기 사이슨비에 대한 그리움이 솟구친 킨은 친구들과 함께 곧장 박물관으로 달려가 세상을 떠난 사이슨비의 과거에 대해 생각하며 몇 시간을 보냈다고 한다.

힘들었던 날이면 킨이 술을 한두 잔 걸친 모습을 볼 수도 있었다. 하지만 적어도 겉으로 보이는 그의 모습에는 아무런 변화가 없었다. 언젠가 한 번은 내가 그날 시장에서의 실적이 얼마나 좋지 않았는지를 그에게 알리자 그는 다만 이렇게 대답했다. "때로는 나도 몹시 지치고 힘들 때가 있지. 하지만 곧 다시 기운을 차릴 수 있다."

그의 말은 곧 월가의 유명한 격언이 되어 많은 사람이 상황이 어려워질 때마다 그 말을 되뇌었다. 나도 힘들 때마다 종종 킨의 말을 떠올렸고 킨처럼 "다시 기운을 차리기로" 다짐을 했다.

4

제임스 R. 킨의 조용하면서도 절제된 태도는 다이아몬드 짐 브래디뿐만 아니라 존 게이츠와도 크게 비교된다. 화려하고 시끄러우며 요란스러운 게이츠는 시장 안에서나 밖에서나 단연코 내가 아는 가장 위대한 도박사였다.

그는 성공한 도박사가 필요로 하는 모든 조건을 다 갖추고 있었다. 그야말로 100만 명 중에 하나 나올까 말까 한 그런 인물이었다. 성공한 도박사란 그렇게 드문 존재다. 게이츠는 모든 감각을 예리하게 갈고 닦았지만 그렇다고 지나칠 정도로 긴장하는 법은 전혀 없었다. 겉모습은 거칠어 보였지만 그런 모습 뒤에 사실은 시원스럽고 대담하며 또 날카로운 지성이 숨어 있는 사람이었다.

게이츠는 넉넉한 조끼에 굵은 시계 사슬을 드리우고 늘 경마 일정을 머릿속에 꿰고 다니는 전형적인 미국 중서부의 쾌남으로 처음에는 철조망 영업 사원 일을 했다. 게이츠는 영업 사원 시절의 모습을 죽을 때까지 버리지 않았다. 게이츠는 다른 성공한 영업 사원들과 마찬가지로 자신이 거래하는 상품에 대해 언제나 신경을 쓰고 올바른 정보를 제공하려고 애를 썼다. 그리고 미국의 장래에 대해서도 강한 믿음을 가지고 있었다. 그는 미국이 모든 사람의 예상을 뛰어넘을 정도로 크게 발전할 것이라고 믿었으며 그런 자신의 낙관론을 마치 유행이라도 시키듯 널리 퍼뜨릴 수 있었다.

나는 그런 게이츠가 마음에 들었고 사업을 비롯한 다른 관계에서 도 서로 사이가 좋았지만, 일찌감치 그의 성향에 대해 배운 것이 있 었다. 만일 게이츠가 누군가의 어깨에 팔을 두르고 "내가 뭘 좀 도와 주고 싶은데"라고 말한다고 해도 그때는 서로의 입장에 대해 먼저 생 각을 해봐야 했다. 그의 대책 없는 낙관주의에 대해서는 내가 어느 정도 경계할 수 있었고 그도 그런 사실을 알아차릴 수 있었다. 그렇 게 직감이 뛰어난 사람이라면 당연히 그럴 수 있었겠지. 그렇지만 다 행히 그렇다고 해도 서로의 관계가 크게 달라지는 것은 없었다.

아스토리아호텔에서 게이츠가 가장 좋아하는 곳은 당구장과 사방 에 술이 진열되어 있는 특별실이었다. 그의 손에는 보통 술잔이 들려 있는 경우가 많았지만 게이츠가 술주정뱅이라는 소문은 잘못된 이야 기였다. 그는 뭐든 마음대로 먹었지만, 술만은 절제할 줄 알았다.

그 무렵의 사설 거래소는 사실상 뉴욕 증권거래소의 거래 가격 상승 혹은 하락에 대해 돈을 걸 수 있는 일종의 도박장이나 마찬가 지였다. 이 거래소 안에서는 유가 증권의 소유권이 바뀌는 일이 없었 다. 대형 사설 거래소의 운영자들은 특정한 증권의 가격 상승에 많은 사람이 '돈을 걸면' 뉴욕 증권거래소로 달려가 자신들에게 유리하도 록 손을 쓰곤 했다.

그러다가 게이츠와 몇몇 사람들은 이런 사설 거래소의 운영자들 에게 쓴맛을 보여주기로 결심했다. 그들은 대형 사설 거래소 한 곳을 점찍어 한동안 거의 가격 변동이 없었던 주식들의 가격 상승에 "큰돈 을 걸었다." 그런 다음 손을 쓸 틈도 없이 갑자기 주가를 끌어올렸다.

그들은 배당금을 요구하기 위해 심부름꾼을 거래소로 보냈는데, 거래소는 어디론가 사라졌고 거래소가 있던 자리에는 다른 회사 이름이 붙어 있었다. 물론 게이츠가 그대로 물러날 리는 없었다. 그는 소송이나 다른 폭로 등으로 위협을 한 끝에 도박의 배당금을 강제로 받아냈다고 한다.

이렇게 늘 긴장된 생활을 하는 게이츠에게 도박은 일종의 휴식이나 다름없었다. 그는 시카고와 뉴욕을 오가는 기차 안에서 항상 여러 종류의 카드놀이를 했고 아무리 많은 돈을 잃거나 따더라도 기차에서 내릴 때는 완전히 다른 사람처럼 기운찬 모습으로 내리곤 했다.

런던에서 게이츠와 아이크 엘우드 대령Colonel Ike Ellwood 만났던 일도 기억난다. 우리 세 사람은 숨이 막힐 정도로 더웠던 어느 날 영국 왕실이 주최하는 애스콧Ascot 경마대회에서 만났다. 이 왕실 경마대회에 참석하기 위해서는 거기에 어울리는 정장을 완벽하게 차려입어야 했다. 나는 경마장 안으로 들어가기 전에 마권 업자들이 있는 곳을 어슬렁거렸는데 거기에 게이츠가 있었다. 그는 정장 웃옷이며 외투 단추를 풀어 젖히고는 모자까지 뒤로 비스듬히 기울여 쓰고 있었다.

"이번 대회에 대해 뭐 좋은 정보라도 있나요?" 내가 이렇게 물었다.

"아니, 그런 건 없어. 하지만 그저 아주 조금만 돈을 걸어보려고." 게이츠는 이렇게 대답했다.

그런데 그 '조금만'이라는 액수가 나중에 알고 보니 무려 7,000파운드나 되었다. 대부분 도박사는 보통 돈은 따보지도 못했다고 자기들이 알아서 엄살을 떨어대지만 게이츠는 달랐다. 그는 정말로 다른 경쟁자들의 주머니를 털어내는 재주가 있었다. 심지어 그는 산탄총으로 표적을 맞추는 간단한 내기에서조차 주로 이기는 쪽이었다. 그것도 결코 사람들 대부분을 압도할 정도의 실력이 아님에도 불구하고 말이다. 게이츠는 항상 자신이 이기는 쪽에 돈을 걸고 사격 솜씨가 더 뛰어난 동료들에게 승리를 거두었다. 비결은 그의 수다였다. 그는 쉴 새 없이 말을 했고 상대방이 깜짝 놀랄 정도로 판돈을 키워갔다. 게이츠의 사격 내기는 나중에 결국 말싸움으로 바뀌었지만 그런데도 자기가 이겼다며 큰 소리로 웃곤 했다.

로열 플러시_Royal Flush_라는 경주마가 승리를 거두었던 그 유명한 1900년 굿우드 경주_Goodwood Cup_에 대해서는 많은 이야기가 전해진다. 나도 그런 이야기 중 하나를 바로 게이츠 본인에게 전해 들었다.

그때 아마 아이오와주의 유명한 주지사 아들이자 역시 만만치 않은 도박사인 존 A. 드레이크_John A. Drake_가 영국으로 경주마들을 끌고 갔던 것 같은데, 거기에 게이츠도 함께 재미를 보고 싶었던지 비용의 절반을 자신이 대기로 하고 따라갔던 모양이었다.

영국에서 두 사람은 따로 조련사를 고용하고 여러 경주에서 승리를 거두었다. 그러다 어떤 경주에서 그들은 로열 플러시라는 경주마에 관심을 가지게 되었고 아직 우승 경력이 없는 그 말을 사들였다. 조련사가 곧 로열 플러시를 맡아 훈련을 시작했다.

그러다 게이츠는 이 무명의 경주마가 놀라운 속도를 낼 수 있다는 사실을 알게 되었다. 게이츠는 꽤 이름이 알려진 존 허긴스_John Huggins_라는 조련사에게 로열 플러시를 데리고 가 몰래 시험을 해보았다. 허긴스는 걸을 때 다리를 조금 절었다고 하는데 이 이야기를 내게 들려주던 게이츠는 그런 그의 걸음걸이뿐만 아니라 로열 플러시를 시험 삼아 달리게 해보았을 때의 장면도 똑같이 재현해 보였다. 이 말이 갈기를 휘날리며 언덕 꼭대기까지 뛰어 올라오자 허긴스는 손을 휘저으며 이렇게 외쳤다고 한다.

"아이고 맙소사, 저렇게 빨리 달리는 말은 본 적이 없어!"

하지만 모두 이 사실에 대해서는 함구하기로 했다. 로열 플러시가 굿우드 경주에 출전했을 때 우승을 점치는 사람은 거의 없었다. 가장 인기 있었던 우승 후보는 정치 조직 태머니 홀을 이끌던 리처드 크로커Richard Croker가 데리고 온 아메리쿠스Americus였다.

게이츠와 드레이크는 곧 판을 크게 벌리기 시작했다. 로열 플러시에 돈을 걸고 영국에서 남아프리카, 네덜란드, 그리고 오스트레일리아에 이르기까지 전 세계 경마 도박사들을 끌어들인 것이다. 다들 이번 경마에 대한 소문을 들은 모양이었다. 그런데 이 무명의 경주마에 대해 왜 게이츠나 드레이크 같은 유명 인사들이 지원에 나섰는지에 대해 아무도 제대로 된 설명을 할 수 없었음에도 불구하고 로열 플러시에 대한 기대가 조금씩 올라가기 시작했다.

대회가 열리는 날, 분위기는 뜨겁게 달아올랐다. 게이츠는 경주가 시작되기 직전에 한 도박사를 찾아가 로열 플러시에 대해 '작은' 내기를 걸어보겠냐고 물었다. 그런데 게이츠가 이런 말을 할 때는 앞에서 한 번 언급했던 것처럼 조심해야 했다. 상대방이 그렇게 하겠다고 동의하자 게이츠는 5만 파운드를 걸자고 제의했다. 당시 5만 파운드라면 25만 달러에 가까운 엄청난 액수였다.

그렇게 해서 그날 경주를 통해 게이츠와 드레이크가 얼마나 많은 돈을 벌어들였는지는 아무도 모른다. 그렇지만 굿우드 경주의 결과에 대해 눈에 보이는 것 이상의 어떤 비밀이 숨어 있다는 의혹은 사그라지지 않았다. 내 기억이 정확하다면 결국 조사가 이어졌고 로열 플러시도, 그리고 게이츠를 비롯한 관계자들도 영국 경마계에 더 이상 발을 못 붙이게 되었다.

어쨌든 그런 존 W. 게이츠의 기이한 성격은 제쳐두고라도 그는 오늘날까지 이어지는 미국 산업 구조의 기틀을 닦은 인물 중 하나로 여겨지고 있다. 게이츠는 미국이라는 나라에 대한 미래를 그리려는 사람들에게 영감을 준 인물이었고, 내가 알고 있기로 10억 달러 규모의 사업을 구상했던 최초의 인물이기도 했다. 역시 그 특이한 성격대로 게이츠는 어느 날 저녁 아스토리아호텔에서 당구를 치면서 이런 내용을 발표했는데 한 마디 덧붙이자면 당시는 지금처럼 큰 기대 없이도 수십억의 자금이 오가던 시절이 분명 아니었다.

게이츠의 계획이나 발상을 과대망상이라고 생각하는 사람들도 있었지만 J. P. 모건처럼 누구보다도 저 먼 곳을 바라보는 사람은 그걸 현실 가능한 목표로 생각했다. 그리하여 결국 오늘날의 U. S. 스틸이 세워졌다.

게이츠는 최초로 철조망을 생산했던 아이크 엘우드를 위해 일했던 최고의 영업사원이었고 훗날 직접 철조망 사업을 시작해 엘우드에게 압박을 넣어 자신의 회사를 넘겼다. 이런 일련의 합병 작업을 통해 아메리칸스틸앤와이어American Steel & Wire Company가 탄생했고, 이 회사는 모건에 의해 U. S. 스틸에 다시 합병되었다.

새롭게 세워진 회사의 사장으로 모건은 카네기제철Carnegie Steel Company에서 일하던 당시 37세의 찰스 M. 슈왑을 영입했다. 그로부터 몇 년 후, 일리노이주의 변호사이자 게이츠의 소개로 J. P. 모건을 만나 U. S. 스틸에 합류했던 앨버트 H. 게리Elbert H. Gary가 회사의 대표를 맡게 되었다. 모건은 게리에게서 분명 슈왑이나 게이츠와는 또 다른, 두 얼굴의 모습을 발견했던 것 같았다. 나는 앨버트 게리도 다른 사람들과 비슷한 취미나 인생의 즐거움 같은 것이 있었는지 가끔 궁금할 때가 있다.

모건이 어떤 식으로 U. S. 스틸을 시작하게 되었는지에 대해서는 많은 논란이 있었지만 내가 기억하고 있는 바에 따르면 그를 움직인 결정적인 계기는 관련 업계에 있었던 가격 전쟁의 위협이었다. 그렇지만 인수와 합병을 통한 이런 초거대 철강 회사의 시작이 실제로 누구의 설득으로 시작되었는지, 슈왑인지 게이츠인지, 아니면 전혀 다른 누군가인지는 여전히 수수께끼로 남아있으며 일반 사람들의 의견도 모두 제각각일 정도다.

여하튼 게이츠는 자신도 이사회에 들어갈 자격이 있다고 생각했었지만 모건의 방해로 둘 사이에 불화가 시작되었고, 게이츠가 세상을 떠날 때까지 두 사람 사이의 관계는 다시 회복되지 못했다. 그리고 두 사람의 여러 다툼 중 적어도 한 번 이상 중요한 역할을 했던 건 다름 아닌 바로 나 때문이었다.

13장

인생의 쓴맛을 보다

지금까지 살아온 인생을 돌이켜 볼 때 딱히 크게 불평을 토로할 일은 거의 없지만, 철도회사를 직접 소유하거나 운영할 수 없었던 것이 내 인생에 있어서 가장 아쉽다.

윈스보로에 있는 할아버지의 집 앞을 지나가는 샬롯, 컬럼비아, 그리고 어거스타 노선의 화물 열차 직원들에게 손을 흔들어 인사를 하던 시절부터 나에게는 철도에 대한 꿈과 야심이 있었다.

이 꿈의 실현에 가장 가까이 다가갔던 시기가 바로 제1차 세계대전 직후였다. 제임스 듀크나 토마스 라이언과 긴 대화를 나누면서 나는 남부에 잠재되어 있는 경제 발전을 위한 놀라운 기회와 그런 발전이 뉴욕에서 시작해 플로리다까지 뻗어 있는 대서양 해안의 철도 노선에 의해 어떻게 시작되고 성공할 수 있을지를 지적했었다.

그러자 라이언이 문득 듀크에게 이렇게 말했다. "버니를 위해 철도회사를 하나 사서 그에게 운영을 맡겨보는 게 어떨까?"

그 후 얼마 지나지 않아 아내와 나는 78번가에 있는 듀크의 집에 손님으로 초대를 받았다. 저녁 식사 후 카드놀이가 시작되었고 나는 애틀랜틱 철도Atlantic Coast Line의 헨리 월터스Henry Walters와 마주하고 앉았다. 그때 카드놀이에 끼지 않았던 듀크가 월터스에게 다가가 이렇게 말했다. "실은 여기 있는 버니를 위해 애틀랜틱 철도를 사고 싶은데, 얼마 정도면 되겠습니까?"

"뭐라고요?" 월터스가 놀란 듯 이렇게 되물었다. "주당 165달러 정도요?"

"그렇게 하지요." 듀크가 한순간도 주저하지 않고 바로 대답했다.

그렇지만 다음 날 아침 월터스는 모건을 찾아갔고 모건은 이 거래에 대한 거부권을 행사했다. 나중에 들었지만 모건은 내가 애틀랜틱 철도회사를 손에 넣으면 바로 모든 재무 관련 거래처를 쿤앤뢰브 투자은행으로 바꿀 거라고 염려했던 모양이었다. 하지만 사실 그런 일은 벌어지지 않았을 것인데, 사업을 할 때는 항상 최고 조건을 제시하는 쪽을 선택하게 되기 마련이다.

우연의 일치겠지만 모건 가문에서 철도에 대한 나의 꿈을 좌절시킨 건 그때가 처음이 아니었다. 1902년 내가 루이빌앤내슈빌 철도회사Louisville and Nashville Railroad의 경영권을 확보하려고 했을 때도 비슷한 일이 있었다. 나중에 존 게이츠도 여기에 끼어들어 모건 앞에서 허세를 부리며 이 철도회사의 경영권을 지키기 위해 750만 달러를 지불하게 만들어 유명세를 타게 되었는데, 나도 처음에는 게이츠와 비슷한 방식으로 접근했다. 당시에는 세상에 알려지지 않은 뒷이야기들이 많았지만 이번 기회를 빌어서 그런 부분들까지 세세하게 다 설명하는 것도 나쁘지 않은 일이라고 생각한다.

1901년 여름, 월가가 아직 노던퍼시픽 사태의 충격을 극복하고 있는 동안 나는 여러 가지 조사 끝에 루이빌앤내슈빌의 노선 구성이 훌륭하며 뉴욕 증권거래소 종목 중에서도 가장 잠재적 가치가 높다는 확신을 갖게 되었다. 그러고 나서 나는 내가 가지고 있는 여유 자금 대부분을 투자할 생각으로 당시 주가 100달러 선이던 주식을 매입하기 시작했다.

하지만 내 자금만으로는 경영권 확보가 쉽지 않다는 사실을 깨달았고 곧 친구들 몇 명에게 동업하자고 요청했다. 그리고 그중에서 실제로 관심을 보인 건 내가 철도와 관련해 그 경험과 기술을 높이 평가했던 에드윈 C. 홀리Edwin C. Hawley였다. 홀리는 미네아폴리스앤세인트폴Minneapolis and St. Paul과 아이오와센트럴 철도회사Iowa Central railroads의 대표이기도 했다. 또 에드워드. H. 해리먼을 위해 서던퍼시픽의 지주회사인 헌팅턴홀딩스Huntington Holdings를 매입하기도 했다.

나는 먼저 홀리에게 뉴욕 증권거래소의 거의 모든 종목과 비교했을 때 루이빌앤내슈빌의 주가가 상당히 저평가되어 있다고 설명했다. 그런 다음 내가 생각하는 회사의 가능성에 대해서도 이야기했다. 시카고앤이스턴일리노이 철도회사Chicago & Eastern Illinois의 노선과 연결해 시카고를 관통하고 다시 애틀랜틱이나 서던퍼시픽, 혹은 시보드 노선과 연결한다면 남부 지역의 거의 모든 노선과 연결될 수 있었다.

내가 홀리에게 지적했던 것처럼 루이빌앤내슈빌의 주식은 로스차일드 가문이 미국 대리인인 어거스트 벨몬트August Belmont를 통해 대부분 보유하고 있었다. 그렇지만 실질적인 대주주가 미국에 없었을뿐더러 또 경영이 제대로 이루어지지 않아 이 회사의 노선 개발은 지연될 수밖에 없었다. 따라서 경영권을 가져와 새롭게 정비하면 공격적인 경영이 가능해질 수 있었다.

홀리는 아주 자연스럽게 속마음을 표정에 드러내지 않고 감출 수 있는 내가 아는 몇 안 되는 사람 중 하나였다. 그는 마치 차가운 조각상처럼 말할 때 거의 입술을 움직이지 않았다. 나와 이야기를 나눌 때도 직접적인 대답을 전혀 하지 않아 나는 그가 내 제안에 아무런 흥미를 느끼지 못한다고 생각했다.

하지만 그 후에 제이콥 필드를 비롯한 많은 사람이 이 사업에 함께 참여하게 되었다. 노던퍼시픽 거래에 많은 돈을 벌고 주식도 1만 주가량 챙겼던 제이콥은 어느 날 내가 주가가 떨어질 때 주식을 매입하는 걸 보고 이렇게 말했다. "그래서는 안 되지. 나는 말이야, 항상 처음 샀을 때보다 주가가 올랐을 때 매입을 하고 또 그보다 더 주가가 올랐을 때 매입을 하거든."

다시 말하자면 제이콥은 자신의 투자 결정에 확신을 갖고 있었지만 그런 결정은 거의 바로 옳았다는 것이 증명되어야 했다. 그리고 일반적 관점에서 보면 제이콥의 이론은 일리가 있었다.

어쨌든 나와 동료들이 주식 매입을 시작하자 다른 투자자들도 관심을 보이며 루이빌앤내슈빌의 주가가 조금씩 올라가기 시작했다. 그리고 얼마 지나지 않아 내 말을 듣고 주식을 샀던 사람들 대부분이 주식을 처분해 수익을 얻기로 결정했다. 제이콥 필드 역시 내가 아무리 열심히 설득했지만 결국 주식을 처분하고 말았다. 그렇게 해서 나는 로스차일드 가문을 제외한 나머지 주주들 중에서 최대 주주 중 한 사람이 되었고 다시 나를 도와줄 동맹군들을 찾아 나서며 주식 매입을 계속 진행했다.

2

1902년 1월에서 2월에 걸쳐 루이빌앤내슈빌에 대한 시장 분위기가 서서히 달아오르더니 어느 날 갑자기 확 끓어오르기 시작했다.

어느 날 나는 누군가 루이빌앤내슈빌의 주식 매입을 주문하는 걸 보고 놀라면서 분위기가 급변했다는 사실을 깨달았다. 나는 곧 이 사람이 계속해서 많은 양의 주식을 매수할 거라고 판단했고 그가 매수할 때마다 옆에서 더 높은 가격을 제시했다. 이 누군가는 어디에서 온 어떤 사람이었을까? 나는 나중에서야 시카고앤이스턴일리노이 철도회사 세력이 개입하기 시작했다는 사실을 알게 되었다.

그러던 와중에 존 게이츠도 모습을 드러냈다. 처음에 그는 워싱턴의 중개인 W. B. 힙스Hibbs를 통해, 그리고 나중에는 자신의 아들이 새로 설립한 뉴욕의 해리스앤게이츠 상화를 통해 대량의 주식을 매입했다. 이런 게이츠의 개입은 루이빌앤내슈빌의 주가 상승이 단순한 투기 세력의 조작에 불과하다는 의혹을 불러일으켰다.

이런 모든 일이 벌어지고 있는 중에 에드 홀리가 3월 어느 날 오후 3시가 조금 넘었을 무렵 내 사무실에 모습을 드러냈다. 그리고 평소처럼 아무런 내색도 하지 않은 채 이렇게 말했다.

"버니, 내가 도우면 루이빌앤내슈빌의 경영권을 손에 넣을 수 있어요."

나는 그 정도의 지분을 확보하려면 자금이 적지 않게 필요하다는 사실을 지적하고 누가 함께 참여하고 있는지를 물었다. 그는 조지 크로커와 H. E. 헌팅턴, 콜리스 P. 헌팅턴 부인, 애덤스 익스프레스Adams Express Company의 사장인 L. C. 위어, 철도 사업 전문 변호사 사인 토마스 햄린 허바드를 비롯해 내 동업자이기도 한 아서 A. 하우스만 등의 이름을 열거했다. 이들과 이들이 확보한 주식은 나중에 내 주식과 함께 모두 공개되었다.

루이빌앤내슈빌의 가능성에 대한 홀리와의 대화는 내가 생각한 것보다 내게 더 깊은 인상을 남겼다. 홀리와 그의 동료들과 행동을 함께하기 전에 나는 우선 내가 루이빌앤내슈빌의 주식을 얼마나 가지고 있는지 알렸다. 그리고 그의 주식과 나의 주식에 대한 평균 가격으로 현재 나의 보유분과 앞으로 매입할 주식을 합치겠다고 제안했다. 그러자 그는 그렇게 하면 내가 원래 보유하고 있던 주식으로 얻을 수 있는 수익이 감소한다며 나에게 공정하지 않은 거래라고 말했다. 대신 경영권 확보를 위한 결정적인 시기가 올 때까지 주식을 계속 갖고 있어 달라고 부탁했다. 나는 그의 제안에 동의했다.

그날 밤 나는 거의 밤을 새워가면서 앞으로 할 일을 계획했다. 홀리와 그의 동료들의 도움으로 나는 직접 철도회사를 운영하겠다는 꿈을 실현하게 될 것만 같았다. 그와 동시에 나는 게이츠와 홀리를 비롯해 다른 여러 사람이 함께 모여 있는 상황이 "완전히 다른 방향으로 흘러갈 수 있다는 사실"도 예측할 수 있었다. 어찌 되었든 첫 번째 단계로 루이빌앤내슈빌의 주식을 최대한 많이 확보해야 했다. 그러기 위해서 나는 런던 시장을 통해 대량의 주식을 인수하는 게 최선이라는 판단을 내렸다. 날이 밝아올 무렵 나는 이미 사무실에서 런던으로 연락을 취했고 즉시 7만 달러를 내고 2만 주에 대한 권리를 사들였다.

그날 오전 홀리가 내 사무실을 찾았을 때 나는 뉴욕 증권거래소에 있었다. 나는 전화로 내가 한 일을 설명했다. 하지만 홀리는 내가 런던에서 사들인 권리의 세부 내용을 탐탁지 않았다.

나도 그 이유를 이해할 수 있었다. 내가 7만 달러를 주고 산 권리라는 건 90일 이내 시장 가격에 처음에 합의한 이자를 더해야 비로소 주식을 손에 넣을 수 있는 조건이었는데, 주식을 실제로 매입할 때 거기 들어간 비용 이상으로 주가가 올라야 손해가 없었다. 예를 들어 시장 가격이 주당 107달러라면 주가가 111달러 이상은 올라야 손해를 입지 않는다는 것.

하지만 나는 홀리에게 주가가 130달러 이상은 오를 것이라고 말했고 그 예측대로 정확하게 들어맞았다. 내가 택한 조건의 가장 큰 장점은 그 자리에서 바로 사들일 때처럼 가격이 급하게 올라가는 일 없이 조용히 많은 양의 주식을 확보할 수 있다는 점이었다.

나는 홀리에게 전체 2만 주에 대한 권리를 모두 가져가도록 권했고 계속 마음에 들지 않는 부분이 있다면 내가 1만 주, 다른 사람을 찾아 1만 주를 나눠 가져가겠다고 말했다. 홀리는 망설이던 끝에 1만 주를 가져가겠다고 말했는데, 아마도 나의 판단을 신뢰하지 않는 그런 모습을 보여주고 싶지 않았기 때문이라고 나는 생각했다. 그리고 내가 나머지 1만 주를 가져갔다.

이런 식으로 주식 매입에 박차를 가한 결과 4월 1일에 불과 수천 주에 불과했던 루이빌앤내슈빌의 주식은 4월 4일과 5일 사이 6만 주를 넘어섰고 그다음 4월 7일과 10일, 불과 나흘 동안 60만 주 이상을 확보하게 되면서 우리의 작업은 그 절정에 도달했다. 이제는 노던퍼시픽 거래 당시와 비슷하게 루이빌앤내슈빌의 주식이 다 '소진'될 우려까지 나올 상황이었다.

당시 노던퍼시픽 사태는 해리먼이 토요일에 주문했던 보통주를 제이콥 시프가 따라서 사들이지 않았던 실수로 인해 크게 확대된 것이다. 시프는 월요일이 되어서야 너무 늦었다는 사실을 깨달았다. 그리고 흥미롭게도 루이빌앤내슈빌의 지금 상황도 역시 실수나 부주의와 관련이 있었고 이번에는 로스차일드 가문을 대신해 루이빌앤내슈빌의 대주주를 맡고 있던 어거스트 벨몬트가 그 주인공이었다.

당시 루이빌앤내슈빌의 금고 안에는 마침 자사의 비상장 주식 5만 주가 들어있었다. 주식시장에서 루이빌앤내슈빌의 주가가 상승하는 것을 지켜본 벨몬트는 이 주식을 좋은 가격에 처분하고 회사에 필요한 현금을 확보할 기회라고 생각했다. 4월 7일 벨몬트는 이사회를 통해 이 5만 주를 시장에 내놓도록 승인했다. 벨몬트는 루이빌앤내슈빌의 경영권을 확보하기 위한 작업이 바로 그의 발밑에서 진행 중이라는 사실을 전혀 깨닫지 못한 것 같았다.

나는 벨몬트가 주식을 내놓는 순간 가능한 한 빨리 매입하려 했고 홀리도 동의했다. 그와 동시에 게이츠 쪽도 움직이기 시작했다.

뉴욕 증권거래소 규정에 따르면 주식이 새로 상장되려면 30일이 지나야 했다. 다시 말해 벨몬트는 이 새 주식을 바로 인도할 수 없고 바로 인도를 하기 위해 다른 곳에서 루이빌앤내슈빌의 주식을 빌릴 수 없다면 이 주식 거래는 사실상 '공매도' 상황이 된다.

게이츠는 처음에 벨몬트 측을 압박하고 싶어했지만 나는 달랐다.

홀리와 나는 매일 오후에 서로 만나 다음날 택할 전략에 대해 의논했다. 나는 우리가 벨몬트를 궁지에 몰아넣는다면 주식을 구하기가 힘들어질 것이고 그렇다면 나로서는 11개월 전 벌어졌던 노던퍼시픽 사태가 반복되는 현장의 당사자가 되는 데 동의할 수 없다고 홀리에게 말했다. 그렇게 해서 홀리와 나는 벨몬트에게 적절한 수수료를 붙여 주식을 필요한 만큼 빌려주기로 동의했다. 게이츠는 나중에 어떤 의도를 가지고 행동했던 것은 전혀 아니었다고 발표했다.

지금까지 게이츠 측과 우리는 서로 반대편에서 대립하는 상황이었다. 우리는 게이츠가 적절한 가격으로 필요한 주식을 확보하는 데 방해가 되고 있다고 느꼈지만 이쯤 되고 보니 게이츠 측과 함께 서로 어떤 합의에 도달해야 한다는 사실이 분명해졌다.

3

홀리와 내가 아스토리아호텔의 맨스카페에 앉아 있는데 문득 옆 탁자 앞에 앉아 있는 게이츠가 눈에 들어왔다. 나는 홀리에게 게이츠에게 가서 그가 어느 정도 지분을 확보했는지 한번 알아보자고 제안했다. 홀리와 게이츠는 서로 대화를 나누다가 양측이 모두 경영권을 쥘 수 있을 정도의 지분을 거의 확보해 가는 상황이라는 걸 알게 되었다. 그리고 바로 그 자리에서 게이츠와 우리가 함께 공동 경영자가 되지만 회사의 실제 경영은 우리가 맡기로 합의했다. 정확히 내가 바라던 대로 된 것이다.

다음 날 아침 우리는 중개인인 '코니Corney' 프로보스트Provost에게 마지막으로 필요한 주식 4만 주를 매입해달라고 요청했다. 그러는 사이, 루이빌앤내슈빌을 둘러싼 이런 상황이 남부 지역에 철도 노선을 확보하고 있던 J. P. 모건 측에서 점점 신경이 쓰였던 모양이었다. 당시 모건은 프랑스에 있었지만 대신 동업자인 조지 W. 퍼킨스George W. Perkins가 게이츠에게 접근해 자신들이 뭘 해주면 루이빌앤내슈빌을 포기하겠느냐고 물어왔다.

이런저런 협상을 계속해서 진행 중이던 어느 날 이른 아침, 모건을 대신하고 있는 퍼킨스가 제임스 R. 킨을 지난 밤 찾아가 상담을 했다고 탈봇 테일러가 내게 전해 주었다. 킨은 돈이 많이 들더라도 달라는 대로 우리에게 주라고 퍼킨스에게 조언했다고 한다. 이 소식을 전해 들은 나는 즉시 홀리에게로 달려갔다. 13층에 있는 그의 사무실까지 올라가는 동안 승강기가 왜 이렇게 느린지 답답해 했던 것이 지금도 기억난다.

사무실에 들어가니 홀리가 모건 측을 찾아가기 위해 외투와 모자를 챙기고 있었다. 가서 게이츠와 함께 퍼킨스를 만날 계획이었다. 나는 우리 지분을 넘기는 게 내가 바라는 바가 아니라고 강조했지만 홀리를 비롯한 다른 동업자들은 내 생각과는 다르게 좋은 조건일 때 주식을 다시 팔고 싶어 했다.

모건 측을 찾아갔던 홀리는 아주 기분 좋게 돌아왔다. 가보니 이미 게이츠가 앞장서서 모든 협상을 진행 중이었고 홀리는 그저 거기에 동의만 하면 되었다는 것이다. 모건은 우선 우리 지분의 3분의 1을 주당 130달러에 가져가기로 했으며 나머지에 대해서는 6개월 안에 150달러에 가져가는 조건을 걸었다. 그렇게 해서 철도회사를 갖고 싶었던 나의 꿈은 사라지고 말았다.

내가 이번 거래가 마음에 들지 않는다고 말을 하니 홀리는 깜짝 놀라는 눈치였다. 주식의 3분의 1을 주당 130달러에 넘기는 건 사실 굉장히 좋은 조건이었다. 왜냐하면 매입 가격이 110달러가 채 되지 않았기 때문이었다. 그렇지만 만일 경제 상황이 안 좋아지고 모건이 자신의 권리를 행사하지 않기로 결정한다면 어떻게 될까? 그러면 나머지 주식은 빨리 처분해야 하는 아주 심각한 골칫거리가 될 수도 있었다. 하지만 홀리는 나의 이런 우려를 콧방귀를 끼며 일축했다.

"거래 내용이 마음이 들지 않는다면 자기 지분을 가져가 지금 시장에 내놓을 수도 있어." 홀리가 이렇게 말했다.

"그거 지금 진심으로 하는 소리인가?" 나는 놀라서 이렇게 되물었다.

"물론 진심이지." 홀리가 대꾸했다. "만일 우리 거래가 마음에 들지 않는다는 생각이 들고 또 어쨌든 먼저 상의하지 않는 건 사실이니까 하고 싶은 대로 하라는 것일세. 다만 아직 우리 사이에 신뢰가 남아있다는 표시로 1만 주 정도만 남겨두었으면 해. 게이츠를 비롯한 다른 사람들이 왜 우리랑 끝까지 함께 가지 않으려 하는지 자꾸 궁금해하는 것도 썩 보기 좋은 일도 아니고 말이지."

나는 그렇게 하기로 동의했다. 나는 일단 1만 주를 제외한 나머지 내 모든 지분을 정리했다. 그리고 약속대로 모건이 3분의 1을 인수해 가자 내게 남은 건 6,666주뿐이었다.

나의 고향이기도 한 이 남부 지역에서 이런 훌륭한 철도회사를 직접 경영할 기회를 잃은 건 내게는 무척 실망스러운 일이었지만 대신 내 재정 상태는 아주 넉넉해졌다. 다만 내가 일하고 있는 A. A. 하우스만상회는 아서 하우스만의 개인 지분도 있었고 또 홀리를 대신해서 막대한 양의 주식을 관리하고 있었기 때문에 여전히 이 사업과 연관이 되어 있었다.

나는 하우스만에게 만일 모건이 나머지 주식을 전부 인수하지 않기로 결정을 내린다면 그와 다른 사람들이 얼마나 위태로운 지경에 놓이게 될지를 설명하려고 했지만, 낙관주의자인 하우스만은 모건과 맺은 계약의 위험성에 대해서 내 의견에 동의하지 않았다.

얼마 지나지 않아 내가 루이빌앤내슈빌의 거의 모든 지분을 정리했다는 사실을 게이츠의 아들 찰리가 알게 되었다. 나는 그에게 왜 그렇게 했는지에 대한 이유를 말해주지 않았다. 나의 입장을 제대로 설명해준 건 홀리와 하우스만 두 사람뿐이었는데, 나는 두 사람에게만큼은 꼭 그렇게 해야 한다고 생각했다.

그렇지만 결국 게이츠도 사정을 알게 되었고, 딱히 그렇게 마음이 편하지만은 않았을 거라고 나는 지금도 그렇게 생각하고 있다. 모건이 내건 6개월의 기간이 끝나가는 5월 말이 다가오자 모건 측에서는 시카고, 인디애나폴리스앤루이빌 철도회사, 즉 모논루트Monon Route를 사들여 다른 남부 지역 철도 노선들과 함께 루이빌앤내슈빌과 합병을 하겠다고 발표했다.

이런 상황을 보고 나는 모건 측에 서한을 보내자고 홀리에게 제안했다. 우리와 상의 없이 루이빌앤내슈빌의 이름을 걸고 모논루트를 사들이겠다고 발표한 이상, 우리도 모건이 아직 3분의 2가 남아있는 우리 주식을 당연히 인수하는 것으로 알고 그렇게 조치를 취하겠다는 내용이었다.

이 서한을 보낸 후 나는 루이빌앤내슈빌 거래에 뛰어든 이후 처음으로 잠을 푹 잘 수 있었다. 아마 우리 쪽 사람들 모두 아주 만족해했을 것이다. 모논루트 관련 발표를 계기로 모건 측에서는 바로 남은 주식을 모두 인수하기로 했다.

모건이 유럽에서 돌아온 건 1902년 8월 하순이었다. 그는 홀리에게 사람을 보냈고 홀리는 찰리 게이츠와 함께 모건을 찾아갔다. 나는 먼저 그들과 상황에 관해 이야기를 나누었다. 전반적인 재정 상황이 점점 안 좋아지고 있었다.

"만일 모건이 주식 인수와 관련해 다른 말을 꺼낸다면 확실하게 거절해야 한다. 이미 모논루트 관련 발표가 있었기 때문에 우리는 절대 뒤로 물러서서는 안 된다." 나는 이렇게 다짐했다.

당연한 일이었지만 모건은 나머지 지분 인수에 대해 6개월 연장을 요청했고 모건 측과 우리 측 사이에는 여러 차례 회의가 계속되었다. 모건은 게이츠에게 우리가 좀 더 기다린다면 보유하고 있는 주식 지분에 대해 더 큰 이익을 얻을 수 있을 거라고 말했다. 만일 시어도

어 루스벨트 대통령의 저 유명한 반독점법 제정과 관련해 법원이 대통령이 아닌 노던철도신탁회사Northern Securities Company 쪽 입장을 지지해준다면 장차 남부 지역 철도회사 주식의 가치를 더 높여 줄 서던철도신탁회사Southern Securities Company를 새롭게 설립할 수도 있다는 것이 모건의 설명이었다.

홀리라면 그런 모건의 제안에 동의해 지분 처리를 연기했을 거라고 생각하지만, 게이츠는 그러지 않았다. 모건 측이 모두 가져가기로 한 주식은 30만 6,000주였고, 먼저 가져간 3분의 1을 제외한 나머지 20만 4,000주에 대해 모건은 결국 주당 150달러를 지급했다. 그리고 그로부터 6개월이 지나기 전에 금융 위기가 미국을 뒤덮었다. 그런 와중에 갈 곳을 찾지 못한 루이빌앤내슈빌의 주식까지 시장에 쏟아졌다면 어떤 일이 벌어졌을지는 아무도 알 수 없을 것이다.

내게 남아있던 주식은 고작 6,666주에 불과했기 때문에 마지막 정리 작업 후 나에게 돌아온 수익은 상대적으로 많지 않았다. 하지만 전체 거래를 통해 나는 약 100만 달러에 달하는 돈을 벌어들였다. 개인적으로 볼 때 이 정도로 돈을 벌었던 단일 거래는 다시는 없었던 것 같다. 나는 누구보다도 먼저 한발 앞서 루이빌앤내슈빌의 주식 매수를 시작했기 때문에 주당 평균 15달러 이상 싸게 주식을 확보할 수 있었다.

당시 크게 알려졌고 또 그 이후에도 자주 회자되었던 것처럼 게이츠와 동료들은 750만 달러에 달하는 수익을 올렸다. 또한 이 거래는 전형적인 게이츠 방식의 승리라는 지적도 받았는데, 철도회사와 노선을 장악하겠다며 과장을 섞어 모건을 위협하고, 결국 업계를 계속 독점하기 위해 자신에게서 지분을 사도록 만드는 방법의 또 한 가지 사례라는 것이었다. 게이츠는 사람들로 하여금 자신이 진심으로 모건을 공격하려 한다고 생각하게 만들었고 모건 역시 거기에 넘어 갔다. 실제로 그런 분위기를 더욱 부채질한 것은 다름 아닌 모건의 주변 사람들이었다.

게이츠의 주도로 모건을 당황하게 만들고 그 과정에서 수익을 올리기 위해 이 거래가 시작되었다는 건 사실과는 다르다. 루이빌앤내 슈빌 거래와 관련해서는 내가 주도적인 입장이었고 게이츠는 상황이 거의 무르익었을 때쯤 등장했다. 무엇보다 내 가장 중요한 목표는 실제로 철도회사와 거기에 속한 노선을 소유하거나 직접 운영하는 것이었다.

하지만 그런 희망이 사라지고 내가 예상하지 못했던 방향으로 상황이 전개되자 나는 나를 포함한 동료들이 손해를 보지 않도록 목표를 바꿀 수밖에 없었다. 모건이 인수한 전체 주식 30만 6,000주 중에서 나와 함께한 동료들이 3분의 1을, 그리고 게이츠 측이 나머지를 보유하고 있었다.

루이빌앤내슈빌 거래가 완전히 마무리될 때쯤 나는 부자가 되어 있었다. 또한 금융계의 몇몇 신중한 사람들이 보기에도 주목할 만한 인물이 되어 있었는데, 특히 앤서니 N. 브래디가 센트럴 신탁 회사 Central Trust Company의 집행 위원회 위원이 되어달라는 제안을 받았을 때는 꽤 기분이 좋았다. 그 제안을 받아들인다는 건 결국 프레드릭 P. 올콧Frederic P. Olcott이나 아드리안 이셀린 2세Adrian Iselin, Jr., 제임스 스페이어James Speyer, C. N. 블리스Bliss, 어거스터스 P. 줄리어드Augustus P. Juilliard를 비롯해 제임스 N. 월레스James N. Wallace 같은 쟁쟁한 은행가들과 인연을 맺게 된다는 걸 의미했다. 나처럼 지금까지 특별한 연줄이 없이 월가에서 일해온 사람에게는 상당히 매혹적이면서도 또 아주 이례적이라고 할 수 있을 정도의 제안이었다.

얼마 뒤에는 피닉스 생명보험사Phoenix Life Insurance Company의 이사직 제의도 들어왔지만 나는 둘 다 거절했다. 브래디에게 설명했던 것처럼 나는 주식시장에 남아 투자나 투기를 계속하고 싶었다. 따라서 은행이나 보험 회사의 이사가 되어 그런 일을 병행한다는 건 곤란하다는 게 내 생각이었다.

한 가지 내가 브래디 씨에게 솔직하게 말하지 않는 것이 있었다. 그 무렵 나는 월가에 진심으로 계속 남아있고 싶은지 스스로 강한 의심을 품기 시작했다.

14장

/

내 인생의 전환점

1

아버지를 만나 100만 달러를 벌었다고 말했던 날을 나는 결코 잊지 못할 것이다. 아버지의 온화한 얼굴에는 의아한 표정이 떠올랐다. 마치 100만 달러라는 의미가 정확하게 와닿지 않는 것 같은 표정이었다. 내 계산이 정확했는지 아버지가 믿지 않을 수도 있겠다는 생각이 들자 나는 아버지에게 내가 실제로 보유하고 있는 유가 증권들을 보여드리겠다고 말했다.

"아니, 괜찮다." 아버지가 말했다. "그냥 그렇게 들었으면 충분하다." 그러고는 아버지는 곧 다른 이야기를 시작했다.

아마도 아버지에게서 다른 특별한 반응을 기대하지 말았어야 했다. 아버지는 도덕적 가치나 지역 사회에서의 유용성에 비해 언제나 돈을 버는 일을 덜 중요하게 생각했다. 사우스캐롤라이나 시절에 아버지가 자신의 시범 '농장'에 너무 많은 정성을 들인다고 어머니가 불평했을 때도 아버지의 태도는 지금과 다르지 않았다. 내가 이리 호수에 고가 철도를 세우겠다며 아버지의 저축까지 투자해 큰 손해를 보았을 때도 아들에 대한 믿음을 보여주는 것이 더 중요하다고 생각했던 아버지는 다시 다른 사업을 해보라고 또 돈을 마련해주셨다.

그럼에도 불구하고 아버지의 이런 반응은 그동안 나를 여러 차례 괴롭혔던 기억과 함께 나를 다시 한번 되돌아보게 했다. 사람이 번 돈을 가치 있게 사용하지 않는다면 100만 달러가 주머니에 들어있다 한들 그게 다 무슨 소용이겠는가?

나는 세상에서 돈으로 살 수 있는 것들도 많지만 그만큼 또 돈만 있다고 해결할 수 없는 문제들도 많다는 사실을 깨달았다. 의사로서 의학과 위생 문제를 고민하며 많은 사람을 도우며 살아온 아버지의 일생과 그저 돈만 버는데 급급했던 내 삶은 많은 차이가 난다는 사실을 알게 되었다.

그러다 보니 심지어 처음 생각대로 계속 의학을 공부했더라면 어땠을까 하는 생각까지 하게 되었을뿐더러 당시 의사인 동생 허먼이 부럽다는 생각도 들었다.

나는 적어도 아버지가 일을 처리하는 그런 방식으로 나 자신의 가치를 확인해보기로 했다. 그 당시 아버지의 노력으로 최초의 공중 목욕탕이 뉴욕의 리빙턴 거리에 세워지고 있었으며 수치료에 대한 아버지의 책 두 권이 각각 독일어와 프랑스어로 번역되었다. 그렇지만 아버지는 여전히 일반 개업의의 고된 생활도 계속하고 있었고, 언제든 직접 마차를 몰고 나가 환자를 찾아다니고 볼일을 보느라 누구에게도 방해받지 않고 밤에는 쉴 수 있는 그런 생활을 거의 누리지 못했다. 어머니나 친구들과 모처럼 함께 식사할 때도 의사인 아버지를 찾는 연락은 끊이지 않고 심지어 극장 같은 곳에 갈 때도 매표소에 자신이 이곳에 와있다는 사실을 알려주고 들어가야만 했다.

그렇다고 해서 나는 아버지가 불평이나 불만을 토로하는 걸 들어본 적은 없다. 하지만 이런 생활 때문에 아버지가 점점 지쳐가고 있었던 건 분명한 사실이었다. 1900년 7월 아버지가 60세가 되자 나는 아버지에게 의사 생활은 그만두고 의학을 연구하는 일에 더 많은 시간을 쓸 수 있도록 내 도움을 받으시라고 권했다. 예상치 못한 자유를 얻을 수 있다는 이런 제안은 아버지의 마음을 움직였고 또 다른 누구도 아닌 아들에게 그런 도움을 받을 수 있다는 사실에 아버지는 무척 기뻐하셨다. 그때까지만 해도 아버지는 내가 부자라는 사실에는 거의 관심이 없었다.

물론 아버지가 처음부터 선뜻 내 제안과 도움을 완전히 받아들인 것은 아니다. 우선 당장 내버려 둘 수 없는 장기 환자가 몇 명 있었고 아버지는 그들을 다른 의사에게 맡길 수는 없다고 생각했다. 그동안 아버지는 밤낮을 가리지 않고 필요할 때면 언제든 그 환자들에게 달려가곤 했다.

어쨌든 나는 나의 도움으로 아버지가 시간적 여유를 얻게 되면서 수치료에 대한 연구를 크게 발전시킬 수 있었다고 생각한다. 1906년이 되자 아버지는 수치료 분야에서 미국 최고의 권위자로 인정을 받게 되었으며 1907년부터 1913년까지는 컬럼비아대학교 의과대학 수치료학과 학장을 역임하기도 했다.

그 당시만 해도 많은 의사가 수치료의 효과를 믿지 않았고 무시하는 경향이 있었다. 나는 수치료를 포함한 물리 치료 분야의 연구 발전을 위해 많은 대학과 의료 기관에 상당한 액수를 기부하면서도 1940년대 후반이 되어서야 아버지가 극복해야 했던 많은 어려움에 대해 겨우 알아차릴 수 있었다. 나는 또한 전 세계 다른 비슷한 연구소나 치료소들의 모범이 된 벨뷰 병원 물리 치료 및 재활 연구소 설립을 돕기도 했다.

이렇게 의학 발전을 뒤에서 도우면서 물리 치료의 효과를 인정받기 전에 우선 미국의학협회American Medical Association의 인정을 먼저 받아야 한다는 사실을 깨닫게 되었다. 1957년 봄 나는 미국의학협회가 재활 의학 발전에 대한 공로로 헨리 비스카디 2세Henry Viscardi, Jr.에게 표창장을 수여한다는 소식을 듣고 특히 더 기쁜 마음이 들었다. 비스카디는 태어날 때부터 다리가 없었고 그런 자신의 경험을 바탕으로 많은 장애인이 정상적인 직업을 가질 수 있도록 그들의 재활을 도왔다. 아버지가 시작한 일들은 오랜 시간이 흘렀지만, 마침내 결실을 맺었고 수치료를 포함한 물리 치료와 재활의학은 의학의 정식 분야로 인정을 받았다.

다시 1900년 여름으로 돌아가서, 나는 아버지가 지역 사회를 위해 좀 더 많은 일을 할 수 있도록 도우면서 나 역시 큰 만족감을 얻었다. 그렇지만 다른 사람들의 일을 옆에서 돕는다고 해서 실제로 자기 자신의 공허감이 채워지는 것은 아니다. 사람이란 스스로의 행위에 의해서만 온전해질 수 있다. 나는 여전히 그저 일하고 돈을 버는 나의 생활에 불만을 느꼈다. 나는 또한 올바른 일에 재정적으로 도움을 주는 것도 좋은 일이지만, 어떤 일을 위해 직접 나서서 노력하는 것만큼의 보람을 느낄 수 없다는 사실을 깨달았다.

2

그럼에도 불구하고 나는 1년 남짓한 시간이 지난 후 아스토리아 호텔에서 열린 어느 만찬회에서 다시 이 생각을 하게 되기 전까지는 이런 불만족스러운 마음속 갈등과 관련해 아무런 조치도 취하지 않았다. 그날의 만찬회는 다이아몬드성냥 제조회사_{Diamond Match Company}의 하이 바버_{Hi Barber} 사장이 마련한 자리였다.

식사를 마치고 나니 사람들은 카드놀이 중에서 바카라_{baccarat}를 시작했다. 굿우드 경마 대회에서 게이츠와 함께 로열 플러시를 출전시켰던 존 드레이크와 부동산 사업가인 로열 스미스가 한 편이 되고 나머지 사람들도 자리를 잡고 앉아 돈을 걸었다. 걸 수 있는 판돈은 1,000달러부터였다.

게이츠가 내 맞은편에 있었다. 몇 차례에 걸쳐 2,000달러, 3,000달러, 그리고 5,000달러의 판돈이 오고간 후 그는 우리를 보고 배짱이 없다고 말하더니 판돈을 올리기 시작했다. 해리 블랙_{Harry Black}과 후디 허드슨_{Huddie Hudson}도 따라서 판돈을 2만 5,000달러까지 올렸지만, 그 후 허드슨이 더 이상 돈을 걸지 않았다. 게이츠가 본격적으로 나서려는 것을 보고 나는 한 번에 5,000달러 이상은 걸지 않기로 했다. 내 나름대로의 대책은 다른 두 손님, 즉 휴 월레스_{Hugh Wallace}와 월리스 맥

코믹Willis McCormick이 하는 대로 그대로 따라 하는 것이었다.

하지만 로열 스미스는 이런 상황이 짜증이 났던 모양이었다. "겁쟁이들을 상대하려니 몹시 번거롭군." 그가 말했다. "다른 사람을 따라 하지 말고 자기 생각대로 해야지."

그러자 한 판에 5만 달러에서 7만 5,000달러까지 계속 판돈이 올라가기 시작했다. 평범했던 카드놀이가 이렇듯 무모해 보이는 도박판으로 바뀌는 건 무엇 때문일까? 이미 큰돈을 잃은 사람을 더 절망스럽게 몰아가는 건 한 가지 이유밖에 없다.

그리고 늘 그렇듯, 잠깐 자신에게 행운이 깃들었다고 생각하는 사람은 판이 커질수록 자신이 얼마나 더 많이 이길 수 있을지만 생각하게 된다. 그런데 사실 당시 우리 중 크게 이긴 사람도 또 크게 진 사람도 없었고 그날 저녁 내내 누군가 이기든 지든 상관없는 그런 기묘한 상황은 계속 이어졌다. 모두 엎치락뒤치락하면서 계속 본전에서 오락가락했다.

아마도 게이츠를 짜증 나게 만든 건 바로 그런 답답한 상황이 아니었을까. 어쨌든 게이츠는 무려 10만 달러를 걸었고 다른 사람들도 거기에 맞춰 돈을 걸기 시작했다. 하지만 나는 계속해서 처음 정한 대로 한 번에 5,000달러 이상은 걸지 않았다.

나는 그때까지 한 판에 한 사람이 10만 달러를 거는 걸 본 적이 없었다. 잠시 이게 실제상황인지 가늠이 되지 않을 정도였다. 그렇지만 드레이크와 스미스의 표정을 보니 과연 이건 장난이 아니었다.

게이츠는 거기에서 만족하지 않고 다시 20만 달러를 걸었다. 이제 게이츠의 상대편이라고 할 수 있는 드레이크와 스미스를 빼고는 아무도 거기에 맞춰 돈을 걸지 않았다. 20만 달러의 판돈 앞에서 다른 사람들은 모두 다 겁쟁이가 되어버린 것이다. 게이츠는 비슷한 규모로 몇 차례 더 승부를 걸었지만 역시 승부가 제대로 나지 않았다.

게이츠가 잠시 뭔가 생각을 하는 듯하다가 뭉툭한 손가락으로 카드를 만지작거리더니 드디어 다시 돈을 걸었다. 모두 합쳐 100만 달러를 한 번에 건 것이다!

"한 번 더 해볼까?" 게이츠가 기대된다는 표정으로 드레이크와 스미스의 얼굴을 올려다보았다. 평소에 그는 조금 흥분하면 거칠게 숨을 몰아쉬거나 혹은 부자연스러운 목소리를 내곤 했는데 지금은 그런 모습이 전혀 느껴지지 않았다.

잠시 뒤로 물러난 나머지 다른 사람들은 그저 드레이크와 스미스만 바라보았다. 스미스가 뭔가 투덜거렸다. 그는 자기한테는 부담이 너무 크다고 말했다. "물러서지 마." 그러자 드레이크가 옆에서 이렇게 거들고 나섰다. "가지고 있는 돈 다 나올 때까지 한번 해보자고."

약간의 실랑이 끝에 스미스도 게이츠의 승부를 받아들였다. 드레이크가 카드를 받았다. 표정은 창백했지만 그의 손놀림에는 흔들림이 없었다. 그의 뒤에는 유령처럼 얼굴이 하얗게 질린 스미스가 이마에 땀을 뚝뚝 흘리며 서 있었다.

나도 카드를 받았지만 슬쩍 펼쳐보고는 일찌감치 그 판을 포기했다. 일단 50만 달러를 지킨 게이츠는 다시 드레이크와 스미스를 상대했는데 서로 카드를 펼쳤지만 공교롭게도 승부가 나지 않았다.

내가 아는 사람 중에 가장 신경이 예민한 사람인 드레이크조차 이번에는 만족한 것 같았지만 게이츠는 달랐다. 그는 오직 이기기 위해 승부를 거는 그런 사람이었다.

그다음부터는 분위기가 계속 가라앉았다. 드레이크와 스미스는 이제 50만 달러 이상 판돈을 걸지 않겠다고 선언했다. 50만 달러라도 나에게는 터무니없는 액수였지만 어쨌든 한동안 우리는 계속 도박했다. 나는 그저 적당히 조금 돈을 걸고 아니다 싶으면 그냥 포기하고 빠져나오는 식이었다.

그렇지만 참 묘하게도 결정적인 승부가 나지 않았다. 돈을 많이 걸면 무승부가 되는 경우가 잦았다. 결국 돈과 배짱 모두 부족한 사람이 가장 크게 손해를 볼 수밖에 없었다. 나 역시 1만 달러를 잃었고 그만 자리에서 일어섰다.

3

다음 날 아침이 되자 나는 종종 그러는 것처럼 브로드웨이 57번가에 있는 에드 홀리의 집에 들러 함께 시내로 나왔다. 그는 나에게 게이츠와 드레이크가 왜 뉴욕에 왔는지 설명해주었다. 두 사람은 제임스 R 킨, 댄 리드, 그리고 홀리 등과 함께 주식투자를 하기 위해 왔다고 했다. 나는 아무런 말도 하지 않았다.

홀리는 계속해서 자신들이 힘을 합쳐 다양한 종목의 주식을 30만 주가량 매수하려고 하며, 어떤 방식으로 할지에 관해 이야기했다. 시내까지 가는 내내 홀리는 자신들의 계획에 대해 자세하게 설명하며 나에게도 함께 하지 않겠느냐고 제안했다.

그렇지만 나는 역시 아무런 말도 하지 않았다. 당시 나는 투기만을 목적으로 사람들이 한자리에 모이는 것은 결국 불안이나 나약함의 표시라고 생각하고 있었다.

브로드 스트리트 20번지에 있는 우리 회사 사무실 앞에 도착했을 때 홀리가 다시 물었다. "그래서 같이할 생각이 있는지?"

"글쎄, 한 25퍼센트 정도?" 내가 대답했다.

홀리가 눈을 크게 치켜떴다. "혼자서 그렇게 많이 사들이게 놔두는 건 어려운데."

"에드, 지금 뭘 사겠다는 게 아니에요." 내가 말했다. "나는 가지고 있는 주식들을 정리할 때라고 생각해요."

나는 계속해서 그가 이야기하는 동안 사실은 머릿속으로는 지난 밤 아스토리아호텔에서 있었던 카드놀이에 대해서 곰곰이 생각했다고 설명했다. 나는 그 긴장감 넘치고 혼란스러운 상황에서 뭔가를 배운 것 같았다. 거액의 돈이 너무나 손쉽게 손에 들어왔을 때 과연 사람들은 어떤 반응을 보이고 어떻게 변해가는가? 그렇게 벌어들인 돈은 왠지 진짜 돈이 아닌 것 같은 생각이 들었다.

사람들이 카드놀이나 경마를 비롯해 어떤 도박이나 내기에 그렇게 막대한 돈을 내던질 때는 가치나 경제 문제에 대한 모든 감각을 상실한 것이나 마찬가지라는 게 내 생각이었다. 그리고 그런 사람들이 지배적인 위치에 있는 한, 어떤 시장도 시장 본연의 역할을 하거나 안정적일 수 없다고 나는 홀리에게 말했다. 나는 계속해서 당시 주식시장이 이미 지나치게, 그리고 너무나 많이 달아올라 있다고 덧붙였다.

근본은 성실한 투자자였던 홀리로서는 내 말을 듣고 뭔가를 느꼈을지도 모른다. 그렇지만 그 당시로서는 내게 전적으로 동의할 수는 없었을 것이다. 그가 만일 월가에서의 경력을 여기에서 끝낼 생각이 아니라면 나약한 모습을 보이지 말라는 말을 내게 남기고 자기 갈 길을 갔을 것이었다.

나는 사무실로 올라가 곧 주식을 정리하기 시작했다. 타고난 낙천주의자인 아서 하우스만은 내 의견에 동의하지 않았다. 그날 오후 아스토리아호텔에 모여 시장의 상승세를 확신하던 사람들은 내게 적지 않게 잔소리를 해댔다. 그래도 그들의 그런 잔소리 뒤에는 마치 자신들의 불안한 마음을 감추기 위해 일부러 그렇게 하는 것 같은 그런 느낌이 든다고 나는 생각했다.

나는 홀리 쪽을 돌아보며 이렇게 말했다. "다른 사람들이 하는 걸 그대로 따라 해야 안심이 된다면 그거야 말로 어리석은 짓이 아닐까."

홀리도 고개를 끄덕였다. "글쎄, 어쩌면 맞는 말인지도 모르겠군."

투자자들이 하나로 뭉쳐 대량으로 주식을 매수하니 처음에는 주가가 오르기 시작했지만 얼마 지나지 않아 그 기세는 수그러들었다.

"잠시 약세일 뿐이지." 월가의 현자(賢者)들은 이렇게 말했다. "약세가 계속되지는 않을 거야."

그런데 시장은 계속 하락세를 보였고 특히 주가가 크게 떨어진 후에 아스토리아호텔에 가보면 몇몇 거래인이나 중개인들이 스스로를 달래는 소리가 들려오곤 했다. 본인 역시 시장이 하락세라고 판단을 하고 있는 제이콥 필드가 마치 나를 대신하듯 뭐라고 이야기하고 있었다. 나는 현재 일어나고 있는 상황에 대해서는 절대 아무런 말도, 또 논쟁도 하지 않았고 대신 결과가 모든 걸 증명할 때까지 가만히 있으려 노력했다. 그리고 얼마 지나지 않아 제임스 R. 킨이 등장했다.

"신사 여러분은 저 유명한 A. A. 하우스만 상화에 대해 어떻게 생각하시나요?" 그의 목소리가 높게 울려 퍼졌다.

"하우스만상회에는 으르렁대는 황소도 있지만 머뭇거리는 곰도 있는 것 같은데!"

자신들의 손실을 곰들, 그러니까 현재 시장 상황을 약세장으로 판단하고 잠시 숨을 고르는 사람들의 탓으로 돌리면 상처받은 자존심을 회복할 수 있을까? 그렇지만 시장이 흔들리고 있는 건 내가 주식을 정리해서가 아니라 당시 어떤 합당한 경제적 이유가 없음에도 불구하고 주가가 지나치게 많이 올랐기 때문이었다. 어찌 되었든 시장을 회의적으로 보는 세력의 견제와 개입은 그대로 내버려 두었다면 정말 심각한 상황이 닥쳐왔을 때 더 큰 재앙을 불러올 수도 있는 그런 사태를 미연에 방지함으로써 무분별하게 덤벼드는 투기 세력과 일반 투자자들을 더 큰 손실로부터 구해냈다.

경험 많고 노련한 투자자들조차 자신들이 힘을 합쳐 어떤 작업에 들어간들 시장에 미치는 영향은 제한적이고 일시적일 수밖에 없다는 사실을 깨닫기란 대단히 어렵다. 결국 진짜 결정적인 요소는 언제나 경제적 실체, 즉 실제 가치다. 그렇게 생각하면 시장의 강세를 확신하는 세력이 터무니없이 비싸고 건전하지 않은 수준까지 주가를 끌어올리면 그때 시장의 약세를 기다리던 세력이 돈을 벌 수 있는 것이다.

낙관주의는 우리가 물려받은 미국이라는 나라의 정체성이나 유산의 일부나 마찬가지기 때문에 주식시장에서도 언제나 시장의 강세를 믿는 쪽이 더 인기 있었다. 그렇지만 신중함이 결여된 지나친 낙관주의는 역시 비관주의보다 더 큰 피해를 불러올 수 있다.

자유 시장의 이로움을 누리려면 사는 사람과 파는 사람, 그리고 낙관론자와 비관론자 모두 함께해야 한다. 비관론자라고 해서 배척당하는 시장은 언론의 자유가 없는 국가와 마찬가지다. 언제나 재앙을 불러올 뿐인 잘못된 낙관주의, 비판하고 제지할 사람 모두 다 사라지는 것이다.

4

이 무렵 나는 증권 중개인으로서 다른 사람들의 투기성 짙은 투자를 돕는 일에 점점 싫증이 나고 있었다. 내가 앤서니 N. 브래디에게 결국 센트럴트러스트에서 일하지 않겠다고 했던 것처럼 나는 투기나 투자 분야에서 일하는 사람이 어떤 기업의 경영진이 될 수 있다고는 생각하지 않았다. 그런 일을 하는 사람들은 그저 자신만의 길을 오롯이 혼자서 가야만 한다고 생각했고 여러 경험을 통해 이러한 믿음은 더욱 단단해졌다.

아주 간단한 사실 하나를 말해보자. 시장에는 '확실한 것'이 존재하지 않는다. 그리고 나는 혹시나 나의 판단을 따라올지 모를 다른 사람들에 대해 책임을 지고 싶지 않았다. 최고의 투기자라도 자신이 하는 일에서 일정한 비율로 실수가 발생할 때를 대비해야만 한다. 만일 뭔가 잘못되었다 싶으면 즉시 자리를 박차고 일어나 조용하면서도 요령 있게, 그리고 재빨리 한 걸음 뒤로 물러날 수 있어야 하는 것이다.

그런데 만일 자신을 따르는 사람들 전부와 함께 잘못된 길로 들어서는 실수를 저질렀다면 그렇게 쉽게 방향을 바꿀 수는 없을 것이다. 뭔가 책임을 지려 한다면 다른 사람들에게도 똑같은 탈출의 기회를 마련해주어야 하는 것이 일반적인 상식이다. 나 역시 몇 번인가 이와 같은 비슷한 곤경에 처했을 때 내가 먼저 나서서 모두를 지키려 하거나 내 다음 행동을 즉시 다른 사람들에게 알려왔다. 그렇다 하더라도 역시 사람들 앞에 선다는 건 무거운 책임인 것은 틀림없다.

앞에서 내가 말한 그 자신만의 길을 오롯이 혼자서 가야만 하는 것에 대해 나는 아직 완벽하게 실감하지는 못했지만 내가 직접 투기나 투자를 하면서 또 동시에 다른 사람들을 대신해 비슷한 일을 한다는 게 뭔가 옳지 않다는 생각이 들기 시작했다.

그렇지만 중개인 일을 완전히 그만두려면 A. A. 하우스만상회를 퇴직해야 했는데 그것 역시 선뜻하기 어려운 일이었다. 게다가 그렇게 회사를 그만둔 뒤에는 뭘 어떻게 해야 할까? 그건 그리 대답하기 쉬운 문제는 아니었다.

이제 서른두 살이 된 나는 그동안 살아오면서 필요하다고, 혹은 원한다고 생각했던 만큼의 돈을 손에 쥐고 있었다. 사실 나는 내 나이만큼 매년 10만 달러 이상을 벌어서 모은 것이나 다름없었고 그것도 모두 현금으로 보유하고 있었다. 다시 말해 나는 지난 5년 동안 300만 달러가 넘는 돈을 모았다.

우리 집안에서, 특히나 독립 전쟁 이후 경제적으로 이만큼 부를 쌓아 올린 사람은 아무도 없었다. 울프 외할아버지조차 그 말년은 쓸쓸하기 그지없었다. 그래도 외가도 친가도 대부분 어느 정도 남에게 도움을 줄 수 있는 삶을 살았는데, 나도 이제 그만 월가를 떠나 법률이라도 다시 공부해서 가난하거나 어려운 사람들을 돕는 변호사라도 되어야 하는 게 아닌가 하는 생각이 들곤 했다.

이런저런 생각으로 마음이 복잡했던 1902년 여름, 나는 우선 유럽에 가기로 결정하고 나서 곰곰이 생각에 잠겼다.

　시장이 전반적으로 과열되어 있다는 생각이 든 나는 내가 보유하고 있던 대부분의 유가증권을 처분했다. 그러고 나서 유럽으로 떠나기 직전에 자산을 재구성하기 위해 그렇게 마련한 현금을 들고 내셔널시티은행에 가서 맡기려 했다. 특별히 누구의 소개도 없이 은행을 찾아간 나는 제임스 스틸먼 은행장을 찾았다. 그 당시 은행에는 중간 관리직이 지금만큼 많지 않아서, 결국 나를 상대하게 된 건 현금 출납담당인 호레이스 M. 킬본Horace M. Kilborn이었다.

　그가 내게 무슨 일로 왔는지를 물었고 나는 계좌를 개설하고 싶다고 대답했다. 그는 다시 내 이름이며 신상에 대해 물었는데, 아멜가메이티드 금속회사를 비롯해 스틸먼 은행장이 관심을 갖고 있던 다른 투자처들과의 거래 때문에 내 이름 정도는 익히 알려져 있을 거라고 생각했던 나는 자존심에 크게 한 방을 얻어맞은 기분이었다.

　나는 조금 머쓱한 기분으로 허먼 실켄과 아는 사이라고 말을 했고 그러자 킬본의 태도가 조금 달라졌다. 킬본은 다시 계좌를 열면 어느 정도 돈을 예금할지를 물었고 나는 100만 달러쯤 될 거라고 대답했다. 이번에는 어떤 유명인들이라도 나를 부러워하게 될 만큼 그의 태도가 확연하게 달려졌다.

　아내와 아버지, 그리고 헨리 C. 데이비스Henry C. Davis도 내 유럽 여행에 동행했다. 데이비스는 아서 하우스만이 미국 정세를 정확히 꿰뚫어 볼 수 있는 사람이 회사에 필요하다고 생각되어 영입한 인재로 내가 그동안 만난 사람 중에 데이비스보다 세상 돌아가는 사정을 더 많이 알고 있는 사람은 드물었다. 데이비스는 A. A. 하우스만상회에서 직원 교육을 맡아 큰 성과를 거두었다. 나는 이번 유럽 여행을 통해 그동안의 도움에 보답하고자 했지만 별로 도움이 되지 못했다.

데이비스는 영국의 런던까지만 함께 갔고 유럽 대륙으로 넘어가려 하지 않았다. 영어를 쓸 수 없는 곳은 별로 관심이 없다는 게 그의 말이었다. 애초에 그는 유럽을 좋아하지도 않았을뿐더러 잘 알지도 못했고 또 딱히 알고 싶지도 않았다.

데이비스는 노던퍼시픽 철도가 건설될 때 참여했고 주식시장에 대해서는 아는 것도 없고 관심도 없었다. 다만 주가의 등락 여부가 궁금할 때는 우리를 사무실 밖 넓은 들판으로 끌고 나갔다. 그리고 그곳에서 다 같이 답을 찾아보자고 했다. 나는 그런 데이비스와 함께 잘 익은 곡식이 넘실거리던 밭을 지나갔던 때를 기억하고 있다.

"그저 매년 땅에서 자라는 것들을 거둬들이는 것이," 그가 말했다. "그게 바로 우리 모두 다 같이 번영하는 길입니다."

아내와 아버지, 그리고 나는 유럽 대륙으로 건너가 다시 콘스탄티노플까지 이어지는 여유로운 여정을 계속했다. 그 후에 아버지는 어느새 조금씩 자신의 이름이 알려져 있던 오스트리아와 독일, 그리고 프랑스를 돌아보는 본격적인 관광을 떠났고 아내와 나는 프랑스의 파리에 머물렀다.

내 미래에 대해서는 여행을 처음 시작했을 때와는 달리 더 이상 깊게 생각하지 않았다. 나는 형편이 어려운 사람들을 돕는 그런 일을 하겠다는 계획은 포기했다. 다시 학교로 돌아가 공부를 하고 새로운 직업을 갖게 되기까지 얼마나 시간이 걸릴지 알 수 없었다. 그렇지만 다시 뭘 하고 싶은지는 잘 알 수 없었다.

우리 부부는 파리의 리츠호텔에 묵고 있었는데 어느 날 밤 내 막냇동생이 급한 전보를 보내와 단잠을 깨웠다. 내 동업자인 아서 하우스만이 파산할 위기에 처해 있다는 소식을 들었다. 그렇다면 당연히 내가 공동 경영자로 있는 A. A. 하우스만상회도 위험에 처해 있다는 뜻이었다. 나는 너무나 놀라 그만 그 자리에 주저앉을 뻔했다.

나는 즉시 내 개인 자금으로 회사를 돕기로 했고 항구로 달려가 미국으로 가는 여객선에 올라탔다. 그러고는 뉴욕에 도착하자마자 아서 하우스만을 만났다.

그는 자신과 에드 홀리가 투자했던 두 곳의 철도회사, 즉 미네아폴리스앤세인트폴, 그리고 콜로라도앤서던 철도회사의 주가가 갑자기 폭락했다고 설명했다. 나는 폭락한 주식을 그대로 보유한 채 회사를 지킬 수 있을 정도의 현금을 회사 계좌에 입금했다.

얼마 후 사정이 나아지면서 주가가 회복되어 보유하고 있던 두 회사의 주식을 처분해 오히려 수익을 올릴 수 있었다. 나의 재산과 신용을 동원해 하우스만이 평생에 걸쳐 관리하고 쌓아 올린 모든 것을 지킬 수 있도록 도왔던 건 나에게는 더할 나위 없는 기쁨이었다. 나는 하우스만 덕분에 월가에 들어왔고 처음에 여러 가지 어려움을 겪으면서 그에게 훨씬 더 많은 도움을 받았다.

앞으로의 나의 미래가 어떤 방향으로 이어져야 하는지에 대한 정신적인 혼란스러움과 반성 속에 나는 결국 한 가지 중요한 결정을 내리게 되었다. 나는 조금씩 내가 하는 일을 줄이다가 A. A. 하우스만상회에서 은퇴하기로 했다. 회사에 대한 애착이 컸기에 쉽게 내릴 수 있었던 결정은 아니었다. 그렇지만 결정을 내리고 나니 기분이 훨씬 나아졌다. 한 사람이 동시에 두 주인을 섬길 수는 없는 법이다. 나는 이제 재정적으로 완전히 독립해서 혼자 살아갈 만한 준비가 되어 있었다.

나는 토마스 라이언에게 내 감정에 관해 이야기했고 그는 내가 옳은 결정을 내렸다고 말해주었다. 그런 후에 다시 나와 몇 차례 사업이나 거래를 같이하려고 했지만 나는 내 결정에 대해 그가 했던 말을 다시 그에게 돌려주며 나는 혼자서 내 갈 길을 가고 싶다고 말했다.

1903년 8월, 나는 드디어 완전히 은퇴했다. 브로드웨이 111번지에 있는 사무실을 구했는데, 뉴욕 증권거래소의 회원 자격을 유지하는 동안은 계속 그곳에 머물 생각이었다. 이제 나는 서른세 살이었지만 나만의 독립된 공간으로 옮기는 기분은 그야말로 만루 홈런을 치고 뛰어나갈 때 느껴지는 짜릿함과 비슷했다. 또한 피츠시몬스가 내게 권투에 재능이 있다고 말했을 때, 처음 직장을 구하고 첫 채권 거래를 했을 때의 기분과도 비슷했다. 덧붙여 말하자면 내 첫 번째 단독 채권 거래는 조지아 퍼시픽 퍼스트 모기지_{Georgia Pacific First Mortgage}의 정리 공채였다.

내가 새롭게 독립해 사무실을 열던 날 어머니가 전보를 한 통 보냈고 나는 그 전보를 액자에 끼워 벽에 걸어두었다. 어머니는 또한 붉은색 점이 있는 녹색 도자기 고양이도 주었는데 나는 그걸 내 책상 위에 올려놓았다. 그리고 아버지는 자신의 사진에 이런 글을 적어 보내주었다. "절대 흔들리지 않는 성실함을 언제나 자신의 목표로 삼아라."

내가 스스로 정한 첫 번째 규칙은 "남의 투자를 돕지 않는다"였다. 나는 몇 차례의 예외를 제외하고 이 규칙을 충실하게 지켰다. 그런 예외 중 하나가 바로 넬슨 올드리치_{Nelson Aldrich} 상원의원이었다. 나는 올드리치 의원과 함께 어느 고무 탐사 및 개발 회사에서 일하게 되었고, 어느 날 회의가 끝난 후 올드리치 의원이 내게 돈을 적절하게 투자할 곳이 있는지를 물어왔다. 나는 그에게 곧 철강 제품 주문이 폭주해 미국의 철강 산업이 다시 크게 일어날 것 같다는 느낌이 들었고, 따라서 U.S. 스틸의 가치가 조금 낮게 평가된 것 같다고 대답했다. 그러자 올드리치 의원이 나에게 대신 주식을 좀 매입해달라고 부탁했고 나는 이제는 남을 대신해 그런 거래는 하지 않을 거라고 말했다.

올드리치 의원의 나이는 우리 아버지와 비슷했고 남북전쟁 당시 북군 소속으로 싸웠다. 그는 나를 차분하게 바라보며 이렇게 말했다.

"그렇다면 U.S. 스틸의 주식을 사서 바로 나에게 가져다주면 안 되겠나. 누구든 이번 거래에 대해 알게 되는 사람이 있으면 전적으로 내가 알아서 투자를 하는 거고 그저 조금 도움을 받았을 뿐이라고만 말을 해두지."

나는 결국 대신 주식을 사서 바로 그에게 가져다주었다. 그는 철강 업계에 있는 몇몇 친구들에게 자신의 주식 매입 사실을 알렸는데 그러자 그들은 실수한 것 같다고 안타까워했다. 그러자 올드리치 의원은 젊은 바루크에게 조금 도움을 받았다고 대답했다.

"아, 그런가." 나중에 들으니 그 사람들은 딱 그렇게만 반응을 보였다고 한다.

비록 올드리치 의원의 정치적 견해에 언제나 동의한 건 아니지만 우리는 그가 세상을 떠날 때까지 좋은 친구로 남아있었다. 나는 그때 내가 대신 매수해준 주식이 결국 적당한 재산이 되어 후손들에게 유산으로 남았다는 이야기를 듣고 흡족한 기분이 들었다.

하지만 그런 아주 사적인 부탁을 제외하면 나는 어떤 거래나 투자에도 대신 개입하지 않았다. 내가 독립해서 나만의 사업을 시작하게 된 건 내 판단이 틀렸을 경우 다른 사람이 피해를 입지 않도록 그저 혼자만의 갈을 가기 위해서였다.

그런데 이런 결심과 함께 홀가분한 기분으로 더 자유롭게 시장을 바라볼 수 있게 되자 조금 기이한 일이 일어났다. 마음대로 더 많은 투자나 투기를 하게 될 줄 알았는데 오히려 그 반대가 된 것이다. 1903년 가을 무렵부터 나는 주식시장의 흐름에 대해 덜 신경을 쓰게 되었고 좀 더 생산적인 사업과 투자라는 새로운 세계로 눈을 돌려 좀 더 많은 일을 하게 되었다.

15장

구겐하임 가문과 함께

1

1889년 내가 구겐하임 가문의 사업과 관련해 멕시코에 가서 광석 구매 업무를 배우려 했을 때 어머니는 반대했었고 그로 인해 내 인생의 방향은 크게 바뀌었다. 그로부터 16년이 지나 나는 다시 구겐하임 가문과 인연을 맺게 되었는데, 그동안 콜로라도주의 광산 두 곳에 대한 지분을 그것도 각각 절반씩만 소유하고 있었던 구겐하임 가문은 이제 미국 광산산업을 좌지우지하는 가장 강력한 독점 연합 세력의 수장이 되어 있었다.

물론 그저 철없고 혈기만 왕성한 청년으로 일거리를 찾고 있었던 나 역시 그 16년의 세월 동안 많이 변했다. 시장의 흐름과는 다른 나의 개인적인 투자 판단은 반복해서 시험대에 올랐지만 좋은 결과를 거두었고, 여러 회사에서 이사나 관리직 제의가 들어왔다는 건 결국 협상가이자 투자자로서의 나의 안목에 대한 평가가 점점 더 높아졌다는 사실을 반영해주는 증거가 아니었을까.

나는 또한 상당한 여유 자금도 확보했다. 1893년 있었던 공황 사태 이후 나는 가치가 떨어진 유가 증권들을 매수했다가 다시 경제가 회복될 때 매도함으로써 큰 수익을 올릴 수 있다는 사실을 깨달았다. 하지만 당시에는 투자할 여력이 없었기 때문에 내가 깨달은 이치를 제대로 활용할 수 없었다.

1903년 다시 시장에 큰 혼란이 일어났을 때 나는 과거와는 전혀 다른 위치에 서 있었다. 시장이 너무 달아올랐다고 느꼈던 나는 1902년에 내가 보유하고 있던 유가 증권들을 처분했고 주가가 떨어졌을 때 다시 준비된 현금으로 증권을 매입해 앞으로 있을 미국의 성장을 기다렸다. 사실 나는 이 과정에서 경제적 이해의 폭을 넓힐 수 있었을 뿐만 아니라 새로운 사업을 개척하고 시작하는 일을 시작할 수 있었다.

1893년 발생했던 공황의 뒤를 이은 경제 부문의 중요한 성장은 아마도 전국 철도 노선의 통합과 관련 있을 것이다. 1903년 공황 이후 몇 년 동안은 빠르게 성장하는 미국 산업에 필요한 원자재 관련 산업의 엄청난 발전이 두드러지게 나타났다. 제1차 세계대전이 발발하기 10여 년 전, 나는 구리와 고무, 철광석, 금, 그리고 황과 같은 다양한 원자재의 새로운 공급원을 찾아 개발하는 사업에 투자했다. 나는 원래 늘 가만히 있지 못하는 성격이라, 내가 투자한 기업이 수익을 내고 배당금이 나올 무렵이면 곧 또 다른 사업을 찾아 돌아다니곤 했다. 이런 과정 속에서 내가 특히 마음에 들었던 건 우리가 지구에서 새로운 자원을 찾아내 인류를 위해 사용할 수 있도록 만들고 있다는 사실이었다. 다시 말해 이런 사업체나 기업들은 그저 수익에만 신경을 쓰는 것이 아니라 인류에게 유용한 상품을 만들어내는 진정한 부의 창조자들이었다.

이런 투자를 통해 얻은 지식은 훗날 우드로 윌슨 대통령이 제1차 세계대전 발발 이후 나를 국방위원회의 자문 위원으로 임명했을 때 그 엄청난 가치를 증명해보이기도 했다. 당시 내게 맡겨진 첫 번째

소임은 전쟁 준비를 위한 충분한 원자재 확보였다. 그리고 이 일을 성공적으로 끝마친 결과 나는 다시 전쟁산업위원회의 위원장으로 임명되었다.

나는 구겐하임 가문의 대리인으로 처음 원자재나 자원 개발의 세계에 입문했다. 구겐하임 가문은 그야말로 대단한 명문가였다. 가문의 수장인 마이어 구겐하임Meyer Guggenheim은 내 아버지의 환자 중 한 명이었고 나는 그와 직접 이야기를 나눈 적이 없었지만, 항상 굵은 여송연을 피우며 담뱃재가 옷에 떨어지는 것쯤은 신경 쓰지 않았던 모습이 기억난다.

그의 아들 중 한 명이 즐겨 들려주었던 이야기에서 우리는 마이어 구겐하임에 대한 많은 것들을 알 수 있었다. 누군가 그럴듯한 사업 계획을 들고 와서는 마이어 구겐하임에게 이렇게 소리쳤다. "구겐하임 씨, 한 번 생각해 보십시오. 이 사업으로 당신이 어떤 부와 권력을 손에 쥐게 될지를!" 그러자 마이어 구겐하임은 수염을 쓰다듬으며 그저 이렇게 말했다고 한다. "그리고 그다음에는?"

구겐하임 가문 사람들은 모두 비슷한 성향을 갖고 있었다. 그들의 사업에는 단순히 돈을 버는 것 이상의 의미가 있어야 한다고 믿었다. 구겐하임 가문 사람들은 가문의 막대한 재산으로 미술, 음악, 그리고 각종 과학 기술과 학문 분야를 지원했으며 그 못지않게 자선 사업에도 큰 관심을 보였다.

마이어 구겐하임은 50세가 훨씬 넘어섰을 때 광산업에 관심을 갖게 되었다. 구겐하임 가문은 주로 섬유와 직물 사업으로 재산을 쌓았지만, 그는 이제 이 분야의 전망이 그리 밝지 않다고 느꼈다. 마이어 구겐하임은 콜로라도주 리드빌Leadville에 있는 A.Y 납 광산과 민니

Minnie 은광의 지분을 각각 절반가량 사들였다.

1881년 그는 직접 광산을 찾아가 살펴보았고 갱도 안에 물이 들어차 있는 것을 발견했다. 마이어 구겐하임은 갱도 안의 물을 빼낼 수 있다는 '신기술' 소식을 듣고 거기에 돈을 투자했지만 그 기술은 곧 사기로 밝혀졌다.

이런 식으로 그는 광산 사업과 기술에 대해 배워나가기 시작했으며 자신의 일곱 아들에게도 그렇게 하라고 명령했다. 구겐하임 가문의 위세는 바로 이런 가족의 결속에서 비롯되었다고 볼 수 있다. 금과 은, 그리고 납이며 구리, 아연의 채굴과 제련은 서로 밀접한 관련이 있는데, 이런 금속들은 종종 같은 광석 안에서 서로 섞여 발견되며 실제로 서로 다른 광물이 적절하게 뒤섞여 있는 광석은 제련하기가 더 쉬운 경우가 많다. 구겐하임 가문의 각 식구는 광산 관련 업계의 여러 다른 분야에 대해 배우기 시작했고 가족 전체가 총사령관인 마이어 구겐하임의 지휘하에 완벽하게 훈련된 군대처럼 움직이기 시작했다.

예를 들어 여섯째 아들인 사이먼 구겐하임은 유럽에서 2년 동안 지내면서 멕시코 사업에 도움이 될 수 있도록 스페인어와 프랑스어를 공부했다. 그런 다음 콜로라도로 건너와 푸에블로의 한 제련소에서 인사 담당 직원으로 일을 했다.

마이어 구겐하임이 세상을 떠난 후 여러 아들 중에서 특히 아버지를 능가하는 능력을 보여준 대니얼 구겐하임이 가문을 이어받았고 그는 1930년 세상을 떠날 때까지 광산업과 관련해 많은 일화를 남겼다. 나는 그중에서도 제1차 세계대전 기간 동안 다른 사업가들에게 귀감이 될 만한 애국심을 보여준 일화야 말로 그의 진정한 성품을 보여준다고 생각한다.

당시 아직 전쟁에 참전하기 전에 미국은 이미 국방력 강화 작업을 시작했고 군사 위원회에서는 2만 톤가량의 구리가 즉각 필요할 것으로 추정했다. 국방위원회에서 원자재 확보를 담당한 자문 위원으로서 나는 구리의 생산량을 확인해야 했는데 내가 직면한 한 가지 문제는 정부가 지급해야 하는 공정한 가격을 결정하는 것이었다.

나는 구리 산업에 대해 잘 알고 있으며 또 가장 정직하면서도 국가의 이익을 깊게 생각하는 유진 메이어 2세Eugene Meyer, Jr.를 찾아갔다. 메이어는 전쟁이 일어나기 전 10년 동안의 평균 가격을 제시했다. 그러면 1킬로그램당 36.6센트가량이 된다. 당시 구리의 시장 가격은 1킬로그램당 76센트가량이었다.

구리 업계는 과연 정부가 그런 가격 제시안을 받아들일 것인지 궁금해 했다. 당시 대니얼 구겐하임은 자신이 살고 있던 세인트레지스호텔St. Regis Hotel에서 매주 일요일 5시에 사람들을 만나곤 했는데 그를 만나고 싶어 하는 친구는 누구라도 그 시간이면 그와 만나거나 통화를 할 수 있었다. 메이어와 나도 그 시간에 세인트레지스호텔을 찾아가 대니얼 구겐하임과 따로 만날 수 있을지를 알아보았다.

나는 대니얼 구겐하임에게 전쟁 준비를 위한 물자 확보 과정에서 다른 국가들에게 모범이 될 만한 그런 사례를 남기고 싶다고 말했다. 미국이 전쟁에 직접 참전할 가능성은 나날이 더 커져만 갔고 곧 많은 미국 가정의 아들들이 군에 소집이 될 터였다. 고향에 남은 가족이 전쟁을 통해 부자나 대기업만 큰 이익을 얻을 뿐이라고 생각해서는 곤란했다. 나는 구리 가격을 충분히 낮춰서 업계도 전쟁으로 인한 부담을 감당할 준비가 되었음을 분명히 보여줄 수 있기를 원했다.

대니얼 구겐하임은 조용히 우리가 하는 말에 귀를 기울였고 이야기가 끝나자 이렇게 말했다. "그렇다면 먼저 동생들과 이야기를 해야겠군. 그런 다음 구리 업계 사람들을 만나보겠어." 시간이 얼마나 걸리겠느냐고 우리가 묻자 그는 다시 이렇게 대답했다. "내일 시내로 가는 길에 함께 갈 수 있을까?"

메이어와 내가 다음 날 그를 차에 태우자 그가 이렇게 말했다. "정부에서 필요로 하는 구리를 확보할 수 있을 것 같군."

나는 종종 이 일화를 구겐하임 가문의 성향을 설명할 때 언급하곤 한다. 광산업에서 성공을 거둘 수 있었던 것도 바로 이런 성향 때문이었을 것이라고 나는 믿고 있다.

구겐하임 사람들은 대략 1년 동안 광산업을 하면서 여러 사업 중에 제련 사업이 가장 수익성이 높다는 사실을 깨달았다. 그래서 콜로라도주 푸에블로에 125만 달러를 들여 제련소를 세웠다. 이 제련소에서 취급하는 광석은 대부분 멕시코에서 들여왔고 나중에 의회에서 멕시코 광석에 대한 금수 조치를 취했을 때는 아예 멕시코에 제련소를 세우기도 했다.

1890년대로 들어서자 은과 납 사업은 어려움을 겪었고 1899년에는 18개 업체가 H. H. 로저스와 존 D. 록펠러, 그리고 르위슨 가문이 이끄는 아메리카제련 및 정제회사American Smelting and Refining Company에 합병되었다. 구겐하임 가문도 이 '독점 연합'에 함께 하자는 제안을 받았지만, 독자적인 경영권과 통제권을 보장받아야 한다고 주장했고 다른 사람들은 이를 마뜩치 않게 여겼다.

구겐하임 가문과 이 구리 독점 연합 사이에서는 곧 업계에서 죽느냐 사느냐 하는 다툼이 시작되었다. 그렇지만 구겐하임 가문이 거의 모든 거래에서 승리를 거두었고 1901년이 되자 사실상 구겐하임 가문의 뜻이 전부 관철되었다. 대니얼 구겐하임이 아메리칸제련 및 정제회사의 집행위원회 위원장이 되었고 나머지 형제 중 네 명이 이사가 되었으며 구겐하임 가문이 지배 지분의 과반수를 확보했다.

2

구겐하임 가문까지 합류하고 난 이후 나는 아메리칸제련 및 정제 회사의 주식에 관심을 갖게 되었고 솔로몬 구겐하임의 도움으로 회사에 관해 조사했다. 그러고 나서 곧 주식을 사기 시작했고 좋은 투자처로 친구들에게도 추천했다. 그러다 보니 나의 거래는 아메리칸 제련 및 정제회사의 보통주 주가가 18개월 만에 약 36달러에서 80달러까지 오를 정도로 눈에 띄는 선전 활동이 되었다. 게다가 이런 주가 상승은 1905년 시작된 전반적인 투기 흐름에 의해 모든 종목의 주가가 상승하기 전에 일어난 것이다.

하지만 그런 와중에도 구겐하임 가문과 록펠러 사이의 경쟁이 완전히 잠잠해진 것은 아니었다. 1904년 록펠러는 캘리포니아에 있는 연방광업 및 제련사업소Federal Mining & Smelting & Lead Company를 인수했다. 당시 태평양 연안에는 워싱턴의 타코마Tacoma와 캘리포니아의 셀비 제련소Selby Smelting & Lead라는 또 다른 두 개의 대형 제련소가 있었다. 만일 둘 중 하나라도 인수한다면 록펠러의 스탠더드오일은 태평양 연안을 비롯해 이제 막 개발이 시작된 알래스카 지역 모두에서 구겐하임 가문을 위협하는 위험한 경쟁자가 될 수 있었다. 당시 사람들은 알래스카의 성장 가능성에 대해 심지어 지금보다 훨씬 더 큰 기대를 하고 있었다.

구겐하임 가문 역시 셸비와 타코마를 인수하기 위해 여러 차례 시도했지만 잘 진척되지 않았다. 나는 대니얼 구겐하임을 찾아가 내가 한 번 나서보겠다고 제안했다.

내 친구인 헨리 C. 데이비스는 타코마 제련소의 사장으로 경영 전반을 책임지는 윌리엄 R. 러스트_{William R. Rust}를 잘 알고 있었다. 데이비스의 말에 따르면 러스트는 개인적으로는 구겐하임 가문에 대한 편견은 없었다. 데이비스는 내가 협상 조건을 내놓으면 러스트도 나를 돕기 위해 최선을 다할 거라고 말했다.

그건 좋은 소식이었지만 내가 지금 당장 상대해야 하는 사람은 뉴욕에, 그것도 내 사무실에서 걸어서 불과 5분 거리에 있었다. 그가 바로 저 유명한 갑부 다리우스 밀스로 그는 1849년 시작된 캘리포니아 금광 개발 시대를 주름잡은 인물이었으며 80대에 이른 지금도 자신의 방대한 사업을 직접 관리하고 있었다. 그는 자선 사업에도 많은 신경을 썼는데 예컨대 그의 이름을 내건 밀스호텔_{Mills Hotel}을 여러 곳에 세워 20센트에 하룻밤 숙박을, 그리고 15센트에 식사를 제공하며 어려운 사람들을 도왔다. 당연히 수익은 거의 생각하지 않는 경영 방식이었다.

다리우스 밀스는 타코마의 최대주주이자 동시에 셸비의 대주주였다. 그는 브로드 스트리트에 있는 밀스빌딩_{Mills Building} 안 자신의 사무실에서 위엄 있고 예의 바른 태도로 나를 맞이해 주었다. 수염은 뺨에 조금 남겨두고 모두 깔끔하게 면도한 얼굴이었다. 그의 외모와 태도를 보며 나는 사우스캐롤라이나에 사는 나의 외할아버지인 셸링 울프를 떠올렸다.

우리는 밀스가 금광 개발 시대에 얼마나 고생했는지에 대한 추억 담을 길게 나누었다. 그리고 본격적으로 사업 이야기가 시작되자 나는 그가 보유하고 있는 타코마와 셀비의 지분에 관심이 있다고 말했고 그는 당장은 내 제안을 거부했지만, 협상은 계속할 수 있으며 그동안 록펠러와는 어떤 거래도 하지 않을 거라고 말했다.

1905년 1월 초, 데이비스와 나는 기차를 타고 서부 해안으로 향했다. 옆에는 윌리엄 H. 페이지 사무실의 변호사 A. C. 조플링Jopling이 함께 있었다. 페이지는 이와 비슷한 종류의 나의 첫 번째 거래, 그러니까 라이언을 위해 리겟앤마이어스 담배회사를 인수할 때 나를 도왔던 바로 그 변호사다. 어쨌든 우리 세 사람은 워싱턴 주 에버렛에 있는 타코마 사무실에서 러스트를 만났다. 나는 보통주에 주당 800달러를 제시했고 이 제안에는 구미가 당겼는지 그는 며칠 안에 45일 조건이 달린 계약서에 서명해서 우리에게 넘겼다. 이 계약서에 따르면 우리는 보통주 90퍼센트와 알래스카 금광 세 곳을 포함한 금광에 대한 기존의 계약 네 건에 대한 인도, 그리고 타코마 이사 전원의 사임을 요구할 수 있었다.

그런 다음 우리는 샌프란시스코로 이동해 셀비 측과 접촉을 시작했다. 그렇지만 그 작업은 더 힘이 들었다. 셀비에는 주주들이 많았고 그들 중 일부는 끝까지 자신들의 의견을 굽히지 않을 것 같았다. 게다가 내가 이번 거래를 혼자서 추진하는 게 아닐 거라는 추측도 퍼지기 시작했다. 샌프란시스코의 신문들은 내가 구겐하임 가문과 협력하고 있다는 사실에 주목했다. 추측에서 도출된 결론들이 대부분 사실이기는 했지만, 덕분에 우리의 협상은 더욱 어려워져 갔다.

그 사이 록펠러 측에서도 상황을 눈치챘다. 어느 날 뉴욕에서 셀비와의 거래를 지체 없이 중단하라는 전보가 도착했다. 마치 내가 지금까지 노력해온 일들이 모두 의미가 없는 것처럼 말이다!

타코마제련소를 사들일 때 러스트에게 깊은 인상을 받았던 나는 그에게 셀비 거래를 끝낼 수 있도록 도움을 요청했다. 다리우스 밀스 역시 자기 영향력을 행사하겠다고 약속했다. 나는 몇 가지 부문에서 양보한 후 정식 서명만을 남겨둔 채 모든 거래를 마무리 지었다. 그리고 3월 첫째 주가 되어 나는 기차를 타고 뉴욕으로 향했다. 나머지 업무는 모두 조플링에게 맡겨둔 채였다.

뉴욕으로 돌아온 지 며칠 후 셀비와의 계약이 정식으로 마무리되었다. 그런데 타코마와의 계약을 내가 진행하려고 하자 샌프란시스코의 광산 기술자인 프레드 브래들리Fred Bradley가 갑자기 소란을 피우며 타코마와의 계약을 모두 파기해버리겠다며 위협하고 나섰다. 브래들리와 그의 동료들은 무려 3주가 넘도록 나를 괴롭혔고 그동안 전보가 불타나게 서로 오갔지만 러스트와 데이비스의 협력으로 나는 결국 그들을 굴복시킬 수 있었다.

두 곳과의 계약이 체결되면서 구겐하임 가문은 태평양 연안과 알래스카에서 록펠러와 호각지세를 이룰 수 있었다. 내가 성공할 경우 받게 될 상은 미리 약속되어 있었는데 원래 대니얼 구겐하임은 태평양 연안의 두 제련 회사를 하나의 새로운 회사로 통합할 계획이었고 나에게는 그 수고비로 적지 않은 주식을 넘겨줄 예정이었다. 그런데 그는 마음을 바꿔 타코마와 셀비 모두를 아메리칸제련 및 정제회사에 합병했다.

이렇게 상황이 바뀌게 되자 내가 받게 될 수고비도 다시 정해야 했다. 나는 당시 가장 뛰어난 변호사로 알려진 새뮤얼 운터마이어

Samuel Untermeyer와 이 문제를 상의해달라는 요청을 받았다. 내가 운터마이어 변호사를 업무 관계로 만난 건 아마 그때가 처음이었을 것이다. 운터마이어 변호사는 내가 아닌 구겐하임 가문에게 최대한 도움이 될 방안을 제시했고 나는 즉시 코털을 뽑힌 고양이처럼 날카롭게 대응했다.

원래 계획대로 새로운 회사가 세워졌다면 나는 100만 달러에 달하는 보수를 받았을 것이다. 나는 운터마이어 변호사에게 그대로 보상해주기를 바란다고 말했고 더 이상의 협상을 거부했다. 그러자 그는 내게 아메리칸제련 및 정제회사가 '그대로 유지되기를' 바라는지를 물었다.

나는 의자에 비스듬히 몸을 기대며 이렇게 대꾸했다. "그 문제에 대해서라면 지금까지 특별하게 생각해본 적이 없습니다."

나는 말을 끝내고는 인사를 하고 그 자리를 빠져나왔다. 나의 뜻은 대니얼 구겐하임에게 그대로 전해졌고 그는 그 특유의 방식으로 문제를 해결했다. "버니가 100만 달러를 받아야 한다면 그렇게 해줘야지."

나는 수표를 받았고 필요한 수수료를 지급했다. 그런 다음 다시 30만 달러짜리 수표를 두 장 만들었다. 한 장은 헨리 C. 데이비스에게, 그리고 다른 한 장은 윌리엄 R. 러스트에게 돌아갈 몫이었다.

이런 수익 분배에 대해 가장 놀란 사람은 다름 아닌 데이비스와 러스트 본인이었다. 두 사람 모두 내게 그럴 수 없다고 항의했지만 나는 정당한 몫이기 때문에 꼭 받아야 한다고 주장했다. 그리고 그건 분명한 사실이었다. 두 사람의 도움이 없었다면 이번 거래는 절대로 성사될 수 없었으리라.

내가 캘리포니아에서 뉴욕으로 서둘러 돌아왔던 이유 중에는 아메리칸제련 및 정제회사의 지속적인 주가 상승도 있었다. 1월 초부터 3월 초까지 두 달가량 다른 일에 신경을 쓰는 동안 주가는 80달러에서 100달러까지 올라갔다. 그런 다음 내가 타코마와 셸비의 계약을 마무리 짓는 동안 120달러를 넘어섰고 나는 이 상황이 불안하게 느껴졌다. 주변 사람들에게 그 주식을 추천했었기 때문에 만약 이런 상승세가 더 오래 지속된다면 그들 중 많은 사람이 피해를 보게 되지나 않을까 두려웠다. 나는 구겐하임 가문을 찾아가 내 생각을 이야기하고 사람들에게 주식을 처분하도록 유도하겠다고 알렸다.

물론 구겐하임 가문에서는 탐탁지 않아 하는 눈치였다. 그들은 주가가 너무 높게 평가되었다는 내 생각에 동의하지 않았다. 그런 그들의 반응은 이른바 '내부자들'이 자신들의 자산에 대해 객관적인 판단을 내리는 일이 얼마나 어려운지, 그리고 성공한 사업가라 할지라도 주식시장의 생리에 대해 이해하기가 얼마나 힘든지를 보여주는 또 다른 사례다. 구겐하임 가문은 전 세계 누구보다도 광산업에 대해서는 잘 알고 있었지만 주식시장에 대해서만큼은 내가 더 전문가였다.

위대한 사업가라도 주식시장의 기술을 잘 배우기는 어렵다. 철도 사업을 일으키는 동시에 주식의 움직임에 대해서도 잘 알았던 에드워드. H. 해리먼은 그야말로 아주 예외적인 경우라고 할 수 있으리라. 반면에 그레이트 노던을 이끌었던 제임스 힐은 주식시장에 대해서는 어린아이나 다름없었다. 나는 이른바 다재다능하다고 자처하는 사람들을 잘 믿지 않는다. 한 가지 이상의 일을 전문적으로 잘해 낼 수 있는 사람은 극히 적다는 걸 경험으로 알고 있기 때문이다.

나는 구겐하임 가문에 통보한 대로 주식을 처분했고 내 친구 중 일부도 나의 충고를 따랐다. 하지만 다른 사람들, 특히나 구겐하임 가문과 가까운 사람들은 내 말을 듣지 않았다.

1905년에서 1906년까지 시장은 전 종목에서 강세를 보이며 호황을 누렸고 나의 조용한 경고에 귀를 기울이는 사람은 없었다. 아메리칸제련 및 정제회사의 주가는 잠시 하락한 후에 처음에는 천천히 오르는가 싶었지만, 거기에 속도가 붙기 시작했다. 1905년 8월에는 130달러를 넘었고, 11월 초에는 140달러를 넘었으며 12월이 되기도 전에 157달러 50센트가 되었다.

나는 더 분명하게 불안한 마음이 들었다. 구겐하임 가문의 경우 자신들의 회사에 대한 내 생각이나 태도에 불만을 느꼈겠지만, 나의 비관적인 예측이 빗나가는 듯하자 어느 정도 만족하고 다시 나를 받아들이는 것 같았다. 예컨대 솔로몬 구겐하임은 아메리칸제련 및 정제회사의 납 산업계 진출을 완수하기 위해 내셔널납제련소National Lead Company를 인수하고 싶은 열망을 털어놓음으로써 여전히 나를 신뢰하고 있음을 보여주기도 했다.

독점 연합 세력에 속하지 않은 독립 기업 중 가장 위세가 대단했던 내셔널납제련소가 발행한 주식은 15만 주 정도에 불과했던 것 같다. 주식이 시장에서 공개적으로 거래되는 일은 거의 없었지만 1905년 10월과 11월 초에 회사의 실적이 좋았고 또 전반적인 주식시장의 상승으로 이 회사의 주가도 함께 올라갔다.

그럼에도 불구하고 나는 솔로몬 구겐하임에게 내셔널납제련소를 인수하는 가장 좋은 방법은 정식 거래를 통해 시장에서 주식의 매입하는 것이라고 말했다. 그러자 그는 나에게 그 일을 처리하라고 지시했고 나는 그렇다면 이런 사실을 가능한 한 적은 숫자의 회사 중역들에게만 알리고 가까운 친구들에게는 절대 알리지 말아 달라고 부탁했다.

다음 날 아침, 나는 중개인들 중 가장 탁월한 역량을 보이는 해리 컨텐트에게 시장에서 내셔널납제련소의 경영권을 확보할 수 있을 정도의 주식을 사들이라고 지시했다. 나는 혹시나 있을지 모를 경쟁을 방지하기 위해 가능한 빠르게 작업을 진행하라고 했다. 시간을 끌수록 우리에게 필요한 주식을 사기가 점점 어려워질 거라고 생각했기 때문이었다.

오전 10시가 되어 뉴욕 증권거래소가 문을 열었을 때 나는 내 사무실에서 시세를 알려주는 단말기 앞에 앉아 있었다. 그리고 거래소와 직접 연결되는 전화기도 옆에 있었다. 내셔널납제련소의 주가는 57달러부터 시작되었다. 그리고 컨텐트가 매입을 시작하자 주가가 3달러가량 올랐고 그러자 컨텐트는 매입을 중단하는 게 어떻겠냐고 내게 물어왔다.

나는 즉시 매입 중단을 지시했다. 잠시 뒤 컨텐트는 사람들이 뭔가 염려스러운 듯 매입을 중단했다고 알려왔다. 그리고 경쟁 관계에 있는 누군가가 주식을 매도하기 시작했다.

그래서 나는 또다시 다른 구매자들이 선뜻 나서기 어려울 정도로 빠르게 매입에 들어가라는 새로운 지시를 컨텐트에게 내렸다. 그렇게 하면 주식 매도가 늘어나고 매입은 주춤하게 될 거라는 사실을 나는 잘 알고 있었다.

오후 3시가 되어 증권거래소 업무가 마감되었을 무렵 구겐하임 가문은 내셔널납제련소의 경영권 확보에 필요한 지분을 하루 만에 손에 넣었다. 컨텐트는 거래를 아주 능숙하게 처리해 매입 단가는 평균 64달러 정도였다. 시장 문이 열렸을 무렵의 57달러보다 겨우 8달러 올랐을 뿐이었다.

그 정도의 기술을 발휘할 수 있는 중개인을 또 찾을 수 있을까? 내셔널납제련소의 인수로 아메리칸제련 및 정제회사의 주가는 1906년 174달러라는 신고가를 기록했다. 경영진과 가까운 이해 관계자들은 환호하며 주가 200달러를 기대했다.

그런 이후 시장에는 일종의 휴식기가 찾아왔다. 아메리칸제련 및 정제회사의 주가는 161달러로 떨어졌다. 반등도 있었지만, 주가는 다시 하락했고 구겐하임 가문의 중개인들이 서둘러 개입했지만 주가 하락을 막을 수는 없었다.

불행이 덮쳤을 때 우리는 할 수만 있다면 다른 사람을 비난하는 경향이 있으며 대체로 그렇게 해도 상관없다고 생각한다. 자존심을 지키려 하는 이러한 본능은 인간 본성의 가장 뿌리 깊은 특성 중 하나일 것이다. 계속해서 아메리칸제련 및 정제회사가 어려움을 겪게 된 건 주가가 너무 올라서가 아니라 버나드 바루크가 '주가 약세'를 조장했기 때문이라는 이야기가 퍼졌다.

주가가 120달러일 때 나는 조심하라는 주의를 들었고 그 후에도 계속해서 같은 경고를 주었던 바로 그 사람 중에서도 그런 소문을 계속 퍼트릴 만큼 큰 실망감을 안겨준 사람들이 있었다.

하지만 그건 진짜 헛소문에 불과했다. 그렇게 노골적으로 누구나 알아볼 정도로 수작을 부려 공매도를 시도하는 건 내가 한 번도 어긴 적이 없었던 내 투자 원칙에 어긋나는 행위였다. 나는 나에게 기회를 준 사람들이 소유하고 있는 기업의 주식을 상대로는 절대로 그런 '공격'을 한 적이 없었다.

어쨌든 이 불편한 소문은 구겐하임 가문 사람들 귀에까지 들어갔고 구겐하임 형제들도 나를 피하게 되었다. 나는 마음이 아팠지만 그래도 그중 한 사람이라도 나서서 직접 언급할 때까지 아무런 변명이나 대응을 하지 않기로 했다. 그렇게 계속 기다리고 있으려니 마침내 솔로몬 구겐하임의 입에서 내가 자신들의 회사를 상대로 공매도를 했다는 말이 나왔다.

나는 즉시 그를 만나러 가서 애써 침착함을 유지하며 아메리칸 제련 및 정제회사 주가의 상승과 하락에 대한 전체적 상황을 요약해 설명했고 나에 대한 비난이 얼마나 잘못되었는지를 보여주었다. 내가 자리에서 일어나 나올 때까지도 솔로몬 구겐하임은 여전히 화를 내고 있었지만, 그가 불편한 기색을 감추지 못한 건 정말로 내가 무슨 짓을 했다고 믿어서가 아니라 나의 충고를 무시했던 자신의 실수를 깨달았기 때문이라고 나는 생각한다.

이 불편했던 만남이 있었던 다음 날, 구겐하임 가문의 한 친척이 솔로몬 구겐하임에게 자신과 다른 사람들이 나에 대해 오해한 부분이 있었다는 말을 전했고 솔로몬 구겐하임은 즉시 나를 찾아와 사과했다.

그렇지만 사태는 아직 진정되지 않았다. 구겐하임 가문의 재정 문제를 의심하는 좋지 않은 소문이 월가를 중심으로 퍼지기 시작했다. 마침 이런 공교로운 시점에 재정 문제에 대한 이런 소문은 단지 당사자의 마음을 뒤흔들어 놓을 뿐만 아니라 그보다 더 많은 해악을 끼칠 수도 있었다.

어느 날 오후 나는 브로드웨이 71번지에 있는 구겐하임 사무실을 찾아갔다. 그곳에는 이미 서너 명의 구겐하임 형제들이 모여 있었다. 나는 그들에게 내 신뢰의 표시로 50만 달러를 맡아줄 수 있을지를 물었다. 대니얼 구겐하임은 눈물을 흘리며 자신과 가족을 대신해 내게 감사의 인사를 했다. 그 밖에 또 내가 도울 수 있는 일이 있는지 묻자 그는 그저 회사에 아무 문제가 없다는 걸 다른 사람들에게 확실하게 알리는 일이 제일 중요하다고 말했다.

그런 상황에서 내가 할 수 있는 최선은 아메리칸제련 및 정제회사의 주식을 사들이는 것이었고 실제로 나는 그렇게 했다.

구겐하임 가문과 나의 관계가 더욱 가까워지는 또 다른 일도 있었다. 구겐하임 가문의 탐사회사는 보유하고 있는 유타구리상사Utah Copper Company의 주식을 처분하고 싶어 했다. 누군가는 수익성이 보장된 이 주식을 구겐하임 가문이 관심을 갖고 있는 한 연합 세력에 넘기자고 제안하기도 했다. 이런 대략적인 상황을 내게 알려준 대니얼 구겐하임은 이렇게 말했다. "자네를 우리 형제처럼 여기기 때문에 이렇게 상황을 알려주는 걸세."

나는 이렇게 대답했다. "정말로 나를 한 가족처럼 여긴다면 나도 구겐하임 가족의 일원이라는 마음으로 의견을 제시하겠습니다." 나는 계속해서 구겐하임 가문이 자신들이 경영권을 확보하고 있는 회사의 주식을 굳이 다른 곳에 넘기는 건 심각한 실수가 될 수 있다고 주장했다. 그렇게 되면 구겐하임 가문에서 이 탐사회사의 다른 주주들을 농락하는 것처럼 보일 수 있다는 게 나의 생각이었다. 그러자 대니얼 구겐하임은 이렇게 말했다. "그 정도만 해도 충분하네. 무슨 말을 하는지 잘 알겠어."

깊은 인상을 받은 듯 그는 나와 악수하며 어쩌면 심각한 실수가 될 수 있었던 일에 대해 자신을 일깨워준 것에 감사의 말을 전했다. 그 후에도 대니얼 구겐하임은 이때의 일을 여러 번 언급했다.

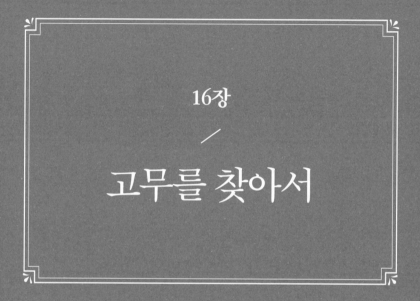

16장

고무를 찾아서

1

내가 소유한 첫 번째 자동차는 파리에서 보르도까지 달리는 경주에서 2위를 차지한 8마력에서 12마력을 내는 파나르_{Panhard}였다. 나는 1901년 스탠더드오일을 통해 큰 재산을 물려받은 A. C 보스트윅_{Bostwick}의 권유로 파나르 자동차를 구입했다.

파나르는 그 당시만 해도 엄청난 속도를 자랑하는 괴물이었고 나는 그런 차의 주인이라는 사실이 무척 자랑스러웠다. 그리고 내가 직접 운전하게 되자 기분이 더욱 우쭐해졌다. 나는 차와 함께 자동차 운전이라는 신비스러운 기술에 정통한 하인리히 힐겐바흐_{Heinrich Hilgenbach}라는 운전기사도 고용했는데, 하인리히는 술만 취하지 않으면 아주 좋은 사람이었지만 안 그래도 위험천만한 운전을 하기에는 가끔 그 성격이 지나칠 때가 있었다.

파나드는 시동이 걸릴 때 뜨겁게 달아오른 관 안에서 연료가 폭발하는 구조였는데 그건 사실 소형 대포가 발사되는 것과 다를 바 없었고 그 때문에 파나드에 타는 걸 무서워하는 사람들도 있었다. 우리가 여름휴가를 보내던 노스 저지 해안의 모든 사람은 저 멀리서도 소리만으로도 파나드가 등장하는 걸 알 수 있었다. 특히 마차를 탄 사람들은 말을 진정시키기 위해 모두 마차에서 뛰어내려 말고삐를 움켜쥐곤 했다. 그리고 이웃 중에는 그런 파나드를 "공공의 안녕을 헤치는 골칫거리"로 여기는 사람도 있었는데 그게 바로 유진 메이어 2세의 아버지였다는 사실을 나는 아주 오랜 세월이 흐른 뒤에야 전해 들었다.

파나드 덕분에 나는 《뉴욕 해럴드New York Herald》에 운전대를 잡고 있는 사진이 실릴 정도로 유명 인사가 되었다. 비록 자동차 덕분이기는 했지만 언론 매체 사람들이 큰 관심을 기울일 정도의 인물이 된 건 그때가 처음이었다.

나의 두 번째 자동차는 노란색으로 칠해진 40마력의 메르세데스 벤츠였다. 2만 2,000달러나 하는 이 차를 W. K. 밴더빌트도 갖고 있었다. 아니, 밴더빌트가 미국에 처음 그런 종류의 자동차를 들여왔기 때문에 나도 비슷한 차를 구입하게 되었다는 게 더 옳은 설명이리라.

이 메르세데스 벤츠도 파나드와 비슷한 원리로 시동이 걸리고 작동했다. 차를 몰고 나간 첫날에 나는 그랜트 대통령 기념관이 있는 곳까지 달렸는데 그만 거기서 고장이 나고 말았다. 나중에 나는 미국산 자동차를 모는 보스트윅과 경쟁하며 롱브랜치에서 열린 시범 경주 대회에 나갔고 거의 시속 90킬로미터가 넘는 속도를 기록했다. 모두 대단하다며 갈채를 보냈지만 제일 놀랐던 건 다름 아닌 차를 몰았던 나 자신이었다.

자동차가 보급되던 초창기의 교통 법규 중에는 마차를 타고 가던 사람이 손을 들면 자동차는 일단 멈춰야 하고 마차 주인이 내려 말고삐를 잡고 지나갈 때까지 기다려야 한다는 법규도 있었다. 또한 뉴욕 시내의 자동차 제한 속도는 대략 시속 15킬로미터 정도였고 센트럴 파크 출입은 금지되었다. 그런 이유 때문에 나는 대부분 뉴저지에서만 자동차를 운전했다. 당시 유럽의 도로는 미국보다 상태가 훨씬 더 좋았기 때문에 나는 자동차를 마음껏 몰기 위해 여름이면 유럽으로 건너가곤 했다. 확실히 자동차는 비싸고 믿을 수 없는 장난감이었다. 바퀴의 경우 문제없이 수백 킬로미터 정도만 달려도 좋은 평을 듣던 그런 시절이었다.

나는 자동차의 놀라운 발전을 내다보았던 그런 선견지명이 있는 사람까지는 아니었지만, 자동차가 크게 유행할수록 고무 산업도 따라서 발전할 것이라는 사실은 알 수 있었다.

1903년 공황 중에 내가 샀던 주식 종목 중에는 고무제품제조상사Rubber Goods Manufacturing Company가 있었는데 이 회사는 당시에 얼마 되지 않았던 고무 제품을 만드는 대규모 제조업체 중 하나였다. 나는 주식을 매입하면서 자연스럽게 고무 소비 현황에 대해 살펴보게 되었고 그 결과 록펠러가 석유 산업에 대해 그렇게 했던 것처럼 고무 산업에서도 거대한 규모로 인수·합병을 진행할 수 있겠다는 영감을 얻었다.

하지만 내가 보유하고 있는 자본만으로는 이 작업이 불가능했기 때문에 나는 1903년 공황의 첫 번째 충격이 미처 가라앉기도 전에 충분한 자본을 가지고 그러한 지도력을 보일 수 있는 창의성 넘치는 사업가를 찾기 시작했다. 구겐하임 가문이라면 모든 면에서 여기에 적합했기에 내가 처음 이 제안을 했던 사람은 다름 아닌 대니얼 구겐하임이었다.

나는 대니얼 구겐하임에게 고무제품제조상사의 경영권을 함께 확보하자고 부탁했다. 다만 주가가 내가 매입했던 공황 시기의 최저가에서 다소 올라갔기 때문에 경영권을 확보하는데 필요한 주식의 추가 매입에 들어가는 비용을 내가 좀 더 지불해서 서로 공평한 투자가 되도록 하겠다고 약속했다. 구겐하임 가문과 함께할 수 있다면 그 정도 비용은 기꺼이 지불할 용의가 있었다.

대니얼 구겐하임은 그 문제에 대해 형제들과 상의해보겠다고 말했다. 그런데 시간이 흐른 뒤에도 나는 아무런 소식도 들을 수 없었다.

고무제품제조상사의 주가가 계속 올라가며 상당한 수익이 돌아오게 되었을 무렵, 나는 고무 산업에 뛰어들어 크게 사업을 벌이겠다는 내 기대가 실현되기 어렵다는 사실을 깨닫고 주식을 모두 처분해버렸다.

그로부터 몇 개월이 지나자 대니얼 구겐하임이 내 주식의 근황에 대해 물어왔다. 나는 계속 답을 기다리다가 어쩔 수 없이 모두 다 처분했다고 대답했다. 그는 미안하다고 하며 고무 산업의 전망에 대해 다시 생각해 볼 수 있겠느냐고 물었다.

그렇다면 제일 먼저 규모가 크고 믿을 수 있는 고무 원료 공급원을 찾는 게 문제였다. 이 문제를 먼저 해결할 수 있다면 고무의 산업적 활용도 엄청나게 확장될 수 있다. 당시는 고무 농장이 막 시작되던 무렵이라 손에 넣을 수 있는 품질 좋은 고무는 모두 야생에서 구해야 했고 그 대부분은 브라질의 아마존강 하류 파라Pars라는 지역에서 나왔다. 게다가 당연히 품질이 모두 같지는 않았고 원주민들이 채취했기 때문에 믿을 수 있는 확실한 공급에는 문제가 있었다.

당시 전 세계에서 확보할 수 있는 고무의 양이 대략 10만 톤가량이었는데 제2차 세계대전이 일어나고 내가 고무산업위원회 위원장으로 있을 때는 미국에서만 매년 67만 2,000톤의 고무가 소비되었다.

그 무렵 윌리엄 A. 로렌스William A. Lawrence라는 이름의 발명가가 등장해 멕시코 북부의 토착종인 은빛 잎사귀의 구아율guayule이라는 관목 식물에서 천연고무를 채취하는 방법을 개발했다. 로렌스는 토마스 라이언과 넬슨 E. 올드리치 상원의원의 관심을 끌었고 그들은 다시 내가 전에 그랬던 것처럼 구겐하임 가문의 힘을 빌리려고 했다. 이 두 사람 덕분에 나는 고무 사업을 두고 다시 대니얼 구겐하임과 마주하게 되었다.

나는 구아율의 장래성을 확인해보기 위해 직접 멕시코로 갔다. 그리고 수백만 에이커에 달하는 건조한 지대에서 야생으로 자라는 이 관목을 어렵지 않게 사람의 손으로 재배할 수 있으며 3년이면 고무 채취가 가능하다는 사실을 알아냈다. 이 문제를 확인하면 할수록 나는 더 큰 관심을 갖게 되었다. 미국의 바로 코앞에, 그것도 저 멀리 브라질이나 아프리카와 같은 밀림과 열병이 있는 가혹한 환경이 아닌 곳에서 사업적으로 경쟁이 가능한 고무를 충분히 확보할 수 있을 것 같았기 때문이었다.

나의 현지 조사를 바탕으로 마침내 1904년 11월 콘티넨털고무상사Continental Rubber Company가 세워졌고 이 회사는 훗날 인터콘티넨털고무상사Intercontinental Rubber Company로 재탄생하게 된다. 올드리치 상원의원과 토마스 라이언, 대니얼 구겐하임, 그리거 내가 모두 똑같이 지분을 나눠 가졌고 나머지는 록펠러 2세와 H. P. 휘트니Whitney, 레비 P. 노튼Levi P. Norton, C. K. G. 빌링스Billings, 그리고 그들의 친척과 친구들이 가져갔다.

2

우리는 사실 멕시코뿐만 아니라 전 세계 대부분 지역을 탐사하며 고무를 찾았다. 우리 직원들은 아마존강 상류를 거슬러 올라갔고 안데스산맥을 넘어 서쪽 길을 따라 내려갔다. 아프리카에서는 콩고강 주변을 샅샅이 뒤졌다. 또 인도네시아의 보르네오섬 주변도 돌아보았다.

그러는 와중에 아프리카에서는 두 사람을, 멕시코 앞바다에서는 폭풍우로 인해 한 사람을 잃기도 했다. 훗날 금주법 폐지를 위해 열과 성을 다한 것으로 알려진 윌리엄 스테이튼William Stayton은 베네수엘라의 밀림에서 길을 잃었다가 천신만고 끝에 바닷가까지 걸어 나와 작은 배 한 척을 발견하고 헤엄을 쳐서 다가갔다. 비단 스테이튼뿐만 아니라 그 배의 선원들도 운이 좋았다고 할 수 있는데, 마침 황열병이 돌아 고급 선원들이 모두 쓰러진 상태에서 미국 해군 사관학교 출신의 스테이튼은 배를 지휘해 무사히 목적지까지 갈 수 있었다.

우리가 아프리카를 돌아볼 수 있었던 건 당시 벨기에의 국왕이자 콩고 지역을 식민지로 삼았던 레오폴드 2세의 도움 덕분이었다. 레오폴드 2세는 여러 가지 면에서 정말 놀라운 인물로, 벨기에의 국력만으로는 자신의 사치스러운 취향이나 거창한 야심을 충족시키기에 부족하다는 사실을 일찌감치 알아차리고는 아프리카 식민지 개척으로 당면한 과제들을 해결하려고 했다.

레오폴드 2세는 일련의 기상천외한 책략들을 동원해 자원이 풍부한 콩고 지역을 이른바 콩코 자유 독립국État indépendant du Congo으로 선포한 뒤 사실상 벨기에의 식민지로 삼았다. 콩고의 운명은 이후 금융계의 도움을 받은 일종의 정변에 의해 영국을 비롯한 다른 강대국들의 눈앞에서 빠른 속도로 교묘하게 바뀌어 갔고, 거기에는 모건과 해리먼, 록펠러, 그리고 라이언 같은 미국 재계의 거물들도 관련되어 있었다.

식민지 콩고에서도 가장 부유한 지역은 벨기에 왕실의 차지였다. 식민지 개척 초기의 착취 행위는 그야말로 잔혹하기 그지없었는데, 콩고의 고무는 그 원래 빛깔 때문에 '붉은 고무'로 불리기도 했지만 사람들은 고무 채취 작업에 동원된 아프리카 원주민들의 희생에 빗대어 그렇게 부르기도 했다. 이러한 콩고의 잔혹한 실상 중 일부는 국왕 레오폴드 2세의 전횡에 불만을 품은 반대 세력에 의해 유포되는 경우도 있었는데, 모든 것을 경쟁 국가의 모함으로 돌리려는 벨기에의 노력에도 불구하고 나 역시 이 '붉은 고무'의 실상에 대해 잘 알고 있었다.

1906년 여름, 이제 71세가 된 레오폴드 2세는 콩고의 통치 방식을 바꿀 때가 되었다고 느꼈다. 그는 원주민들에 대한 착취와 학대에 분노하고 있는 세상 사람들의 의견을 더 이상 마음대로 무시할 수 있는 처지가 아니었다. 레오폴드는 미국에서 가톨릭을 믿는 재계 인사 중 가장 영향력이 큰 사람이 누구인지를 찾았고 당시 집에 개인 예배당까지 있었던 토마스 포춘 라이언이라는 이름을 듣게 되었다.

당시 라이언은 스위스에 머물면서 많은 시간과 돈을 들여 미술 작품들을 사들이고 있었다. 벨기에의 수도인 브뤼셀로 초대를 받은 라이언은 레오폴드 2세를 만나 여러 가지 의견을 나누었고 결국 아메리칸콩고상회American Congo Company와 콩고 국제임업 및 광업협회 Société Internationale Forestiére et Miniére du Congo, 통칭 콩고개발협회Forminiére 가 설립되었다. 아메리칸콩고상회는 새로운 고무 공급원을 찾고 개발하는 일을 맡았으며 콩고 개발 협회는 광물과 임산물 개발을 위한 보다 광범위한 사업을 추진했다.

레오폴드 2세는 노회한 사업가로 콩고에 대한 사적인 통치를 포기하는 대신 두 회사 모두로부터 지분을 절반씩 받았다. 콩고 개발 협회 지분의 4분의 1은 벨기에 사업가들에게 돌아갔고 라이언이 마지막으로 남은 4분의 1을 받았다. 국왕 신분이 아니었다면, 아니 그것도 레오폴드 2세처럼 상당히 영리한 국왕이 아니었다면 라이언 같은 미국의 사업가를 끌어들여 모든 거래를 그렇게 전광석화처럼 끝낼 수 없을 거라고 나는 지금도 생각하고 있다.

벨기에 왕실의 후원에 한껏 고무된 라이언은 새로운 사업에 대한 열정으로 가득 찬 채 고향으로 돌아왔다. 그는 이 사업에 구겐하임 가문과 H. P. 휘트니, 올드리치 상원의원, 그리고 나를 비롯한 사업가 몇 명을 더 끌어들이는 데 성공했다. 대니얼 구겐하임의 경우 처음에는 별로 관심이 없었다. 노동의 가치를 중요하고 자랑스럽게 여기는 그는 레오폴드 2세를 그리 마음에 들어 하지 않았고, 원주민 노동자들에 대해 공정한 대우를 해줄 것을 자신의 사업 참여 조건으로 내밀었다.

나 역시 레오폴드 2세의 이런 움직임이 그의 식민지 착취에 대한 미국의 비판을 무마시키기 위한 것이라는 의심이 들었기 때문에 이 사업에 함께 하는 것이 꺼려졌다. 그렇지만 라이언이 워낙 열심이었고 이번 기회를 통해 모두 영국의 정치가 세실 로즈~Cecil Rhodes~처럼 영리를 추구하는 사업과 사회사업을 함께 추진할 수 있는 그런 사람이 될 수 있다고 확신하고 있었기 때문에 결국 대니얼 구겐하임과 함께 사업에 함께하기로 결심했다. 어쨌든 라이언의 계획처럼 콩고에서의 원주민 노동자 대우는 큰 변화를 맞이하게 되었다.

2년여에 걸친 위험천만한 탐사를 통해 아메리칸 콩고 상회의 고무 원료 찾기는 아무런 소득 없이 끝이 났다. 그렇지만 콩고개발협회에서는 다이아몬드 광산을 발견해 큰 수익을 거두었다. 라이언은 콩고에서 진행되는 사업에 대한 열정을 결코 잃지 않았다. 아마도 일반 사업가가 아닌 한 국가의 국왕이 그에게 사업을 의논했던 게 가장 큰 이유가 아닐까 하는 생각이 들곤 했는데, 다이아몬드가 처음 발견되었을 때는 그 원석을 주머니에 여러 개 넣고 다니며 새 장난감 구슬을 얻어 자랑하는 어린아이처럼 사람들에게 기쁜 표정으로 보여주곤 했다.

그러나 고무를 찾는 우리의 노력은 주로 멕시코에 집중되었다. 1904년 초에 멕시코를 찾은 나는 구아율을 재배하기 위해 수백만 에이커에 달하는 토지를 구입하고 로렌스의 특허에 따라 새로운 채취 및 추출 공정으로 구아율에서 고무를 만들어내는 공장을 건설한 계획을 세웠다.

우리는 전용 열차를 타고 여행을 했고 아내와 동생 세일링, 노던 퍼시픽 거래에서 존재감을 나타냈던 중개인 에디 노튼, 그리고 지금은 이름이 기억나지 않는 몇 사람이 더 우리와 여행을 함께했다.

우리는 텍사스의 라레도_{Laredo}에서 출발해 멕시코로 건너갔다. 열차가 노선에서 가장 높은 지점인 아구아 칼리엔테_{Agua Caliente}에 이르자 나는 갑자기 배와 가슴에 통증을 느꼈지만 고지대를 벗어나자 통증은 곧 사라졌다.

멕시코시티에서 우리는 '이티 비티_{Ity Bitty}'라고도 부르는 이투르비데호텔_{Iturbide Hotel}에 여장을 풀었다. 그리고 처음으로 투우를 구경했다. 나는 경기나 시합 대부분을 좋아했고 특히 경마는 항상 내 마음을 설레게 했으며 지금도 사우스캐롤라이나에 가면 메추라기 사냥에 나서곤 한다. 그렇지만 이 첫 투우 경기는 한 번 보는 것만으로도 충분했다. 황소들이 말들을 공격했고 피를 흘리는 말들을 보니 마음이 괴로웠다.

내 아내와 세일링은 멕시코에서의 대부분의 시간을 보석 원석이나 다양하고 신기한 물건들을 사면서 보냈다. 두 사람이 관광하는 동안 나는 멕시코 관리들과의 협상에 뛰어들었고 얼마 지나지 않아 법률, 기술, 농업, 심지어 사회 문제까지 깊이 파고들게 되었다. 이런 과정을 통해 나는 미국의 남쪽에 위치한 이 공화국에 대해 겉으로 보아 왔던 것들 이상을 알게 되었다.

그렇게 알게 된 멕시코는 눈에 뜨일 정도로 여러 가지 면에서 상반된 모습을 보여주었다. 포르피리오 디아즈_{Porfirio Diaz} 대통령의 주변에는 유럽의 어느 수도 못지 않게 우아한 사회 안에서 활동하는 대단히 유능하고 세련된 사람들이 모여 있었다. 그렇지만 당장 대통령궁을 넘어가면 수백만 명의 국민이 그저 허드렛일에 허덕이며 미래에 대한 아무런 희망도 없이 살아가고 있었다.

비록 당시에는 예측할 수 없었지만 얼마 지나지 않아 알게 된 것처럼 그러한 상태가 영원히 지속될 수는 없었다. 어쩌면 나는 그러한 문제들에 대해 당시에 더 깊이 관심을 두어야 했을지도 모른다.

멕시코에 가기 전에 나는 그곳의 관리들을 대하는데 필요한 특별한 방법에 관한 이야기를 많이 전해 들었다. 그리고 나는 멕시코 사람들 역시 다른 어느 나라 사람들과 비교해 특별히 다른 부분이 없다는 정도로만 이야기하고 싶다. 나는 정직한 멕시코 사람을 만났고 또 그렇지 않은 사람도 만났다. 누군가는 이기적이었고 또 누군가는 애국심이 강했다. 다시 말해, 그들도 다른 사람들과 다 똑같은 사람들이었다.

내가 만난 멕시코 사람 중 가장 인상 깊었던 사람은 바로 파블로 마르티네즈 델 리오Pablo Martinez Del Rio였다. 그는 영어와 프랑스어, 독일어, 그리고 이탈리아어를 능숙하게 구사했으며 인자한 할아버지 같은 외모와 뛰어난 학식과 폭넓은 문화적 배경으로 세계 어느 사업가에게나 주목을 받을 만한 그런 인물이었다.

델 리오는 미국이 멕시코에서 너무 많은 경제적 영향력을 행사하게 될까 봐 두려워했다. 그가 나에게 설명했던 것처럼 그는 멕시코를 찾는 미국 사람들에게 너무 많은 양보를 할 경우 언젠가는 멕시코 북쪽을 미국에게 빼앗기게 될지도 모른다고 생각했다. 몇 년 후 일부 미국 석유 업계 사람들이 델 리오가 두려워할 만한 사업들을 제안했을 때 나는 그의 말을 떠올렸다.

미국이 제1차 세계대전에 참전한 지 얼마 되지 않은 시점이었다. 우드로 윌슨 대통령은 우리의 참전 계획에 방해가 될 수도 있는 석유 부족에 대해 논의하기 위해 나를 백악관으로 불러들였다. 한 관료가 탐피코Tampico에 있는 멕시코의 유전을 무력으로 빼앗자고 제안했다. 해병대는 이미 준비하고 있었고 대통령은 작전을 실행하라는 명령만 내리면 되는 상황이었다.

윌슨 대통령은 이야기가 마무리될 때까지 기다릴 생각이 없는 것 같았다. 그는 자리에서 몸을 일으켜 확고하면서도 절제된 어조로 자신이 무엇을 생각하고 있는지 한순간의 주저함도 없이 단호하게 말했다.

"그 말은 우리가 지금 싸우려고 하는 독일이 저지른 행위와 정확히 일치한다." 대통령은 이렇게 질책했다. "멕시코에 있는 유전이 우리에게 필요하다는 건가? 그건 바로 독일이 벨기에를 침공했을 때

한 말이다. '프랑스로 진격하려면 벨기에가 필요했다.' 여러분, 우리는 우리가 갖고 있는 유전만으로 전쟁을 치러야 할 것이다."

우리는 고무 사업을 진행하기 위해 멕시코에서 300만 에이커 이상의 토지를 구입했고 모든 절차는 합법적이었으며 공정한 가격만 지불했을 뿐 그 이상의 어떤 활동도 하지 않았다. 물론 우리도 편하게 갈 수 있는 '지름길'에 대해 들었지만 한 번도 그런 시도를 할 기회를 갖지 못했다. 우리는 오직 수백만 에이커에 달하는 쓸모없던 토지를 이용해 멕시코 사람들에게 일자리를 제공할 수 있는 새로운 산업을 시작하고 싶은 사람들로만 비춰졌다. 내 눈에는 디아즈 대통령도 진심으로 그렇게 되기를 바라는 것처럼 보였다. 우리는 그 밖에도 멕시코 사람들과 많은 계약을 체결했고 다른 곳에서 맺었던 계약들과 거의 같은 조건과 수준을 따랐다.

그런데 사실 이런 계약들과 관련해 가장 큰 문제는 멕시코가 아니라 미국에서 발생했다. 우리는 구아율에서 고무를 만들어내기 위해 멕시코 북부의 토레온Torreon에 공장을 세웠고 공장이 가동되기도 전에 미국 고무제품상사Rubber Goods Company of America에 토레온 공장의 생산량 거의 대부분을 2년 동안 제공하는 계약을 체결했다. 그런데 토레온 공장에서 고무가 생산되자마자 미국 고무제품상사가 인수를 거부했다. 고무의 품질이 기준이 미치지 못한다는 것이었는데 그런 주장은 사실이 아니었다.

보통은 법정까지 가지 않고 이런 의견의 충돌을 해결할 수 있는 방법을 찾을 수 있었지만, 나는 미국 고무제품상사의 경영권을 사들인 유나이티드고무상사United States Rubber Company를 고소하려고 했다. 그렇지만 퍼스트내셔널 은행First National Bank의 모건과 조지 F. 베이커

George F. Baker가 소송을 무마시켰다. 나는 다시 우리가 미국 고무제품 상사를 사들여 멕시코에서 원료를 들여와 상품을 만들 수 있도록 직접 경영하겠다고 제안했지만 내 동업자들이 지나치게 유리하게 협상을 진행하려고 하는 바람에 일이 제대로 성사되지 않았다.

유나이티드고무상사와의 법적 다툼조차 제대로 이루어지지 않자 몹시 화난 나는 인터콘티넨털고무상사의 지분을 모두 처분하고 고무 사업에서 손을 뗐다. 그렇지만 인터콘티넨털고무상사는 사업을 계속 진행했고 1910년 이른바 '마데로 혁명Madero revolution'이 일어나 디아즈 정권이 전복될 때까지도 주주들에게 배당금을 지급했다. 한편 토레온 공장은 혁명의 소용돌이 속에서 멕시코 정부에 의해 무리하게 운영되다가 결국 문을 닫고 말았다. 그래도 우리는 적어도 사업을 공정하게 시작했다는 선례는 남길 수 있었다.

나는 혁명으로 물러난 디아즈 대통령이 조국을 위해 많은 일을 했다고 생각하지만 디아즈의 실각 이후 혼동의 소용돌이를 벗어난 멕시코는 이전보다 더 나은 멕시코가 되었다. 내가 멕시코에 있었을 때 나는 미국이 좋은 기회를 다 놓치고 있다는 생각했었다. 그때보다 멕시코 현지 상황은 더 좋아졌지만 나는 여전히 양국 사이의 관계에서 더 많은 진전을 이뤄낼 수 있다고 생각한다.

멕시코의 문제 중 일부는 과거 제국주의 시절부터 이어져 온 상호 불신이라는 유산과 관련이 있다. 그리고 다른 후진국들 역시 이와 다르지 않다. 나 역시 남북전쟁의 상처가 남아있던 남부에서 태어났기 때문에 과거의 잘못으로 인한 영향력이 얼마나 강하고 고통스럽게 남아있는지 잘 알고 있다. 그렇지만 이런 후진국들이 경제 문제를 제대로 관리할 수 있게 되려면 지난 과거는 잊어버리고 지금의 좌절감에서 먼저 벗어나야 한다.

아시아와 아프리카, 그리고 남아메리카의 여러 지역의 경우 정부 지도자들은 과거의 고통과 관련된 기억에만 너무 빠져있기 때문에 현재의 발전 가능성을 제대로 바라보지 못한다.

이런 나라들이 특히 제대로 파악하지 못하는 것이 바로 이익에 대한 동기 부여다. 사회는 투입된 구성원의 노동력보다 더 많은 생산을 끌어내어 이익을 창출할 때만 발전할 수 있다. 그렇지 않으면 모든 사람이 다 손해를 볼 수밖에 없다. 이익을 창출할 수 있는 기업은 그렇지 못한 기업보다 국가의 독립에 더 큰 도움이 될 수 있다.

물론 이익이 만들어진다고 해서 모두에게 다 공평하게 돌아가지 않을 수도 있다. 그렇지만 이익 창출을 포기하지는 않으면서 공평하게 분배할 수 있는 길은 분명히 존재한다.

이익에 대한 동기 부여는 또한 개인의 자유를 보장해주는 유용한 도구가 될 수 있다. 사람은 무엇 때문에 일을 하는가? 거기에는 세 가지 일반적인 이유가 있다.

첫 번째는 내가 아닌 다른 사람을 도우면서 보람을 느끼고 싶다는 마음이며 두 번째는 이익을 창출해 내가 사용하고 싶다는 욕망, 그리고 마지막으로 원하지는 않지만 어떤 지배자에 의해 이루어지는 강제성이다.

자신에게 주어진 운명을 바꾸고자 하는 인간의 욕망에 대한 호소가 사회 전반에 퍼져나갈 때 그렇지 않을 때보다 노동은 좀 더 쉽게 이루어진다.

후진국에서 이익에 대한 동기 부여에 대해 많은 오해가 퍼지게 된 건 제국주의가 자본주의 경제의 특징이라는 칼 마르크스의 잘못된 생각이 반영되었기 때문이다. 많은 후진국에서는 자본주의 체재가 제국주의를 대신해 자리를 잡은 것처럼 생각하고 있지만 실제로 고대 로마와 그리스, 그리고 페르시아의 역사를 살펴보면 제국주의는 자본주의가 나타나기 이미 오래전부터 존재하고 있었다.

소비에트 연방을 보면 이익에 대한 동기 부여 없이도 제국주의 성향이 존재할 수 있음을 알 수 있다. 실제로 자본주의 국가들이 과거 자신들의 제국을 포기하고 있는 이 시점에 소비에트 연방은 오히려 새로운 제국을 건설하기 위해 동원할 수 있는 모든 수단을 동원하고 있다.

제2차 세계대전 이후에 일어난 사건들에서도 알 수 있듯이 소비에트 연방은 모든 국가 중에서도 가장 제국주의적인 국가가 되었다.

'자본주의'나 '사회주의', 혹은 또 다른 어떤 '주의'와 같은 이념의 꼬리표로 한 국가를 단정 지으려고 하는 대신에 나는 다른 기준, 즉 한 국가가 국민의 생활 수준을 개선하는 데 있어 어느 정도의 진전을 이루고 있는지를 보여주는 또 다른 기준을 제시하고자 한다.

설사 다른 국가들과의 관계가 좋아진다고 해서 해당 국가의 국내 수준이 높아지는 경우는 거의 없기 때문에 나는 국가 내부의 수준이 한 국가를 평가하는 기준이 되어야 한다고 강력하게 주장한다. 어떤 국가도 겉으로 보이는 모습과 실제 국내 상황이 그렇게 크게 달라질 수는 없다. 자국민의 생활 수준을 염려해 경제 정책을 펼치는 국가라면 자연스럽게 다른 국가와의 관계를 신경 쓰며 다른 국가 국민도 염려하는 그런 외교 정책을 펼칠 것이다. 반대로 자국민의 생활 수준을 신경 쓰지 않는 정부라면 다른 국가에 대해서도 소홀히 생각할 것이 분명하다.

외국 자본을 들여온다는 건 실제로 해당 국가가 갖고 잊지 못한 자원을 들여오는 것을 의미한다. 그리고 자본과 함께 대부분의 후진국이 갖추고 있지 못한 관련된 관리 기술 역시 함께 들어온다.

이러한 자원과 관리 기술에 대해 너무 많은 비용을 지불하지 않는 한, 후진국들도 이러한 투자를 통해 이익을 얻게 될 것이다. 다만 후진국 입장에서는 외국의 투자자가 부담해야 하는 위험이 늘어날 경우 모든 투자와 관련해 자신들이 지불해야 하는 비용도 함께 늘어난다는 사실을 알고 있어야 한다.

다시 말해, 선진국과 후진국 모두 함께 추구해야 하는 목표는 이러한 민간 투자가 서로에게 이익이 될 수 있도록 서로 합의하는 것이다. 또한 양국 사이에서 이루어지는 일련의 공정한 투자 관행에 대해서도 서로 너무 어렵지 않게 이해에 도달해야 한다. 또한 분명히 말하지만, 이런 외국 민간 기업들의 투자는 언제나 해당 국가의 생활 수준의 향상을 가져오는 방향으로 진행되어야만 한다.

그리고 후진국에서 기술과 관련된 여러 교육에도 도움을 주어 잘 훈련된 관리자와 노동자의 숫자가 꾸준히 늘어날 수 있도록 해야 한다. 지역의 자본을 활용할 수 있는 경우라면 가능한 한 많은 이자를 지급해야 한다.

후진국들은 잘 정비된 정부의 중요성을 배워야만 한다. 모든 것을 다 줄 것처럼 약속하지만 결국 국민을 노예로 만들어버리는 그런 이념의 속임수와 감언이설을 경계해야 한다. 진정한 가치를 가진 기술과 규율을 배우는 데는 시간이 걸린다. 미국은 외교 정책을 펼칠 때 그저 다른 국가들을 압도하기 위해서만 노력해서는 안 되며 새로 독립한 국가들이 스스로를 다스리는 법을 배우는 데 필요한 시간을 확보할 수 있도록 도와야 한다.

미국과 함께 새롭게 독립을 한 국가들은 모두 다 최소한 한 가지 공동의 목표를 갖고 있다. 바로 이 국가들이 계속 자유와 독립을 누리는 것이며 우리는 그 목표를 충분히 달성할 수 있다.

17장

구리를 찾아서

1

~~~~~~

20세기가 시작될 무렵 나는 세상에서 일어나는 모든 일이 다 증권이나 상품 시장에 영향을 미칠 수 있다는 사실을 깨달았다.

나는 앞에서 한 번 소개했던 산티아고 전투 이후의 차액 거래 경험을 통해 우리가 전 세계와 얼마나 가깝게 이어져 있는지, 또 미국과 가장 먼 나라에서 일어나는 사건조차 월가에서는 얼마나 생생하게 느껴지는지에 대해서 배울 수 있었다. 구리와 설탕, 그리고 고무를 비롯한 여러 원자재를 거래하면서는 또 모든 상품의 수요와 공급의 흐름이 전 세계적으로 움직인다는 사실도 배웠다.

그렇지만 나는 제1차 세계대전을 겪으면서 비로소 우리가 사는 세상에서 연속적으로 일어나는 모든 사건과 힘의 작용이 정말로 모두 하나가 되어 움직이고 있다는 사실을 깨닫게 되었다. 가능한 공급을 초과하는 모든 자원에 대한 수요로 인해 나는 동일한 자원이나 물자를 사용할 때 그 상대적 중요성을 저울질해야만 했다. 그 과정은 종종 어느 쪽이 더 급박한 상황인지 그 균형을 맞추는 문제였다. 예를 들어, 퍼싱 장군General Pershing에게 무기를 전방으로 수송하는데 필요한 노새들을 제공하기 위해 우리는 우리에게도 부족한 황산암모늄의 일부를 스페인에게 넘겨주어야만 했다. 이와 마찬가지로 보유하고 있는 철강 제품을 어느 쪽에 공급해야 가장 크게 도움이 될지도 결정해야 했다. 구축함을 건조하는 게 좋을까 아니면 상선을 건조하는 게 더 좋을까. 일단 국내에 그대로 쌓아두어야 할까 아니면 동맹국인 프랑스의 군수 공장으로 보내야 할까.

물론 이런 모든 것들을 배운 시기는 전쟁이 한창일 때였고, 거기에는 어느 정도 강제성도 있었지만 전쟁 이전에도 월가에서의 경험을 통해 나는 경제와 국방 문제가 서로 어떻게 연결되어 있는지 그 관계에 대해서 어느 정도는 인식하고 있었다.

특히 1900년대 초반에 이루어진 두 가지 분야에서의 변화는 앞으로의 미래를 예고했다. 우선 해군력 분야에서 독일과 미국이 새로운 강대국으로 부상했다. 그리고 과학 분야에서는 새로운 '전기電氣의 시대'가 도래했다. 전기라는 새로운 기술로 인해 강대국들은 전 세계적으로 모든 종류의 원자재를 찾기 위해 전력을 기울였다. 마르크스주의자들은 원자재에 대한 이러한 집착이 자본주의 체제의 약점 중 하나로 간주되는 이익 추구를 반영하는 것이라고 설명했고 일부 사람들은 여전히 이 설명을 믿고 있다.

그렇지만 이런 마르크스주의자들이 하는 주장은 지금의 상황에 대한 적절한 설명이 결코 될 수 없다. 당연히 거기에는 이익 추구에 대한 욕망이 존재한다. 그렇지만 사실 전 세계의 천연 자원이나 원자재를 개발하려는 움직임은 산업 문명이 크게 발전하면서 시작된 것이다. 일반 대중의 생활 수준을 그토록 극적으로 향상시킬 수 있었던 새로운 기술 발전이 계속 이어지려면 추가적인 물리적 자원이 필요했다. 이 새로운 기술은 또한 안보와 국방을 둘러싼 상황도 변화시켰다. 예를 들어 오래된 무기가 쓸모없게 되면서 완전히 새로운 해군

함대가 만들어져야만 했다.

또한 이 새로운 물자에 대한 탐색은 미국 밖에서만 이루어지지 않았다. 예를 들어 1880년에서 1890년 사이 전 세계 구리 생산량은 10배 이상 늘어났으며 온 세계 사람들이 새로운 구리 광산을 찾기 위해 사방을 샅샅이 뒤졌다. 구겐하임 가문이 구리 사업에 뛰어들게 된 것도 바로 이러한 급증하는 수요 때문이었다. 그렇지만 바로 이 수요 덕분에 우리는 미국 서부에서 비록 질은 조금 떨어지지만, 구리 광석을 찾아낼 수 있는 길을 열어 결국 미국은 사실상 구리를 자급자족할 수 있게 되었다.

나는 언제나 자국 내 광산에 대한 개발에 더 집중할 것을 주장해왔으며 이 문제와 관련하여 첫 번째 주요 시도에 자금을 지원할 수 있었던 걸 기쁘게 생각하고 있다. 9년의 세월 동안 수백만 달러와 수많은 노력이 투입되었고 마침내 나는 그 결실을 맛보았다.

2

유타주 빙엄_{Bingham} 근처에는 광물화된 반암斑岩으로 이루어진 동굴 비슷한 협곡이 있었다. 확인 결과 이 반암에는 구리 광석이 섞여 있었지만 그 등급이 너무 낮아서 채굴을 한들 수익성이 있다고 생각하는 사람은 아무도 없는 것 같았다. 이 지역에서 오래 산 에노스 A. 월_{Enos A. Wall} 대령 같은 경우 200에이커에 달하는 이 협곡을 사들여 2만 달러를 투자해 개발을 시도했지만 성공하지 못했다.

월 대령의 투자가 수포로 돌아간 것처럼 생각되던 그때, 미주리 주에서 대니얼 C. 재클링_{Daniel C. Jackling}이라는 젊은 광산 기술자가 나타났다. 덩치가 크고 불그스름한 얼굴에 화통한 성격의 재클링은 대학 교수 경력에도 불구하고 그냥 광부처럼 보였다. 콜로라도주 캐논 시티_{Canon City}라는 곳에서 아연 공장을 운영하고 있던 재클링은 저등급의 광석을 수익성 있게 가공할 수 있는 방법을 찾아낼 수 있다고 생각했다.

델라마_{Delamar}라는 이름의 어느 외국 태생의 사업가가 빙엄광산에 대한 소유권 일부를 보유하고 있었는데 그의 기술자 중 한 사람이 광산의 수익성을 장담할 수 없다고 보고하자 그는 소유권을 다른 사람에게 넘기려 했다. 이 소식을 들은 재클링은 찰스 맥닐_{Charles MacNeill}

을 만나 빙엄광산에 대한 소유권을 사들이라고 제안했다. 그리하여 1903년 6월, 맥닐을 사장으로, 윌은 부사장으로, 그리고 재클링을 총관리인으로 하는 유타구리상사가 설립되었다.

재클링의 생각은 탁월한 발상이 대개 그렇듯 기본적으로 간단했다. 그는 이 광산에서 일반적인 방식으로 갱도를 뚫어 광석을 채굴하면 수익성이 떨어진다는 사실을 알게 되었고 대형 증기 굴착기로 광석을 완전히 퍼내듯 채굴할 것을 제안했다. 그렇게 파낸 광석을 깨트려 부상 공정을 거친 뒤 구리 광석만 골라내자는 것이었다.

이 과정에서 경제성과 수익성을 높이려면 하루 광석 처리량이 당시의 일반적 기준인 300톤에서 500톤 사이가 아니라 3,000톤에서 5,000톤 이상은 되어야 한다는 게 재클링의 주장이었다. 기타 제반 비용을 일정하게 유지하면서 광석 처리 용량을 늘리는 방식으로 낮은 품질의 광석을 정제해 수익성을 높이자는 계획이었다.

다만 이 사업은 초기 투자 비용이 많이 들어간다는 것이 문제였다. 주식은 주당 10달러에 거래되었고 꽤 많은 주식이 팔렸음에도 필요한 자본을 충분히 확보할 수 있을 만큼 사람들의 관심을 끌지는 못했다. 그리고 상황이 이렇게 진행되고 있을 때 맥닐이 나를 찾아와 이 사업에 대한 이야기를 꺼냈다.

나는 재클링을 만났고 한눈에 그가 마음에 들었다. 그리고 그의 계획도 그럴듯해 보였다. 이 대량 생산 계획은 이후 구리 광산 개발에 널리 적용된다. 나는 적지 않은 분량의 유타구리상사 주식을 매입했다.

일단 이렇게 확보한 자금으로 재클링은 소규모의 구리 광석 처리 공장을 건설해 자신의 계획이 제대로 들어맞는지, 그리고 나중에 대규모 공장을 지었을 때 어떤 식으로 운영을 해야 가장 경제적으로 될지 확인했다. 1년 남짓한 기간 동안 공장이 세워지고 가동에 들어갔다. 우리는 그 결과를 간절한 마음으로 기다렸고 마침내 수익성이 확인되었다.

자신감을 얻은 재클링은 계속해서 대규모 공장을 세우려 했지만 역시 수백만 달러에 달하는 자금이 문제였다. 유타구리상사는 다시 방법을 모색했고 때마침 1906년 무렵, 구겐하임 가문에서는 구리 사업과 관련해 새로운 방법을 찾고 있었다.

빙엄 지역 광산에 큰 관심을 가졌던 구겐하임 가문에서는 당시 가장 널리 알려진 광산 기술자인 존 헤이스 해먼드John Hays Hammond 에게 사업의 타당성 조사를 요청했다. 해먼드는 기술적인 능력뿐만 아니라 사업 홍보에서도 그 역량이 뛰어났다.

해먼드는 남아프리카에서도 일했었는데 당시 일어난 보어 전쟁에 휘말려 하마터면 사형을 당할 뻔했지만, 미국 상원의 구명 요청으로 간신히 목숨을 건진 전력이 있었다. 그 후 해먼드는 구겐하임 가문과 윌리엄 C. 휘트니에 의해 구겐하임 탐사대의 책임자로 임명되었고 멕시코로 건너가 능수능란한 외교적 기술로 디아즈 대통령을 상대하며 기술적인 문제의 개선은 물론이거니와 구겐하임 가문의 영향력이 뿌리내릴 수 있도록 많은 도움을 주었다.

해먼드는 빙엄광산에 대한 조사 지시를 받자 우선 실리 W. 머드 Seeley W. Mudd와 A. 체스터 베이티Chester Beatty라는 뛰어난 기술자 두 사람을 현장에 보냈다. 그리고 두 사람의 보고로 해당 지역에는 구겐하임 가문과 함께 절실하게 필요했던 자금이 들어올 수 있게 되었다. 또한 구겐하임 가문 역시 이 기회를 통해 당시 독점 연합으로 큰 위세를 자랑하던 아멜가메이티드 금속회사를 비롯한 다른 구리 관련 회사들보다 우위에 설 수 있게 되었다. 당시 아멜가메이티드의 기술 진들도 구겐하임 가문과 마찬가지로 재클링이 제시한 계획에 대해 검토할 수 있는 기회가 있었지만 그들은 그의 생각이 비현실적이라 며 받아들이지 않았다. 오늘날 미국에서는 구리 광석의 대부분이 재 클링이 개발했거나 개선한 방식 혹은 공정에 의해 처리된다.

구겐하임 가문이 빙엄광산에 관심을 가질 당시 다시 투기와 투자 의 물결에 사람들이 몰리기 시작했고 1903년 공항 이후 그 어느 때 보다도 자금을 융통하기가 더 쉬워졌다. 사실 유타구리상사의 전망 이 너무 좋아 보여서 상사를 처음 시작한 사람들은 처음에 10달러에 불과했던 주식을 가지고 구겐하임 가문으로부터 주당 20달러의 자 금을 융통할 수 있었다.

재클링은 새롭게 확보한 자금을 자신의 계획에 쏟아붓고는 다시 계속해서 더 많은 자금을 요청했다. 그러자 그의 요청을 채워주기 위 해 300만 달러 규모의 채권 발행이 계획되었다. 재클링의 이런 지출 규모를 보고 많은 사람이 걱정했는데, 특히 빙엄광산에서 처음 구리 사업에 도전했던 월 대령은 이사회 출석해 채권 발행에 반대했다.

하지만 자신의 의견이 받아들여지지 않자 그는 이사직을 사임하 고 문제를 법정으로 끌고 갔다. 결국 채권 발행은 일시적으로 중단되 었지만 곧 다시 이사회의 의도대로 채권이 발행되었다.

채권 발행이 관련된 분쟁이 벌어지고 있는 동안 대니얼 구겐하임 은 내게 이 문제에 대해 의논해보자고 말했고 나는 5퍼센트의 수수 료로 채권을 인수하겠다고 제안했다.

헤이든앤스톤상사Hayden, Stone & Company 의 찰스 헤이든Charles Hayden

이 1퍼센트라는 전례 없는 수수료로 자신도 채권을 인수하겠다고 나섰을 때 나는 이미 적지 않은 채권을 인수할 수 있는 보장을 받은 상태였다. 나는 구겐하임 가문이 명예를 중요하게 여긴다고 생각하긴 했지만 헤이든의 이런 제안에도 불구하고 내게도 채권을 넘길 거라고는 생각하지 않았다. 어쨌든 채권은 300만 달러를 초과해 발행되었고 재클링은 대규모 공장을 완성하는데 필요한 자금을 확보할 수 있었다.

동시에 나는 네바다연합상사_{Nevada Consolidated}의 전환 사채도 인수하기로 했는데 찰스 헤이든은 여기에도 끼어들었다. 그는 상당히 기민하게 움직였으며 이러한 문제들을 하나도 놓치지 않았다. 네바다연합상사에 대한 투자는 적절했으며 나중에 유타구리상사와 합병되었다.

3

원래 재클링의 새로운 공장은 1906년이 끝나기 전에 본격적으로 가동될 것으로 예상되었지만 일정이 지연되면서 실제로 공장은 1907년 봄이 되어서야 본격적인 가동을 시작했다. 그때까지 재클링이 쏟아부은 비용은 총 800만 달러에 달했다.

1907년 3월, 뉴욕 증권거래소에서는 심각한 수준의 거래 위기가 한 차례 발생했고 눈치가 빠른 사람들은 증권에 대한 투자를 줄여가기 시작했다. 그렇지만 아직은 아무도 실제로 어떤 공황 사태가 닥칠 것이라고 예상하지 못했고 그건 모건 같은 거물도 마찬가지였다. 모건을 포함한 어느 누구도 실제로 닥쳐올 위기를 예상하지 못했다.

여름이 되자 재클링의 공장은 가동에 더욱 박차를 가했지만, 전반적인 재정의 불확실성이 증가했다. 10월이 되자 니커보커신탁회사Knickerbocker Trust Company가 문을 닫고 사장이 스스로 목숨을 끊는 일이 일어났다. 그러자 내가 한 번도 본 적이 없었던, 뉴욕 같은 대도시 은행에서의 묻지마 예금 인출 사태가 벌어지기 시작했다. 뉴욕 증권거래소 역시 공포에 휩싸였다. 미국의 신용 구조가 무너져 내리고 있었다. 우리는 남북전쟁 이후 있었던 혼란기 가운데 최악의 재정적 위기에 처하게 되었다는 사실을 깨달았다.

당시 71세였던 J. P. 모건이 이 위기를 해결하기 위해 금융 황제의 전권을 행사했던 이야기는 여기서 더 반복할 필요는 없을 것 같다. 그렇지만 모건이 한 일과 관련해서 나의 개인적인 일화에 대해서는 꼭 한 번은 언급하고 넘어가고 싶다.

당시 모건은 시장을 구하기 위해 다양한 금융 기관들이 참여하는 특별 기금을 조성했다. 어느 날 밤 나는 오랫동안 잠을 이루지 못하고 있다가 이 기금에 대해 뭔가 극적인 행동을 취하기로 결심했다.

나는 모건의 사무실로 찾아가 이 노신사의 책상 앞에 서서는 그의 기금에 나도 참여하고 싶다고 말했다. 모건이 내게 얼마 정도를 생각하고 있느냐고 묻자 나는 그에게 현금으로 150만 달러 정도면 어떻겠냐고 말했다. 나는 개인의 참여 규모로서는 모건을 제외한다면 최고 수준이 될 거라고 확실하게 생각했다.

그런데 다음 날 아침 시내로 향하면서 나는 개인적으로 참여하기가 어렵다는 사실을 문득 깨달았다. 그래서 나는 맨해튼 은행Bank of Manhattan Company을 찾아가 스티븐 베이커Stephen Baker 은행장에게 은행이 참여하는 기금에 내 계좌에서 150만 달러를 인출해 합쳐달라고 말했다. 따라서 모건에게 가는 돈은 내 이름이 아닌 맨해튼 은행의 이름으로 들어가게 되었다.

내가 직접 개인적으로 기금에 참여하기가 어렵게 된 이유를 여기에서 설명할 수는 없다. 나는 그리 겸손한 사람은 아니다. 또한 모건의 지도력은 물론 미국의 견실함을 알아볼 수 있는 나의 능력에 대해 확신하고 있는 가운데, 그에게 깊은 인상을 심어주고도 싶었다. 그렇지만 말할 수 없는 개인적인 사정으로 그렇게 할 수는 없었다.

내 원래 생각대로 했었더라면 대서양연안 철도회사Atlantic Coast Line

와 텍사스유황회사Texas Gulf Sulphur에서 그랬듯 나중에 모건과의 관계가 달라졌을지도 모른다. 하지만 그때 내가 모건과 더 가까워졌더라면 윌슨 대통령은 나에게 전쟁산업위원회의 위원장으로 조국에 봉사할 기회를 주지 않았을 것이다. 살다보면 생각지도 못했던 사소한 문제로 큰 손해를 볼 수도 있지만, 또 때로는 그런 경험을 통해 결코 예상하지 못했던 전혀 새로운 운명으로 나아갈 수도 있다.

1907년의 위기가 최악으로 치닫고 모건의 시도가 과연 어떻게 될지 그 누구도 예측할 수 없었던 그때, 유타구리상사 직원들의 급여 문제를 해결하기 위해 현금 50만 달러가 필요하다는 급한 연락이 내게 도착했다. 구리 가격은 1킬로그램당 10센트에서 그 절반 이하로, 회사 주식도 39달러에서 13달러까지 떨어지고 있었다. 그렇지만 재클링으로서는 구리 재고가 계속 쌓여가도 회사를 끌고 나가기 위해서는 공장의 가동과 생산을 중단할 수는 없었다.

구겐하임 가문과 헤이든이 후원하는 회사가 은행을 통해 겨우 50만 달러를 융통하지 못해 나 같은 개인 투자자의 도움을 찾았다는 사실은 일견 이상하게 보일 수도 있다. 그렇지만 그 이유는 간단했다.

다른 많은 사람처럼 나 역시 공황 상태가 아니라 혹시 있을지 모를 자금 압박을 대비해 단단히 준비하고 있었다. 나는 맨해튼 은행 계좌의 내 현금 잔고를 계속해서 늘려갔고 베이커 은행장에게 언제든 현금을 인출할 수 있다고 미리 말을 해 두었다.

"당연히 그렇게 할 수 있다." 베이커 은행장은 나를 안심시켰다. "우리는 결코 고객을 실망시키지 않는다."

어쨌든 유타구리상사의 맥닐 사장에게 자금 지원 요청을 받았을 때 나는 얼마 지나지 않아 경제 상황이 원래대로 돌아오겠다고 판단했다. 세상은 제자리로 돌아갈 것이 분명했고 더 나은 대체품이 나타날 때까지는 계속해서 구리가 필요할 것이다. 그래서 나는 맨해튼 은행을 찾아가 현금으로 50만 달러를 인출하겠다고 말했다. 맥닐에게는 직원들에게 급여를 지급할 돈이 필요했다. 설사 급여 지급을 잠시 미룰 수 있었다고 해도 그는 그렇게 하지 않았을 것이다.

베이커 은행장은 즉시 금고를 열어 내가 인출한 돈을 상자에 잘 넣은 뒤 맥닐이 있는 솔트 레이크 시티까지 특급 우편으로 보냈다.

나는 당시의 대출 금리와 상관없이 맥닐에게 언제든 갚을 수 있을 때 돈을 갚고 금리는 6퍼센트면 충분하다고 말했지만 맥닐은 회사 장부에 금리를 20퍼센트로 기록했다. 맥닐에게 돈을 보낸 후 나는 그 거래소로 가서 주가가 많이 떨어진 유타구리상사의 주식을 꽤 많이 매입했다.

유타구리상사는 곧 어려움을 극복했고 정식으로 영업을 시작한 첫해에 이미 재클링의 예측 이상의 실적을 기록했다. 그리고 그 후 30년에 걸쳐 유타구리상사는 주주들에게 2억 5000만 달러 이상의 배당금을 지급할 수 있었다. 세계 최대 규모의 구리 생산 지역으로서 1903년 재클링이 개발하기 시작했던 빙엄광산은 지금도 여전히 지구상에서 가장 거대한 광신 지역 중 한 곳으로 알려져 있다.

유타구리상사가 1907년의 공황에서 버틸 수 있었다는 사실은 좋은 투자란 어떤 것인지 궁금해하는 사람들에게 하나의 좋은 사례가 된다. 투자에 있어서 가치란 한 개인의 성격과 비슷하다. 역경을 더 잘 견뎌내고 더 쉽게 극복하는 사람이 있는 것처럼 가치 있는 투자는 위기를 이겨낼 수 있다. 물론 재클링의 경우 품질이 떨어지는 광석을 처리하는 과정을 개발하면서 지금까지 그 가치가 의심스러웠던 자원에 완전히 새로운 차이의 가치를 추가했다. 이러한 방식으로 새로운 가치가 더해진다면 재정적인 위기에서도 살아남을 수 있을 것이다. 공황은 내가 한 투자에 대해 일시적으로 손해를 입힐 수도 있지만 회사가 경제적 필요를 충족해주는 동시에 잘 관리만 된다면 손해는 곧 회복된다.

또한 유타구리상사의 성공은 개인의 역량과 결단력이 얼마나 중요한지도 아울러 보여주었다. 재클링이 전 세계의 구리 생산량을 두 배로 늘릴 수 있는 새로운 방법을 찾았을 때 그의 나이는 30세에 불과했다. 하지만 재정적 후원자를 찾는데 5년이란 시간이, 그리고 후원자들의 그에 대한 믿음이 실제로 결실을 거두기까지는 또 4년의 시간이 더 걸렸다.

제1차 세계대전이 벌어지자 재클링은 무연 화약 공장을 건설해 전시 공로 훈장을 받았다. 당시에는 과연 그 일이 가능할지 의심스러워하는 시선이 많았는데, 화약을 가져다 취급해야 하는 듀폰Du Pont은 정부에서 부담을 느낄 정도의 높은 완성품 기준을 제시했다. 이 문제와 관련해 아침부터 긴 회의가 이어진 끝에 나는 그 일을 해낼 수 있는 사람을 하나 알고 있다고 말했고 바로 재클링을 추천했다. 그러자 뉴턴 베이커Newton Baker 전쟁 장관이 나의 의견을 대통령에게 전달하겠다고 대답했다.

그날 오후 나는 샌프란시스코의 세인트프랜시스호텔St. Francis Hotel에 머물고 있는 재클링에게 전화를 걸어 이렇게 말했다. "내 추천이 받아들여질지는 잘 모르겠지만 어쨌든 한 번 이쪽으로 와주었으면 하오." 그리하여 며칠 후 베이커 장관이 재클링을 만나보겠다고 했을 때 나는 이미 여기 와 있으니 바로 가겠다고 대답할 수 있었다.

나는 재클링이 장관을 만나러 들어가기 전에 한 가지 조언을 해주었다. "정부에서 어떤 직책도 떠맡지 마시오. 이걸 기억해요. 일단 한 번 그쪽의 일원이 되면 결국 상관의 명령에 따를 수밖에 없으니까." 재클링은 결국 계속 민간인 신분을 유지하면서 정부가 필요로 하는 공장을 제 시간 안에 완성했다.

1933년에 미국의 광업, 기계, 전기 및 토목 공학 협회에서는 재클링에게 미국의 기술자가 얻을 수 있는 영예인 존 프리츠 상John Fritz Medal을 수여했다.

하지만 그런 재클링에게도 실패는 있었다. 제1차 세계대전 동안 그는 메사비산맥의 철광석 광산에서 고급 철광석이 다 소모된 후 질이 떨어지는 타코나이트taconite 광석에서 철을 뽑아낼 수 있다는 사실을 증명하기 위해 작은 공장을 세웠고 또 알래스카에서도 금광석을 찾아 비슷한 사업을 시도했지만 모두 실패로 끝이 났고 나 역시 많은 손해를 보았다.

금이 적게 함유된 광석으로도 충분히 수익을 기대할 수 있다는 희망으로 시작된 이 알래스카주노금광개발상사_{Alaska Juneau Gold Company}는 정말 상당 기간 별다른 소득도 없이 내가 가장 많은 자금을 투자했던 사업이었다. 이 회사의 주요 자산은 주노시 남쪽의 가스티노 해협_{Gastineau Channel} 건너편 산비탈에 있는 노천 광산이었다. 이 광산을 알게 된 건 최고의 광산 기술자인 프레드 브래들리_{Fred Bradley}, J. H. 매캔지_{Mackenzie}, 그리고 허버트 후버_{Herbert Hoover}의 절친한 친구인 마크 레쿼_{Mark Requa} 등에 의해서였는데, 사실 후버 역시 처음 얼마 동안은 광산에 관심이 있었지만 우리가 대신 광산을 차지하게 되었고 이 일은 나중에 오히려 큰 후회로 남게 되었다.

알래스카로 간 재클링은 알래스카금광상사_{Alaska Gold Mine Company}라는 회사의 가능성에 대한 장밋빛 보고서를 내게 보내왔다. 재클링의 판단을 전적으로 신뢰한 나는 그의 새로운 사업에 합류하기로 결정을 내렸고 1915년 봄에 광석의 금 함유량에 대한 희망 섞인 보고서와 함께 주당 10달러로 알래스카금광상사의 주식 40만 주를 인수했다. 거기에는 다음과 같은 단서가 달려 있었다.

"일반 공모 과정을 통해 거래되고 남은 모든 주식은 유진 메이어

2세와 버나드 바루크가 인수한다."

주식 공모와 관련해 내 이름이 공개적으로 거론된 건 그전에도, 그리고 그 이후에도 단 한 번도 없었다. 발행된 주식의 다섯 배가 넘는 청약자들이 몰려들었고 주가는 불과 며칠 동안 단숨에 15달러까지 올라갔다.

그런데 얼마 지나지 않아 이 알래스카금광상사를 통해 재클링이 찾은 광석의 금 함유량이 생각보다 낮다는 사실이 곧 알려졌다. 그러자 곧 알래스카주노금광상사의 가능성에 대해서도 의문이 제기되면서 주가가 떨어지기 시작했다.

마침내 재클링도 포기하면서 알래스카금광상사는 문을 닫고 말았다. 그렇지만 프레드 브래들리는 알래스카주노금광개발상사를 포기하지 않으려 했다. 나는 애초에 내 이름이 이 사업의 후원자로 알려져 있었기 때문에 브래들리보다 먼저 발을 뺄 수는 없다는 도덕적 책임감을 느꼈다. 나 말고 다른 몇몇 사람들도 생각이 비슷했다. 자금도 바닥이 나고 사람들의 믿음도 사라진 후 W. H. 크로커와 오그던 밀스, 그리고 프레드 브래들리, 유진 메이어는 나와 함께 사업을 계속 진행하기 위해 모두 합쳐 300만 달러를 투자했다.

1916년 알래스카주노금광개발상사의 주가는 7.6달러 정도로 마감되었고 1917년에는 2달러, 그리고 1920년에는 거의 1달러까지 떨어지더니 마침내 1921년 불황기에는 60센트까지 폭락했다. 가까스로 반전의 기미가 나타났을 무렵에는 회사 경영권이 거의 넘어가기 직전이었다.

1921년 9월 쯤 겨우 2만 4,000달러의 영업 이익이 발생했고 그것만으로는 고정 비용을 감당하기에 충분하지 않았지만 어쨌든 더 이상 빚을 지지 않고 운영을 해나갈 수 있는 기반은 마련되었다.

브래들리는 조금씩 자신만의 작업 방식을 완성해나갔고 1톤당 80센트 어치 정도의 금만 함유된 광석에서도 수익을 올릴 수 있을 정도로 작업량을 늘려갔다. 10년 전만 해도 그런 광석을 가공해 수익을 올리겠다는 생각은 정신 나간 사람의 생각으로 여겨졌다. 1930년이 되자 부채가 모두 정리되었고 1931년에 첫 번째 배당금이 지급되었다. 그야말로 프레드 브래들리의 끈질긴 집념의 승리였다.

프랭클린 루스벨트 대통령이 달러 가치를 평가 절하하고 금의 가격을 인상하자 알래스카주노금광개발상사도 당연히 큰 이익을 보았다. 그렇지만 나는 당시 《워싱턴 포스트》의 발행인이었던 유진 메이어와 마찬가지로 대통령의 이런 정책에 대하여 반대하는 입장이었다. 우리 두 사람 모두 금광 주식을 적지 않게 보유하고 있었음에도 말이다.

세월이 더 흐른 뒤 알래스카주노금광개발상사는 비용이 상승하고 광석의 금 함유량이 계속 줄어들면서 다시 어려움에 빠졌다. 결국 광산과 회사는 문을 닫았지만, 당시 함께 세웠던 발전소는 여전히 가동 중이다.

5

품질이 떨어지는 광석을 개발하는 여러 실험을 했고, 이를 통해 배운 것들은 국가 안보와 관련하여 상당한 의미가 있었다. 대외 경제 정책에서 우리가 직면하는 문제 중 하나가 바로 원자재를 어디에서 확보해야 하는지에 대한 문제다. 과연 원자재는 비용이 더 많이 들더라도 국내에서 해결해야 할까 아니면 비용을 낮출 수 있다면 외국에서 수입해야 할까.

이러한 문제에 직면하게 되었을 때 나는 이른바 '자유 무역'이나 '보호주의 정책' 그 어느 쪽도 일방적으로 편을 든 적은 없다. 두 차례의 세계대전을 겪으면서 알게 된 것처럼, 미국 내에서 생산되는 광석이나 광물자원을 활용할 수 있는 역량은 정말 귀중한 국방 자산임에 틀림없다.

재클링이 개발하고 이후 다른 기술자들이 개선해나간 공정이 없었더라면 우리는 제2차 세계대전 당시 소비했던 구리의 대부분을 수입에 의존해야 했을 것이다. 그렇게 되었다면 수송 역량의 상당 부분이 그쪽에 투입되었을 것이고 따라서 전쟁 물자 생산이든 전투 효율성이든 다른 부분에서 그만큼의 비용이 더 발생했을 것이다.

그런 이유로 나는 우리가 품질이 떨어지는 광석을 보다 경제적으로 사용할 수 있는 방법을 완성하는 실험을 장려해야 한다고 늘 생각해왔다. 그렇지만 알래스카의 경험에서 알 수 있듯이 이 문제와 관련해서 지혜롭게 대처할 방법에는 한계가 있다.

우리에게 필요한 건 주어진 두 가지 대안 사이의 균형 유지다. 필요한 원자재를 저렴한 비용으로 외국에서 계속 들여오는 동시에 국내 자원을 개발하고 활용할 수 있는 역량을 계속해서 향상시켜 나가야 하는 것이다.

나는 제2차 세계대전 당시 히틀러의 독일이 패색이 짙어지면서 온갖 노력을 다해 모든 문제를 자국 내에서 전부 해결하려 했던 것에 대해서는 별다른 감흥이 없다. 그렇지만 다른 국가들과의 교역이나 관계를 생각하며 미국 안의 자원들을 활용할 수 있는 적지 않은 수준의 역량을 포기해야 한다고는 생각하지 않는다.

이런 복잡하고 광범위한 문제를 마치 어떤 정해진 공식이나 원칙이 있는 것처럼 다루어 해결하려는 건 아무리 보아도 역시 현명한 생각은 아니다. 또한 새로운 기술 개발은 과거에는 가치가 없었던 분야에 새로운 해결책을 제공해줄 수 있다.

우리는 자주국방에 반드시 필요한 자원이나 원자재와 관련하여 우리의 필요와 가능한 공급원 사이에서 충분한 여유를 두고 균형을 유지하여야 한다. 국내 생산과 해외 수입 사이의 비율 역시 경제적 비용뿐 아니라 확실한 공급처가 우리의 국가 안보에 어느 정도 기여하는지를 반영해 결정하여야 한다.

18장

J. P. 모건과 나의 관계

1

어쩌면 순간의 선택으로 나는 J. P. 모건과 함께 할 수 있었던 기회를 놓쳤을지도 모른다. 우리가 동업 직전까지 갔던 사업은 나중에 내 투자 인생에서 가장 높은 수익을 올릴 만한 사업으로 판명되었다. 또한 미국은 세계 유황시장에서 계속 우위를 점할 수 있었다. 그렇지만 모건이 이 사업에서 발을 뺐고 그 때문에 수백만 달러의 이익을 놓쳤으며 나 역시 미국 역사상 전무후무했던 거물과 함께 할 수 있는 기회를 얻지 못했다는 사실이 늘 아쉽게 느껴진다.

모건은 오히려 자신의 회사가 올릴 수익 같은 것이 없을 때 더 열정적일 수 있는 그런 사람이었다. 사실 그는 돈을 버는 일에는 거의 관심이 없었다. 그는 오직 미국의 경제적 통합과 안정을 자신의 목표로 삼고 노력해왔다. 나는 경제적, 산업적, 그리고 사회적 관점에서 모건 같은 독점 연합 세력을 적대시했던 과거 시어도어 루스벨트 대통령의 정책을 더 선호하는 경향이 있었지만 모건의 인생을 생각해보면 그를 스승으로 섬기는 것 역시 내 인생에 있어 가치가 있는 경험이 될 수 있으리라 생각했다.

그런 모건과 제대로 깊이 아는 사이가 한 번도 되어보지 못했다는 사실은 내게 여전히 깊은 후회로 남아있다. 월가에 들어갔을 무렵 나는 몇 번이고 그에게 유가 증권과 시장 보고서를 개인적으로 직접 전달한 적이 있었다. 또 언젠가 한 번은 이스트 사이드에 있는 세인트 조지 교회의 청소년 모임에서 그를 본 적이 있었는데, 당시 나는 웨스트사이드 69번지의 청소년 모임에서 저녁마다 체육을 가르치는 봉사를 했기 때문에 뉴욕의 다른 청소년 모임을 찾아가 어떤 활동을 하고 있는지 살펴볼 때가 있었다. 나는 모건이 그림 조각 맞추기를 하고 있는 한 소년 옆에서 홀린 듯 그 모습을 열심히 바라보고 있던 장면을 지금도 기억하고 있다.

아서 하우스만과 함께 일하는 동안 나는 밀워키전기회사Milwaukee Electric의 채권에 대해 약간의 개인적인 의견을 덧붙인 보고서 하나를 전달한 적이 있었다. 그때 모건은 내게 어떻게 생각하느냐고 물었고 나는 그가 전반적인 재정 상황에 대해 묻고 있다고 생각하고 머지않아 공황이 닥쳐올 것 같은 기분이 든다고 대답했다.

그러자 모건은 그 날카로운 두 눈으로 잠시 나를 똑바로 쳐다보며 이렇게 되물었다. "이보게, 젊은이. 자네는 공황이 뭔지 알고 있는가?"

나는 뭐라고 대답해야 할지 알 수 없었다.

1909년 모건 밑에서 일하던 찰스 스틸Charles Steele이 갤버스턴에서 남서쪽으로 약 65킬로미터가량 떨어진 멕시코만을 따라 텍사스의 브라조리아Brazoria 근처까지 이어지는 유황 광산 지역을 조사해 달라고 요청하기 전까지는 내가 모건과 개인적인 이야기를 나눈 건 그때가 유일했다. 나는 이 문제로 모건 측에서 나를 찾고 있다는 말을 듣고 놀랐다. 이 사업이 전망이 있다는 판단이 들면 모건 측에서는 자본을 제공하고 나는 실무를 맡아 발생하는 수익을 6대 4로 나누는 것이 조건이었다.

사업이 시작되자 물론 나는 제일 먼저 적절한 자격을 갖춘 광산 기술자들부터 찾았다. 나는 구겐하임 탐사대의 해먼드 밑에서 일을 했던 실리 W. 머드_{Seeley W. Mudd}에게 주목했다. 그리고 머드는 스펜서 브라운_{Spencer Browne}이라는 젊은 조수를 구했다. 모든 준비를 마친 우리는 곧 텍사스로 내려가 광부들을 구해 시험 삼아 이곳저곳을 파보기 시작했다.

나는 날마다 브라이언 마운드_{Bryan Mound}라고 부르는 언덕 위에 앉아 광부들이 땅을 파고 들어가 퍼 올린 흙을 가지고 유황의 함량을 확인하는 걸 지켜보았다. 그리고 브라조리아 마을의 작은 호텔에서 밤낮을 가리지 않고 모기와 싸우며 세계 유황 거래에 대한 여러 자료를 살펴보면서 과연 우리의 사업이 가치가 있는지, 그리고 가치가 있다면 앞으로 유황 거래에서 어떤 역할을 할 수 있을지를 고민했다.

나는 즉시 뉴욕으로 돌아가 이런 내용을 모건에게 보고했고 권리금을 포함해 50만 달러면 그 지역의 유황 채굴 사업권을 사들일 수 있다고 전했다. 그리고 그중 절반을 내가 부담하는 '도박'을 기꺼이 할 수 있다고도 덧붙였다.

하지만 '도박'이란 말을 꺼낸 건 실수였다. 나는 그 대신 '투자'라고 말했어야만 했다.

"나는 절대로 도박 같은 건 하지 않네." 모건이 대답했다. 그렇게 대답하며 보인 표정과 손짓은 적어도 그의 판단에 면담도, 그리고 사업도 다 끝이 났다는 것을 뜻했다.

이렇듯 아주 심드렁하게 모든 게 끝나버리기 전까지 우리가 대화를 나눈 시간은 불과 몇 분 정도에 불과했다. 그는 내가 브라조리아의 호텔에서 세계의 유황 거래에 대해 조사하면서 얻은 결론을 이야기할 기회조차 주지 않았다. 나는 지금이야말로 미국의 유황사업이 많이 늘어날 수 있는 아주 '적절한' 시기라는 결론을 내렸다. 그 한 가지 증거로, 미국의 산업이 성장하면서 모든 산업용 화학 물질 중에서 아마도 가장 중요한 황산의 원료가 되는 순수한 유황에 대한 수요가 많이 늘어나고 있었다. 게다가 유황 채굴 기술의 발전으로 미국은 수입 유황에 대한 의존에서 벗어날 수 있는 단계에까지 이르게 되었다.

1900년까지 순수한 유황은 대부분 이탈리아에서만 생산되다시피 했고, 그중에서도 시칠리아섬은 세계 유황 생산량의 95퍼센트를 차지하고 있었다. 1870년 무렵 미국 루이지애나 서부 지역에서 유황이 집중적으로 매장된 곳이 발견되기는 했지만, 그 윗부분을 덮고 있는 독성 물질이 함유된 지층 때문에 이곳을 개발하려는 시도는 거기에서 그치고 말았다.

그런데 석유 채굴 기술자로 성공을 거두었던 허먼 프라쉬Herman Frasch가 석유를 찾아 루이지애나로 왔다가 그의 창의적인 천재성으로 이 문제에 도전했다. 1891년 프라쉬는 수년에 걸쳐 실험에 실험을 거듭한 끝에 이른바 '프라쉬 공정Frasch process'으로 알려지게 되는 새로운 유황 채굴 방법을 개발했다.

프라쉬는 땅속으로 지름이 약 30센티미터에 달하는 금속으로 된 관을 밀어 넣었다. 그 관 안에는 직경이 좀 더 작은 관이, 그리고 그 관 안에 또 직경이 작은 관이 들어가게 만들었다. 이렇게 총 세 개의 관이 겹쳐져 땅속으로 들어가게 되는데, 먼저 고온의 물을 가장 작은 관을 통해 넣어 유황을 녹인다. 그런 다음 두 번째 관에 공기를 높은 압력으로 불어넣으면 녹은 유황이 세 번째 관을 통해 지표면으로 올라오게 된다. 일단 지표면으로 올라온 녹은 유황을 용기에 담아 다시 고체로 만드는 방법이었다.

루이지애나 유황 광산 개발을 위해 세워진 유니언유황회사_{Union Sulfur Company}는 프라쉬 공정을 통해 수익성이 높은 회사가 되었다. 그렇지만 미국의 산업이 더 크게 발전함에 따라 유니언 유황 회사의 생산량만으로는 미국 국내 수요를 충족시키기에 충분하지 않은 것으로 판명되면서 또 다른 공급원의 가치가 올라가게 되었다.

1908년이 되자 프라쉬 공정에 대한 특허 기간이 만료되었고 텍사스의 브라조리아를 비롯해 루이지애나와 비슷한 지형의 유황 광산이 있는 곳이라면 어디든지 이 공정을 사용할 수 있게 되었다. 모건이 갑자기 사업 참여를 거부하며 그와의 관계가 끊어졌을 때 사실 나는 프라쉬 공정을 그에게 추천하려 했었다.

어쨌든 그의 태도 변화로 인해 나는 내가 직접 이 유황 채굴 산업을 추진하기로 했다.

2

머드와 내가 텍사스에 머물고 있는 동안 많은 광산 기술자며 사업가를 비롯한 다양한 사람들이 유황의 사업성과 관련된 계획이나 제안을 들고 우리를 찾아왔다. 우리는 이런 계획들을 살펴보았고 모건이 브라조리아 사업에서 완전히 손을 뗀 후에도 이러한 검토를 계속해나갔다.

머드는 텍사스의 마타고다_{Matagorda}에 있는 빅 돔_{Big Dome}이라는 이름의 특정 지역이 대단히 가능성이 큰 지역이라고 생각했다. 우리는 세인트루이스에 있는 공기업 중 한 곳에서 일하는 A. C. 아인슈타인_{Einstein}을 통해 이 지역에 대해서 알게 되었다. 확인 결과 머드의 생각이 옳았음이 증명되었고 나는 곧 걸프유황회사_{Gulf Sulphur Company}를 설립해 마타고다 주변의 토지를 매입하기 시작했다.

그러는 사이 다시 모건의 관심을 브라조리아로 돌리는데 성공한 몇몇 사람들이 프리포트유황회사_{Freeport Sulphur Company}라는 이름으로 사업을 진행하기 시작했다. 이들의 사업은 즉시 수익성이 있다는 사실이 증명되었고 제1차 세계대전이 발발하면서 유황의 수요가 크게 늘어나면서 프리포트유황회사의 수익도 엄청나게 불어났다. 그렇지만 이렇게 유니언과 프리포트유황회사가 본격적으로 움직이면서 세 번째 신생 회사가 발을 붙일 수 있는 여지는 없는 것처럼 보였다.

우리가 할 수 있는 건 그저 유황과 관련된 산업들이 앞으로 더 발전하기를 기다리는 것뿐이었다. 아인슈타인 마타고다 주변의 토지를 더 매입할 것을 제안했고 나는 그에게 전권을 주면서 대신 토지의 주인들이 우리와 사업을 함께 할 것인지 한번 알아보자고 말했다. 하지만 어느 누구도 그럴 생각은 없었고, 나는 직접 자금을 조달해 토지를 매입했다.

전쟁으로 인해 유황에 대한 수요가 크게 치솟았던 1916년까지 프리포트유황회사는 투자금의 200퍼센트에 달하는 배당금을 지급했다. 머드는 우리도 사업을 시작할 때가 되었다고 생각했고 사업이 정상적으로 진행되려면 자본금이 추가로 더 필요했다. J. P. 모건은 3년 전인 1913년 세상을 떠났다. 모건이 처음에 유황 사업에 관심이 많았던 것을 떠올리며 나는 그가 남긴 모건상사가 걸프유황회사에 지분 참여에 관심을 보이게 될지 곧 알 수 있을 거라고 생각했다.

나는 모건의 동업자였던 헨리 P. 데이브슨Henry P. Davison과 접촉했고 그는 또 다른 동업자인 토마스 W. 라몬트Thomas W. Lamont에게 이 문제를 떠넘겼다. 라몬트는 결국 뉴몬트개발회사Newmont Mining Company를 세운 윌리엄 보이스 톰슨William Boyce Thompson을 불러들이게 되는데, 뉴몬트개발회사는 훗날 세계에서 가장 규모가 큰 광물 및 석유 개발 회사 중 하나가 된다.

나의 제안을 검토한 톰슨은 모건 상사에게 한 번 관심을 가져보라고 조언했다. 그렇게 해서 모건 측은 사업 지분의 60퍼센트를 가져갔다. 그런데 사업이 본격적으로 진행되기 전에 모건 측은 나와는 아무런 상의 없이 이 지분을 약간의 이익을 남긴 채 톰슨에게 넘겨버렸고 나는 모건 측에게 이 문제에 대해 항의했다.

회사의 지분을 처분하고 싶었다면 톰슨이 아니라 나에게 먼저 제안했어야만 했다. 누군가 다른 사람이 같은 일을 모건 측에게 했다면 그들은 절대로 용서하지 않았을 것이다. 처음에 나는 주당 10달러로 지분을 넘겼었는데, 그걸 계속 보유하고 있었다면 아마 모건 측은 엄청난 수익을 올렸을 것이 분명했다. 1920년대 후반이 되자 초창기 투자금 360만 달러는 4500만 달러로 불어나 있었다. 거기에 배당금은 모두 합치면 무려 2500만 달러에 달했다.

$$3$$

그러는 사이 마침내 미국은 제1차 세계대전 참전을 결정했고 윌 슨 대통령이 나를 전쟁산업위원회 위원장으로 임명했다. 내가 맡은 공식적인 임무를 고려할 때, 나는 뉴욕 증권거래소의 회원 자격을 반 납하고 내가 보유하고 있는 여러 회사의 주식과 채권을 포함한 모든 유가 증권들을 처분하는 것이 바른 처신이라고 생각했다.

당시 내가 처분했던 주식 중에는 피셔바디_{Fisher Body} 같은 자동차 회사의 주식도 있었는데 처분하지 않고 그대로 갖고 있었더라면 나 중에 상당한 재산이 되었을 것이다. 그렇지만 내가 한 일에 대해서는 결코 후회하지 않았다고 여기 덧붙이고 싶다. 나는 내게 필요한 돈은 충분히 갖고 있었으며 아무리 큰돈이라도 내가 조국을 위해 봉사하 면서 얻은 그런 만족감을 대신할 수는 없었다.

다만 아직 증권거래소에 상장되지 않아 거래가 불가능했던 일부 주식들은 처분하지 못하고 계속 보유하고 있어야만 했고 그중에는 앞서 언급했던 유황 사업 주식과 내가 관심을 갖고 있던 캘리포니아 의 텅스텐 광산 사업 관련 주식도 있었다. 나는 이 주식들에 대해 비 서인 메리 보일_{Mary Boyle}에게 혹시나 조금이라도 배당금 같은 것이 나 온다면 적십자나 다른 자선 단체에 그 돈을 기부하라는 지시를 내려

두었다. 그리고 이런 조치는 모두 다 윌슨 대통령에게 보고되었고 승인을 받은 것이었다.

나중에 텅스텐 광산에서는 상당한 배당금이 나왔고 약속대로 모두 자선 단체에 기부되었다. 그렇지만 걸프유황회사에서 이름을 바꾼 텍사스걸프유황회사Texas Gulf Sulfur는 전쟁이 끝날 때까지도 제대로 사업을 진행하지 못했다.

내가 전쟁산업위원회의 위원장이 되기 전에 연방광산국Federal Bureau of Mines에서는 주요 전쟁 물자를 생산하는 회사들에 생산량을 늘리고 생산 시설도 확충해달라고 요청했다. 텍사스걸프유황회사도 광산국의 요청을 받았고 대신 건설 자재와 장비 조달에 있어 먼저 편의를 제공받는 일반적인 수준의 지원을 약속받았다.

어느 날 워싱턴의 전쟁산업위원회 사무실 근처에서 텍사스걸프유황회사의 사장 월터 올드리지Walter Aldridge 사장과 우연히 마주친 내가 무슨 볼일이냐고 묻자 올드리지 사장은 정부의 지원에 대해 확인을 하러 왔다고 대답했다.

당시 나는 회사 경영에는 전혀 관여하지 않았기 때문에 마타고다 광산 개발 장비에 대해 그런 편의가 제공될 수 있는지 전혀 알지 못했다. 나는 즉시 베이커 전쟁 장관에게 텍사스걸프유황회사와 나의 관계를 알렸고 당시 회사의 이사이자 내 오랜 친구인 딕 라이던에게는 텍사스걸프유황회사가 유황을 원가에 공급할 수 있을 뿐만 아니라 가장 낮은 가격을 제시하는 경쟁사가 있다면 손해를 보고서라도 그보다 더 낮은 가격으로 유황을 공급할 수 있음을 정부에 알리라고 말했다.

하지만 실제로는 텍사스걸프유황회사에서 본격적으로 유황이 생산되기 4개월쯤 전에 전쟁이 끝나버렸기 때문에 이런 노력은 크게 빛을 보지는 못했다.

프랑스 파리에서 열린 강화 회담을 끝마치고 돌아온 나는 다시 텍사스걸프유황회사 업무에 적극적으로 뛰어들었다. 당시 업계에서는 해결해야 할 문제들이 많이 있었는데, 전쟁이 갑작스럽게 마무리되면서 유황을 취급하는 다른 회사인 유니언유황회사와 프리포트유황회사에게는 수십만 톤이 넘는 유황 재고가 남았고 당장 그 재고를 처분할 수 있는 시장이 남아있지 않았다.

게다가 유황 업계를 대표하는 회사들 사이에도 서로 좋지 않은 감정이 존재하고 있었다. 유니언유황회사는 프라쉬 공정 특허 침해 혐의로 프리포트유황회사를 고소했지만 이미 특허 기간이 만료되었기 때문에 소송에서 지고 말았다. 텍사스걸프유황회사도 프라쉬 공정을 사용했지만 소송이 있었더라도 역시 별문제는 없었을 것이다.

그런데 유니언유황회사 측에서 다른 문제로 우리를 공격했다. 우리가 확보한 토지와 이들의 토지는 나란히 붙어 있었고 그 때문에 우리가 땅을 파서 자신들의 유황까지 빼내고 있다는 이유로 소송이 제기되었다. 결국 이 문제는 법원 밖에서 어떻게 해결이 되었지만 그때까지는 서로 상당히 불쾌한 관계가 유지되었다.

프라쉬 집안 출신으로 유니언유황회사의 주주였던 어떤 사람은 내가 전쟁산업위원회의 위원장으로 있으면서 유니언유황회사와 정부 사이의 계약이 이루어지기 전에 지나치게 많은 조건을 내걸었다고 나를 비난하기까지 했다. 그 사람이 바로 허먼 프라쉬 본인이라고 알려지기는 했지만 사실 그는 제1차 세계대전이 시작되기도 전인 1914년 세상을 떠났다. 따라서 이 자리를 빌려서 이 일은 허먼 프라쉬와는 아무 상관이 없는 일이었다는 사실을 밝히고 싶다.

1920년대 초반의 경기 침체로 인해 전 세계적으로 광물과 금속의 판매는 크게 줄어들었다. 쌓여 있는 재고품들을 처리할 해외 시장을 찾아야 할 긴급한 필요성, 그리고 외국 사업 연합 세력들의 활동에 자극받은 미국 의회는 새로운 수출 무역법Webb-Pomerene Act을 통과시켜 미국의 생산자들이 하나로 힘을 합쳐 수출 문제에 대처할 수 있도록 길을 터준다. 유황을 다루는 회사들에게는 그야말로 시의적절한 해법이 손에 들어온 것이다.

얼마 지나지 않아 유니언유황회사와 프리포트, 그리고 텍사스걸프가 공동으로 출자한 유황수출상사Sulphur Export Corporation가 세워졌고 그 후 얼마 지나지 않아 해외 유황 수요를 감당하기 위해 시칠리아섬과 합의가 이루어졌다.

그리고 이후 5년 동안 미국 유황 산업에서는 급격한 변화가 일어났다. 총판매량으로 보면 텍사스걸프유황회사가 유니언유황회사와 거의 같은 수준까지 도달하는 사이 프리포트유황회사는 3위로 떨어졌다. 그리고 유니언유황회사가 소유하고 있던 루이지애나 광산의 매장량이 바닥이 나면서 공장이 문을 닫았다. 프리포트는 큰 기대감을 품고 여러 회사와 공장들을 새롭게 인수했지만 실제 수익성이 예상보다 크게 떨어졌다. 이런저런 결과로 텍사스걸프유황회사는 세계에서 가장 규모가 크고 가장 판매 가격이 저렴한 유황 생산업체가 되었다.

그때부터 1929년까지 텍사스걸프유황회사는 눈부신 발전을 이루었다. 초창기 주당 10달러로 발행이 된 주식은 320달러가 되었는데 나는 주가가 이렇게 높이 오르기 전에 개인 소유의 12만 1,000주를 처분했다. 주변 사람들이 왜 주식을 매도하느냐고 물었을 때 나는 가격이 너무 올라갔다고 설명했고 다른 사람들에게도 이제 그만 정리할 것을 권유했다.

그렇지만 대부분의 사람들이 나의 이런 조언을 귀담아듣지 않았다. 유황 관련 주식의 가격은 여전히 높이 치솟고 있었으며 사람들은 내가 주식을 처분하는 걸 보고 나도 주식시장에서 감이 떨어진 퇴물이 된 증거라고 받아들였다. 그렇지만 1929년 공황이 닥쳤을 때 나는 내 유황 주식을 완전히 다 처분한 뒤였다.

나는 주식 투자를 하면서 주가가 올라갈 때도 그렇게 보유하고 있는 주식을 매도하는 경우가 많았고 덕분에 재산을 온전히 보존할 수 있었다고도 볼 수 있다. 물론 그대로 주식을 갖고 있었더라면 더 큰 이익을 볼 수 있는 경우도 많았겠지만 대신 주식 가격이 크게 떨어졌다면 어쩔 수 없이 거기에 휩쓸렸을 것이다. 나의 이런 거래 습관 때문에 큰돈을 벌 수 있는 기회를 몇 차례 놓쳤을 수도 있지만 다른 많은 사람과 달리 '파산' 역시 피할 수 있었다.

어떤 사람들은 시장의 최고점에서 팔고 최저점에서 사는 것을 자랑하곤 하지만 나는 그런 이야기의 대부분이 허풍이라고 생각한다. 나는 가격이 충분히 낮아 보일 때 샀고 또 충분히 높이 올라갔다는 판단이 들었을 때 팔았다. 그런 식으로 해서 나는 훗날 대재앙으로 판명이 된 시장의 극단적인 변동에 휩쓸리는 것을 피할 수 있었다.

4

우리는 어째서 1929년 대공황 이전에 벌어졌던 주식시장의 도박판과 같은 광기에 빠져들고 말았을까? 나는 인류 역사에서 여러 차례 증명된 이른바 '군중심리'가 크게 반영된 결과라고 생각한다.

사람들이 분위기에 휩쓸려 이상한 행동을 보이는 것에 대해 처음 생각해보게 된 건《뉴욕 해럴드》의 경제부 기자인 존 데이터John Dater를 만나고 난 뒤부터였다. 1900년대 초, 내가 유럽 여행을 마치고 돌아올 때, 나는 여객선 안에서 데이터와 대담을 나누었다. 우리는 공황에 대해 이야기하게 되었고 그는 내게 찰스 맥케이Charles Mackay가 쓴 『대중의 미망과 광기Extraordinary Popular Delusions and Madness of Crowds』라는 책을 읽어보라고 권했다. 우리 두 사람은 헌책방을 여기저기 뒤져 그 책을 찾아냈다.

1841년 처음 출판되었고 1932년 L. C. 페이지앤컴퍼니Page and Company에서 재출간된 이 맥케이의 책은 여러 시대에 걸쳐 인류를 휩쓴 믿을 수 없는 광풍에 대한 놀라운 기록이다. 이러한 광란의 분위기에 휩싸이지 않았던 국가는 없었다. 비교적 냉정하다고 생각되는 네덜란드 사람들은 튤립 투기에 빠져들었고 열정적인 프랑스 사람들은 미시시피 개발 열풍의 희생양이 되었다. 실용적인 영국 사람들조차 남해회사 사건 당시 큰코를 다쳤다.

이러한 광기와 광란에 대한 기록을 읽으면서 나는 "이런 일은 도저히 있을 수 없다"라고 외치고 싶었다. 그렇지만 나 역시 1920년대의 플로리다 토지 개발 열풍과 1929년 대폭락으로 이어진 주식시장의 투기 열풍에서 이와 비슷한 사람들의 광기를 목도했다. 또한 독일에서 히틀러가 집권할 수 있었던 것도 분위기에 휩쓸린 이런 사람들의 광기가 어느 정도 영향을 미쳤을 것이다.

이러한 군중심리는 인류 역사에서 대단히 자주 반복되기 때문에 거기에는 당연히 인간 본성의 뿌리 깊은 특성이 반영되어 있다. 그건 아마도 철새나 연어가 무리를 지어 이동하게 만드는 것과 비슷한 종류의 그런 힘이 아닐까. 그런데 이러한 움직임에는 일종의 주기가 있는 것 같다. 예를 들어, 강세장이 한 번 휩쓸고 지나가면 중요하든 그렇지 않든 어떤 상황이 발생하고 먼저 한 사람이 팔면 다른 사람들이 우르르 그 뒤를 따라가기 때문에 계속해서 가격이 올라갈 거라는 그런 집단적인 분위기가 깨져버린다.

나는 특히 '집단적 분위기'가 그럴싸한 표현이라고 생각한다. 물론 이 말을 내가 처음 한 건 아니고 J. P. 모건이 철강 회사들의 지분을 끌어모으려고 거래할 때 처음 들었다. 당시 시장의 분위기는 상승세였다.

그런데 한창 거래가 진행되고 있을 무렵 록아일랜드Rock Island라는 회사가 파산하며 주식이 휴지 조각이 되어버렸다. 그때 마침 내 옆에는 미들턴 버릴이 함께 있었는데 그는 "이번 파산으로 상승세라는 집단적 분위기가 끝나게 될 것"이라고 말했다. 지금까지 그런 식의 표현은 한 번도 들어본 적이 없었지만 나는 버릴의 말이 맞는다는 걸 바로 깨달을 수 있었고 나는 모건이 뒤에 버티고 있었음에도 불구하고 철강 관련 주식들을 모두 처분해 현금을 확보했다.

이러한 사람들의 집단적인 광기에 대한 또 한 가지 기이한 점은 교육이나 계급의 수준이 아무런 역할을 하지 못한다는 사실이었다. 맥케이의 책에는 고관대작이나 저명한 학자들이 어떻게 이러한 광풍에 함께 휩쓸렸는지에 대한 사례들로 가득하다. 개인적으로는 1919년부터 1927년까지 주식시장의 광기에 사회 모든 계층의 사람들이 다 휩쓸렸던 모습을 직접 눈으로 확인하기도 했다.

나는 그 당시 내가 어떤 감정을 느꼈는지 기억할 수 있다. 1928년부터 나는 주가에 대해 어떤 불안한 기운을 느꼈다. 세상이 돌아가는 모습을 살펴보며 나는 전쟁과 관련된 부채와 배상금 문제를 어떻게 해결할 수 있다면 새로운 번영의 물결이 시작될 수도 있다는 사실을 알 수 있었다. 하지만 반면에 1927년에 연방준비위원회가 시작한 신용 규제 완화 정책의 영향이 별로 마음에 들지 않았다.

사실 1928년에 나는 일종의 조정 기간이 코앞까지 닥쳐왔지만 그후에도 시장이 계속 상승세를 탈 것으로 생각했었어도 몇 차례 매도를 했다. 1929년 8월에 나는 스코틀랜드로 사냥 여행을 떠났는데 그곳에 머무는 동안 새롭게 세워진 지주 회사의 주식과 오래된 여러 회사의 주식을 서로 교환하자는 제안을 받았다. 이 거래가 성사된다면 관련 회사들의 주식 가격은 깜짝 놀랄 정도로 치솟을 것이 분명했다.

나는 친하게 지내는 사람 세 명에게 전보를 보내 상황이 어떤지 의견을 물었다. 그중 두 명은 별반 의미 없는 답장을 보냈다. 그렇지만 당시 미국 금융계에서 가장 높은 위치에 있었던 한 사람은 전반적인 상황이 "번영의 거대한 물결이 다가오는 것을 가리키고 있다"는 내용의 전보를 보내왔다. 나는 이 사람이 지난번 공황으로 가지고 있던 모든 재산을 다 잃어버렸기 때문에 자신이 말하는 내용에 대해 어떤 믿음을 갖고 있다는 사실을 잘 알고 있었다.

나는 스코틀랜드 여행 일정을 그만 끝내고 미국으로 돌아가기로 결정했다. 런던에서 미국행 여객선의 출발을 기다리는 동안 나는 몇 차례 주식을 사들이라는 전보를 보냈지만 바로 다음 날에는 다시 처분하라고 지시했다. 여객선 안에서 우연히 내 거래를 맡아서 해주고 있는 중개 사무소의 젊은 직원을 만나기도 했는데 나는 그에게 몇 건의 처분 지시를 내렸고 뉴욕에 도착한 직후에는 아예 갖고 있는 모든 주식을 다 처분하기로 했다.

그 뒤에 이어진 암울했던 시기에 나는 맥케이의 책을 다시 읽었고 그의 이야기가 묘하게 용기를 북돋워 준다는 사실을 깨달았다. 그가 말하는 것처럼 인간의 광기 섞인 희망적 분위기에 아무런 근거 같은 것이 존재하지 않는다면 마찬가지로 답답한 절망의 분위기 역시 아무런 근거가 없는 것이 아닐까. 과거에 항상 그랬던 것처럼, 앞으로 전망이 아무리 어두워도 상황은 곧 더 나아지게 마련이었다.

그런데 사람들은 무엇을 하든지 뭐든 과하게 생각하는 경향이 있는 것 같다. 희망이 용솟음칠 때 나는 "하나에 하나를 더하면 그저 둘이 될 뿐이며 아무런 대가 없이 무엇인가를 얻을 수 있는 방법 같은 건 없다"라고 침착하게 마음을 가다듬고, 전망이 어두울 때는 또 "하나에 하나를 더하면 그저 둘이 될 뿐이며 인간은 그리 오래 절망에 빠져 있지는 않는다"라면서 몸과 마음을 추스른다.

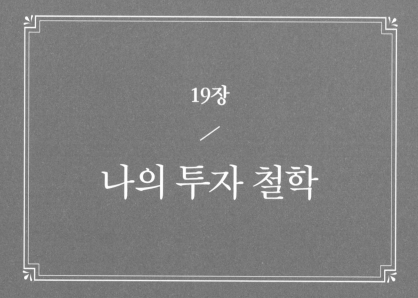

19장

나의 투자 철학

1

여기에서 먼저 영국의 국왕 에드워드 6세와 거래했던 은행가 어니스트 카셀Sir Ernest Cassell의 이야기를 여기 소개하고 싶다. 월가에 들어가기 전 그를 알았더라면 내게 많은 도움이 되지 않았을까?

카셀은 이렇게 말했다. "아무 배경도 없는 풋내기가 성공을 거두기 시작하자 사람들은 나를 도박꾼이라고 불렀다. 내 사업은 점점 그 규모와 범위가 늘어가기 시작하자 그때는 투기꾼으로 불리기 시작했다. 그리고 사업을 계속해서 확장하고 또 확장한 결과 지금은 사람들이 나를 은행가라고 부른다. 하지만 나는 처음부터 지금까지 늘 같은 일을 해왔을 뿐이다."

이 세상에 믿을 수 있는 확실한 투자처가 있다고 생각하는 사람이라면 특별히 더 그의 일화를 곰곰이 생각해볼 필요가 있다. J. P. 모건은 내가 '도박'이라는 표현을 썼다고 해서 나와의 사업을 다 취소해버렸다. 그렇지만 위험이 없는 투자 같은 건 없으며, 투자에는 항상 어느 정도 도박과 비슷한 분위기가 있다는 건 분명한 사실이다.

누구라도 인생에서 기회를 만난다면 그 기회를 붙잡아야 한다. 그리고 형편없는 가능성에도 불구하고 위험을 기꺼이 감수하지 않았다면 지금의 우리 인류는 훨씬 더 비참한 삶을 살고 있었을 것이다. 콜럼버스는 인도로 가는 새로운 항로를 발견하기 위해 그의 시대에 거의 아무도 시도하지 않았던 그런 위험한 모험을 기꺼이 감수했다. 또한 헨리 포드가 모델 T를 처음 세상에 내놓으며 시작한 모험 역시 역사상 가장 위대한 모험 중 하나였다.

심지어 어떤 일이 가능한지 불가능한지 알 수 없을 때도 희망이 전혀 없어 보이는 그런 확률에 맞서려는 우리 인간의 의지를 가로막는 건 대단히 어리석은 일일 것이다. 우리가 해볼 수 있는 건 어쩌면 우리가 하려는 모든 일에서 위험 요소를 줄일 방법을 더 잘 이해하는 것이 아닐까. 달리 말하자면 우리가 할 수 있는 건 스스로 바보가 되지 않으면서 적절하게 모험심과 실험 정신을 잃지 않는 것일 텐데, 이것은 정부의 업무나 사업에도 그대로 적용될 수 있다.

내가 이미 지적했던 것처럼, 진정한 투기자라면 미래를 관찰하면서 어떤 일이 일어나기 전에 행동할 줄을 알아야 한다. 마치 외과 의사처럼 복잡하면서도 서로 모순이 되는 수많은 상황을 헤쳐 나가 중요한 사실에 도달할 수 있는 그런 능력이 있어야 한다. 그리고 역시 외과 의사처럼 눈 앞에 펼쳐진 사실을 바탕으로 냉정하고 침착하게, 그리고 정교하게 주어진 업무를 해낼 수 있어야 하는 것이다.

중요한 사실을 찾는 이 작업이 어려운 건 주식시장의 경우 모든 상황과 관련된 사실이 인간의 감정이라는 장막에 한 번 걸러져서 우리에게 다가오기 때문이다. 주식 가격을 끌어올리거나 혹은 끌어내리는 건 경제적 요소나 이런저런 사건들이 아니라 바로 이런 문제들에 대한 인간의 반응이다. 투기자나 분석가가 끊임없이 마주하게 되는 문제는 바로 냉정하고 실질적인 경제적 사실을, 이러한 사실을 다루는 사람들의 인간적인 감정과 어떻게 구분할 것인가 하는 것이다.

물론 또 다른 문제들도 있다. 우리는 스스로의 감정으로부터 자유로워져야 하는데 그건 여간 어려운 일이 아니다.

나는 오랜 경험을 통해 다른 사람들의 속마음을 꿰뚫어 볼 수 있는 그런 사람들을 알고 있지만 그들조차 자기 스스로의 실수는 잘 알아차리지 못하며 사실 나 역시 그런 사람 중 하나였다.

그러면 다른 사람들의 잘못을 훤히 꿰뚫어볼 수 있는 사람이 스스로에 대해서는 얼마나 무지하고 어리석게 될 수 있는지 사업과 관련된 두 가지 경험을 예로 들어 한 번 살펴보자.

인간의 본성을 연구하는 사람으로서 나는 좋은 투기자라면 돈을 쓰기 전에 그 돈으로 무엇을 할 것인지 먼저 말할 수 있어야 한다고 항상 생각해왔다. 그리고 1906년 12월 어느 날 오후, 캘리포니아에 있는 센트럴퍼시픽철도Central Pacific Railroad의 설립자 중 한 사람의 아들인 윌리엄 크로커William Crocker가 예고도 없이 내 사무실을 찾아왔을 때 그런 나의 믿음은 시험대에 오르게 되었다.

크로커는 내가 아는 가장 매력적인 사람들 중 하나였다. 늘 허리를 똑바로 펴고 외모에 신경을 쓰는 그는 짧고 뾰족한 수염이나 머리카락 한 올도 흐트러지지 않게 관리하는 것 같았다. 그는 말을 할 때 조금 장애가 있어 보였지만 마음이나 머리에는 어떤 문제도 없었다. 그는 상황이 좋지 않을 때라도 고객을 저버리지 않는 그런 유형의 은행가였으며 또한 아무리 어려운 상황 속에서도 재치와 용기를 잃지 않았다.

크로커의 옆에는 네바다주의 상원 의원인 조지 닉슨George Nixon이 함께 있었다. 그는 늘 그렇듯 단도직입적인 태도로 이렇게 대화를 시작했다. "닉슨 의원에게 100만 달러가 필요하다. 그리고 거기에는 충분히 그럴만한 이유가 있다."

닉슨 의원은 자신의 골드필드광산주식회사 Goldfield Consolidated Mines 의 광산과 인접해 있는 콤비네이션광산 Combination Mines 을 사들이면서 세 차례에 걸쳐 257만 8,216달러를 지불하기로 했는데, 그 1차 대금인 100만 달러를 3주 안에 현금으로 지불해야만 했다. 하지만 닉슨 의원이 자금 압박을 받고 있다는 소문이 퍼지면서 골드필드의 주가가 떨어지기 시작했다.

잠시 의논을 한 끝에 나는 닉슨 의원에서 1년 기한으로 100만 달러를 빌려주는 데 동의했다. 그는 담보로 골드필드 광산 주식회사의 주식을 제시했다.

그렇지만 이건 그저 시작일 뿐이었다. 닉슨 의원은 다시 4개월 안에 잔금 157만 8,216달러를 2차에 걸쳐 현금이나 혹은 주식으로 지급해야 했으며 어떤 식으로 대금을 결제할지는 콤비네이션 광산의 소유주들이 결정할 문제였다. 물론 닉슨 의원으로서는 현금보다는 주식으로 대금을 지불할 수 있게 되기를 바라고 있었다.

나는 크로커와 닉슨 의원에게 그들이 주식 쪽을 선택하도록 만들 수 있는 계획이 있다고 말했다. 나는 자세한 설명은 생략한 채 닉슨 의원에게 우선 100만 달러 수표를 주고 지금부터 내 지시를 정확하게 따르라고 말했다.

"우선 아스토리아호텔로 가서 사람들 사이에 적당하게 자리를 잡는 겁니다." 그러고 나서 나는 그에게 이렇게 말했다. "그러면 누군가 다가와 인사도 하고 아는 척도 하겠지요. 그들은 당신에게 돈이 필요하다는 사실을 이미 잘 알고 있어요. 그러면 이 수표를 주머니에서 꺼내 사람들에게 보여주십시오. 그런 다음 다시 수표를 집어넣고 가만히 있어요. 만일 누군가 골드필드에 관심을 보이면 가서 바루크를 먼저 만나보라고 말하세요."

물론 닉슨 의원은 금전적으로 어려움을 겪기 전까지 아스토리아 호텔에 가서 사람들과 어울려본 적이 거의 없었다. 그는 내가 시키는 대로 완벽하게 행동하면서 내가 준 수표를 꺼내 들었다. 그런 다음 이어지는 모든 질문에 대해서는 마치 그동안 어깨에 짊어지고 있었던 모든 돈 문제가 다 사라진 것 같은 홀가분한 말투로 "바루크를 먼저 만나보라"고만 대답했다.

다음날 닉슨은 콤비네이션 광산 소유주들을 만나기 위해 시카고로 떠났다. 그리고 여전히 나의 지시에 따라 내가 서명한 수표를 그들에게 건네주고 아직 남은 잔금에 대해서는 아무런 말도 하지 않았다.

그러자 얼마 뒤 뉴욕의 장외 거래 시장에서 골드필드광산주식회사의 주식을 대량으로 팔겠다는 주문이 나왔다. 나는 시장에서 이렇게 상황을 살펴보기 위한 거래가 있을 것을 예상했고 내가 직접 나서서 사겠다는 주문을 넣었다. 그러자 주가는 떨어지는 대신 비슷한 수준으로 유지되었다. 시장에서는 골드필드에 대한 지금껏 상상도 하지 못했던 수준의 높은 평가가 나오기 시작했다.

내가 세운 계획의 나머지 부분도 예상대로 잘 진행되었다. 100만 달러라는 돈과 골드필드의 주식이 대량으로 거래되고 있다는 분위기의 심리적인 효과는 콤비네이션 광산 소유주들의 마음을 움직였고 이들은 닉슨 의원으로부터 현금 대신 주식을 요구하게 되었다. 이들은 심지어 약속한 지급 기간까지 기다리지도 않고 바로 주식으로 지급해달라고 요구하기도 했다.

크게 고양된 기분으로 뉴욕에 돌아온 닉슨 의원은 금전적인 어려움을 완전히 해결했다. 그는 내게 일종의 수수료로 골드필드 주식 10

만 주를 주었고 나 역시 내 노력의 대가라고 생각하고 주식을 받았다. 하지만 나의 이런 재주를 칭찬하기 전에 두 번째 이야기도 들어봐야 할 것이다.

나는 이미 앞서서 구리 가격을 통제하려는 아멜가메이티드금속회사 측 사람들이 얼마나 어리석은 짓을 하고 있는지 허먼 실켄의 이야기를 귀담아듣고 큰돈을 벌었던 이야기를 한 적이 있다. 본질적 관점에서 이 구리 가격 담합 사례는 가장 재기 넘치는 투기꾼들의 시장교란에도 불구하고 시장은 수요와 공급의 법칙을 따른다는 것을 보여준 간단한 사건이었다. 그런 경험을 이미 했다면 당연히 수요와 공급의 법칙을 거스르려고 노력하는 그런 실수는 하지 않을 거라고 생각하겠지만 나는 바로 그런 실수를 저지르고 말았다.

1902년 브라질에서는 앞으로 5년 뒤부터 여러 농작물들의 재배를 일정 수준 제한할 것을 선언했는데, 그건 다시 말해 1907년부터 주요 농작물들의 생산량이 줄어든다는 뜻이었다. 당시 커피 무역에 대해 가장 잘 알고 있는 사람은 다름 아닌 허먼 실켄이었고 그는 브라질 정부의 정책과 기상 악화에 대한 전망을 바탕으로 커피 가격이 크게 올라갈 거라는 판단을 내렸다.

나는 1905년 초가 되자 커피를 대량으로 사들이기 시작했다. 커피를 사들일 때는 증거금 거래로 했기 때문에 1킬로그램당 몇 센트만 가격이 올라도 내게는 큰 이익이 될 터였다.

그런데 내가 예상했던 상승세는 일어나지 않았다. 자연은 투기꾼들의 손안에서 놀아나기를 거부했고 재배 제한이 시작되기 1년 전인 1906년부터 갑자기 엄청난 양의 커피가 생산되기 시작했다.

1905년 말이 되자 지난 1년 동안 1킬로그램당 약 15센트였던 커피 가격이 떨어지기 시작했다. 브라질 정부는 바짝 긴장한듯 허먼 실켄 같은 전문가들과 상의를 한 후 정부 차원에서 수백만 자루의 커피를 사들여 시장 출하를 중단하는 이른바 '가격 안정화 정책'을 실시할 것을 고려했다. 실제로 이 정책이 시행되면 커피 가격이 그대로 유지될 거라고 확신했던 실켄은 내게 일단 잠자코 있으라고 조언했다. 그리고 브라질 정부가 커피 구매 예산을 마련할 수 있도록 융자 관련 작업을 도왔다.

그런데 커피 가격은 한 번에 아주 조금씩이나마 계속해서 떨어졌고 그렇게 조금씩 떨어질 때마다 나는 수천 달러에 달하는 적지 않은 손해를 보았다. 나는 내 은행 잔고가 줄어드는 것과 수년 동안의 노력의 결실이 사라지는 것을 보면서도 실켄의 충고대로 계속 버텼다.

그때 나는 1906년의 커피 수확량이 전대미문의 규모가 될 것이라는 사실이 분명해졌을 때 내가 보유하고 있는 커피를 팔았어야 했다. 물론 그렇게 해도 손해를 감수해야만 했지만 주식시장이든 선물시장이든 보통은 처음 입게 되는 손해가 가장 적은 법이었다. 그런데 누구나 저지를 수 있는 최악의 실수 중 하나가 바로 자신의 판단이 틀렸다는 걸 절대로 인정하지 않는 것이다.

나는 그런 사실을 잘 알고 있었으면서도 현명하게 행동하는 대신 시장의 압박에 어쩔 줄 몰라 하는 초보자처럼 논리적으로 생각하는 것을 포기해버렸다.

많은 초보자가 손해를 보지 않고 버티기 위해 자신에게 도움이 되는 것들을 팔아치운다. 좋은 주식은 보통 가격이 떨어지는 폭이 가장 적고 또 수익성이 좋기 때문에 심리적으로 쉽게 거래하게 되지만 나쁜 주식의 경우 거래를 할수록 큰 손해를 볼 가능성이 크기 때문에 그동안의 손해를 회복하기 위해서라도 오히려 계속 가지고 버티는 경우가 더 많다.

그러나 사실은 나쁜 주식일수록 빨리 처분해 버리고 좋은 주식은 계속 보유하는 전략을 유지해야 한다. 아주 드문 경우를 제외하면 결국 주가가 높다는 건 그 주식이 좋다는 뜻이고 주가가 낮다는 건 그 주식의 가치가 불확실하다는 것이 아닌가.

앞에서 말했던 것처럼 그런 모든 사실을 잘 알고 있었음에도 불구하고 도대체 나는 무슨 짓을 했단 말인가? 1903년에 나는 계속 주가가 올라갔고 앞으로도 더 오를 것으로 예상이 되던 캐나다퍼시픽 철도회사Canadian Pacific의 주식을 다량 매입했었는데, 커피 거래를 유지하기 위해 그 주식들을 몽땅 다 팔아버리지 않았나!

하지만 그렇게 주식을 팔아 마련한 자금도 몽땅 다 사라졌고 커피 가격도 계속해서 더 떨어졌다. 마침내 제정신을 차리고 이제 그만 손을 털고 나가야 한다는 사실을 깨달았을 무렵 나는 샌프란시스코 어딘가에 있었다.

그런 경험을 하는 과정에서 내가 잃은 돈은 70만 달러에서 80만 달러 정도였다. 나는 며칠 동안 신경성 소화불량으로 고생했는데 큰 돈을 손해 봤다는 사실보다 더 고통스러웠던 건 혼자서 뭐든 잘 아는 듯 잘난 척하다가 큰코를 다쳤다는 사실이었다. 결국 나는 내가 잘 모르는 분야에 대해서는 절대로 큰 위험을 감수하지 않겠다는 결심을 다졌다.

모든 상황을 정리하고 나자 나는 나에게 모든 책임이 있다는 사실을 충분히 확인할 수 있었다. 구리 가격을 수요와 공급의 법칙이 아닌 자신들의 힘으로 조정하려 했던 사람들의 어리석음을 냉철하게 꿰뚫어 봤던 실켄 같은 사람도 자신이 가장 알고 있는 상품에 대해 같은 실수를 저질렀다는 사실이 이상하게 보일 수도 있을 것이다. 그렇지만 우리는 종종 자신이 바라보고 있는 목표에 대한 기대에 너무 빠져서 그 성취가 현실성이 없다는 사실을 간과할 때가 많다. 한 가지 문제나 상품에 대해 더 많이 알면 알수록, 혹은 내부 정보가 많을수록 수요와 공급의 법칙도 거스를 수 있다고 믿게 될 가능성이 높아지는 것이다.

바보들도 가기를 두려워하는 곳에 이른바 전문가들이 빠져들게 되는 건 바로 그런 이유 때문이다.

위에서 소개한 두 가지 사례가 인간적인 감정의 개입 없이 정확한 사실을 찾는 과정이 얼마나 중요하고 또 얼마나 어려운지를 절실하게 보여주고 있다고 나는 믿는다. 나의 개인적인 실패와 관련해서 다른 사람들이 뭔가 교훈을 얻을 수 있기를 바랄 뿐이다. 물론 내가 줄 수 있는 조언이 얼마나 효과적일지는 나조차도 조금은 의심스럽다는 점을 고백하지 않을 수 없다.

지금까지 지켜본 바로는 다른 사람들의 실수나 실패가 종종 우리로 하여금 더 열성적으로 같은 일을 반복하게 만드는 경우가 있었다. 그것은 아마도 모든 사람의 가슴 속에는 어떤 현실에 대한 불만이 늘 불타오르고 있을 뿐만 아니라 '승부에서 이겨' 내가 다른 사람들보다 더 똑똑하다는 걸 증명하고 싶은 충동 역시 함께 불타고 있기 때문일 것이다. 어쨌든 이러한 실수가 여러 번 반복된 후에야 우리는 중요한 교훈을 뼛속 깊이 새기게 된다.

어쨌든 이렇게 조언이나 충고의 효과에 대해 회의적인 기분이 들었기 때문에 나는 현명한 투자나 투기 방법에 대한 일종의 '규칙'이나 지침 같은 것들을 사람들에게 제시하는 경우가 잘 없었다. 그럼에도 불구하고 필요한 자신만의 원칙을 원하는 사람들을 위해 나의 경험을 통해 배운 중요한 내용 몇 가지를 여기에서 소개하고자 한다.

1. 투자나 투기는 부업이 될 수 없다.

2. 이발사든 미용사든 혹은 식당 종업원이든 누구라도 이른바 '내부 정보'나 '비밀'을 알려주겠다는 사람을 조심하라.

3. 유가 증권에 투자하기 전에 해당 회사와 경영진, 경쟁 회사, 그리고 수익 및 성장 가능성에 대해 가능한 한 모든 것을 알아봐야 한다.

4. 바닥에서 사서 꼭대기에서 팔려고 하면 안 된다. 그런 일은 가능하지 않으며, 가능하다고 말하는 사람은 거짓말쟁이다.

5. 손실은 신속하고 깔끔하게 정리하는 방법을 배우자. 항상 자신의 판단이 옳을 수는 없다. 실수를 저질렀다면 최대한 빨리 손절매해서 손실을 줄여야만 한다.

6. 서로 다른 종류의 유가 증권을 너무 많이 매수하면 곤란하다. 자신이 잘 살펴볼 수 있는 몇 가지 종목을 골라 투자하는 것이 좋다.

7. 자신이 투자한 종목을 주기적으로 재평가하여 변화하는 상태에 따라 종목에 대한 전망이 바뀔 수 있는지 확인하라.

8. 자신의 세금 납부 현황을 주시하라. 그리고 언제 팔아야 세금을 최소화할 수 있는지 알아봐야 한다.

9. 자기 자본의 상당 부분을 항상 현금으로 준비해 보관하라. 모든 자금을 한꺼번에 투자하면 안 된다.

10. 모든 종목에 골고루 투자하려 하지 마라. 자신이 가장 잘 아는 분야에만 집중하라.

이러한 '규칙'은 주로 경험을 통해 내가 배웠던 두 가지 교훈, 즉 행동하기 전에 주어진 상황에 대해 파악하는 과정이 매우 중요하다는 것과, 이러한 상황 파악은 영원히 신경 쓰며 계속되어야 한다는 것을 반영하고 있다.

예를 들면 나는 당시 가장 식견이 뛰어난 금융가였던 로스차일드 가문의 한 사람이 사랑하는 애인의 재산을 투자하기 위해 나섰다는 이야기를 들은 적이 있다. 그는 애인의 재산을 오스트리아와 독일의 국채, 영국 회사 주식, 그리고 프랑스의 부동산에 투자하기로 결정했는데, 몇 년 후 그 결과를 들어보니 프랑스 부동산은 가치가 5분의 1로 떨어졌고 오스트리아와 독일의 국채는 당연히 휴지 조각이 되었으며 영국의 주식 역시 그 가치가 상당이 떨어졌다고 한다.

다시 말해, 일단 투자를 하고 나면 당연히 그 가치가 그대로 유지될 거라고 생각하기는 어렵다. 새롭게 찾은 원자재나 상품의 공급처는 사람들의 습관이나 혹은 기술 혁신에 따른 변화와 함께 각 부문의 사업 경쟁력에 영향을 준다. 석유와 전기로 인해 석탄 자원이 영향을 받았던 것처럼 종종 새로운 발명이나 발견으로 인해 어떤 부문은 경제적으로 새로운 생명을 얻게 되지만 반대로 그 가치에 타격을 입게 되는 경우도 많다.

실제로 몇 세기에 걸친 시간의 흐름에 저항해 변하지 않고 그 가치를 지킬 수 있었던 그런 자원이나 사업 부문은 손에 꼽을 수 있을 정도다. 예컨대 금이나 은, 그리고 구리, 귀금속 같은 자원이나 예술과 예술 작품, 몇몇 농작물과 토지 그 자체 정도가 아닐까.

물론 이러한 것들 역시 "적어도 지금까지는 가치를 지키고 있다"라는 조건을 달지 않을 수 없다. 예를 들어 양식 진주의 개발로 천연진주의 오래된 가치가 흔들릴 정도가 되었고 금의 경우 미국을 포함한 각국 정부에서 개인이 금을 모으는 일을 불법으로 규정하는 법률을 통과시키기도 했다.

사실 내가 투자한 종목의 가치가 절대로 변하지 않는다고 절대로 장담할 수 없다는 바로 그 이유 때문에 우리는 모두 자신의 투자 종목들을 주기적으로 재평가할 수밖에 없다. 또한 너무 많은 종목의 유가 증권에 자신의 자금을 분산 투자하는 것도 현명한 행동이 아니다. 투자에 대한 건전한 판단을 내리고 유가 증권의 가치에 영향을 줄 수 있는 요소들을 파악하려면 시간과 노력이 필요하다. 몇 가지 주제나 종목에 대해서라면 필요한 모든 것들을 다 알아낼 수도 있겠지만 너무 많은 주제나 종목이라면 그렇게 필요한 모든 것들을 다 알 수는 없을 것이다.

약간 알고 있는 지식이 더 위험하다는 오래된 격언이 가장 적절하게 적용될 수 있는 분야가 바로 투자일 것이다. 각각의 사업체들을 평가할 때는 다음과 같은 세 가지 주요 요소들을 검토해야만 한다.

첫째, 회사의 실제 자산과 부채에 대비 보유하고 있는 현금 자산, 그리고 물리적 자산들을 확인한다.

둘째, 사업체가 추진하는 업에 대한 가치나 독점권을 확인한다. 다시 말해 그 사업체는 사람들이 원하거나 꼭 필요로 하는 그런 일을 하고 있는가? 아니면 그런 무엇인가를 확보하고 있는가?

나는 종종 경제 상황이 바닥을 친 후 다시 치고 올라갈 수 있는 가장 강력한 원동력은 우리가 모두 어떻게든 살아가야 할 방법을 찾아야 한다는 단순한 사실이라고 생각했다. 칠흑 같은 절망에 빠져있더라도 사람은 계속 일하고 먹고 입어야 한다. 그리고 이런 활동을 통해 경제는 다시 새롭게 돌아가기 시작한다. 사람들이 계속 살아가기 위해 갖추어야 할 것들이 무엇인지 판단하는 건 그리 어렵지 않으며 보통 이러한 분야가 오랜 기간 걸쳐 그 가치를 유지할 가능성이 크기 때문에 투자처로 주목 받는다.

셋째, 그렇지만 역시 가장 중요한 것은 경영자의 성향과 역량이다. 나는 자금이 풍족한 어리석은 경영자보다는 다소 자금이 부족하더라도 역량이 있는 그런 경영자를 더 선호한다. 어리석은 경영자는 좋은 사업 계획조차 망칠 수 있다. 또한 경영자의 성향은 앞으로 그 사업이 성장할 수 있을지 그 전망을 평가하는데 특히 중요하다. 경영자가 창의적이고 지략이 풍부하며 늘 깨어있으려는 의지로 가득 차 있는가? 아니면 그저 멍하니 주저앉아 나무 위에서 열매가 떨어지기만을 기다리고 있는가?

나는 경험을 통해 어떤 회사의 우두머리가 갖고 있는 사회적인 명성이나 재력보다는 회사 실무진의 역량에 더 비중을 두어야 한다는 사실을 배웠다.

여러 사업체나 투자 종목에 대한 이런 기본적인 경제적 요소들을 반복해서 확인하고 또 지속적으로 재확인해야 한다. 나는 종종 실수를 저질렀지만 적절한 때에 손해를 정리하고 뒤로 물러남으로서 계속해서 이익을 올릴 수 있었다.

예를 들어 1904년 초에 나는 수 철도회사Soo Line가 미네소타주의 시프 리버 폭포Thief River Falls로부터 서쪽으로 약 450킬로미터가량 떨어진 노스다코타주의 켄마레Kenmare까지 노선을 확장하여 밀의 수송량을 늘릴 계획이라는 소식을 들었다. 나는 헨리 C. 데이비스에게 수

철도회사의 가능성에 대해 한 번 알아봐 달라고 부탁했다. 상황을 보고 돌아온 데이비스와 나는 지도를 보며 고심에 고심을 거듭했다. 그러고 나서 나는 그의 정보에 따라 수철도회사의 새로운 노선이 성공할 수 있을 정도로 충분한 밀이 이쪽으로 옮겨져 운송될 거라는 결론을 내렸다.

수철도회사의 주식은 60달러에서 65달러에 거래되었고, 주당 4달러의 배당금을 지급했다. 4달러라면 주가의 6퍼센트가 넘는 금액이었다. 나는 주식을 사들이기 시작했다. 수철도회사의 노선 확장 작업이 시작되었지만 얼마 지나지 않아 실제로 수익을 거둘 수 있을지 의심스럽다는 소문이 월가를 통해 퍼지기 시작했다. 나는 이런 종류의 고약한 소문이 종종 좋은 투자처에 사람들이 접근하지 못하게 하려고 퍼진다는 사실을 잘 알고 있었기에 더 많이 주식을 사들였다.

그 무렵 밀 농사가 풍작을 이루면서 수철도회사의 수익이 대략 50퍼센트 이상 늘어났다. 주가는 내가 매입을 시작했을 때와 비교해 거의 3분의 2가 오른 110달러였다. 그것도 계획하고 있던 시프 리버 노선이 확장되기도 전에 그렇게 된 것이다.

그러는 사이 나는 수철도회사의 노선 확장에 대한 전망을 다시한번 확인하기 위해 또 다른 추가 예방 조치를 취했다. 북서부 지역과 캐나다의 인접 지역에 사람을 보내 다양한 실제 및 가상의 조건에서 밀이 어떻게 움직일지 예상할 수 있는 자료를 모아오게 한 것이다. 나는 이런 많은 수치와 자료들을 오랫동안 깊게 연구하고 또 연구했다.

나는 대부분의 밀이 캐나다 국경 근처에 모였다가 수로를 통해동쪽으로 옮겨질 것이기에 시프 리버 노선의 확장이 회사에 별반 이익을 가져다주지 못할 거라는 결론을 내렸다. 처음 투자를 했을 때와는 상황이 달라졌기 때문에 나는 주로 수철도회사의 내부자들을 대상으로 내가 확보하고 있던 주식을 넘기기 시작했다.

나는 적절한 때에 상황이 변했음을 확인하고 주가가 하락하기 전에 상당한 수익과 함께 물러설 수 있었다. 다시 한번 강조하지만, 이런 성공은 투기꾼들이 이야기하는 어떤 신묘한 술수가 아니라 신중한 조사와 연구의 결과였을 뿐이다.

$$4$$

월가에 있는 나의 예전 사무실 밖에는 내가 종종 돈을 적선하는 늙은 거지가 한 사람 있었다. 1929년 대공황의 광풍 속에 어느 날 그 거지가 나를 불러 세우더니 이렇게 말했다. "좋은 정보가 하나 있는 데요."

거지와 구두닦이 소년, 그리고 이발사나 미용사 등 아무 관련이 없는 사람들이 부자가 될 수 있는 좋은 정보를 알려주겠다고 나설 때 는 세상에 공짜보다 더 위험한 건 없다는 교훈을 다시 한번 마음속 깊이 새겨야 한다.

이런 비밀스럽고 유용한 정보들은 물론 경제가 호황일 때 가장 많이 흘러넘친다. 비극적인 건 상승세의 시장에서는 적어도 한동안 은 이런 정보들이 다들 그렇듯 하게 보인다는 사실이다. 그렇게 되면 사람들은 주식시장으로 점점 더 깊게 빠져든다.

사람들이 좋은 정보로 잘못 해석하는 내용들을 보면 놀라지 않을 수 없다. 어느 해 겨울 우리는 뉴욕에 있는 세인트레지스호텔St. Regis Hotel에서 지내고 있었는데 우리 부부는 친구와 친척들을 저녁 식사 자리에 초대했다. 그때 누군가에게 전화가 왔고 나의 전화 통화 내용 일부가 다른 사람들에게는 이렇게 들렸다고 한다.

"통합가스상사Consolidated Gas 말인가요. 네, 그렇군요. 좋습니다. 아주 좋아요. 그래요, 그럼 그렇게……"

몇 주가 지난 후 사우스캐롤라이나에 있는 우리 농장을 찾았을 때 그날 호텔에서 저녁을 함께했던 한 친척이 눈물을 흘리며 나를 찾아왔다. 이 매력적인 여자 친척은 막대한 돈을 손해 봤다고 말했다.

"그렇지만 물론 당신도 통합가스상사 때문에 큰 손해를 봤겠지요." 그녀는 이렇게 말하며 흐느꼈다.

"통합가스상사 때문에 큰 손해를 보다니요?" 나는 깜짝 놀라 이렇게 반문했다.

"네, 통합가스상사요." 그녀가 말했다. "그때 좋다고 말하는 걸 듣고 투자를 한 건데요. 아, 물론 당신은 몰랐겠지만요. 몰래 전화 통화를 엿들은 것 같아 그때는 아무 말도 하지 않았거든요. 그렇지만 그때 분명 통합가스상사가 좋다는 말을 똑똑히 들었어요. 그런 좋은 정보를 들었는데 어떻게 가만히 잠자코 있겠어요."

그렇지만 사실은 그렇지 않았다. 나는 통합가스상사의 가치가 폭락할 것을 예상하고 누군가에게 현재 상황을 알려달라고 부탁을 했다. 세인트레지스호텔에 있을 때 그 사람에게 걸려 온 전화는 내 예상이 빗나가지 않았다는 사실을 알려주는 일종의 보고였다. 내가 "좋습니다, 아주 좋아요"라고 말한 건 단지 내 예상대로 들어맞은 걸 확인하는 표현일 뿐이었다.

하지만 결과적으로 내 친척은 좋은 정보를 들었다고 생각하고 내가 주식을 파는 동안 오히려 해당 회사의 주식을 사들였다.

투자나 투기를 할 때 논리적으로 생각할 수 있는 우리의 능력을 가로막는 건 다름 아닌 우리의 감정이다. 예를 들어 주식을 언제 사야 할지보다 언제 팔아야 할지를 결정하는 일이 훨씬 더 어렵다. 사람들은 이익을 인정해 실현하거나 혹은 손해를 인정하는 일이 똑같이 어렵다는 사실을 깨닫게 된다. 주가가 오르면 혹시 더 오를까 싶어 처분해 이익을 얻지 못하며 주가가 내려가면 혹시 다시 반등하지 않을까 싶어 바로 처분해서 더 큰 손해를 줄이지 못하는 것이다.

가장 합리적인 방법은 주가가 올라가고 있을 때 바로 처분하거나 혹은 자신이 실수를 저질렀을 때는 즉시 인정하고 처음 발생한 손해를 감수하는 것이다.

어떤 사람들은 주식을 처분하고 난 후 좀 더 기다렸다면 어땠을까 하는 생각으로 스스로를 괴롭힌다. 그건 아주 어리석은 일일뿐더러 스스로를 혼란스럽게 만드는 행위다. 어떤 투기자나 투자자도 언제나 승승장구할 수는 없다. 솔직히 말하면 절반 정도만 예측이 맞아떨어져도 아주 훌륭하다고 볼 수 있다. 심지어 열 번 중 세 번이나 네 번 정도만 예측대로 들어맞아도 문제가 되는 투자에서 빠르게 발을 빼 손해를 줄일 수 있는 감각만 있다면 그럭저럭 이익을 실현할 수도 있다.

젊었을 무렵 누군가에게 잠자는 걸 방해할 정도의 주식이 있다면 처분해버리라는 충고를 들은 적이 있다. 나는 그 말이야말로 가장 순수한 빛을 비춰주는 보석 같은 지혜라고 생각한다. 우리가 밤잠을 설치며 걱정한다는 건 결국 우리의 잠재의식이 어떤 경고를 전하고 있기 때문이다. 따라서 가장 현명한 행동은 걱정이 사라질 때까지 문제가 되는 부분들을 정리하는 것이다.

실제로 나 역시 내가 보유하고 있는 자산을 차곡차곡 현금으로 바꾸고 투자나 투기 활동에서 완전히 은퇴하는 것이 현명한 행동이라는 사실을 깨닫게 되었다. 어떤 장군도 휘하 병력을 쉬지 않고 싸우도록 내버려 두지는 않으며 예비 병력을 남겨두지 않고 싸움에 나서지는 않는다. 젊은 시절 맛보았던 실패를 어느 정도 극복하게 된 후 나는 내 재정적 역량으로 어느 정도까지 실수를 감당할 수 있을지 확인하고 절대로 그 이상의 투자나 투기를 하지 않으려고 노력했다. 또 나는 막대한 액수의 현금을 보유하고 있으면서 예상치 못한 기회가 발생했을 때 바로 이 기회를 이용할 수 있는 유리한 위치에 서 있을 수 있었다.

일부 사람들이 가지고 있는 또 다른 흔한 착각은 주식을 거래하고, 부동산에 손을 대고, 직접 경영을 하고, 또 정치에도 참여하는 등 이런 모든 일을 한 번에 할 수 있다는 것이다. 내 스스로의 경험에 따르면 한 번에 한 가지 이상의 일을 잘 해낼 수 있는 사람은 거의 없다. 다만 한 가지 분야의 전문가는 설명할 수는 없지만 많은 것들을 감지할 수 있는 거의 본능적인 '느낌'을 배우게 되는데, 앞서 소개했던 커피 거래에서처럼 이런 '느낌'이 부족한 상태에서 투자나 투기를 시작했던 경우 그 결과는 썩 좋지 못했다.

투자나 투기에서 성공하려면 법이나 의학, 혹은 또 다른 분야에서 성공하는 것만큼이나 전문적인 지식이 필요하다. 사전 교육이나 철저한 준비 없이 유명 백화점들과 경쟁할 수 있는 그런 백화점을 세울 수 없고 또 포드나 제너럴 모터스에 견줄만한 그런 자동차를 만들어낼 수도 없다. 그런데도 사람들은 탁월한 전문가들이 활약하는 주식시장에 아무런 근거 없는 자신감을 가지고 아주 기꺼이 자신의 소중한 돈을 내던진다.

전적으로 투자 연구에만 시간을 할애할 수는 없지만 그래도 어느 정도 수준의 현금을 들고 적당한 수익을 얻을 수 있기를 바라는 사람들이 있을 수 있다. 그런 사람들이 있다면 나는 믿을 수 있는 투자 전문가를 찾아가라고 권하고 싶다.

어떤 특정한 세력에 소속되어 있지 않으면서 유가 증권과 그 가치를 연구하는 일을 하는 냉정하고도 신중한 투자 분석가라는 새로운 직업이 탄생했다는 건 지난 반세기 동안 이루어진 건설적이고 건전한 경제 발전의 또 다른 성과가 아닐까?

내가 처음 월가에 들어갔을 때 사람들은 그런 분석을 스스로 해야만 했다. 또한 유가 증권의 가치를 판단하는데 필요한 정보 공개를 책임지는 공인된 증권 거래 위원회 같은 곳도 존재하지 않았다. 당시에는 모든 일이 공공연하게 비밀리에 이루어졌으며 금융계의 거물들이 얼마나 비밀에 싸여 있는지에 대해서도 많은 이야기가 떠돌았다. 어떤 기업의 우두머리는 자신의 사업을 두고 "더하고 나누며 그리고 침묵을 지키는 일"이라고 설명하기도 했다. 내셔널시티은행의 은행장 제임스 스틸먼에 대해서는 이런 이야기도 전해진다. 스틸먼은 유럽에 다녀오는 길에 모건의 동업자인 조지 퍼킨스George Perkins를 만났다. 퍼킨스는 "이제 돌아오는 길입니까?"라고 물었다.

스틸먼이 아무 말도 하지 않자 퍼킨스는 이렇게 한마디를 더 했다. "아, 물론 아무 말 안 하셔도 이해합니다."

뉴욕 증권거래소는 사업자들로 하여금 경영 내역에 대해 주주들에게 더 많은 정보를 공개하도록 만들기 위해 길고 힘들었지만 성공적인 투쟁을 해냈다. 그렇지만 1890년대와 1900년대 초반까지만 해도 사정은 많이 달랐다. 증권거래소는 우선 주식 상장의 유리한 점을 사업자들에게 알리고 설득해야 했고 그 과정이 끝난 다음에야 비로소 주식시장에 관심을 갖고 있는 일반 대중들에게 더 많은 정보를 공개할 수 있도록 다음 단계를 밟아나갈 수 있었다.

어쩌면 지금은 너무 많은 정보가 제공되고 있는지도 모른다. 문제는 그런 정보들을 모으는 것이 아니라 본질적인 사실에서 관련이 없는 내용들을 정리하고 남은 사실들이 의미하는 바를 확인하는 것이다. 그러기 위해서는 그 어느 때보다도 정확한 판단력이 필요하다.

그런데 19세기에서 20세기로 바뀌던 시절에 비해 지금 유가 증권의 가치를 판단하는 작업을 더욱 어렵게 만드는 몇 가지 이유가 있다. 그중 두 가지가 바로 항상 존재하고 있는 전쟁의 위협과 지속적인 물가 상승의 문제다.

전쟁과 물가 상승이라는 두 가지 위협의 영향은 사람들을 주식 투자로 끌어들이는 서로 모순되는 동기를 잘 보여주고 있기 때문에 진지하게 살펴볼 가치가 있다. 어떤 사람들은 기업의 미래에 대한 희망과 확신에 투자한다. 또 다른 사람들은 물가 상승으로 인해 자본의 가치가 하락할 것이라는 두려움 때문에 투자를 한다. 제2차 세계대전 이후 몇 년 동안 주식시장에서 기이하고도 당혹스러운 일들이 벌어졌던 건 이 두 가지 동기가 동시에 아주 큰 영향을 미쳤기 때문이었다.

많은 기업이나 사업체들의 가치는 엄청나게 올라갔고 동시에 오랫동안 실시되어온 정부의 물가 상승 대비 정책들의 누적된 효과도 실감할 수 있었다. 그렇지만 최소한 이 글을 쓰고 있는 지금 이 시점까지도 물가는 계속 올라가고 있다.

1955년 겨울, 유가 증권들의 가치가 감당할 수 없을 정도로 치솟기 시작했다. 그리고 얼마 지나지 않아 비정상적인 호황에 뒤를 이어 재앙에 가까운 붕괴가 닥쳐왔던 1929년의 상황이 재현될지 모른다는 경보가 울려 퍼졌다.

상원의 금융및통화위원회Banking and Currency Committee 에서는 상황 조사를 명령했고 몇 개월에 걸친 청문회와 연구 끝에 보고서가 제출되었다. 하지만 그 무렵이 되자 시장은 안정되었고 위원회의 조사는 거의 잊혔다.

앞으로도 이와 비슷한 투기 열풍과 그에 따른 조사가 반복될 것이다. 그럴 때는 두 가지 사실을 염두에 두면 좋다.

첫째, 주식시장은 우리 경제의 건전성을 대표하지는 않는다. 주로 1929년의 공황 때문이기도 하지만, 사람들은 주식시장 자체가 경제의 호황과 불황의 근원이라고 생각하게 되었다. 그렇지만 사실 뉴욕 증권거래소가 대표하는 주식시장은 단순히 유가 증권을 사고파는 사람들이 만나는 일종의 장터일 뿐이다. 시장은 그저 어떤 사업이 진행 중이고 또 앞으로의 전망은 어떤지에 대한 판매자와 구매자의 판단과 결정을 확인하는 역할을 한다.

다시 말해 주식시장이란 열기 그 자체가 아니라 일종의 온도계다. 국가가 물가 상승의 영향이나 정부의 신용 평가 절하로 고통을 받고 있다면 그 영향은 곧 주식시장에 나타날 것이다. 그렇지만 문제의 원인이 주식시장 자체에 있는 것은 아니다.

다시 한번 강조하지만 열기의 근원과 그 열기를 측정하는 온도계를 구분하는 건 대단히 중요한 일이다. 온도계가 제대로 맞지 않으면 한 가지 문제만 해결하면 된다. 그렇지만 그 온도계가, 즉 주식시장이 경제의 여러 가지 어려운 문제나 상황들을 정확하게 보여 줄 때 우리는 완전히 다른 차원의 문제와 직면하게 되는 것이다.

그런데 마침 공교롭게도 최근 몇 년 동안 주식 투자에 있어서 많은 구조적 변화가 일어났으며, 따라서 그런 변화들은 신중하게 조사할 가치가 있다. 이러한 변화 중에는 투자 신탁이나 증권 전용 투자회사, 그리고 비과세 연기금 및 비과세 재단 같은 새로운 사업체들의 눈부신 성장이 있다. 주식 보유를 규제하는 법이 바뀌면서 생명보험사나 저축은행 등 일부 금융 기관들도 주식을 매입하고 있다.

이른바 양도소득세가 만들어지면서 많은 투자자가 보유하고 있는 자산을 어떻게 처분할지 고민하고 있다. 여러 산업 분야에서는 외부 자본이 아닌 자체 수입과 세금 감면을 통해 사업 확장에 필요한 자금을 조달했다. 이러한 변화와 또 다른 변화들로 인해 주식시장이 움직이는 방식이 어떻게 바뀌었는지에 대한 연구는 아직 철저하게 이루어지지 않았다.

세금 면제는 어떤 형태이든 완전히 그 의미를 재검토해야 하며 사업과 관련된 결정은 세율이 올라감에 따라 기업이나 개인이 처해 있는 상황에 따라서 결정되는 경우가 점점 더 늘어나고 있다. 따라서 세금 면제는 경제적으로 훨씬 더 광범위하게 영향을 미친다고 볼 수 있다.

그렇지만 이러한 새로운 상황에서 발생할 수 있는 남용의 문제를 방지해야 한다고 해서 경제 전체를 바라보는 더 큰 정책적 문제를 그르쳐서는 안 된다. 경제와 국방 정책이 대체로 건전하게 유지가 된다면 주식시장 역시 여기에 따라서 적응할 것이며 공황이나 시장 붕괴의 가능성에 대해서는 걱정할 필요가 없을 것이다. 국가 안보와 신용이 제대로 지켜지지 않는다면 그 어떤 것도 영원히 그 가치를 유지할 수는 없다.

둘째로 염두에 두어야 할 건 사람들이 규제를 통해 투기로 인한 손실에 대해 보호받을 수 있다고 착각한다는 사실이다. 나는 필요한 경우 주식시장을 규제하는 것을 반대하지는 않는다. 나는 제1차 세계대전이 일어나기 전에 뉴욕 증권거래소의 운영 위원회에 몸담고 있으면서 항상 엄격한 자율 규제를 주장했었다. 주가가 폭락하는 것은 지나친 권리 남용의 결과라고 생각하고 주식시장에 대한 추가 규제를 지지했다.

사기꾼이나 협잡꾼은 가능한 한 시장에서 쫓아내야 하며 우리는 강자로부터 약자를 보호하려는 노력을 기울일 수도 있다. 그렇지만 그 어떤 법도 스스로 잘못을 저지르는 사람까지 보호해줄 수는 없다. 주식 투자나 투기에서 돈을 잃게 되는 가장 큰 이유는 월가가 사람을 속이는 곳이어서가 아니라 너무 많은 사람이 땀 흘려 일하지 않고서도 돈을 벌 수 있는, 그런 기적이 일어나는 곳이라고 철석같이 믿고 있기 때문이다.

지나친 투기 행위를 규제하려고 할 때 우리는 실제로는 인간의 본성을 규제하려 하는 것이다. 나는 금주법이 시행될 때 처음에는 지지했었지만 얼마 지나지 않아 인간의 본성을 통제하는 데는 결국 한계가 있다는 사실을 깨닫게 되었다. 그런데 사람이란 상황을 통제할 수 있고 다른 사람들보다 자신이 더 뛰어나다고 믿게 되면 곧 그렇게 불가능한 일을 해보려 나서게 된다.

만일 미국 정부가 정말로 국민의 소득을 보호하려 한다면 우선 미국 국내에서부터 달러의 구매력을 보장해주어야 한다. 제2차 세계 대전 중에 약 200만 가구가 애국한다는 마음으로 정부가 발행하는 저축 채권을 사들였다. 하지만 전쟁이 끝난 후 달러의 구매력이 떨어지면서 결국 이 사람들의 자산 가치도 함께 떨어졌고, 애국심을 내세우는 정부의 이런 설득에 귀를 기울이지 않았던 사람들은 이익을 얻었다. 뉴욕 증권거래소에 상장된 회사가 이와 비슷하게 애국 행렬에 동참했었다면 아마도 그 회사의 이사진들은 상응하는 재정적 관행에 참여했다면 이사들은 주주들의 고소나 고발에 직면하게 되었을 것이다.

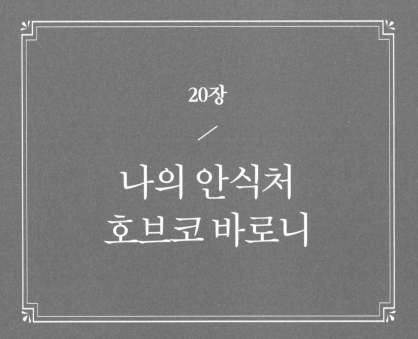

20장

나의 안식처
호브코 바로니

1

이렇게 정신없이 돌아가는 혼란의 시대에 살고 있는 우리는 스스로의 행동으로 인하여 지금 어디로 가고 있는지 확인하기 위해서라도 이따금 가던 길을 멈춰서야 한다. 하다못해 공원 의자에 앉아 한두 시간 정도 그런 생각에 잠겨도 큰 도움이 될 것이다.

이런 일종의 정기적인 상황 점검의 중요성은 내가 월가에 처음 들어갔을 때 배웠던 가장 귀중한 교훈 중 하나였다. 앞에서 언급했듯 나는 뭔가 중요한 일이 있을 때마다 월가를 떠나 나 스스로를 돌아볼 수 있는 조용한 곳을 찾아갔다. 큰 손해를 봤다면 같은 실수를 반복하지 않는 방법을 찾고 싶었고, 반대로 큰 이익을 보았더라도 잠시 시장을 떠나 마음을 비우고 앞으로의 행동을 위해 육체적, 정신적으로 재충전을 하고 싶었다.

이게 점차 습관으로 굳어지면서 나는 자연스럽게 1905년 내 고향 사우스캐롤라이나에 있는 진정한 안식처 한 곳을 손에 넣게 되었다. 깨끗한 모래사장과 습지로 유명한 이 호브코 바로니는 한때 미국에서 가장 유명한 야생 오리 사냥터이기도 했고 강줄기가 네 곳이나 이어져 있어 낚시에도 아주 그만이었다. 또한 거의 원시림에 가까운 광대한 숲이 둘러싸고 있었으며 심지어 전화도 설치되어 있지 않았다.

꽤 오랜 세월 동안 호브코 바로니에 있는 1만 7,000에이커에 달하는 나의 농장에 접근할 수 있는 유일한 방법은 약 5킬로미터가량 떨어진 조지타운Gerogetown에서 시작되는 수로뿐이었다. 1935년에 조지타운과 노스캐롤라이나주 윌밍턴 사이에 새로운 다리와 고속도로가 건설되면서 아주 쉽게 오갈 수 있게 되었지만 나는 계속해서 외부 세계와의 단절을 유지했다. 조지타운에서는 하루에 두 차례 우편물과 전보가 전해졌지만 내가 나 자신이나 손님들을 위해 남겨둔 소통 창구는 그게 전부였다.

공직에 들어갔을 때 나는 월가 시절과 마찬가지로 어딘가 잠시 피해 있을 수 있는 그런 고요한 장소를 갖고 있는 게 중요하다는 사실을 깨달았다. 특히 제2차 세계대전 기간에 나는 피로에 절은 워싱턴의 관료들에게 수도를 뒤덮고 있는 적개심과 불화의 분위기 속에서 잠시 벗어나 있으라고 강력하게 권유하고 싶었다. 이 관료 중 상당수는 전쟁에 승리하는 데 너무 열중했기 때문에 말 그대로 연필과 종이를 손에 쥐고 잠이 들었다가 아침이면 입가에 묻은 음식 부스러기를 닦아낼 겨를도 없이 바로 사무실로 달려가곤 했다. 그렇게 사무실에 도착하면 또 온갖 회의를 오가며 제대로 생각할 틈도 없이 계속해서 닥쳐오는 위기 상황과 씨름했다.

1945년 말, 당시 육군 참모총장이었던 조지 C. 마셜George C. Marshall 장군이 호브코에서 주말을 보내고 있을 때 나는 그에게 정부의 고위 관료들이 마주하고 있는 당장 눈앞에 있는 어려움 너머를 볼 수 있도록 해주는 것이 얼마나 중요한지를 말했다. 마셜 장군은 고개를 크게 끄덕이며 이렇게 대답했다. "전쟁 초기에 나는 참모진들에게 매주 하루나 이틀 정도 워싱턴을 떠나 있으라고 지시했다. 나는 지쳐버린 몸과 마음으로 수백만 병사들의 생사가 걸려 있는 그런 결정을 내리는 것을 원하지 않았다."

참혹한 전쟁으로 인해 막중한 부담을 짊어지고 있었던 프랭클린 D. 루스벨트 대통령조차 아무리 바쁜 사람이라도 어떻게 해서든 쉴 수 있는 틈을 낼 수 있다는 사실을 배웠다. 1944년 4월에 호브코를 찾아온 루스벨트 대통령은 원래 2주 예정이었던 일정을 4주로 늘려 계속 그곳에 머물렀다.

호브코는 아메리카 원주민들의 말로 "물과 물 사이"라는 뜻이다. 이런 이름이 지어진 건 이 땅이 와카모강Waccamaw River과 대서양 사이에 있었기 때문이다. 사우스캐롤라이나주에서도 폴리스섬Pawley's Island 주변을 둘러싸고 있는 이 지역이 나는 여덟 살 무렵 그곳에 살고 있던 샘슨Samson 고모할머니를 찾아갔을 때부터 무척이나 마음에 들었었다.

당시 우리는 캠든을 출발해 우선 찰스턴을 향했고 찰스턴에서 외륜 증기선 루이자호를 타고 북쪽의 조지타운으로 갔다. 나는 이 첫 번째 바다 여행에서 호된 폭풍우를 만났다! 유모 미네르바조차 무릎을 꿇고 당장 천국으로 데려가 달라고 하느님께 빌고 또 빌었을 정도였으니, 그때 겪었던 바다의 공포에 대한 기억은 지금까지 내게 생생하게 남아있다.

조지타운에서 우리는 폴리스섬을 거쳐 고모할머니 집으로 갔다. 집에는 할머니의 아들인 네트Nat가 있었는데, 삼촌뻘인 네트는 내 어린 시절의 영웅이었다. 그는 밴시Banshee라는 이름의 작은 연안 화물선을 모는 선장이었고 약 15킬로미터 가량 떨어져 있는 와카모강변에서 볼 수 있는 칠면조며 사슴, 그리고 오리 등에 대한 재미있는 이야기로 나를 즐겁게 해주었다. 와카모강변의 토지 일부가 매각된다는 소식을 들었을 때 제일 먼저 떠올랐던 것도 바로 이런 어린 시절의 추억이었다.

　호브코의 역사는 화려하다. 이 땅은 원래 영국의 조지 2세가 카터렛Carteret이라는 이름의 귀족에게 수여한 영지로 그 이전의 스페인 식민지 시절에도 이주민들이 있었다고 한다. 영국의 식민지가 된 후에는 노스캐롤라이나주의 윌밍턴Wilmington과 찰스턴을 연결하는 주요 해안가 통로가 이 호브코를 지나갔으며 이 길의 일부는 지금은 숲속의 작은 오솔길로 남았지만 여전히 왕의 대로King's Highway라는 이름으로 불리고 있다.

　루스벨트 대통령은 이런 역사적 배경에 흥미를 느꼈다. 그는 호브코가 윌리엄 올스턴William Alston의 소유였다는 사실을 재미있게 생각했는데, 올스턴의 아들이자 사우스캐롤라이나 주지사였던 조셉 올스턴Joseph Alston은 애런 버Aaron Burr의 딸 테오도시아Theodosia와 결혼했다. 어느 날 나는 루스벨트 대통령을 윈야만Winyah Bay에 있는 호브코 숲 가장자리로 데려가 미국 독립 전쟁 당시 영국군이 세웠던 요새의 남아있는 터를 보여주었다. 주변에는 풀이 무성하게 뒤덮인 영국 병사들의 무덤도 몇 개 있었다. 나는 이 무덤들을 절대로 파헤치지 못하도록 했다.

　루스벨트 대통령은 또한 호브코를 방문했던 대통령이 자신 외에 더 있었다는 사실을 듣고 놀라기도 했다. 22대와 24대 대통령을 역임했던 그로버 클리블랜드Grover Cleveland가 19세기에 이곳을 처음 방문했다. 농장에서 가장 좋은 사냥터 중 한 곳은 대통령의 이런 방문을 기리기 위해 '대통령의 사냥터'라는 이름을 붙였다. 이 이름과 관련된 일화는 내가 가장 좋아하는 이야기 중 하나다.

나는 이 일화를 클리블랜드 대통령의 사냥 안내인 역할을 했던 오리 전문 사냥꾼 스와니 캐인스_{Sawney Cains}에게 전해 들었다. 스와니가 여러 번 내게 말해주었던 것처럼 그날 그는 대통령과 함께 조각배를 타고 늪지대를 건너가 나뭇가지로 배를 덮어 둔 뒤 미끼를 뿌렸다. 그리고 대통령과 함께 숨어서 총을 겨누기 좋은 곳으로 데리고 갔다. 다시 말해 물가 언덕을 따라 진흙 뻘밭 위를 한참 걸어가야 한다는 것.

이런 길을 걷는 걷기 위해서는 정말 곡예에 가까운 기술이 있어야 했다. 양쪽 발을 번갈아 가며 가볍게 내려놓았다가 너무 깊이 빠지기 전에 재빨리 끌어올려야 했다. 그런데 당시 클리블랜드 대통령의 몸무게는 무려 110킬로그램이 넘었기 때문에 이 정도로 재빠르게 양쪽 발을 움직일 수 없었다.

대통령의 팔이 스와니의 어깨에서 미끄러지고 몸 전체가 진흙 바닥으로 빠져들어 갈 때 스와니는 온 힘을 다해 대통령의 몸을 지탱하려 했다. 미국의 대통령을 진흙탕에 빠지게 두어서는 안 된다는 생각은 스와니의 몸 안에서 초인적인 힘을 끌어냈다. 대통령의 뚱뚱한 몸통에서 어디 한군데 지탱할 곳을 찾아 붙잡아 끌어올리는 일은 결코 쉽지 않았지만 스와니는 간신히 그 일을 해냈다.

결국 대통령은 엉덩이까지 오는 장화를 제자리에 남긴 채 몸만 위로 빠져나왔고 덕분에 스와니 자신은 거의 허리까지 진흙 속에 잠기게 되었다. 하지만 그도 역시 겨우 빠져나와 대통령을 다시 조각배에 태울 수 있었다. 두 사람의 몸은 온통 진흙투성이였다. 집으로 돌아와 몸을 씻고 따뜻한 옷을 갈아입은 두 사람은 스와니의 표현을 빌자면 '적절한 약'을 받았다고 한다.

뭔가 묘한 냄새가 나는 '약', 다시 말해 술을 받아 들고 꿀꺽꿀꺽 삼킨 클리블랜드 대통령은 그제야 몸을 떨면서 껄껄 웃기 시작했는데, 스와니는 평생 그렇게 안심이 된 적은 없었다고 말했다. 이 이야기를 할 때마다 그는 한 번도 웃지 않았을 만큼 그에게는 정말 심각했던 순간이었다.

제2차 세계대전이 한창이었기 때문에 루스벨트 대통령의 호브코 방문은 적어도 처음에는 비밀에 부쳐졌다. 그는 부활절 일요일 정오에 도착했고 대통령 전용 열차는 아무도 모르게 내릴 수 있도록 조지타운 북쪽에 정차했다. 경호원은 시내를 통과하지 않기 위해 뒤쪽 샛길을 따라 호브코까지 차를 몰았다. 우리가 내 농장으로 들어섰을 때 가족과 함께 농장 일을 돌보며 살고 있던 한 흑인 소년이 겉옷을 어깨에 두른 대통령의 모습을 얼핏 보고는 이렇게 소리쳤다. "와! 조지 워싱턴이다!"

어쨌든 내 농장을 찾아온 방문객의 정체는 얼마 지나지 않아 조지타운에 다 퍼졌다. 심지어 대통령이 뚜껑 없는 차를 타고 이동하는 모습이 목격되기 전부터 많은 주민이 고속도로에 전투복을 차려입은 해병대 병사들이 갑자기 나타나고, 세 명의 백악관 출입 기자가 지역 호텔에서 방을 찾는 것을 보고 이미 무슨 일이 벌어지고 있는지 대강 짐작할 수 있었다. 사람들은 대통령의 전용 열차도 알아보았다. 호브코 농장에는 내 지시에 따라 전화가 연결되어 있지 않았기 때문에 경호원들은 차에 통신 장치를 달아 워싱턴과의 연락이 끊어지지 않도록 했다.

호브코를 찾아 온 손님의 정체는 약 100킬로미터 떨어져 있는 찰스턴의 《뉴스 앤 쿠리어_News and Courier_》신문사에도 당연히 알려졌다. 그곳의 편집장은 지금은 고인이 된 윌리엄 볼_William Ball_이었는데, 뉴딜 정책에 반대했던 볼은 온갖 어휘화 표현을 다 동원해서 자신이 원하는 주장을 펼치는 언론인이었고 그의 《뉴스 앤 쿠리어》는 대통령의 아침 식탁에 매일 올라오는 여러 신문 중 하나였다. 그리하여 대통령이 이곳에 도착한 직후부터 《뉴스 앤 쿠리어》에는 그를 비난하는 사설이 매일 올라오기 시작했다.

그로 인해 루스벨트 대통령이 몹시 짜증을 내는 걸 본 나는 볼을 찾아가 적어도 대통령이 여기 와 있는 동안은 그런 사설을 중단해야 하는 것이 좋겠다는 나의 뜻을 전했다. 물론 언론인이 자신의 의견을 표현할 수 있는 권리에 대해서 내가 사적인 감정으로 왈가왈부할 수는 없지만 적어도 사우스캐롤라이나를 찾은 손님을 대하는 예의는 아니라는 게 나의 설명이었다.

하지만 이 사설 문제만 빼면 대통령은 지극히 만족스러워 하며 워싱턴으로 바로 돌아가려 하지 않았다. 호브코에 올 때만 해도 피곤에 지쳐 기침까지 했지만 떠날 때는 햇볕에 그을린 건강한 모습으로 바뀌어 있었다고 훗날 대통령 주치의 로스 매킨타이어 제독_{Admiral Ross McIntire}은 내게 말했다.

호브코가 가장 아름다운 계절은 4월이 아닐까. 농장 주변을 지나가는 길을 따라 진달래꽃들이 만발하고 빨간색, 자주색, 분홍색, 그리고 흰색의 꽃들로 덤불의 녹색이 거의 보이지 않을 정도다. 그런데 안타깝게도 4월은 낚시를 할 수 있는 시기가 아니었고 그래도 대통령이 기분 좋게 낚시를 할 만한 곳을 찾아보기 위해 나는 미리 여러 물가를 살펴보았다. 그러다 마침내 나는 마을에서 잘나가는 상점 중 한 곳의 주인인 랄프 포드_{Ralph Ford}가 대서양에서 몇 킬로미터 떨어진 곳에 아주 고기가 잘 낚이는 곳을 알고 있다는 사실을 들었고 그를 대통령의 낚시 안내인으로 추천했다. 그 지역에는 배 한 척이 가라앉아 있었는데 대통령이 탄 배가 그 주위로 다가갈 때마다 물고기가 몰려들었다.

루스벨트 대통령은 나에게도 함께 가자고 권했지만 나는 그가 자주 그런 짓궂은 농담을 한다는 사실을 잘 알고 있었다. 대통령의 수석 보좌관이었던 파 왓슨_{Pa Watson} 제독에게 설명했던 것처럼 나는 뱃멀미를 아주 쉽게 할뿐더러 얕은 곳으로 가도 나로서는 가장 물살이 거친 곳으로 가는 것이나 다름없다고 대통령에게 이야기했다.

호브코에 머물고 있는 동안에도 대통령의 업무를 완전히 내려놓을 수는 없었다. 어느 날 그는 일본 전투기가 상당수 파괴되었다는 주장이 실린 공군의 보고서를 내게 보여주었다. "과연 이 보고서가 사실일까?" 대통령은 회의적인 목소리로 내게 물었다. "정말 그렇다면 이제 일본에는 싸울 수 있는 전투기가 거의 없다는 뜻인데." 하지만 태평양 전쟁이 끝난 후 살펴보니 실제로 그 무렵 일본 공군은 거의 다 괴멸된 상태였다.

대통령이 호브코에 머물고 있을 때 해군장관 프랭크 녹스_{Frank Knox}가 세상을 떠났다. 그러자 어느 날 점심을 먹을 때 누가 그의 후임이 될 것인지에 대한 이야기가 나왔고 실제로 누군가 나중에 그 자리에 오르게 되는 제임스 포레스탈_{James Forrestal}의 이름을 언급하자 대통령은 이렇게 말했다. "포레스탈은 뉴욕 출신인데, 행정부에는 벌써 뉴욕 출신이 세 사람이나 중요한 보직을 차지하고 있단 말이지. 그러면 특정 지역 출신이 너무 많은 것 같지 않나?"

"뭐 지역이 무슨 상관이겠습니까?" 내가 이렇게 반문했다. "우리는 지금 전쟁 중입니다. 국민은 대통령이 최고의 인재를 찾기를 바랄 거고요. 무슨 일이 벌어지고 있는지 아는 사람을 데려다 써야지요. 초보자를 쓸 수야 있나요."

그 밖에도 많은 인사가 대통령을 만나기 위해 호브코를 찾아왔다. 나는 중요한 인사들이 온다는 소식을 들을 때마다 일부러 워싱턴이나 뉴욕에 가서 며칠 정도 머물다가 다시 돌아오곤 했다. 나는 대통령이 호브코를 마치 자기 집처럼 편안하게 여기고 나로 인해 어떤 부담감을 느끼지 않기를 바랐다. 어느 날인가 호브코로 돌아와 보니 고용인인 윌리엄 레이시William Lacey가 신이 나서 이렇게 말하는 것이었다. "오늘 누가 찾아왔는지 아세요? 저 멀리 이탈리아에서 마크 클라크Mark Clark 장군님이 오셨지 뭐예요."

하지만 그런 와중에서도 대통령은 개인적으로 쉬는 시간을 많이 가질 수 있었다. 나는 대통령을 위해 집 안에서도 외진 곳에 있는 방 2개짜리 별실을 준비했다. 그는 하루에 10시간에서 12시간 이상 잠을 잤으며 오후가 되면 차를 타고 나가 내 맏딸 벨의 집으로 차를 마셨다. 저녁에는 종종 카드놀이를 했다. 언젠가 한 번은 윌리엄 E. 리히William E. Leahy 제독이 보고서를 함께 확인하기 위해 기다리는 동안 대통령은 자신이 알고 있는 다양한 형태의 카드놀이 방법을 알려주겠다고 고집을 피운 적이 있었다. 그는 내가 전에는 본 적 없는 방법을 적어도 두 가지 이상 알고 있었다.

또 어떤 날은 내가 왓슨 제독과 매킨타이어 제독, 그리고 나를 돌봐주는 간호사인 블랑쉬 히긴스Blanche Higgins와 거실에서 카드놀이를 하고 있으면 대통령이 찾아와 옆에 앉아 편지를 쓰곤 했다. 그는 편지를 쓰면서도 누가 이기고 지는지 알고 싶어 우리 쪽으로 귀를 기울였고 때때로 결과에 대해 함께 웃으며 농담을 건네기도 했다.

2

～～～

대통령이 머물렀던 곳은 호브코 바로니에 있던 원래 저택이 아니었다. 이곳에 처음 세워졌던 널찍한 구조의 저택은 1929년 크리스마스 모임 때 불이 났고 당시 나와 아내와 세 자녀, 그리고 딕 라이던과 네바다주의 상원의원 키 피트먼_{Key Pittman}은 함께 몸을 피했다.

우리는 그럭저럭 귀중품 중 일부를 가지고 나올 수는 있었지만 불길은 결국 건물 전체로 퍼져나갔다. 집 앞 잔디밭에 서서 그렇게 번져가는 불길을 지켜보고 있었는데 갑자기 피트먼 상원의원이 이렇게 소리쳤다.

"이런, 맙소사! 지하실에 옥수수로 빚은 독한 술이 한 통 있었지. 거기에 불이 붙으면 큰 폭발이 일어날 텐데!"

피트먼 의원이 폭발을 염려했는지 아니면 술을 아까워했는지는 알 수 없다. 하지만 그와 딕 라이던은 젖은 수건으로 얼굴을 감싸고는 지하실로 뛰어 들어가 술통을 굴려 밖으로 끄집어냈다.

이듬해 나는 다시 집을 지었고 이번에는 화재를 예방하기 위해 철재로 골격을 세우고 붉은색 벽돌과 콘크리트를 사용한 집을 지었다. 다만 건축 양식은 오래전 식민지 시대 양식 그대로였다. 침실은 10개였고 중앙난방 장치도 있었지만 각 침실에는 벽난로와 욕조를 전부 따로 설치했다.

집 주변에는 목련 나무며 이끼가 덮인 참나무, 희귀한 녹나무, 그리고 동백꽃과 진달래꽃 덤불이 가득해 마치 공원 같은 분위기였다. 어느 날 은행가인 오토 칸이 집 밖으로 나왔다가 나무 위에 옷가지처럼 길게 늘어져 있는 스페인 이끼를 보고는 이렇게 외쳤다. "왜 남부 사람들이 자기들 고향을 특별하게 생각하는지 이제야 알겠구먼!" 또 다른 손님이었던 《뉴욕 월드New York World》의 발행인 랄프 퓰리처Ralph Pulitzer는 어떤 영감을 받았는지 호브코에 대한 시를 썼고 지금도 내 서재에 그 시가 보관되어 있지만 소개는 다음 기회로 미루려 한다.

여섯 개의 흰색 기둥이 2층까지 우뚝 솟아있는 현관 앞에서 시작되는 녹색의 잔디밭은 샘핏Sampit 과 블랙Black, 피디Peedee, 그리고 와카모 등 4개의 강줄기가 이어지는 원야 만까지 비스듬히 이어져 있었으며 이 물가를 따라 한때는 사람들이 벼농사도 지었지만, 그 뒤의 고지대에서는 면화를 심기도 했다. 호브코의 1만 7,000에이커에 달하는 토지 중 거의 4분의 1이 면화 경작에 이용되었는데 지금은 약 100에이커 남짓의 땅에만 면화를 심는다.

저택과 조지타운 고속도로 사이에는 약 7킬로미터에 달하는 자동차 전용 도로가 경작지를 따라 이어져 있었는데, 도로 옆에는 마치 이상한 모양의 '무릎'이 물 밖으로 불쑥 튀어나와 있는 듯한 섬뜩한 느낌의 낙우송落羽松 늪지대가 있었다. 또한 사람들의 손이 닿지 않은 소나무가 주로 자라는 숲도 있었는데 제2차 세계대전이 일어나고 전쟁 생산 위원회가 목재 부족 문제를 해결하기 위해 손을 데기 전까지는 거의 나무 한 그루 베어간 적이 없는 그런 숲이었다. 주변에는 오래된 흑인들의 마을도 있었다. 농장 근처에는 한 때 흑인들의 마을이 네 곳이나 있었지만 쌀과 목화를 재배하던 시절이 막을 내리자 사람들은 조금씩 흩어졌고 루스벨트 대통령이 우리를 방문했을 무렵에는 한 마을만 남아있었다. 나중에는 이 마을조차 사라지게 된다.

나는 보통 추수감사절 무렵 호브코를 개방해 4월까지 손님들을 맞았는데, 5월까지 그렇게 하는 경우는 드물었다. 그리고 물론 크리스마스는 언제나 가족이나 친지들이 손님의 대부분을 차지했다. 몇 년 동안은 주로 내가 월가에서 알고 지냈던 사업가나 가족의 친구들이 호브코를 찾았고 나중에는 정치인과 신문기자, 군 장교, 작가, 배우, 그리고 연극제작자나 교육가 등도 우리의 손님이 되어주었다.

언젠가 한 번은 이제는 고인이 된 앨버트 C. 리치Albert C. Ritchie 메릴랜드 주지사와 정치 지도자들이 찾아와 일주일 이상 머물렀던 적이 있었다. 지금 기억으로는 민주당 전국 전당 대회에 참석할 메릴랜드 대표단을 누가 이끌 것인지 결정하는 문제로 토론이 벌어졌던 것 같다. 당시 볼티모어의 일간지《선Sun》의 정치부 수석 기자였던 프랭크 켄트Frank Kent는 타오르는 벽난로를 등지고 서서 자신의 의견을 다소 강경하게 내세웠고 함께 있던 모든 사람은 입가에 웃음을 머금으며 프랭크가 훨씬 더 뜨겁게 논쟁을 벌이도록 부추겼다. 그러다 갑자기 프랭크가 화들짝 놀라 몸을 일으켜 자기 몸을 살펴보았는데, 논쟁이 얼마나 뜨겁게 이어졌는지 그는 자신의 바지에 불이 붙은 줄도 몰랐다.

바지에 불이 붙을 정도는 아니었지만 민주당을 위한 정치 기부금 관련 토론도 역시 열띤 상황을 연출했다. 토론 중에 손님 중 한 사람이 이제는 고인이 된 켄터키주의 올리 제임스Ollie James 상원의원의 말을 인용했는데, 그는 종종 경마장에서 쓰는 용어를 섞어 말을 하곤 했었다. 누군가가 특정한 개인을 압박해 기부금을 요청해 보자고 제안하자 그런 사람을 찾느니 차라리 경마장에 가서 우승마를 알아맞히는 게 더 쉽겠다는 말이 나왔다.

영국의 수상 윈스턴 처칠과 그의 딸 다이애나도 1932년에 호브코를 잠시 찾아왔던 적이 있었다. 두 사람은 원래 버뮤다에서 휴가를 보내던 중이었다. 나는 조지타운의 주요 인사들과 또 다른 저명한 사우스캐롤라이나 사람들을 초대했었는데, 몇 년 후 처칠은 그때 자신이 만났던 몇몇 사람들에 대해 나에게 안부를 물었다. 비록 그들의 이름은 잊어버렸지만 몸집이 작은 그 대머리 가게 주인은 잘 지내고 있는지 묻는 식이었다.

안타까운 일이지만 호브코에 오랫동안 비치되어 있던 방명록은 그만 사라져버리고 말았다. 그래도 내가 기억하는 다른 손님 중에는 하트위그 형의 친구인 소설가이자 언론인 잭 런던Jack London을 비롯해 소설가 에드나 퍼버Edna Ferber, 작곡가 딤스 테일러Deems Taylor, 언론인 프랭클린 P. 애덤스Franklin P. Adams, 유명한 말 조련사 맥스 허쉬Max Hirsch, 극작가 로버트 셔우드Robert Sherwood, 정치가 해리 홉킨스Harry Hopkins, 작가이자 사냥꾼이었던 로버트 루아크Robert Rua가, 배우 헤다 호퍼Hedda Hopper, 기자 웨스트브룩 페글러Westbrook Pegler, 그리고 역시 기자였던 헤이우드 브룬Heywood Broun 같은 쟁쟁한 인사들이 있었다. 내가 브룬에게 함께 오리 사냥을 하러 가겠냐고 묻자 그는 자신의 사냥터는 침대 위라고 툴툴거렸다. 모나코 대공 루이 2세Louis II도 호브코에서 며칠을 보내며 희귀한 나비와 새들을 사냥했다.

오마 브래들리Omar Bradley 장군은 특히 총 솜씨가 뛰어났다. 공군 사령부의 호이트 반덴버그Hoyt Vandenberg와 스튜어트 사이밍턴Stuart

Symington이 찾아왔을 때 우리는 오랜 시간에 걸쳐 미국의 공군력에 대해 논의했었다. 1953년 초에는 로버트 A. 태프트Robert A. Taft 상원의원과 해리 F. 버드Harry F. Byrd 상원의원이 사냥도 하고 정치적인 대화도 나누며 함께 일주일을 보냈다. 두 사람은 서로를 높이 평가했는데 나는 때때로 태프트 의원이 암에 걸리지 않았더라면 미국의 정치 판도가 어떻게 변했을지 궁금한 생각이 든다.

《세인트 루이스 포스트 디스패치St. Louis Post-Dispatch》의 발행인인 조지프 퓰리처Joseph Pulitzer, 《스크립 하워드Scripps-Howard》의 로이 하워드Roy Howard와 워커 스톤Walker Stone, 그리고 아서 크록Arthur Krock, 데이비드 사르노프David Sarnoff, 헨리 루스Henry Luce와 클레어 루스Clare Luce 부부, 허버트 스워프Herbert Swope, 존 핸콕John Hancock이나 휴 존슨 장군General Hugh Johnson 같은 사람들도 호브코의 단골손님들이었다.

월터 휴스턴Walter Huston과 존 골든John Golden, 맥스 고든Max Gordon, 그리고 빌 로즈Billy Rose 같은 연예인들이 찾아왔을 때는 종종 흑인 마을 중 한 곳을 찾아가기도 했다. 토요일 밤이면 헛간에서 다 함께 춤을 추었고 일요일 아침에는 회칠한 작은 교회에서 열리는 예배에 참석했다.

매년 새해 첫날이 되면 우리는 사우스캐롤라이나 주지사가 주관하는 사슴 사냥에 참여하곤 했다. 여기에는 여러 운동 경기 분야에서 활동하는 유명 인사들이 함께 참여했다. 리처드 I. 매닝Richard I. Manning 주지사가 처음 시작한 이 행사는 꽤 오래 계속되었지만 나는 사슴 사냥을 별로 좋아하지 않았을뿐더러 내 자녀들은 아예 사냥 자체를 싫어했다. 오늘날 호브코는 비공식적이기는 하지만 일종의 사슴 보호 구역으로 바뀌었고, 누군가 말을 타고 돌아다닐 때면 바로 코앞에서 사슴들이 어슬렁거리는 걸 볼 수 있을 정도다.

나는 스코틀랜드와 체코슬로바키아, 그리고 캐나다 등지에서도 사냥해보았지만, 사냥감의 풍부함이나 다양성은 전성기의 호브코와 견줄 만한 곳이 한 곳도 없었다. 호브코의 강과 바다에는 농어와 숭어, 가자미, 도미, 대구, 게르치, 그리고 청어 등이 얼마든지 잡혔고 밭을 가로지르는 물길의 굽이굽이마다 송어가 넘쳐났다. 또 습지에는 굴이며 조개, 게, 그리고 새우 등이 잔뜩 살고 있었다.

숲과 들판은 또 어떤가. 도요새, 메추라기, 그리고 칠면조가 가득했고 한때는 칠면조가 너무 많아 무리를 지어 길을 건너가는 걸 보면 사람들이 가던 길을 멈춰서야 할 때도 많았다. 생각처럼 잘되지 않았지만 나는 여우나 주머니쥐, 너구리, 그리고 멧돼지들이 새들의 둥지를 공격하는 걸 막아보려고 애를 쓰기도 했는데, 특히 멧돼지들은 가축으로 기르던 돼지들이 숲으로 도망쳐 불어난 것으로 사람들에게도 상당히 위험한 존재였다.

처음 이곳에 터를 잡았을 때는 주로 살쾡이와 수달을 사냥했고 곰도 어느 정도 있었지만 지금은 한 마리도 찾아볼 수 없다.

그렇지만 호브코를 제일 유명하게 만든 건 바로 야생 오리였다. 벼농사를 짓는 논은 오리들이 살기에 적당했으며 특히 20세기 초 사우스캐롤라이나의 해안을 따라 벼농사를 짓던 시절에는 미국 전역을 통틀어 오리 사냥을 나서기에 호브코보다 더 적당한 곳은 없었던 것 같다. 그렇지만 사우스캐롤라이나에서 벼농사가 중단되면서 호브코 습지에서는 오리들이 사라지기 시작했고, 또한 캐나다에서 사냥꾼들이 내려와 오리 둥지를 습격하고 매년 수백만 개의 알을 모아 제빵사들에게 팔아넘겼던 것도 큰 영향을 미쳤다.

호브코에는 수많은 오리들이 살고 있었고 당연히 밀렵이 크게 성행했다. 나는 이 밀렵 문제로 꽤 오랜 시간 적지 않은 곤혹을 치렀다. 내가 호브코의 토지를 사들이고 집을 지을 무렵에는 필라델피아의 한 사냥꾼 모임이 오리들이 살고 있던 습지를 임대해 사용하고 있었는데 이 사냥꾼 모임은 허가 받지 않은 밀렵 때문에 앞서 소개했던 오리 전문 사냥꾼 스와니 캐인스의 형제들과 지루한 다툼을 벌였다. 캐인스 집안은 몇 세대에 걸쳐 호브코 근처에서 살아온 이곳 토박이였으며 법적으로 인정받기 어려운 소유권을 주장하기도 했다.

어느 날 볼 캐인스Ball Cains와 헉스 캐인스Hucks Canis가 조각배를 타고 사냥꾼 모임의 한 회원이 합법적으로 사냥을 하고 있는 구역까지 다가갔다. 두 사람은 쌍발 산탄총을 무릎 위에 올려놓은 채 북쪽에서 찾아온 이 '양키$_{Yankee}$'들을 보고는 욕을 하며 시비를 걸었다.

내가 농장을 사들였을 때는 또 다른 캐인스 형제인 밥$_{Bob}$과 플루티$_{Pluty}$가 내 사냥 안내인 역할을 해주었고 그러는 사이에도 볼과 헉스는 밀렵을 멈추지 않았다. 어느 날 아침 나는 내가 서 있는 곳에서 불과 700에서 800미터쯤 떨어진 곳에 있는 헉스를 보았다. 그곳도 물론 내 사유지였다. 그를 붙잡고 보니 옆에는 무려 죽은 오리가 166마리나 있었다. 나는 그에게 엄포를 놓았지만 결국 내 땅에서 몰래 사냥하는 걸 그만두고 정식으로 내 밑에서 일을 하는 게 어떻겠느냐고 설득했다.

하지만 볼 캐인스의 경우는 도무지 밀렵을 그만두지 않았다. 그에게는 위협도 설득도 아무런 소용이 없었다. 나는 사업가의 입장에서 할 수 있는 모든 제안을 다해 그의 마음을 돌려보려 했지만 실패했고 결국 그와 또 다른 밀렵꾼 한 사람은 9개월 동안 감옥살이를 해야 했다. 볼이 수감되어 있는 동안 우리 측 변호사가 그의 아내와 아이들을 돌봐주었음에도 불구하고 볼은 풀려난 후에도 말썽을 멈추지 않았다.

어느 날 헉스 캐인스와 함께 '대통령의 사냥터'에서 오리 사냥을 하고 돌아오는 길에 헉스가 갑자기 이렇게 말했다. "잠깐만요, 볼이 저쪽에 배를 대고 있어요. 조심하는 게 좋을 것 같습니다."

헉스가 우리가 탄 배의 방향을 바꾸려 하자 나는 그에게 곧장 볼이 있는 쪽으로 배를 저어가자고 말했다. 우리가 뭍으로 올라서자 볼이 나에게 욕설을 퍼부으며 나를 지옥으로 보내겠다고 다짐했다. 그러고 나서 산탄총으로 나를 겨누었다.

나는 지금도 그 산탄총의 총구가 기억난다. 나는 마치 그 구멍 안으로 뛰어 들어갈 수 있을 것 같은 그런 기분이었다. 나는 너무나 무서워 정신이 나갔는지 나도 모르게 그냥 볼에게 다가가 지금 무슨 짓을 하고 있는 건지 알고 있느냐고 물었다.

바로 그때 내 고용인 중 한 사람인 짐 파월Jim Powell 대위가 큼직한 6연발 권총을 손에 들고 이쪽으로 달려왔다. 나는 최대한 침착한 말투로 짐에게 마침 잘 왔다고 말했다. 볼도 조금 기가 죽은 것 같았다. 나는 산탄총의 총신을 밀쳐 하늘로 향하게 했다. 호브코 주변을 둘러싼 밀렵 문제는 그때 이후로 겨우 진정되었다. 나는 키가 1미터 90센티미터가 넘는 거구의 짐 파월을 농장과 저택의 관리 책임자로 임명했다.

나는 늘 오리 사냥을 했다는 이유만으로 사람들을 감옥에 가두었던 사건이 마음에 걸렸다. 오리 한두 마리쯤이야 그냥 넘어갈 수도 있었겠지만 볼을 내버려 두면 다른 사람들도 하나둘씩 모여들 것이고 그러면 곧 내 땅은 온통 밀렵꾼들 천지가 될 것이 분명했다. 밀렵꾼들도 다른 사람들도 모두 나를 우습게 보게 된다면 그것처럼 곤란한 일은 없었다. 아버지가 맨스 바움에 대한 일화를 이야기했을 때가 기억났다. 사우스캐롤라이나에서는 누군가에게 모욕 받고서 그냥 넘어가는 건 아무래도 곤란한 일이었다.

헉스 캐인스와의 사이에 그런 불미스러운 일이 없었던 것은 그나마 다행이었다. 헉스는 그다지 말을 길게 하지 않으면서도 여간 재치가 넘치는 남자가 아니었다. 사냥이 잘되지 않은 날 내가 이런저런 변명을 하고 있으면 그는 그저 이렇게 대꾸했다. "글쎄요, 어쨌든 핑

계 없는 무덤은 없으니까요."

금주법이 시행된 후 얼마 지나지 않았을 때 나는 네 명의 상원 의원을 호브코에 초대했다. 그들은 아칸소주의 조 해리슨Joe Robinson, 미시시피주의 팻 해리슨Pat Harrison, 네바다주의 키 피트먼Key Pittman, 그리고 켄터키주의 A. O. 스탠리Stanley 등이었다. 우리는 아침 일찍 일어나 유쾌한 시간을 보내고 집으로 돌아가기 위해 다 함께 마차에 올라탔다. 나는 함께 있던 헉스에게 이렇게 말했다. "헉스, 이분들이 바로 워싱턴에서 법을 만드는 분들이시지."

그러자 헉스는 마차 앞바퀴에 비스듬히 몸을 기대며 이렇게 대꾸했다. "저 양반들이 정말로 워싱턴에서 법을 만드는 사람들이란 말입니까?"

"아, 그렇다니까." 내가 대답했다.

"그런가요." 헉스가 말했다. "저 양반들이 오리 사냥이랑 술 마시는 일에 지금보다 조금만 더 참견하면 이 나라는 아주 엉망진창이 되겠는데요."

헉스는 당시 사우스캐롤라이나의 주지사였던 콜 블리스Cole Blease의 열렬한 추종자였다. 블리스는 훗날 상원 의원으로도 활약하였고, 스스로를 '일반' 민중의 수호자로 자처했다. 헉스는 자신이 우러러보는 영웅이 왜 자신의 고용주인 나와 대립하는지 전혀 이해하기 어려웠다. 블리스가 조지타운을 찾을 때마다 헉스는 이 문제를 두고 그에게 대들었지만 헉스가 생각하는 블리스의 단점은 오직 그것 한 가지뿐이었다.

언젠가 헉스는 내게 이렇게 말한 적이 있었다. "누군가 연설을 하면 사람들은 박수를 보내지만 블리스가 연설하면 모두 자리에서 일어서서 두 손을 모으고 그를 바라봅니다. 그가 막 입을 열려고 하고 사람들이 귀를 기울일 때는 아무도 방해할 수 없어요. 신께서 아담과 이브를 창조하실 때 말이지요, 또 다른 완벽한 존재인 콜 블리스를 함께 창조하셨다 그 말입니다."

헉스는 또한 금주법에 찬성표를 던졌지만 술 마시기를 무척이나 좋아했던 사우스캐롤라이나주의 또 다른 상원 의원에 대한 일화도 들려주었다.

결국 금주법에 대해 헉스가 마음에 들어 하는 건 그로 인해 자신의 불법 사업이 크게 번창했다는 것뿐이었는데, 이 상원 의원이 금주법에 대해 그럴듯한 연설을 하자 크게 감명을 받은 헉스는 이렇게 물었다. "의원님, 참으로 좋은 말씀이십니다만, 그래서 도대체 의원님은 술을 마시겠다는 겁니까, 안 마시겠다는 겁니까?"

헉스는 또한 피리나 맨입으로도 오리 소리를 기가 막히게 흉내 낼 수 있어서 다른 사냥꾼은 물론 오리도 그 소리를 제대로 구분할 수 없을 정도였다. 이 근처에서 오리 소리 흉내를 그 정도로 비슷하게 낼 수 있는 사람은 내 아들 버나드뿐이었다. 헉스에게 오리 사냥의 비결을 물어보자 그는 이렇게 대답했다. "뭐, 다른 일이랑 크게 다를 게 없습니다. 계속하다 보면 저절로 익숙해지는 거지요."

그 무렵 우리는 새벽 4시나 4시 반쯤 오리 사냥을 하러 나섰다. 때로는 어둠 속에서, 또 때로는 달빛을 받으며 천천히 배를 저어 나갔다. 그렇게 노를 젓는 소리나 뱃전에 물이 부딪히는 소리, 그리고 뭔가 낌새를 눈치챈 오리들이 꽥꽥거리거나 쉭쉭거리며 날갯짓을 하는 소리 말고는 아무 소리도 들리지 않았다. 그러다 보면 어느새 달이 지고 해가 떠오르는 경우도 있었다.

동쪽에서 해가 떠오르면 적어도 수만 마리가 넘는 오리들이 눈에 들어왔다. 그 숫자가 어찌나 많았던지 때로는 거대한 벌집을 뚫고 나오는 벌 떼처럼 보일 정도였고 자신이 무슨 환각을 보고 있는 것은 아닌지 계속 눈을 깜빡거려야 했다. 해가 지평선 위로 완전히 솟아오를 무렵이면 오리들은 끝없이 무리를 지어 늪지대와 논 위를 날아올라 습지 위로 모여들었다. 그리고 사냥꾼이 내는 가짜 오리 소리를 듣고 뿌려 놓은 미끼 주변을 맴돌았다. 오리들은 하늘 위에서도 마치 물 위에 모여 있는 듯한 그런 형태로 서로 무리 지어 있었다.

오리가 너무 많았기 때문에 나는 오전 11시 이후에는 사냥할 수 없다는 규칙을 만들었다. 11시까지 사냥하는 것도 아주 예외적인 경우였고 보통은 오전 9시에 사냥 일정을 대강 끝마치고 10시 반이면 집으로 돌아갈 준비를 했다.

사냥을 마치고 나면 죽은 오리들이 반경 100미터쯤 안에서 둥둥 떠내려온다. 사냥개가 있었지만 날카로운 굴 껍데기에 발을 다칠 수 있기 때문에 호브코의 강이나 늪지대에서는 써먹을 수 없었다. 심지어 장화를 신겨보는 등 온갖 방법을 다 동원했지만 아무런 소용이 없었다. 그렇지만 쏘아 맞힌 오리의 숫자를 기억하고 알려주면 안내인이 거의 한 마리도 빠트리지 않고 모아서 가지고 왔다. 뛰어난 안내인일수록 총을 맞고 오리가 떨어진 장소를 한 곳도 놓치지 않았다. 헉스 캐인스의 경우 겨우 두세 마리를 제외하고 200마리가 넘는 오리를 모두 건져오기도 했다.

호브코에서의 사냥 실적이 이토록 놀라웠기 때문에 뉴욕이나 워싱턴으로 돌아가 이런 이야기를 전해주면 어떤 친구들은 잘 믿지 않으려 했다. 윌슨 대통령 시절의 법무장관이었던 토마스 W. 그레고리

Thomas W. Gregory는 훗날 루스벨트 대통령 시절에 상무장관이자 재건 금융 공사Reconstruction Finance Corporation의 회장이 되는 제시 존스Jesse Jones에게 이렇게 말하곤 했다. "자, 이제 우리 자리에 앉아서 오리 사냥에 대해 허풍을 떠는 걸 한번 들어보자고."

1912년, 아니 1913년경쯤 휘트니 집안의 해리 페인 휘트니와 그의 동생이 주말에 사냥을 즐기기 위해 배를 타고 윈야만으로 들어왔다. 첫날 사냥을 끝낸 후 점심식사를 마친 해리는 나에게 100만 달러에 이곳을 팔지 않겠느냐고 물었다. 농담이 아닌 것 같았지만 물론 나는 팔고 싶은 생각이 없었기 때문에 곧 이야기의 화제를 다른 곳으로 돌렸다.

내가 호브코에서 본 최고의 오리 사냥꾼은 아마도 뉴욕 출신의 사업가인 로이 레이니Roy Rainey 일 것이다. 헉스 캐인스는 레이니가 입고 있던 거추장스러운 외투 때문에 오리 두 마리를 연달아 놓친 적이 있다고 말했다. 그렇지만 외투를 벗어 던진 레이니는 팔을 한 번 휘두르더니 "이제 실력을 한 번 발휘해 볼까"라고 외쳤다. 그리고 한 번도 실수하는 법 없이 오리를 96마리나 잡았다.

메추라기 사냥도 호브코에서는 인기가 높았다. 그렇지만 숲이 우거질수록 메추라기를 찾아내기가 더 어려워졌고 막상 찾아냈다 해도 덤불숲 때문에 보통은 제대로 총을 겨누기가 어려웠다. 따라서 나는 메추라기 사냥을 나설 때 보통 내륙으로 약 70킬로미터 정도 떨어진 사우스캐롤라이나주 킹스트리Kingstree 근처에 있는 임대한 땅을 찾았다. 나는 지금도 사우스캐롤라이나에 갈 때면 바로 그곳에서 대부분 시간을 보내고 있으며 여전히 메추라기를 사냥하곤 한다.

내 땅에 있는 메추라기를 어느 정도 보호하기 위해 나는 보통 12

마리에서 20마리 정도가 모여서 움직이는 메추라기 무리를 찾아 5마리 정도만 사냥하도록 규칙을 정했다. 그 정도만 해도 다음에 또 사냥하러 찾아올 때마다 메추라기는 늘 적지 않은 숫자로 불어나 있었다.

다른 짐승들도 그렇겠지만 메추라기 역시 둥지를 틀기에 적당하고 먹을거리가 많은 지역에 모여들었다. 나는 몇 년 동안 사냥을 하면서 메추라기의 위장을 면밀하게 살펴보았다. 그 결과 나는 메추라기가 보통 야생에서 자라는 콩이나 도깨비바늘 열매 등을 좋아한다는 사실을 알게 되었다. 나는 그런 식물들을 일부러 내 땅에 심어 자라도록 했고 메추라기를 계속 근처에 살게 하는 또 다른 방법으로 총으로는 잘 잡을 수 없는 또 다른 늪지의 새들을 덫으로 잡아 언덕 위에 놓아두어 메추라기가 겁을 먹고 밑으로 내려와 모이게 했다.

4

내가 아는 사람 중에서 가장 사냥에 열심이었던 사람은 아칸소주의 상원 의원 조 T. 로빈슨_{Joe T. Robinson}이었다. 사실 로빈슨은 무엇을 하든 대충 하는 법이 없었고 그게 결국 그가 세상을 떠나게 된 원인이었다.

민주당의 상원 원내 대표로서 그는 별반 지지를 얻지 못하고 있던 루스벨트 대통령의 대법원 재편성 계획을 밀어붙여야 하는 부담감에 시달렸다. 로빈슨 상원 의원은 몇 년 동안 협심증을 예방하기 위해 디기탈리스_{digitalis}를 복용해왔다. 그의 주치의는 과로하면 안 된다고 경고했지만, 그는 귀담아듣지 않았다. 1937년 어느 이른 아침, 대법원 문제를 둘러싼 논쟁이 계속되는 가운데 로빈슨 상원 의원은 침대 옆에 의회 기록 사본을 펼쳐놓은 채 죽어 있는 상태로 발견되었다.

로빈슨 의원은 육체적, 그리고 정신적으로 용기가 넘쳐흐르는 훌륭한 동료였으며 대식가에 배짱도 두둑했다. 나는 다만 며칠이라도 그를 워싱턴 밖으로 불러내 쉬게 하려고 여러 번 애를 썼다. 그가 너무 열심히 일하고 있다는 생각이 들 때면 나는 금요일 밤쯤 뉴욕에서 전화를 걸어 이렇게 말을 하곤 했다. "내일 호브코에 가는데 그 기차가 저녁 7시 45분에 워싱턴을 지나가네. 당신을 위한 자리는 언제든

지 준비가 되어 있지."

하지만 그는 늘 이렇게 대답했다. "미안하지만 그럴만한 여유가 없다. 잠시도 긴장을 멈출 수 없으니 단 하루라도 일을 쉴 수 없다."

하지만 몇 마디가 더 오간 후에 그는 또 이렇게 물었다. "그런데 거기 가면 사냥을 할 수 있는 건가?" 나는 당연히 그렇다고 대답했다.

로빈슨 의원은 이미 잘 알고 있으면서도 재차 기차가 몇 시에 워싱턴을 지나가느냐고 물었고 그런 다음 이렇게 말했다. "어떻게든 해보도록 노력하겠지만 솔직히 지금은 잘 모르겠네." 우리 두 사람의 대화는 보통 이런 식으로 진행되었고 나는 결국 그를 워싱턴에서 끌어내는 데 성공할 수 있었다.

그는 호브코에서 사냥하고 쉴 때도 마치 워싱턴에서 일을 하는 것처럼 일사불란하게 움직였다. 아침이면 해가 뜨기 전부터 오리를 쫓았으며 오후가 되면 메추라기 사냥에 나섰다. 그리고 해가 질 무렵이면 늪의 가장자리로 나가 자리를 잡고 칠면조가 높은 나무 위에 둥지에서 몸을 일으킬 때까지 한 시간가량을 기다리는 것이었다.

언젠가 한 번 근처에 아무도 없다고 생각했던 로빈슨 의원은 약 100미터가량 떨어져 있는 나무 위에 한 마리 거대한 새가 앉아 있는 걸 우연히 보았고 깃털 모양을 보고 그게 칠면조 수컷이라는 사실을 알아챘다. 내 땅에서는 암컷 사냥이 금지되어 있었기에 그는 살금살금 가까이 다가가 총을 겨누며 이렇게 큰 소리로 중얼거렸다. "휴즈 국무장관Secretary Hughes 을 여기서 만나게 되는군."

그는 결국 무게가 10킬로그램 가까운 칠면조를 잡아서 집으로 돌아왔다. 그러고는 곧 집 밖에서 흑인 고용인 몇 사람이 왜 저 상원 의원이 칠면조를 보고 자꾸 휴즈 국무장관이라고 부르는지 이상하다며 수군거리고 웃는 소리가 들려왔다.

우리는 이 칠면조를 당시 대통령이던 공화당 소속의 워런 G. 하딩Warren G. Harding에게 보내기로 했다. 로빈슨 의원도 워싱턴으로 복귀했다. 그런데 며칠이 지나도 대통령으로부터 어떤 말도 들려오지 않았다. 그래서 로빈슨 의원은 인디애나주 상원 의원인 짐 왓슨Jim Watson을 찾아갔고 민주당 상원 의원이면서 공화당 대통령에게 아주 근사한 칠면조를 보내줘서 고맙게 생각한다는 말을 들었다.

그러자 언제나 자기 생각을 직설적으로 말하는 로빈슨 의원은 이렇게 대꾸했다. "아니 그렇게 고마우면 서로 소속 정당이 달라도 함께 그 칠면조로 만찬을 즐겼어야지요."

백악관에서는 곧 우리 민주당 인사들에게 감사의 마음을 담은 편지를 각각 보내왔다. 하지만 로빈슨 의원은 다음에 칠면조를 잡아도 절대로 그걸 공화당 쪽에 선물로 보내지 않겠다며 투덜거렸다.

로빈슨 의원만큼이나 사냥에는 열심이었지만 그 솜씨는 썩 좋지 않았던 것이 바로 윌슨 대통령의 주치의 캐리 그레이슨 제독Admiral Cary Grayson이다. 그레이슨 제독은 아주 점잖은 신사로 나는 그런 그가 무척이나 마음에 들었었다. 그는 하루 종일 숲속을 헤매고 다니길 마다하지 않았지만 내가 붙여준 안내인의 말처럼 "고작해야 깃털 몇 개만 잡을 수 있을 뿐이었다." 그렇지만 유쾌한 성정을 타고난 그레이슨 제독은 절대로 실망하거나 좌절하는 법이 없었다.

어느 날 나는 그레이슨 제독이 깃털 말고 진짜 사냥할 수 있도록 준비했다. 그가 숲속을 걸어가고 있을 때 사냥 안내인이 그의 어깨를 두드리며 나무 밑에 있는 커다란 칠면조 한 마리를 가리켰다. 그레이슨 제독은 바로 겨냥해 총을 쏘고는 쓰러진 칠면조를 확인하기 위해 달려갔다. 하지만 칠면조는 애초에 끈으로 나무에 묶여 있었고 그 목에는 '버나드 바루크의 선물'이라는 종이쪽지 하나가 매달려 있었다.

그레이슨 제독도 우리만큼이나 농담이나 장난을 좋아했다. 사실이 이야기를 캘빈 쿨리지Calvin Coolidge 대통령에게 말한 것도 그레이슨 제독 본인이었고 대통령은 또 워싱턴 정치가들 사이에 이 이야기를 널리 퍼트렸다. 호브코의 사냥터를 찾은 손님들의 사냥 솜씨는 절대로 밖에 공개하지 않는다는 것이 규칙이었기 때문에 그레이슨 제독 본인 말고는 이 칠면조 이야기를 할 사람은 아무도 없었다.

내가 했던 장난에 대한 그레이슨 제독의 반응은 사냥이야말로 한 사람의 성격을 가장 잘 나타내줄 수 있는 그런 취미라는 나의 생각을 확실하게 뒷받침하는 사례라고 볼 수 있다. 나는 인간에게 숨어있는 원시성을 단숨에 끄집어낼 수 있을뿐더러 진실한 속마음을 바로 자극할 수 있는 취미나 운동경기가 사냥 말고는 또 없다고 생각한다.

호브코에서 지켜야 할 또 한 가지 규칙은 실제 결과에 상관없이 손님이 주장하는 사냥 실적을 그대로 믿어주어야 한다는 것이었다. 다만 나는 모든 안내인에게 손님들의 주장이 맞는지 그저 넌지시 확인만 해두라는 지시를 내려두었다.

언젠가 루스벨트 대통령의 보좌관 왓슨 제독과 언론 담당 비서인 스티브 얼리Steve Early 두 사람 중 누가 더 오리를 많이 잡는지 사냥 실력을 겨뤘던 적이 있었다. 스티브 얼리가 할 수 있는 한 모든 솜씨를 발휘한 후 먼저 돌아왔고 나중에 왓슨 제독이 돌아오자 그는 자신의 승리를 확신하는 듯 의기양양하게 몇 마리나 잡았는지 물어보았다.

나는 잠시 왓슨 제독이 호브코의 규칙을 자신에게 유리하게 이용할 것인지 궁금한 생각이 들었지만 그는 그저 씩 웃으며 "잡을 만큼

잡았을 뿐"이라고 대답하고 불필요한 다툼을 피해갔다.

인간의 본성을 알려줄 만한 또 다른 시험 무대로 호브코에서는 종종 '도요새 사냥_{snipe hunting}'이 치러졌다. 호브코를 정기적으로 찾아오는 대부분의 사람들은 이 도요새 사냥을 잘 치러내 호브코의 정식 회원 대접을 받았지만 그렇지 못했던 사람이 하나 있었다.

그 사람은 모티머 시프_{Mortimer Schiff}의 차를 타고 호브코를 찾아오는 사람들 중 하나였다. 그리고 센트럴 유니온 신탁 회사의 사장인 제임스 월레스, 스탠더드오일의 사장이었다가 지금은 인터콘티넨털 고무 상사의 사장이 된 하워드 페이지, 금융업을 하는 오클리 손, 월가의 존 블랙, 그리고 나와 하트위그 형 등이 그 사람들과 함께 어울렸다.

이 새로운 손님은 전에는 호브코에 와본 적이 한 번도 없었고 호브코가 사냥꾼들의 천국이라는 말을 잘 믿지 못하는 것 같았다. 우리는 이 손님을 호브코 정식 회원의 새로운 후보자로 결정했다.

어느 날 저녁, 목사님처럼 엄숙한 표정을 한 오클리 손이 뭔가 생각에 잠긴 듯 콧수염을 쥐어뜯다가 나를 보며 이렇게 말했다. "이제 도요새 사냥을 좀 해보면 어떨까?"

그러면서 손은 그 일이 별반 대단한 사냥 솜씨를 요구하는 일이 아니기에 내가 도요새 사냥을 별로 내켜 하지 않는다는 사실을 자신도 잘 알고 있다는 설명을 덧붙였다. 하지만 또 그만큼 다른 사냥과는 다르게 색다른 느낌이 있고 적어도 한 번 정도는 모두 재미있어 할 거라는 생각이 든다고 주장했다.

그런데 사실 이 '도요새 사냥'은 진짜 사냥이 아니다. 사냥꾼들에게 한밤중에 자루와 등잔을 들고 나가 불을 밝힌 등잔을 휘두르며 휘파람을 불면 자루 안으로 도요새가 날아든다고 설명했지만 그건 전부 거짓말일 뿐이며, 그저 새로 맞은 손님을 속이는 오래된 장난에 불과했던 것이다. 하지만 나는 짐짓 진짜 사냥도 아닌 그런 일이 뭐가 재미있겠느냐며 항의하는 척을 했고 그렇게 서로 실랑이를 하다가 결국 못 이기는 척 이번 딱 한 번만 도요새 사냥하는 데 동의했다.

그러자 함께 있던 손님들은 곧 누가 가장 많은 '도요새'를 잡을 수 있을지 내기를 하기 시작했고, 그러자 우리의 새로운 후보자도 이 도요새 사냥이 진짜라고 완전히 믿게 되었다. 그렇게 이 후보자까지 포함해 모든 내기와 금액 내용이 기록되었고 나는 그 종이를 탁자 위에 올려두고는 각자 내용이 맞는지 확인을 하고 자기 이름을 써달라고 부탁했다.

하지만 막상 다음날이 되자 우리는 조금 불안한 생각이 들었다. 당연한 이야기지만 무슨 등잔불을 휘두르고 휘파람 소리를 낸다고 해서 도요새가 자루 안으로 알아서 날아 들어오지는 않는다. 아니, 도대체 그런 새가 세상에 어디 있다는 말인가. 우리는 오늘의 후보자가 이런 사실을 바로 알아차리게 될까봐 걱정되었다. 낮시간 동안 후보자가 여러 고용인이나 사냥 안내인에게 이 도요새 사냥에 대해 이것저것 물어보고 다닌다는 소식에 계속 전해졌지만 역시 아무도 이번 장난을 포기하려 하지 않았다. 한 흑인 집사에게 도요새 사냥에 대해 어떻게 생각하느냐고 물었는데 그 집사는 "어쨌든 여기 어르신들이 좋아하시니까요"라고 둘러댔다.

후보자를 데리고 나가 적당한 자리에 세우고 도요새를 잡기 위해 등잔을 휘두르거나 휘파람을 부는 방법을 알려주는 건 밥 캐인스의 몫이었다. 이윽고 혼자 돌아온 밥은 이렇게 말했다. "일이 다 끝나고 저 양반을 데려오는 건 누구 다른 안내인을 보내십쇼. 이게 장난인 줄 알면 저 양반이 가만 안 있을 겁니다.”

다른 사람들도 이미 자기 자리에서 도요새 사냥을 시작하는 척 하고 있었다. 저명한 은행가이기도 한 우리 후보자도 설명을 들은 대로 도요새를 자루 안으로 끌어들이기 위해 열심히 휘파람을 불며 등잔을 흔들었다. 그가 휘파람 소리를 높일수록 우리도 더 크게 웃음을 터트렸는데 너무 크게 웃지 않으려고 땅바닥 위에 주저앉거나 손으로 입을 틀어막는 사람들도 있을 정도였다.

그러면서 아무도 선뜻 나서서 후보자를 데리고 오려 하지 않았고 얼마 지나지 않아 결국 그는 혼자서 돌아왔다. 그리고 그의 얼굴 표정을 보자마자 우리는 웃음을 멈췄다.

“이게 도대체 무슨 짓인가!” 그가 소리쳤다. “당신들이 모두 함께 작당한 건가?” 그는 경쟁 관계에 있는 신탁 회사의 사장이자 역시 자신 못지않게 이름이 나 있는 은행가를 지목하며 이렇게 물었다. 물론 그의 호통은 거기에서 그치지 않았다.

호브코 사냥 모임의 회원 명단에는 금융계와 산업계, 그리고 법조계를 비롯해 학계와 행정 분야의 뛰어난 인사들이 적지 않게 포함되어 있었지만 그날 저녁 우리가 택했던 후보자는 결국 우리와 함께 할 만한 자격이 없음을 스스로 보여주고 말았다.

21장

/

인종 차별 극복

1

내가 미국 남부에 또 다른 집을 마련한 이유 중 하나는 어머니가 나에게 조상의 땅과 인연을 끊지 말라고 부탁했기 때문이다. 어머니는 또한 나에게 그 땅을 되살리는 데 도움을 주고 특히 "흑인들을 위해 뭔가를 하라"고 설득했다.

나는 어머니의 그런 부탁을 단 한 번도 잊은 적이 없었으며 남부에서 펼치는 모든 활동에는 언제나 더 나은 생활 환경을 만들고 흑인들의 운명을 더 나은 길로 이끌고자 하는 노력이 포함되어 있었다.

캠든에서 병원을 세우는 데 도움을 달라는 요청이 들어왔을 때 나는 도움을 줄 수는 있지만 한 가지 조건이 있다고 말했다. 유색 인종, 특히 흑인 환자들을 위해 항상 어느 정도 병상을 비워두어야 한다는 조건이었다.

캠든의 주민들은 병원 건축 예산을 대략 2만 달러로 잡았는데, 나는 그 정도로는 부족해 보이니 만일 내가 내건 조건이 받아들여진다면 전체 건축 비용을 모두 내가 부담하겠다고 약속했다. 주민들은 동의했고 훗날 병원에 불이 나서 무너졌을 때도 나는 다시 자금을 지원해 더 큰 병원과 요양소를 짓도록 했다.

나는 사우스캐롤라이나주에 있는 대학들에 돈을 기부할 때도 흑인들을 위한 교육 기관을 빠트리지 않았다. 또한 장학금 역시 백인과 흑인을 가리지 않고 모두에게 수여되었다.

그렇지만 뭔가 좋은 뜻이 있다고 해서 항상 원하는 방향으로만 일이 진행되는 것은 아니었다. 언젠가 한 번은 조지타운에 토지를 매입해 흑인들도 드나들 수 있는 현대적인 유원지를 지으려고 했었지만 인근의 일부 주민들이 그런 나의 계획을 반대하고 나섰다. 조지타운에 있는 흑인 학교의 교장인 J. B. 베크_{Beck} 박사가 우리 집을 방문했을 무렵에도 나는 내가 세운 계획을 계속 밀어붙이려던 참이었다. 베크 박사는 우리 집을 찾을 때 언제나 주방 쪽 뒷문을 통해 들어왔지만 나는 반드시 정문 현관을 통해 그를 돌려보냈다.

어쨌든 그는 나를 찾아와 이렇게 간곡하게 말했다. "그 유원지 계획은 그만두는 게 좋겠습니다. 우리는 이곳 주민들과 좋은 관계를 유지하고 있고 문제가 발생하는 걸 원하지 않으니까요."

그래서 나는 결국 문제가 되지 않을 만한 곳에 토지를 더 구입해 계획했던 유원지를 세울 수밖에 없었다.

그렇게 보면 베크 박사는 나보다 더 현명한 사람이었다. 흑인과 백인을 대할 때마다 나는 항상 다른 사람들이 나를 모범으로 삼아 따르게 되기를 바라며 일반적인 관행보다 조금 더 관대하게 모든 사람을 대하려고 노력했다. 그렇지만 그렇게 모든 인간사에 효과적인 모범 사례가 되려고 노력한들 실제로 거기에 영향을 받았으면 하는 다른 보통 사람들보다 훨씬 더 앞서 나갈 수 없다는 사실을 배우게 되었다.

하룻밤 사이에 완전히 새로운 세상을 만들려는 그런 사람들이라면 이런 생각에 만족하지 못할 수도 있다. 또한 모든 걸 현재 상태 그대로 유지하고 싶은 그런 사람들도 만족하지 못할 것이다. 나는 변화가 삶의 일부라고 믿고 있지만 그러한 변화도 부작용을 일으키지 않는 선에서 적당한 속도로 진행되어야 한다고 생각하게 되었다.

20세기가 밝아올 무렵 사우스캐롤라이나주에서 흑인들이 어떻게 살았었는지를 떠올려 보면 나는 지금의 이런 놀라운 변화에 큰 충격을 받곤 한다. 내가 처음 만났던 흑인들은 순박하고 마음씨도 착했지만 때로는 아무런 책임감 같은 걸 찾아볼 수 없는 노예의 아들딸들도 있었다. 1920년대까지만 해도 사우스캐롤라이나에 살고 있는 대부분의 흑인들은 소작농에 불과했다. 그런데 오늘날에는 근처에 사는 많은 흑인이 개인 사업이나 다른 직종에 종사하고 있으며 또 자신의 농장을 소유하고 인근 지역에서도 가장 믿을 수 있는 그런 농부로 인정받고 있다.

최근에 나는 흑인들과 함께 많은 일을 했던 남부의 어느 백인 주민에게 흑인 농부들이 경제적으로 어려움이 있음에도 불구하고 어떻게 계속 농장을 꾸려갈 수 있는지를 물었다. 그러자 이 남자는 경외심을 담아 이렇게 대답했다. "그들은 한 번 땅을 소유하게 되면 그 땅을 지키기 위해 어떤 희생이라도 다 감수하려 한다."

내가 아는 또 다른 백인이 어느 흑인 농부에게 1에이커가량의 늪지대 토지를 사려 했는데 이 흑인 농부는 제안을 거절했다. 백인은 시험 삼아 500달러를 제시했는데 당시로서는 거의 천문학적인 금액이었다. 하지만 흑인 농부는 이렇게 대답했다. "미안하지만 어쩔 수 없다. 나는 그저 내 땅과 떨어지고 싶지 않은 것뿐이니까."

내 농장의 경우 관리인이 하는 말을 들으니 흑인들도 제일 농장을 잘 경영하는 백인들 못지않게 자신들의 토지에서 많은 수확을 하고 있으며 또 최신 농업 기술도 재빠르게 습득한다는 것이었다.

2

호브코의 토지와 농장을 처음 사들였을 때 흑인들이 살았던 환경을 떠올리면 이러한 변화가 더욱 반가울 수밖에 없다. 당시에는 누군가 남부 지역에서 농장을 구입하면 자연스럽게 그 농장과 함께 많은 흑인을 떠안게 되는 경우가 많았다. 이 흑인들은 자신들의 아버지나 할아버지와 마찬가지로 그곳에서 태어났으며 그곳 말고는 다른 곳을 알지 못했다. 따라서 그들은 자신들을 돌봐주고 일자리를 마련해주는 것이 농장주인의 당연한 의무라고 생각했다.

어느 날 관리인인 해리 도널드슨Harry Donaldson이 게으른 흑인 한 명을 농장에서 그만 쫓아내고 싶다고 전해왔을 때 나는 그런 사실을 더욱더 절실하게 떠올렸다. 대부분의 경우 나는 책임을 맡은 사람에게 전권을 주어서 모든 걸 완전히 책임질 수 있도록 하지만 이번만큼은 예외를 두기로 했다. 나의 직접적인 허락 없이는 어떤 흑인 일꾼이나 고용인을 함부로 내 농장에서 내치지 못하도록 한 것이다.

그래서 나는 문제의 흑인을 직접 만나서 그의 말을 들어보기로 했다. 어느 일요일 오후, 나는 아내, 그리고 아내의 새어머니와 함께 농장을 찾아 모리스Morris라는 이름의 그 흑인을 불러오게 했다. 그러자 곧 머리가 허옇게 센 늙은 흑인 남자가 나타났다. 그는 모자를 벗

어 손에 들고 먼저 여자들에게, 그리고 나서는 내게 고개를 숙여 인
사를 했다.

"모리스," 내가 먼저 입을 열었다. "관리인 말이 당신이 너무 게을
러서 일을 제대로 안 한다고 합니다. 그래서 농장에서 나가주었으면
하더군요."

"주인 나리," 그러자 모리스가 대답했다. "저는 여기서 태어났고
여기를 떠날 생각 없습니다요." 그의 대답은 간결하면서도 거침이 없
었다. 그는 우리 눈앞에서 이리저리 왔다 갔다 하며 말을 이었다.

"주인 나리, 저는 노예 해방이 있기 전에 여기서 태어났습니다요.
어머니와 아버지는 여기서 벼농사를 거들었고 여기서 세상을 떠났
습죠. 제가 태어나서 제일 처음 본 것도 벼농사를 짓는 논이었습니다
요." 그는 그러면서 손으로 뭔가 크기를 어림잡는 것처럼 하며 이렇
게 말했다. "그렇게 더 커서 움직일 수 있을 때까지 이만큼 자란 볏단
사이에 누워 어머니와 아버지가 일하는 걸 보았습죠."

"주인 나리, 그때부터 지금까지 이렇게 나이를 먹고 등까지 굽어
가면서 저는 온 힘을 쏟아 주인 나리의 논에서 일을 했습죠. 이 늙고
불쌍한 모리스를 자비로우신 주님께서 데리고 갈 날도 멀지 않았지
만 저는 제게 남아있는 날도, 또 남아있는 기력도 이미 모든 걸 다 쏟
아부은 저 논에 마저 다 내려놓고 싶습니다요. 그러니 주인 나리, 주
인 나리께서는 이 늙은 모리스를 이곳에서 절대로 쫓아내면 안 되는
겁니다요."

"게다가 다른 어려움도 있습죠." 모리스는 이 대목에서 여자들 쪽
을 바라보면서 계속해서 말을 이어갔다. 그의 아내는 오래전 세상을
떠났고 그에게는 어린 딸이 남았다. 모리스는 하루 종일 논에서 일하

면서 잠시도 가만있지 못하는 딸아이를 돌보는 일이 얼마나 힘들었는지를 호소했다. 그리고 적당히 결혼할 나이에 이른 젊은이들의 무책임한 언행에 대해 이야기할 때는 목소리가 거의 속삭이는 것처럼 줄어들었지만 그럼에도 불구하고 그가 남긴 말은 거의 연설이나 웅변에 더 가까웠다.

"주인마님께서는 이해해주실 겁니다요." 모리스는 내 아내를 보며 나지막한 목소리로 이렇게 말했다.

계속해서 모리스가 펼쳐놓은 이야기는 지저분했지만 흔히 들을 수 있는 그런 이야기였다. 결국 모리스의 딸은 아이 아버지가 누군지도 모르는 딸을 낳았고 그는 이 손녀딸과 함께 살며 잘 키우기 위해 많은 노력을 했다. "주인마님께서는 제가 무슨 말을 하고 있는지 잘 아실 겁니다요." 모리스는 마치 이 문제는 내가 이해하기에는 너무 미묘한 문제라는 듯 계속 아내 쪽을 보면서 같은 말을 되풀이했다.

"주인 나리, 저야 좋은 검둥이가 되려고 노력을 했습죠." 모리스는 마침내 이렇게 결론을 내렸다. "하지만 제가 종종 좋지 않은 행동을 했었다면 그건 주님께서 저를 그렇게 만드셨기 때문입니다요. 그러니 주인 나리도 저를 주님이 만들어주신 모습 그대로 받아주셔야 하는 것입죠." 나는 그동안 수많은 사람이 스스로에 대해 설명이나 변명을 하는 걸 들어왔었지만 이 늙은 흑인보다 더 낫거나 감동적인 인간적인 정의에 기초해 이렇게 자기 처지를 설명하는 걸 들어본 적이 없었다. 우리 가족은 곧 모리스에게 큰 호감을 품게 되었으며 이 교활한 늙은이도 그런 사실을 아주 잘 꿰뚫어 보고 있었다.

언젠가 한 번은 모리스에게 혹시 크리스마스에 받고 싶은 선물이 있는지 물었다. 그러자 그는 이렇게 바지만 입고 있으니 몹시 춥다면서 넌지시 따뜻한 속옷이 갖고 싶다는 뜻을 내비쳤다. 또 내가 농장 빈터에 칠면조를 키우라는 내 지시를 따르지 않는 모리스를 꾸짖자 그는 "그 빌어먹을 칠면조는 비가 오면 피할 줄도 모르고 대가리를 치켜들고 돌아다니는 멍청한 새"라는 식으로 칠면조를 키우지 않는 일을 변명하기도 했다.

모리스는 농장에 도움이 되겠다며 닭을 키워보기도 했지만 돌림병이 돌면서 나는 그 실험은 그만 포기하고 말았다. 나는 모리스를 비롯한 다른 흑인들에게 보다 과학적인 농사법을 가르쳐보려고 했으나 처음에는 아무런 성과도 거두지 못했다.

그러나 오늘날에는 내가 아는 대부분의 흑인 농부들이 백인들만큼이나 개선된 농업 기술을 배우는 데 능숙하다. 모두에게 존경받는 일라이 윌슨Ely Wilson을 예로 들어보자. 그는 200에이커 규모의 토지에 농사를 짓기 위해 종자를 직접 선택하고 다양한 비료를 사용하며 여러 푸성귀와 목화, 담배, 옥수수 등의 작물을 번갈아 가며 재배한다. 윌슨은 이웃의 다른 농부들과 마찬가지로 과학적 농업 기술을 사용하는 데 전문가이며 또한 이 근방에서는 최고의 새잡이 사냥꾼으로도 알려져 있기도 하다.

트로이 존스Troy Jones의 사례는 또 어떤가. 트로이는 내 농장에서 일하는 것 말고도 100에이커에 달하는 자기 소유의 토지도 경작하고 있다. 트로이가 처음 토지를 사들였을 때는 대부분이 그냥 버려진 땅이었지만 그는 아내와 함께 열심히 그 땅을 개간했고 지금은 빚을 전혀 지는 법 없이 잘 운영되고 있다.

트로이는 아직 35세에 불과하며 처음에는 황소를 몰며 농사를 시작했었다. 그런 다음에는 노새 한 마리가 더 늘어났고 몇 년 뒤에는 트랙터도 추가되었다. 화전민처럼 불을 질러 치우던 잡초들도 이제는 쟁기를 사용해 정리하고 있다.

흑인들의 발전에 대한 또 다른 증거들은 사실 다른 모든 생활이나 활동에서도 찾아볼 수 있다. 호브코 지역 같은 바닷가 근처의 대규모 농장 근처에는 적어도 흑인들에 관한 한 거의 완벽하게 자급자족이 가능한 사회가 만들어져 있다. 호브코에 살고 있는 흑인들은 거의 대부분 현지에서 태어났으며 호브코 밖의 더 큰 세상에 대한 관심 같은 건 그들에게 별로 없었다. 어떤 흑인들의 경우 강 건너 불과 몇 킬로미터 밖에 있는 조지타운까지도 나가 본 적이 없을 정도였다. 그리고 내가 호브코를 사들였을 때 적어도 내가 알고 있는 한 찰스턴까지 가본 적이 있는 흑인은 단 두 사람뿐이었다.

당시에는 모두 공화당을 지지했지만 딱히 정치에 관심을 두는 것 같지는 않았다. 사람 좋고 솜씨도 좋은 목수이자 벽돌공인 에이브러햄 케네디_{Abraham Kennedy}에게 투표할 건지 물어본 적이 있었다.

"아니오." 케네디가 대꾸했다. "그런 바보짓은 하지 않아요."

"민주당에 한 표 던지는 게 어떻겠나?" 내가 물었다.

"아니오." 케네디가 다시 대꾸했다. "어렸을 적에 어머니가 링컨 대통령의 사진을 앞에 놓고 그 앞에 무릎을 꿇고 앉게 했습죠. 그렇게 매일 밤 사진을 보면서 링컨 대통령 말고는 절대 누구에게도 표를 주지 않겠다고 맹세를 했습니다요."

나는 호브코 농장을 사들인 후에 제대로 진행되지 않고 있던 농장 재건 작업을 다시 시작했는데 거기에는 흑인들이 살고 있는 오두막의 수리도 포함이 되어 있었다. 흑인들은 자기들 집을 고치면서 내게 보수를 받았고 그 밖에도 일하기를 원하는 모든 흑인 남성이나 여성들이 정당한 임금을 받으며 일할 수 있었다. 흑인들에게는 또한 텃밭이나 땔감도 제공되었다. 그렇게 꼭 필요한 생필품만 확보된다면 그들은 결코 고통이나 궁핍을 겪고 있다고 생각하지 않았다.

노령자나 혹은 장애가 있는 사람들은 조지타운에 있는 포드 급식소Ford's Grocery를 이용하게 해주었고 모든 비용은 내가 정기적으로 결재했다. 지금 돌이켜 보면 그것도 일종의 노령 연금 제도 비슷한 것이 아니었나 하는 생각이 든다.

내가 호브코를 샀을 때 그곳에 살고 있던 흑인들은 대부분 문맹이었다. 나는 훗날 내 딸 벨의 특별한 자랑거리가 되는 학교를 한 곳 세웠다. 벨은 마을 네 곳을 돌아다니며 아이들을 모았다. 어느 날 17세 소년 두 명이 학교에 나오지 않았고 벨과 친구는 말을 타고 두 소년을 찾으러 갔다. 녀석들은 늪지대에 숨었는데, 말을 타고 들어갈 수 없는 곳이었기에 벨은 깜짝 놀란 친구의 시선에도 아랑곳하지 않고 말에서 내려 직접 그 안으로 걸어 들어갔고 결국 양손에 녀석들의 귀를 하나씩 움켜쥐고 다시 빠져나왔다.

교육을 거부하는 흑인은 얼마 되지 않았지만 여기에서도 새로운 세대는 이전 세대와 다른 모습을 보였다. 우리 집의 어느 고용인의 경우 본인은 거의 아무런 교육도 받지 못했지만 자식 둘 다 대학에 보내 학교 교사로 만들었다.

내가 처음 알게 된 흑인들은 유모 미네르바처럼 오래된 미신에 빠져 있는 경우가 많았다. 숲과 개울, 대기, 그리고 하늘 모두가 온갖 '정령'들로 가득 차 있었다. 초승달이 뜨면 숲은 그냥 지나갈 수 없을 정도로 위험한 곳이 되어 버린다. 흑인들은 언제나 등잔을 들고 다녔고 그들이 겁을 먹지 않기 위해 소리치고 노래를 부르는 소리가 사방에서 들려왔다.

또한 아주 다양한 형태로 나타나는 정령인 '불타오르는 눈동자'가 있었다. 이 정령은 노인들을 괴롭히는 마녀의 모습을 하고 있을 때도 있었지만 대개는 동물의 모습을 하고 나타났으며 때로는 소처럼 크거나 또 때로는 고양이처럼 작을 때도 있었다. 그리고 대부분은 이마 한가운데 '불타오르는' 커다란 눈동자가 하나만 붙어 있었다.

이 괴물을 만나면 항상 옆으로 비켜서 지나가야만 한다. 무엇보다 이 괴물이 나의 두 다리 사이를 지나가도록 해서는 절대로 안 된다. 어느 용감한 흑인들은 놈의 눈을 발로 걷어찼다고 말하기도 하지만 그런 건 아무런 소용이 없는 짓이었다. 그래봐야 발은 아무것도 없는 텅 빈 허공을 가를 뿐이고 놈에게 아무런 타격이나 위협이 될 수 없기 때문이었다.

하지만 더 교육을 받은 똑똑한 흑인들이 그런 정령이나 유령, 혹은 괴물을 보았다는 말을 하는 건 거의 들어보지 못했다. 확실히 그런 것들은 무지한 흑인들의 눈앞에 더 많이 나타나기는 했는데, 나는 사실 교육에 관계없이 흑인 중에 그런 초자연적 존재들을 절대로 믿지 않는 사람이 한 사람이라도 있을지 의심하곤 했다.

어느 날 저녁 초대를 받아 모인 손님들이 식사하며 무서운 괴담을 나누고 있었다. 식탁에서 시중을 들던 흑인 소년의 눈이 점점 더 휘둥그레졌다. 저녁 식사가 다 끝난 후 손님 중 한 사람인 에드 스미스가 그 소년에게 잠시 심부름 하나를 시켰다. 소년은 어떻게 해서든 그 심부름을 피하려고 했지만 결국 밖으로 나갈 수밖에 없었다. 우리는 소년이 목적지까지 갔다 돌아오는 내내 휘파람을 불고 노래를 부르는 소리를 들을 수 있었다. 에드는 소년이 돌아오는 소리를 듣고 밖으로 나가 마당의 나무 뒤에 몸을 숨겼다.

이윽고 소년이 가까이 다가오자 에드가 마치 유령 같은 소리를 냈다. "오오오오오오오오오!"

소년은 갑자기 걸음을 멈춰 서더니 목을 길게 빼고 사방을 둘러보았다.

"에드 나으리?"

"오오오오오오오오!"

"에드 나으리." 소년이 떨리는 목소리로 다시 말했다. "나으리라는 거 다 압니다. 하지만 어쨌든 전 도망을 칠 겁니다요."

우리 모두 가끔 이 흑인 소년처럼 행동하지 않는가?

내가 호브코에 가져온 또 다른 변화는 바로 의료 지원이었다. 호브코의 여러 마을 중 한 곳에 진료소를 세우고 일주일에 한 번 내 담당 주치의인 F. A. 벨Bell을 보내 도움이 필요한 흑인들을 무료로 돌봐주게 한 것이다.

그럼에도 불구하고 많은 흑인은 문제가 생기면 초자연적인 능력을 가지고 있다고 생각되는 마을의 '치료사'를 찾는 쪽을 더 선호했다. 흑인들은 이 치료사가 가지고 있다는 '악마의 눈'을 두려워했는데, 집을 나간 아내나 남편들도 이 치료사가 갖고 있는 능력에 대한 두려움 때문에 다시 집으로 돌아온다는 소문이 있을 정도였다.

지금도 조지타운 근처에는 이런 치료사가 한두 명 정도 남아있다. 하지만 정체를 알 수 없는 물약이나 마법의 힘을 여전히 믿는 늙은 흑인 몇 사람을 제외하고는 이들을 찾는 사람은 이제 거의 없다.

3

아마도 이렇게 예전 생활에서 벗어나지 못하는 흑인들에게 가장 큰 영향을 미친 것은 그들의 종교였을 것이다. 교회 전도사는 종종 농장 주변 흑인 공동체에서 가장 중요한 사람이었다. 그는 사람들을 개종시키고 결혼식과 장례식을 주관했다. 이들은 정식으로 기독교 목회자로 인정을 받지 못했기 때문에 그저 '임시 전도사'라고도 불렸지만 이전 세대의 이런 임시 전도사들은 심지어 글을 읽고 쓸 모르는 사람들조차 흑인 공동체 안에서 진정한 지도자 역할을 했다.

흑인들에게 종교, 그러니까 기독교가 그토록 중요했던 이유 중 하나는 바로 종교가 역사의식을 대신했기 때문일 것이다. 미국의 흑인은 조상들의 과거에 대한 지식이 부족했다. 거의 모든 다른 민족들이 자신들의 고유한 문화적 기원에 대해 알고 있는 것과 달리 미국에 노예로 끌려온 흑인들과 그들의 후손들은 이런 정체성이나 자부심일 가질 수 없었다.

나는 몇 년 전 갤브레이스 웰치Galbraith Welch의 『북아메리카의 흑인들North African Prelude』이라는 책을 읽으면서 바로 이런 생각을 떠올렸다. 이 책에서 웰치는 아프리카 대륙의 흑인 전사와 국왕들의 영웅적인 일대기를 소개하는데, 나는 이런 유산들이 전 세계에 흩어져 있는 모든 흑인의 자부심과 힘의 원천이 될 수 있을 거라고 생각했다. 나는 웰치에게 이와 관련된 연구를 계속 수행하라고 격려하는 편지를 보냈다. 또 훗날 아프리카 서부에 위치한 라이베리아의 대통령 윌리엄 터브먼William Tubman이 미국을 방문했을 때는 직접 그를 만나 웰치를 라이베리아로 초대해 연구를 계속하도록 돕는 게 좋겠다고 제안하기도 했다. 터브먼 대통령은 내 제안을 받아들였다.

또 언젠가 한 번은 사우스캐롤라이나주 저지대에 살고 있던 흑인들의 민속 문화를 체계적으로 연구하기 위해 누군가를 고용할 생각까지 했었지만, 그저 생각에만 그쳤던 것이 지금까지도 항상 후회로 남는다. 지금은 시기가 너무 늦어 그런 문화도 다 사라져버렸다. 하지만 한편으로는 좋지 않은 낡은 문화나 관습이 사라져버린 게 다행이라는 생각도 든다.

그래도 호브코의 흑인 공동체 생활에는 여전히 따뜻함과 풍요로움이 남아있었다. 흑인들은 명절이나 축일을 빠트리지 않고 지켰으며 누군가 태어나면 침례를 받고, 또 결혼할 때마다 항상 거기에 어울리는 잔치를 열었다. 토요일 밤이 되면 빈 헛간에 모여 춤을 추었는데 나는 남녀노소를 가리지 않고 춤을 제일 잘 추고 흥겹게 놀거나 혹은 옷을 제일 잘 차려입은 사람들에게는 상을 주곤 했다.

나중에 뉴욕과 파리, 런던에서 큰 인기를 끌게 되는 거의 모든 현대적인 춤을 나는 호브코에서 먼저 보았다. 이런 춤에 곁들여지는 '음악'은 하모니카로 연주될 때도 있었지만 거의 대부분은 주로 손뼉을 치고 발을 가볍게 구르는 것으로 대신했는데, 누군가의 설명에 따르면 아프리카의 전통 음악이 만들어내는 박자와도 대단히 비슷하다는 것이었다.

교회 예배에서도 찬송가를 부를 때 이렇게 손뼉을 치고 발을 구르며 박자를 맞추는 일이 많았다. 호브코 마을에 있는 작은 통나무 교회를 내가 제대로 된 새 건물로 바꿔 주었을 때 장로들이 나에게 교회 봉헌식을 주관해달라고 요청해왔지만 나는 내가 왜 적당한 사람이 아닌지 진땀을 빼며 설명했고, 결국 정식으로 안수를 받은 다른 흑인 목사를 초빙해 봉헌식을 치를 수 있었다.

회칠을 한 그 작은 교회는 그 후로 25년 이상 인근 흑인 공동체의 예배당 역할을 톡톡히 했다. 나는 특별히 어떤 교리나 신조를 따지지는 않았지만 모든 종교나 종파를 존중했으며 진정한 종교인이란 스스로 믿음에 따라 행복을 느껴야 한다고 늘 생각해왔다. 나는 가끔 호브코의 이런 소박한 교회들을 찾아 예배에 참석하곤 했는데, 비록 투박하고 거칠기는 했지만 진정 아름다운 예배라고 느꼈다. 예배의 다양한 순서들은 서로 조화롭게 연결되어 마치 예배 전체가 한 곡의 성스러운 찬송가 같았다.

흑인들의 예배는 보통 장로 중 한 사람이 손뼉을 치고 발을 구르며 찬미를 인도하며 시작이 되었는데 이런 장로들도 평소에는 평범한 농장의 일꾼으로 일했다. 흑인들의 찬송은 여러 세대를 거쳐 만들어졌고 오직 호브코에서만 들을 수 있었다. 먼저 인도자, 즉 장로가 노래를 부르면 모여 있는 회중이 따라 부르며 그렇게 여러 구절이 반복되었다.

그러다 뭔가 때가 되었다 싶으면 갑자기 찬송은 중단되었고 다른 장로가 설교단 앞에 무릎을 꿇고 큰 소리로 기도했다. 기도에도 손뼉과 발 구르기는 빠지지 않았다. 장로는 농사의 풍작과 가축들의 건강을 위해, 사냥과 낚시를 위해, 그리고 호브코에서의 편안한 삶을 위해 필요한 모든 것들을 위해 기도했다. 회중이 다 함께 "주님, 믿습니다"와 "아멘" 같은 감탄사를 외치면 기도는 마무리 되었다.

기도가 끝나면 또 다른 찬송이 시작되었다. 감정적으로 크게 흥분한 장로가 일어서서 춤을 추기 시작하면 다른 사람들도 거기에 합세했고 박수 소리는 더 커져갔다. 얼마 지나지 않아 모여 있는 사람들의 3분의 1이 자리에서 일어서서 통로와 설교단 앞을 가득 채웠다. 자리에 가만히 앉아 있는 사람들도 몸을 좌우로 흔드는 바람에 벽에 걸린 등유 등잔도 함께 흔들릴 정도였다.

그리고 마침내 설교가 시작된다. 내가 가장 좋아하는 설교자는 모제스 젠킨스Moses Jenkins였는데 그의 아들 프린스는 여전히 내 고용인으로 일을 하고 있다. 젠킨스가 특히 좋아하는 주제는 이스라엘의 해방 이야기였는데 이스라엘 민족의 이집트 탈출에 대한 그의 설교는 그야말로 걸작이라고 할만했다.

설교단 위에 올라선 젠킨스는 우선 흑인들이 지식인의 상징이라고 생각하는 금테 안경을 어루만졌다. 그런 다음 그는 내 아내가 교회에 기증한 대형 성경책을 집어 들고는 「출애굽기Exodus」의 3장 2절을 펼쳐 다음과 같은 구절을 읽었다.

"여호와의 사자가 떨기나무 불꽃 가운데 그에게 나타나시니라 그가 보니 떨기나무에 불이 붙었으나 사라지지 아니하는지라."

회중은 마지막 부분인 "사라지지 아니하는지라"를 반복해서 외쳤다.

젠킨스는 낭독을 계속했다.

"여호와께서 그를 보려고 돌이켜 오는 것을 보신 지라 하느님이 떨기나무 가운데서 그를 불러 이르시되 모세야, 모세야 하시매."

역시 회중도 반복해서 외쳤다. "모세야, 모세야 하시매."

"그가 이르되 내가 여기 있나이다."

"내가 여기 있나이다." 회중의 반복된 외침이 마치 메아리처럼 예배당 안에 울려 퍼졌다.

모제스 젠킨스는 계속해서 이스라엘 민족의 지도자인 모세가 이집트의 군주 파라오를 만났지만 파라오가 그들을 평화롭게 놓아 보내지 않으려 고집을 피운 이야기를 했다. 그리고 파라오가 마침내 그들을 포기할 때까지 여러 재앙이 이집트를 덮쳤고, 이스라엘 민족이 이집트를 떠났지만 또 마음이 변한 파라오가 군대를 보내 그들을 추적하는 이야기가 이어졌다. 이 부분에서 젠킨스의 설교는 놀라울 정도로 현실적인 감각이나 모습을 보여주었다. 예컨대 제1차 세계대전이 끝난 후에는 회중의 이해를 돕기 위해 '소총과 기관총' 같은 최신 무기들에 대한 비유를 중간에 슬쩍 끼워 넣을 정도였다.

대부분의 경우 젠킨스는 파라오의 군대가 홍해에 빠져 몰살당하고 이스라엘 민족은 탈출에 성공하는 감동적이면서도 만족스러운 장면에 대한 설명으로 설교를 마치곤 했지만 때때로 기분이 좋을 때면 이집트 탈출 이후 40년에 걸친 광야에서의 방랑 생활에 대한 이야기가 더 이어질 때도 있었다. 그는 이 부분을 꽤 간단하게 소개했는데 때로는 요셉과 마리아, 그리고 예수 그리스도와 사도 바울에 대한 먼 훗날의 이야기들을 조금 덧붙임으로서 설교를 더 흥미 있게 끌고 나가곤 했다.

모세는 시나이산 기슭에 장막을 치고 형인 아론과 다른 두 사람을 기다리게 한 후 산으로 올라가 하느님으로부터 십계명이 적힌 석판을 받는데, 젠킨스는 여기서 모세가 "내가 산에 올라가 있는 동안 여기 머물면서 잠들지 말고 깨어 있으라"는 말을 남기고 산으로 올라갔다고 말했다.

"그런데 무슨 일이 일어났을까?" 젠킨스가 회중에게 물었다. "모세가 산에서 내려와 보니 그 세 사람은 세상모르게 곯아떨어져 있었다!" 하지만 물론 「출애굽기」에는 이런 대목은 없었다.

설교가 진행되는 동안 손뼉을 치고 발을 구르는 소리가 설교자의 목소리 높낮이에 따라 마치 밀물과 썰물처럼 함께 커졌다가 또 줄어들기를 반복했다. 그리고 설교가 끝난 후에도 계속해서 찬송과 기도가 이어졌다. 예배는 종종 새벽 1시가 넘어서야 끝이 났고 그러면 예배당을 나온 사람들은 어둠 속에서 4개의 마을로 웃거나 웅성거리며 흩어졌다.

당연한 이야기지만 흑인들에게 종교는 지금 이 땅에서 누릴 수 없는 '평등'을 미래에 누릴 수 있다는 약속을 전해주었다. 나는 특히 흑인들이 종교를 통해 자신들이 필요로 하는 것을 정확하게 찾은 뒤, 그중에서 자신들에게 지금 가능한 것이 나타날 때까지 받아들일 것은 받아들이고 거부할 것은 거부하는 지혜를 터득하는 것에 깊은 감명을 받았다. 물론 이런 타고난 현실적인 적응 능력 때문에 회의적인 태도를 보이게 되는 경우도 있다. 내 친구인 캐리 그레이슨^{Cary Grayson} 제독은 하느님이 주관하는 문제에 대해 인간이 어떻게 접근해야 하는지에 대해 일반적인 이야기만 하곤 했지만 말이다.

어느 늙은 흑인이 기독교에 귀의하고 싶다며 어느 집사에게 가서 자신의 뜻을 전했다. 그러자 그 집사가 이렇게 말했다.

"에이브러햄, 교인이 되기 위해서는 먼저 믿음이 있어야 합니다. 당신은 성경의 모든 내용을 다 믿습니까?"

“네, 그렇습니다.” 늙은 에이브러햄이 대답했다.

“고래 배 속에서 삼일이나 있었던 요나의 이야기를 믿습니까?”

“네, 믿습니다.”

“다니엘과 사자의 이야기를 믿습니까? 굶주린 아프리카 사자가 눈앞에 있었습니다만 다니엘은 바로 사자 앞으로 걸어가 그 뺨을 때렸고 사자는 그대로 얌전히 있었습니다.”

“굶주린 아프리카 사자라고요? 그런데 그 사자를 때린다고요?”

“성경에 그렇게 기록되어 있습니다.” 집사가 단호하게 말했다.

“음, 그러면 믿어야지요.”

“그리고 풀무불 속에 들어간 이스라엘 청년들에 대한 이야기를 믿습니까? 이 이스라엘 청년들은 풀무불 속으로 똑바로 걸어 들어갔지만 불에 타기는커녕 그을리지도 않았습니다.”

“그을린 곳 하나 없었다고요? 활활 타는 불 속으로 들어갔는데?”

“바로 그렇습니다. 털끝 하나 다치지 않았습니다.”

그러자 늙은 에이브러햄은 고개를 저었다. “집사님.” 그가 말했다. “그 말은 믿을 수 없는데요.”

“그렇다면 교회의 품 안에 들어올 수 없지요.”

에이브러햄은 모자를 집어 들고는 천천히 등을 돌려 걸어 나갔다. 그리고 문 앞에 서서 뒤를 돌아보며 이렇게 말했다.

“아, 집사님, 그리고 사실은 그 다니엘과 사자 이야기도 전혀 못 믿겠습니다.”

4

호브코를 드나들며 지내는 동안 흑인과 심각한 갈등을 겪었던 건 딱 한 번뿐이었다. 호브코에는 백인 아이들이 많지 않아 학교를 세울 수 없었다. 그래서 우리는 젊은 여선생을 고용해 헉스 캐인스의 두 딸을 맡겼다. 어느 날 내가 가족과 북부에 머물고 있을 때 사건이 벌어졌다. 여선생과 여자아이들이 마차를 타고 소나무 숲을 지나가고 있을 때 갑자기 한 흑인이 덤불 사이에서 튀어나와 마차 위에서 여선생을 끌어내렸다.

아이들은 비명을 질렀고 여선생은 사력을 다해 저항했다. 그러다 힘이 거의 다 빠졌을 무렵 여선생은 문득 꾀를 내어 "오, 하느님. 헉스 씨! 여기예요!"라고 외쳤다. 계략은 보기 좋게 성공해 흑인은 손을 놓고는 다시 숲속으로 도망쳐 버렸다.

이 흉흉한 소식은 마치 아프리카 마을에 북소리가 울려 퍼지듯 순식간에 인근 지역에 퍼져나갔다. 조지타운에서 남자들이 배를 타고 왔고 그보다 먼 곳에서는 산탄총과 소총으로 무장한 남자들이 말을 타고 모여들었다. 얼마 지나지 않아 숲과 늪지대, 그리고 수로에는 추적대들이 가득 차게 되었다.

추적 과정에서 문제의 흑인은 호브코 주민이 아니라 다른 곳에서 온 낯선 사람이라는 사실이 확인되었다. 호브코에서는 그런 '낯선' 흑인을 고용하는 일이 잘 없었고 굳이 새로운 사람을 받아들이려 하지 않았다.

몇 시간에 걸친 추적 끝에 범인은 붙잡혔고 우리 농장 안마당으로 끌려왔다. 지역 보안관과 우리 집 관리인인 해리 도널드슨, 그리고 짐 파월 대위가 제일 앞에 섰고 그 뒤를 적지 않은 사람들이 둘러싸고 있었다. 사람들은 그의 목을 매달기 위해 모인 것이었다. 누군가 커다랗게 자란 이끼 낀 참나무 가지 위로 밧줄을 던져 걸었다.

정당한 절차 없이 누군가를 처벌하는 것을 막기 위해 짐 파월이 잔뜩 흥분해 있는 사람들 사이로 성큼성큼 걸어 들어가 자신의 말을 들어달라고 소리쳤다.

"여기서 저 남자를 마음대로 처벌할 수는 없소." 그가 호소하듯 말했다. 그리고 내 아내와 두 딸을 가리켰다. "그렇게 하면 저기 저 숙녀분들은 다시는 호브코로 돌아오지 않을 거요. 저분들의 보금자리를 영원히 망칠 생각이오? 일단 농장 밖으로 데리고 나갑시다."

사람들이 결정을 못 내리고 웅성거리는 동안 보안관은 그 흑인을 붙잡아 배에 태워 사람들이 상황을 눈치채기 전에 조지타운으로 데리고 갔다. 그리고 안전한 감옥에 갇혔다. 사우스캐롤라이나 법에 따르면 강간이나 강간미수범은 사형에 처하게 되어 있었다. 재판이 열렸고 그 흑인 죄수는 유죄 판결을 받은 뒤 교수형에 처해졌다.

보안관과 짐 파월 대위는 아직 남부에 남아있는 불법적인 폭력 행위를 거부하는 수많은 남부 사람들을 대신해 행동에 나선 것이다. 나도 이런 정당한 절차나 재판 없이 사람을 처벌하려 하는 일을 막기 위한 자금을 제공하겠다고 제안한 적이 있었다. 다른 사람들 역시 나와 비슷한 생각을 가지고 이런 불법적인 행위를 근절하기 위해 나름대로 노력을 기울였다.

세월이 흐르면서 호브코의 흑인 주민들도 하나둘씩 마을을 떠나기 시작했다. 나는 그 모습을 보고 기쁜 마음이 들었다. 그동안 아주 가까운 사이가 된 흑인들을 다시 못 보게 되는 것은 아쉬웠지만 그렇게 오래된 마을들이 천천히 사라지는 것 역시 흑인 사회의 진보의 증거라는 사실을 나는 잘 알고 있었다.

흑인들은 호브코를 떠나 더 새롭고 더 넓은 세상으로 나아가고 있었다. 전쟁이 일어나자 많은 흑인이 군에 입대했고 곧 세상에 대한 새로운 시각을 갖게 되었다. 육군이나 해군에서 복무한 뒤 고향으로 돌아온 사람 중에는 태도나 자세가 긍정적으로 바뀐 사람들이 많이 눈에 띄었다.

한편 조상 대대로 살았던 땅을 떠나 북부와 남부를 가리지 않고 대도시로 이주하는 흑인들도 늘어났다. 특히 정부의 농산물 가격 정책에 따라 농사를 지을 수 있는 토지의 크기가 제한되면서 이러한 과정이 더 빠르게 진행되었다.

지난 몇 년을 돌이켜보면 남부와 북부를 가리지 않고 흑인들이 크게 발전할 수 있었던 비결은 바로 교육과 경제적 성장이었던 것 같다. 내가 대학을 졸업할 무렵 같은 학년에는 토론 솜씨가 뛰어나고 성적도 우수한 흑인 학생이 하나 있었다.

몇 년 후 나는 우연히 길을 가다가 그를 만났고 왜 대학 동창회 모임에 참석하지 않느냐고 물었다.

"나는 대학을 졸업하면 많은 것이 달라질 거라고 생각했다." 그가 이렇게 말했다. "그렇지만 흑인인 내가 넘어서기에는 벽이 너무 높았다."

　그렇지만 과연 지금도 그렇게 말하는 흑인 대학 졸업생이 있을까? 많은 미국의 흑인들이 교육과 생활 수준이라는 벽을 넘어섰다. 예컨대 정치가로서 크게 성공한 랄프 번치Ralph Bunche나 야구 선수 재키 로빈슨Jackie Robinson만 봐도 흑인들이 다른 모든 미국 국민과 당당하게 경쟁해 성공을 거두었다는 사실을 잘 알 수 있지 않은가?

　다른 모든 미국 국민과 마찬가지로 흑인들도 변화의 물결에 휩싸였고 그 물결이 너무 거칠어 이제는 아무도 왔던 곳으로 다시 돌아갈 수는 없다. 물론 앞으로 갈 길은 여전히 위험해 보이지만 우리가 지금까지 얼마나 먼 길을 왔는지 생각한다면 앞으로 마주하게 될 어려움도 극복할 것이라고 확신한다.

22장

앞으로 펼쳐질 미래

1

어떤 사람들은 일찌감치 자신들이 장차 하고 싶은 일을 결정하고 그렇게 자신들의 꿈을 실현하며 인생을 펼쳐나간다. 그렇지만 나는 그런 인생을 살지는 못했다. 나는 평생에 걸쳐 서로 모순되는 여러 가지 다양한 꿈과 야망을 갖고 있었고 그런 과정에서 갖가지 사건들이 벌어지면서 내 인생도 그때마다 다른 방향으로 펼쳐져 갔다.

당시에는 미처 깨닫지 못했지만 내가 처음 월가에 뛰어들었을 때 미국은 역사적으로 한 시대가 저물고 새로운 시대가 시작되는 지점에 서 있었다. 당시 경제계와 금융계를 주름잡았던 인물들인 모건과 해리먼, 라이언, 제임스 힐, 듀크, 그리고 존 D. 록펠러 등은 그야말로 권력과 명예의 최정상에 올라가 있었다.

그런 인물들을 보고 또 그들의 위업에 대한 이야기를 들으면서 나는 마음속으로 저 사람들이 할 수 있다면 나도 할 수 있을 것이라고 생각했고 그들을 닮아가기 위해 최선을 다했다. 그렇게 대담무쌍한 여러 인물 중에서도 특히 내가 주목하고 모범으로 삼으려 했던 건 다름 아닌 에드워드 해리먼이었다. 목사의 아들이었던 해리먼은 나처럼 밑바닥에서부터 시작했고 경마와 여러 운동 경기, 그리고 심지어 선거 결과와 관련해서까지 승부를 걸었다. 나 역시 그런 일들을 마다하지 않았다.

철도회사들에 대해 공부하며 나는 해리먼이 오래된 노선 두 개밖에 없는 유니언 퍼시픽을 인수하여 어떻게 미국 최고의 철도회사로 탈바꿈시켰는지를 보고 정말 크게 흥분했다. 또한 해리먼의 경력 중에서 내가 제일 좋아하는 건 내셔널시티은행의 제임스 스틸먼이 그에게 뭘 가장 하고 싶은지 물었던 일화였다. 당시 해리먼은 "불가능한 일이 있다는 이야기를 듣고 바로 거기에 뛰어들어 불가능을 가능으로 바꾸는 일을 가장 좋아한다"고 대답했다는 것이다.

그렇지만 나는 결코 또 다른 '해리먼'이 될 수는 없었다. 아마도 나 자신이 그럴만한 인물이 아니었을지도 모르지만, 한편으로는 어떤 작가들이 묘사했던 것처럼 "어떤 수단이나 방법을 가리지 않고 무에서 유를 창조할 수 있었던" 그런 시절이나 상황 자체가 내가 활동을 할 즈음 점점 사라져가고 있다고 생각한다. 내가 스페인과 미국의 전쟁을 기회로 삼아 큰 이득을 보았던 1898년은 당시 내가 알고 있었던 것보다 더 상징적인 시기였던 것 같다. 전쟁에서 승리를 거둔 후 몇 년이 지나지 않아 미국은 유럽 열강들과 어깨를 나란히 하는 강대국으로 떠올랐고 경제 분야에 있어서도 극도의 개인주의가 크게 판을 치게 되었다.

그 한 가지 사례로, 20세기가 시작되자 미국의 경제 규모는 어느 한 사람, 혹은 어느 한 집단이 좌지우지하기에는 너무나 비대하게 부풀어 올랐다. 1907년의 공황은 모건 한 사람의 힘으로 막아낼 수 있었지만 1929년의 걷잡을 수 없는 상황을 통제할 수 있는 사람은 아무도 없었다.

이러한 변화는 주식시장에서도 찾아볼 수 있었다. 1898년 뉴욕 증권거래소에 상장된 종목의 60퍼센트 정도는 철도 관련 회사들이었다.

물론 이러한 기록은 남북전쟁 이후 미국의 주요 관심사가 국토를 새롭게 개발하는 일에 집중되어 있었다는 상황을 반영하고 있다. 그런데 1914년이 되자 그 비중은 40퍼센트 이하로 떨어졌고 1925년에는 약 17퍼센트, 그리고 1957년에는 고작해야 13퍼센트 정도에 불과했다.

제1차 세계대전이 일어나기 전까지 미국이 외국 정부에 자금 지원을 해준 사례는 보어 전쟁을 치르던 영국, 그리고 러일 전쟁을 치르던 일본이 유일하다. 물론 지금은 각국의 정부가 자금이 필요할 때마다 가장 크게 의존하는 국가가 바로 미국이다.

이렇게 시대가 변화하게 된 또 다른 요인은 바로 세대의 변화였다. 모건과 존 D. 록펠러는 사실 나보다 30세 이상 나이가 많은 아버지 세대나 마찬가지였고, 해리먼은 나보다 스물두 살, 라이언은 열아홉 살 연상이었다. 우리 세대는 단순히 돈을 많이 버는 것만으로는 만족하지 않았다. 물론 나 역시 돈을 많이 벌었으니 이제부터 그 돈으로 무엇을 해야 할지 늘 고민했다.

바야흐로 미국은 사회적 책임 의식이 깨어나는 시대로 접어들고 있었다. 막대한 재산을 모은 거물 사업가들은 돈을 버는 것보다 현명하게 사용하는 일이 더 어렵다는 사실을 깨닫게 된 후 많은 곳에 재산을 기부하기 시작했다. 무엇보다도 시어도어 루스벨트와 우드로 윌슨 대통령의 진보적인 사상을 통해서도 찾아볼 수 있는 많은 사회적 변화와 의식의 흐름이 중요한 역할을 했다.

앞에서도 한 번 언급했었지만 나는 정치적 철학에 대해서는 잘 알지 못했다. 나는 1892년 클리블랜드 대통령이 당선될 때 처음 선거에 참여했었고 1896년에는 여러 복잡한 사정으로 누구에게 표를 던졌는지 잘 기억나지 않는다. 1890년대 민주당을 이끌었던 윌리엄 제닝스 브라이언William Jennings Bryan이 뉴욕에 왔을 때 나는 그의 연설을 들으면서 감명을 받기는 했지만 잠시 그 자리를 벗어나 그의 목소리에서 멀어질수록 그 영향력도 점점 사라져갔다. 게다가 내가 아는 사람들은 모두 다 그를 반대했다.

남북전쟁 당시 보르가드 장군의 참모로 있었던 나의 외종조부 피셸 코헨이 남부의 패전 이유와 전후 시대에 대해 잃어버린 원인과 재건에 대해 이야기하기 시작했을 때 사실 나는 공화당의 매킨리 후보에게 표를 주기로 거의 마음을 굳힌 상태였다. 외종조부는 공화당을 찍으면 내 팔에 저주가 내릴 것이라고 말했는데, 그때 나는 아마도 아버지가 지지했던 존 M. 팔머John M. Palmer 후보에게 투표했던 것 같다. 그는 잠깐 있었다가 사라진 국립 민주당 소속 대통령 후보였다.

하지만 시어도어 루스벨트가 등장하자 나는 그가 독점 연합에 반대한다는 이유로 그를 지지하게 되었다. 당시 나는 하루를 마칠 때마다 뭔가 마음이 불안하고 불만스러울 때가 많았다. 사무실 창밖으로 월가 거리와 트리니티 교회의 마당을 바라보며 이런저런 상념에 사로잡혔고 때로는 그냥 의사가 되었으면 어땠을까 하는 생각을 하곤 했다.

그 당시 늦은 오후가 되면 자주 나를 찾아왔던 사람 중 하나가 바로 개릿 개렛Garet Garrett이었는데 그는 훗날 《뉴욕 이브닝 포스트》와 《뉴욕 트리뷴》 그리고 《새터데이 이브닝 포스트》 등의 유수한 언론사를 두루 거치는 저명한 언론인이 됐다. 개렛은 뉴욕 증권거래소 영업이 끝난 후 나를 찾아와 내가 하는 말에 귀를 기울여주었고, 사무실을 떠나기 전에 이렇게 말하곤 했다. "늘 하는 말이지만, 월가에는 영 어울리지 않는 사람이군. 당신 같은 사람은 워싱턴 정가로 진출해야 해."

2

그렇지만 내 인생의 진정한 전환점이 된 건 역시 제1차 세계대전
이었다. 이 전쟁으로 인해 기존의 자유방임의 전통이 무너지고 정부
가 완전히 새로운 역할을 맡게 된 것이다.

전쟁 동안 일어났던 일들은 한 가지도 절대 잊을 수 없을 것이다.
대공황이든 아니면 제2차 세계대전이든 그다음부터 국가적인 비상
사태가 발생할 때마다 미국 정부는 제1차 세계대전 당시 처음 실행
했던 여러 정책을 그대로 반복하곤 했다.

물론 나는 미국 정부의 사고방식과 역할이 바뀌는 혁명적 시기에
활약한 일종의 인간 도구 중 하나였다. 그렇다고 해서 내가 특별히
선견지명이 있었다는 건 아니다. 제1차 세계대전이 일어났을 때 나
는 분명 높은 식견을 가진 사상가는 아니었다. 군사적 전략 또한 나
에게는 거의 아무런 의미가 없었을뿐더러, 전면전을 치르기 위해 한
국가의 역량을 모두 쏟아부으려면 무엇을 어떻게 해야 하는지도 잘
알지 못했다.

그렇지만 전쟁이 점점 커지면서 나는 미국도 이 전쟁에 휘말리게
되면 어떻게 해야 할지 생각하기 시작했다. 마침 윌리엄 G. 매커두
William G. McAdoo 재무부 장관이 미국의 방어를 위한 경제 자원 동원 계

획을 윌슨 대통령에게 설명할 수 있도록 자리를 주선했고 덕분에 나는 처음 백악관을 방문하게 되었다.

국방위원회를 돕는 자문위원회가 설립되었을 때 나도 위원으로 참여했고 전쟁 준비를 위한 원자재 확보의 책임을 맡았다. 무엇을 만들어내든 거기에는 당연히 원자재가 필요했기 때문에 나는 자연스럽게 경제의 모든 분야에 관심을 갖게 되었다. 그리고 나에게 주어진 임무를 평소에 내가 해왔던 그런 방식으로는 해낼 수 없다는 사실을 곧 알게 되었다.

다시 말해, 모든 제조 공장과 원자재, 그리고 모든 기업과 노동자들을 거대한 산업 군대의 일부로 바라보는 완전히 새로운 접근 방식이 필요했다.

나는 내가 새롭게 깨달은 사실을 어떻게 해서든 다른 사업가나 기업가들에게 알려주어야만 했다. 물론 쉬운 일은 아니었다. 회의가 있을 때면 노동계 지도자가 발언할 때마다 위원회의 다른 사업가들이 방해하는 경우도 종종 있었기 때문에 그럴 때마다 상대방 이야기가 다 끝날 때까지 기다려 달라, 무슨 말을 하고 싶은 건지 끝까지 다 들어봐야겠다는 말을 반복해서 해야 했다.

이 새로운 산업 군대에서 많은 재계와 산업계 인사들은 우두머리 자리에서 내려와 사령부의 지휘를 받는 일종의 중간 장교 역할을 해야 했다. 나를 포함해서 이런 사람들은 사실상 그동안 스스로 규칙을 만들고 자기 마음대로 생각하고 행동하는 데 익숙해져 있었으며 정부도 어느 개인도 이들의 경영이나 운영 방식에 간섭한 적이 없었다. 그랬던 사람들에게 지금까지 자기들 멋대로 행동해온 방식을 버리고 정부의 지시를 받거나 경쟁자들과 협력해야 하는 이유를 납득시키는 건 쉬운 일이 아니었다.

나는 이들이 국익을 위해 더 크게 세상을 바라볼 수 있도록 만드는 데 늘 성공하지 못했다. 자동차왕 헨리 포드가 그 좋은 사례인데, 나는 자동차 생산에 필요한 철강 제품을 군수용으로 돌리기 위해 민수용 자동차 생산을 줄여야 한다고 설득하기 위해 워싱턴에 있는 호텔로 포드를 찾아갔다.

그렇지만 포드는 자동차와 군수용 물자를 동시에 생산할 수 있다고 주장했다. "뭐든 원하는 걸 말해보시오. 내가 다 준비할 테니." 그는 이렇게 딱 잘라 말했다.

내가 민수용과 군수용 모두를 위한 철강 제품이 충분하지 못한 이유를 설명하려고 했지만 포드는 여전히 알아듣지 못하는 것 같았다.

그렇지만 다른 사람들의 경우 여전히 그런 개인주의를 버리지 못한다 할지라도 더 넓게 세상을 보는 것 같았다. 어느 날 나는 담배왕 제임스 B. 듀크와 점심 식사를 함께하며 담배 산업에 대한 향후 계획에 대해 논의했다. 듀크는 정부에서 우리가 하고 있는 모든 일이 다 잘못된 것 같다고 항의했다. 그래서 나는 담배 산업 담당자에게 전화를 걸어 담배왕 듀크에게 좋은 수가 있는 것 같다고 말했다. 듀크가 뭐라고 항의를 하자 나는 다시 이렇게 말했다. "우리가 일하는 방식이 마음에 들지 않는 것 같군요. 그렇다면 우리에게 해답을 보여주면 되지 않습니까? 나는 그렇게 하기 위해 이렇게 당신을 만나고 있는 겁니다."

결국 듀크는 몇 가지 중요한 제안을 했다. 그는 정치적으로는 윌슨 대통령을 지지하지 않았지만 나를 가장 든든하게 도와주는 친구가 되어주었다.

전시를 대비해 국력을 하나로 모으는 과정에서 나는 보통 이런 방식으로 문제를 해결해나갔다. 물론 모든 사업가나 기업가들을 다 설득시키기에는 시간이 충분하지 않았지만 어떤 분야든 상관없이 문제를 해결할 수 있는 최선의 방법을 알려줄 그런 사람을 항상 찾아낼 수 있었다.

나는 구리에 대해서는 이미 대니얼 구겐하임과 그 가격을 절반 이상 낮출 방안에 대한 논의를 끝냈지만 철제 강판의 경우 선박 건조에 소요된 물량에 대해 정부가 얼마를 지불해야 할지가 문제였다. 나는 철광 산업계의 거물 나는 헨리 클레이 프릭Henry Clay Frick을 찾아갔다. 그는 자신의 유명한 서재에서 나를 맞아주었다. 나는 프릭에게 정부가 어느 정도의 비용을 치러야 하는지 물었다.

그는 자신에게 먼저 물어보는 건 공정한 절차가 아니라고 항변했다.

"애당초 나는 U.S. 스틸의 재무 위원회 위원장이 아닙니까."

"나는 지금 사업 문제를 따지자고 온 게 아닙니다." 나도 이렇게 대꾸했다. "미국의 장래를 걱정하는 국민의 한 사람으로 온 겁니다."

"그렇다면 1킬로그램에 5센트가 적당하겠소." 프릭은 재빨리 이렇게 말했다.

당시 일부 철강 회사에서는 정부 조선소에 납품된 철제 강판에 대해 1킬로그램당 8.5센트를 요구하고 있었고 암시장에서의 거래 가격은 무려 33센트에 달했다.

그 밖에도 앤드류 멜론Andrew Mellon을 비롯해 클리블랜드의 강철왕 프라이스 맥키니Price McKinney, 세인트 조셉 광산 회사의 클린턴 H. 크레인Clinton H. Crane, 뉴저지 스탠더드오일의 알프레드 C. 베드포드

Alfred C. Bedford, 그리고 뉴저지 아연 회사의 에드가 팔머Edgar Palmer 같은 수많은 사업가와 기업가들이 프릭이나 구겐하임과 똑같은 태도로 정부의 도움 요청에 응답했다.

월가에서 보냈던 세월이 아니었다면 내가 그렇게 전시에 국가를 위한 임무를 수행할 수 있었을까 하는 생각을 가끔 하곤 한다. 나는 사업을 하면서 수많은 재계의 우두머리들이 개인적으로 어떤 성향을 갖고 있는지 많은 경험과 지식을 쌓을 수 있었다. 그리고 애국심을 내세운 직접적인 호소에 과연 누가 응답할 것인지도 잘 알 수 있었다. 또한 내가 알고 지내는 그런 사람들에게서 꼭 필요한 협력을 얻어내려면 정부가 그 어떤 개인보다도 더 높은 자리에 서 있다는 사실을 반드시 보여줘야 한다는 것도 알고 있었다.

그렇게 중요한 결정의 순간이 닥쳐왔을 때 나로서는 월가에서 주식을 거래하며 지금의 자리까지 올라왔다는 게 여간 행운이 아닐 수 없었다. 만일 내가 특정한 산업 분야와 이해관계가 얽혀 있었다면 정부의 업무를 처리하는 데 있어서 다양한 압력을 받았을 것이다. 예컨대 철제 강판의 가격을 결정하는 문제에 대해서 내가 속해 있던 가격 결정 위원회의 한 위원은 대형 철강 회사들과 대립할 경우 자신과 관련된 한 철강 회사가 이 과정에서 피해를 입을 수도 있다고 말했다.

그래서 나는 "그들은 내게 압력을 행사할 수 없다"고 설명하고 내가 문제 해결을 위해 앞장서겠다고 말했다.

그 밖에도 월가의 경험을 통해 나는 다양한 방식으로 다른 사람들보다 더 돋보이는 활약을 펼칠 수 있었다. 사실 나는 투기나 투자 사업을 할 때 사용했던 접근 방식과 똑같은 방식이 정부의 전시 대비 업무에 그대로 적용되는 경우가 많은 것을 보고 깜짝 놀랄 때가 많았다.

예를 들어 나는 물자나 자금의 부족이라는 건 실제로는 심리적인 문제라는 사실을 금방 깨닫게 되었다. 필요한 것을 빨리 확보하지 못할 수도 있다는 두려움에 여러 제조업체는 필요 이상의 물량을 사들이기도 했고, 또는 가격이 치솟을 거라고 예상하고 공급업체들이 판매를 보류하는 경우도 있었다.

주식시장에서 활동할 때 나는 시장의 흐름 뒤에 있는 집단적 분위기가 흔들리면 얼마나 빨리 판이 뒤집힐 수 있는지를 배웠다. 미국이 전쟁에 본격적으로 참전하게 되었을 때 주요 전쟁 물자의 가격을 낮추는 일을 하면서 나의 목표 중 하나는 가격이란 결국 오르락내리락할 수밖에 없다는 일반적인 예상을 깨트리는 것이었다.

나는 또한 월가에서 성공적인 투자 작전을 계획하는 것과 군사 작전을 계획하는 것이 서로 비슷하다는 사실도 배웠다. 직접 행동에 들어가기 전에 항상 상대방의 강점과 약점을 모두 알고 있어야 하는 것이다.

우리는 협력을 꺼리는 상대방의 약점을 잡아 압력을 가해 우리가 원하는 것을 얻는 경우가 많았다. 예컨대 국내의 제조업체들을 상대로 정부 차원에서 필요한 연료나 운송 문제에 개입하겠다고 위협을 하기도 했는데, 그 상대가 외국 정부여도 사용하는 방식은 다르지만 그 원칙은 동일했다.

언젠가 영국 정부에서 인도는 독립된 정부를 갖고 있기 때문에 캘커타의 삼베 가격을 통제할 수 없다는 입장을 전해온 적이 있었다. 나는 매커두 재무부 장관을 찾아가 인도 통화량을 안정시키는 데 필요한 은의 추가 수출을 보류해 달라고 요청했다. 그러고 나서 릴랜드 서머스_{Leland Summers}를 대표로 하는 협상단을 런던으로 보내 영국 정부 관료들에게 봄베이와 캘커타의 거래소가 폐쇄되더라도 지금의 입장을 고수할 것이라고 말했다. 영국 정부는 곧 삼베 가격을 통제할 수 있는 방법을 찾아냈다.

전쟁 기간 전체를 통해 미국이 직면했던 가장 중요한 원료 문제를 하나만 고르라고 한다면 그건 아마도 질산염 문제였을 것이다. 비료와 화약 제조 모두에 필요했던 질산염에 대한 수요는 가능한 공급량을 훨씬 초과했고, 사실 전쟁이 끝날 때까지 늘 심각한 수준이었다. 질산염을 실은 수송선이 독일군의 공격으로 침몰할 때마다 우리는 큰 타격을 입었다.

미국이 마침내 제1차 세계대전 참전을 결정했을 때 질산염 가격은 불과 하룻밤 사이에 30퍼센트나 올랐고 3주가 지나나 두 배가 되어 있었다. 이런 가격 상승으로 질산염을 확보하기 위한 다툼은 더욱 치열해졌으며 투기자들은 가격을 더 높이도록 시장을 통제하기 위해 질산염을 가능한 한 더 많이 확보해두려고 했다.

이 무렵 윌슨 대통령은 나를 불러들여 질산염 문제 해결을 위한 전권을 위임하려고 했고 나는 어떻게든 그 책임을 지지 않으려고 애를 썼지만 방법이 없었다. 그러는 사이 군수품 제조업체 위원회에서 워싱턴을 찾아와 정부와 계약한 군수품 생산을 위한 질산염을 어떻게 확보할 수 있을지를 물어왔다. 나는 질산염이 아무 문제없이 공급될 것이라고 장담했다.

위원회와의 회의가 끝나고 나자 나와 함께 화학 산업 부문을 책임지고 있던 찰스 맥도웰_{Charles MacDowell}이 그 약속을 지키기 위해 뭘 어떻게 할 것인지 물어왔다.

"그건 나도 모르겠다." 나는 이렇게 고백했다. "그렇지만 그 사람들이 정부가 아무것도 할 수 없다고 생각하면서 워싱턴을 떠나게 할 수는 없지 않은가."

이후 며칠 동안 내 인생에서 가장 힘든 시간을 보냈다. 나는 잠도 제대로 자지 못했고 제대로 먹지도 못했다. 겨우 물 한 잔을 마셔도 목이 막힐 정도였다. 어쩌면 살면서 한 번도 경험하지 못했던 그런 공황 상태에 빠지기 직전까지 갔는지도 몰랐다. 어느 날 아침 옷을 입으면서 나는 거울에 비친 나의 창백한 얼굴을 바라보았다. 그리고 큰 소리로 이렇게 외쳤다. "이 겁쟁이야! 온 힘을 다해 남자답게 행동하라고!"

그다음에 일어난 일들을 돌이켜보면 나를 보살피는 어떤 특별한 섭리 같은 것이 있었나 하는 생각이 들 정도였다. 나는 억지로 아침을 조금 챙겨 먹고 사무실로 내려갔다. 그리고 얼마 지나지 않아 해군 정보부에서 자신들이 도청한 정보를 들고 왔다. 독일이 칠레 정부 소유의 금을 보관하고 있는데 이 금을 되찾으려고 했지만 독일이 내어주지 않는다는 정보였다.

드디어 뭔가 돌파구를 찾은 것 같았다. 며칠 후 칠레 대사가 찾아와서 다양한 물자 부족과 물가 상승 등의 어려움으로 조국이 많은 문제를 겪고 있다며 불평을 늘어놓았다. 나는 칠레에 독일 정부의 소유면서 역시 칠레에서 가져갈 수 없는 질산염 20만 톤이 있다는 사실을 미리 들어 알고 있었다. 나는 만일 칠레 정부가 이 질산염을 압수한다면 미국 정부가 1킬로그램당 9센트에 사들여 평화 조약이 체결된 후 6개월이 지났을 때 모두 금으로 지불하겠다고 제안했다.

칠레 대사가 내 사무실에서 나가자마자 나는 당장 수송선을 칠레로 보내 시간 낭비 없이 바로 질산염을 확보할 수 있도록 조치를 취했다.

묘한 일이지만 국무부 관리 중 일부가 이번 협상을 이른바 적성국 교역법Trading with the Enemy Act을 위반했다는 이유로 반대를 하고 나섰고 나는 깜짝 놀라고 말았다. "그러니까 무슨 말인가? 독일의 질산염을 가져와 독일군을 공격하는 무기를 만드는 게 문제라는 건가?" 나는 이렇게 되물을 수밖에 없었다.

이 이야기는 나를 지지해준 윌슨 대통령에게 곧바로 전달되었고 결국 내가 바랐던 대로 질산염이 절실하게 필요했던 미국과 경제 회복을 해야 하는 칠레 모두 만족시키는 합의가 이루어졌다. 그렇지만 만일 우리가 칠레의 상황을 잘 알지 못했고 이를 협상의 근거로 삼지 못했다면 이런 합의는 불가능했을 것이다.

서로의 필요에 의한 조정은 국가 사이의 모든 협정에 가장 중요한 기초가 된다. 지금은 당연하게 여겨지는 이런 사실도 제2차 세계대전이 끝난 직후의 기록을 살펴보면 미국이 동맹국들을 대할 때 이런 사실을 제대로 적용하는 방법을 여전히 잘 모르고 있었다는 사실을 알 수 있다. 우리는 협정이나 조약을 맺을 때 형식적인 표현에만 너무 많이 집착해왔으며, 지속적인 동맹 관계를 뒷받침할 수 있도록 서로에게 이익이 되는 구조를 강화하는 조치를 취했어야 하는데 그걸 제대로 하지 못했었다.

우리는 다른 나라와의 우정을 돈을 주고 살 수는 없다. 그런 식으로 맺어진 '친구'는 무슨 일이 일어나면 바로 적대적인 관계로 돌변한다. 그렇지만 진정으로 서로 이익을 주고받을 수 있는 관계라면 문제가 생겨도 서로의 잘못에 대해 해명하고 부족한 부분을 채워줄 수 있는 것이다.

동맹국을 대할 때는 이렇게 서로의 이익을 추구하는 것과 동시에 공정성의 문제에 대해서도 세심하게 주의를 기울여야 한다. 인간관계의 원칙은 그대로 국가 간의 동맹 관계에도 적용이 될 수 있다. 자신도 할 수 없는 일을 결코 다른 사람에게 부탁해서는 안 된다.

미국을 대표해 이러한 원칙을 처음 공식적으로 내세운 사람은 다름 아닌 윌슨 대통령이었다. 윌슨 대통령은 미국이 전쟁에 필요해서 구입하는 모든 물자는 우리가 구입한 똑같은 가격으로 동맹국에게 제공되어야 한다고 주장했다.

바로 이 원칙을 두고 여러 가지 논쟁이 오가는 동안 나는 영국의 윈스턴 처칠에게 전시의 지도자에 적합한 놀라운 자질이 있다는 사실을 처음 깨닫게 되었다. 나는 영국이 미국의 물자가 필요할 때는 미국 정부가 구입할 때 지불한 것과 같은 가격으로 지불을 해주었으면 좋겠다고 제안을 했다. 물론 미국 역시 영국의 물자를 영국 정부와 같은 가격으로 사들이고 싶다고 덧붙였다. 영국 상업계의 일부 대표들은 이러한 협상에 반대하고 나섰다. 이 문제가 당시 군수 담당 장관이었던 처칠에게 제기되자 그는 전시에 동맹국이 서로를 공정하게 대할 수 있는 유일한 방법이라고 인정했다.

미국 정부는 칠레에서 들여온 질산염을 필요한 곳에 분배할 때도 동일한 원칙을 따랐다. 나는 미국 정부가 상업적 이익을 위해 질산염 분배에 영향력을 행사해야 한다는 모든 제안을 거부했다. 대신 국제질산염집행위원회International Nitrate Executive를 통해 모든 동맹국에 공평하게 분배하는 데 동의했다. 이 위원회의 중요성이 증명되었기 때문에 제2차 세계대전이 일어났을 당시에도 이른바 통합 위원회

Combined Boards가 만들어져 동맹국들 사이에 부족한 물자를 분배하는 일을 맡을 수 있었다.

나는 이 국제질산염집행위원회의 위원장 임무를 처칠에게 맡겼고 그 후 그는 내가 그를 '세계 질산염의 왕'으로 만들어준 이때의 사연을 자주 언급하며 농담을 던지곤 했다.

우리가 친구로 지낸 40년이 넘는 세월 동안 나는 처칠이 미국과의 관계에서 비열하거나 공정하지 못한 제안을 하는 것을 한 번도 본 적이 없었다. 물론 영국의 이익이 늘 가장 먼저였겠지만 처칠은 그런 와중에도 항상 미국의 이익을 챙기는 일에 소홀하지 않았다. 제2차 세계대전이 일어나고 미국이 영국에 대한 지원을 고민하게 되었을 때 나는 그가 루스벨트 대통령에게 "영국 국민은 더 이상 견뎌낼 수 없을 정도로 어려운 생활을 하고 있으며 따라서 미국은 영국에 대한 식량 지원을 중단할 수 없다"며 단호하게 항의하는 것을 들은 적이 있었다. 동시에 처칠은 미국 정부와 지도자들에 대한 영국 국민의 비난에 대해서도 강력하게 변호하고 나서기도 했다.

언젠가 한 번 처칠이 런던에서 저녁 만찬 자리를 마련했을 때 그 자리에는 루스벨트 대통령과 민주당의 뉴딜 정책을 반대하는 많은 보수당 의원들이 참석했다. 그 자리에서 한 의원은 나에게 수수께끼 하나를 던져 다른 참석자들의 흥을 돋우기로 결심하고 내게 루스벨트 대통령과 콜럼버스의 공통점을 물었다. 내가 머뭇거리자 그는 콜럼버스가 항해를 떠났을 때와 마찬가지로 루스벨트 대통령 역시 실제로 자신이 어디를 향해 가고 있는지도 모르고 있을뿐더러 어딘가에 도착한 후에도 거기가 어디인지도 모른 채 계속 엉뚱한 곳을 찾고 있을 거라고 대답했다.

나는 자리에서 일어나 이렇게 대답했다. "어쨌든 루스벨트 대통령과 콜럼버스에게 공통점이 있다는 건 맞는 말일 것이다. 두 사람 모두 새로운 모험을 두려워하지 않고 과감하게 안전한 길을 포기했으며 또 둘 다 새로운 지평을 찾아 기존 세계의 문제를 해결해주었기 때문이다." 처칠은 이런 내 말에 동의한다는 듯 식탁을 두드리며 이렇게 외쳤다. "옳소! 옳소!"

3

제1차 세계대전이 끝났을 때 대부분의 미국 국민, 그중에서도 특히 사업가들은 전쟁이 일어나기 전의 상황으로 돌아가기를 바랐지만 나는 달랐다. 내가 다른 사람들과 의견이 달랐던 건 아마도 공직에 있으면서 월가에서 돈을 벌 때보다 훨씬 더 큰 보람을 느꼈기 때문인 것 같다. 동시에 나는 지난 전쟁으로 인해 이전 시절의 '자유방임'의 철학으로는 해결할 수 없는 많은 문제가 수면 위로 드러나게 되었음을 깨닫기도 했다.

그래서 나의 많은 동료가 자유방임 철학의 부활을 추진하는 동안 나는 새로운 시대에서 정부는 어떤 역할을 해야 하는지에 대한 문제와 계속해서 씨름했다. 윌슨 대통령은 베르사유 조약이 체결될 때 특히 경제 분야의 조언을 듣기 위한 고문으로 나를 파리로 불러들였다. 나는 대통령과 함께 미국의 국제 연맹 가입을 위해 노력했고 그 후에는 농업 종사자들이 공평하게 소득을 얻을 수 있도록 애를 썼다. 또 미국 내 철도의 재정비를 위한 계획을 입안하는가 하면 전후 배상금과 채무 문제를 해결하려는 방안을 제시하기까지 했다.

당시의 상황과 또 그 이후 일어났던 대공황, 제2차 세계대전, 그리고 소비에트 연방과의 냉전 등 우리가 힘들게 다뤄왔고 또 지금도 짚어지고 있는 수많았던 어려움을 생각해보면 대부분이 한 가지 결정적인 관계를 중심으로 움직이고 있다는 사실에 깜짝 놀랄 때가 있다. 그것은 바로 전쟁과 평화 사이의 관계다. 적어도 제1차 세계대전이 일어났던 1914년 이래로 미국과 나머지 세계는 전쟁을 치렀다가 중단하는 일을 반복하고 있다. 우리는 평화로운 시절의 경제와 규칙이 우리의 필요와 맞아떨어져야 한다고 줄곧 생각해왔지만 역시 1914년 이래로 전쟁과 전후의 영향에서 완전히 자유로울 수 있었던 시간은 거의 찾아볼 수 없었다.

농작물의 과잉 생산에서 국가 부채 문제에 이르기까지 미국 경제 문제 대부분은 전쟁 이후 혼란 상황에서 비롯되었다. 우리 세대의 경우 두 번의 큰 전쟁을 겪으면서 승리를 거두고 평화를 얻기 위해 경제 구조를 완전히 뒤바꿔야만 했다.

그와 동시에 전쟁의 또 다른 역할 한 가지가 드러났다. 전쟁의 영향으로 인해 역사 속의 모든 변화가 예상보다 더 빠르게 일어날 수 있었다. 예를 들어, 원자력의 발견과 개발 역시 적이 먼저 해낼 것이라는 두려움이 없었다면 여전히 제자리걸음을 하고 있었을지도 모른다.

미국 정부의 역량으로는 두 차례 치렀던 세계대전으로 인해 발생했던 난감한 문제들을 완전히 해결할 수 없었다. 최선을 다했지만 언제나 할 일은 늘어만 갔다. 그것은 마치 아무리 애를 써도 결코 따라잡을 수 없는 기차의 뒤를 쫓아가는 것과 비슷했다.

나는 이 회고록을 통해 스스로 경험하면서 얻을 수 있었던 모든 깨달음을 끌어내 전쟁과 평화의 이 중요한 상관관계를 확인해보려 했다. 어쩌면 나는 이 책의 마지막 부분을 우리가 살고 있는 세계가 직면한 위기의 본질에 대한 몇 가지 의견과 거기에 관련된 문제에 대해 우리 각자 더 잘 이해할 수 있는 방법을 찾는데 할애해야 할지도 모른다.

우리는 지금 우리가 직면하고 있는 중대한 시련을 본질적으로는 우리들 스스로 통제 능력에 대한 시험으로 보아야 할 것이다. 우리는 현재 물질적 자원의 부족으로 고통을 받고 있지는 않지만 건설적인 목적과 파괴적인 목적 모두에서 그 전례를 찾아보기 어려울 정도로 강력한 힘을 다루고 있다. 우리에게 정말 부족한 건 이러한 힘과 막대한 자원을 통제하고 관리할 수 있는 능력이다.

우리 스스로를 다스릴 수 있는 이러한 능력에 대한 시험은 실제로 세 가지로 나눌 수 있다.

첫째, 무엇을 포기하고 무엇을 안전하게 확보할 것인지 가치 판단에 대한 시험이 있다.

둘째, 주어진 문제를 효과적으로 해결하기 위해 논리적으로 생각할 수 있는 지혜가 있는지 확인하는 시험이 있다.

그리고 마지막으로 어떤 대가를 치르더라도 우리가 생각하는 가치를 지키고 정책을 일관되게 유지할 수 있는 능력, 즉 자기 수양이 얼마나 되어 있는지에 대한 시험이 있다.

특히 국방비를 어느 정도 준비해야 하는지에 대한 문제는 이러한 세 가지 시험을 모두 다 대표한다고 볼 수 있다. 일부 사람들은 "그저 우리 경제가 감당할 수 있을 정도만 준비하면 된다"고 주장해왔지만 두 차례의 세계대전을 치르면서 우리는 미국의 경제가 평화를 위한 투쟁에 있어서 생각했던 것보다 훨씬 더 많은 노력을 할 수 있고 또 감당할 수 있음을 보여주었다. 미국과 동맹국들이 감당할 수 있는 물리적 자원은 소비에트 연방과 그 위성 국가들이 감당할 수 있는 것보다 훨씬 더 많다. 무엇보다 나는 적들이 우리가 누리고 있는 자유를 파괴하기 위해 노력하는 것만큼 우리 역시 그 자유를 보호하기 위해 무엇이든 할 수 있다고 생각하며 그렇게 할 수 없다고 생각하는 사람들을 결코 인정하지 않을 것이다.

우리 경제가 감당할 수 있다고 생각되는 한계는 훈련과 관리를 통해 얼마든지 바뀔 수 있다. 물론 우리가 필요로 하는 방어력과 간절하게 원하는 모든 것들을 완벽하게 갖추는 것은 불가능할 수도 있다. 그렇지만 노력과는 어울리지 않는 터무니없는 욕심을 억제할 수 있는 의지만 있다면 우리는 필요한 노력을 기울일 수 있는 충분한 자원을 확보할 수 있다.

다만 어떻게 가장 중요하다고 생각되는 부분을 선택하여 노력을 기울여야 하는지는 국방비를 누가 얼마나 부담해야 하는지 그 방식과 관련된 격렬한 논쟁으로 인해 자칫 모호해질 수도 있다. 사회 각 부문에서는 이런 부담을 다른 쪽에 떠넘기려 했고 제2차 세계대전과 한국전쟁 기간 동안 일어났던 물가 폭등의 가장 큰 원인은 바로 "나는 내버려 두고 다른 사람을 찾아라" 같은 태도였다. 또한 전후 냉전 동안 우리를 괴롭히고 있는 물가 폭등 역시 이러한 태도가 주요 원인이다.

적어도 국방비나 방위비 확보 문제에 관한 한 지금의 민주 사회는 모든 구성원이 다 국익 앞에 자신의 이기적인 태도를 포기하도록 만드는 방법을 고안하거나 채택하는 데 실패하고 말았다.

우리는 또한 그동안 냉전에서 승리하게 위해 정부가 어떤 역할을 해야 하는지에 대해서도 제대로 생각하지 못했다. 어떤 사람들은 그저 세금을 줄이자고만 주장하는데 그건 우리의 소중한 것들을 지키기 위해 필요한 방어 수단을 동원하려면 국민에게 세금을 부과할 수밖에 없다는 현실을 모르고 하는 소리다. 반면에 또 민주 사회에서의 과세권의 한계를 깨닫지 못한 채 그저 세금이 많이 들어가는 계획만 계속해서 제안하는 사람들도 있다.

사실 세금이 늘어갈수록 모든 사람이 다 공평하게 그 세금을 부담하는 모습은 점점 더 보기 어려워진다. 우리는 전쟁을 겪으면서 모든 구성원이 각자 공평하게 희생하고 부담을 나눠지는 것이 사기 진작을 위해 중요하다는 사실을 배웠다. 또한 훨씬 더 중요한 일을 먼저 처리하기 위해 다른 일을 잠시 중단해야 한다는 사실도 배웠다. 그런데 우리는 냉전 역시 다른 전쟁과 마찬가지로 비슷한 사고방식을 가지고 접근해야 한다는 사실을 미처 깨닫지 못한 것 같다.

만일 과세권이 다른 덜 중요한 계획에 의해 압박을 받거나 혹은 정부의 과세 및 물가 통제 구조에서 일부 시민들이 부당하게 더 큰 부담을 지게 된다면 가장 중요한 정책에 대한 대중들의 지지도 줄어들 것이다. 경제와 도덕 모두에 대해 평화로운 시절의 기준만으로는 우리는 이 냉전에서 싸워 이길 수 없다.

나는 개인적으로 세금이 올라가는 것에 대해 한 번도 불평해본 적이 없다. 물론 정부 예산에서 불필요한 지출도 많고 낭비도 많다고 생각하지만 국방이 안정되고 정부의 재정 상태가 안정되게 자리를 잡을 때까지는 세금을 줄이는 정책을 지지하지는 않을 것이다. 건전한 정부 재정은 국방이 안정되는 데 꼭 필요하다. 그렇지 못할 경우 정부는 비상사태에 대비할 여력을 비축할 수 없다.

현재 여러 곳에서 우리의 안전을 확실하게 보장할 수 있는 새로운 '궁극의' 무기 개발에 대한 이야기가 많이 들려오고 있다. 예컨대 대륙간 탄도 미사일을 개발한다면 실제로 전쟁 방식에 일대 혁명을 일으킬 수 있을 것이다. 그렇지만 그런 기술이 완벽하게 완성이 된다고 해도 우리는 여전히 스스로를 다스리는 능력, 즉 우리 자신의 문제를 깊이 생각해본 다음 우선순위를 두도록 스스로 단련할 수 있는지에 대한 똑같은 시험에 직면하게 될 것이다.

지금까지 87년을 살아오면서 나는 기술 혁명이 쉬지 않고 이어지는 모습을 목도했다. 그렇지만 그중 어떤 기술도 인간의 성품이나 생각할 수 있는 능력을 무용지물로 만들지는 못했다.

규율이나 혹은 생각하는 능력의 필요성에 대해 말하는 건 어쩌면 지루하고 오래된 설교처럼 들릴 수도 있을 것이다. 그렇지만 이렇게 오래된 진리를 외면하려는 경향 역시 우리 사회를 좀먹어가고 있는 문제점이다. 많은 사람이 이러한 진리에 귀를 기울이고 또 고개도 끄덕이지만 실제로는 거의 실천하지 않는다. 이러한 오래된 진리를 적용하는 데 무엇이 필요한지 깊이 생각하지 않기 때문에 그저 행동이 없는 말로만 남은 것이다.

안타까운 일이지만 지금 교육계의 주된 흐름도 이러한 무시나 방치에 일조하는 것처럼 보인다. 수많은 교육 기관에서 젊은 세대들에게 생각하는 법을 가르치는 일은 외면한 채 그저 학생들이 공부에 관심만 유지하면 목표를 달성했다고 생각한다. 교과 과정은 상상할 수 있는 모든 주제를 다룰 정도로 다양해졌지만 규율이나 원칙은 온데간데없이 사라졌다. 또한 전문적인 기술자를 양성하는 전문학교들이 늘어나면서 사람들은 단순히 지식이나 기술을 축적하는 것이 교육을 잘 받았다는 증거라는 환상도 갖게 되었다.

그렇지만 지식이나 정보만으로는 생각하는 능력을 대신할 수 없다. 여기에서 우리 대부분이 기억할 수 있을 정도의 최근의 사례를 인용해보자. 제2차 세계대전이 막바지에 이르렀을 때 많은 경제학자와 통계학자들은 전쟁이 끝나면 미국에서만 1천만 명 이상의 노동자가 일자리를 잃게 될 것이라고 예상했었다. 그리고 이런 끔찍한 예상은 그럴듯한 통계 자료들에 의해 뒷받침되었다.

물자 동원국 국장Director of Mobilization인 제임스 F. 번스James F. Byrnes는 나와 나의 충실한 동료인 존 M. 핸콕John M. Hancock에게 이제 전쟁을 끝내고 평화를 되찾았을 때를 대비하는 정책 안내서를 만들어달라고 요청했다. 우리는 적대적 행위가 종료된 후에 대규모 실업이 발생할 것이라고 생각하지 않았고 대신 이전과는 비교할 수 없는 수준의 '놀라운 번영'을 예견했다. 1944년 2월에 우리의 보고서가 제출된 직후, 나는 한 걸음 더 나아가 전쟁이 끝난 후 누가 무엇을 하든 최소한 5년에서 7년 동안 지속적인 번영의 시기가 유지될 것이라고 자신 있게 말했다.

구매력이나 '소비자들의 성향' 등 통계 연구에 전혀 의존하지 않고 또 경제 분야의 예언자들이 미래를 예측할 때 제시하는 다른 지표들에 대해서도 전혀 언급하지 않은 채 우리는 어떻게 그런 결론을 내릴 수 있었을까? 나는 주로 전쟁으로 인해 전 세계의 절반은 폐허로 변할 것이라는 사실을 기반으로 그렇게 판단했다. 다시 말해 이 세상의 재건을 막을 수 있는 건 아무것도 없다는 확신이 들었다. 나는 당시 동료들에게 "남녀노소를 불문하고 모든 국민과 정부는 재건을 위해 구걸하고, 빌리고 또 필요하다면 훔치기까지 할 것"이라고 말했었다. 물론 그런 와중에서도 사람들은 전쟁 동안 채워지지 못했던 것들을 채울 방법, 그리고 자신들의 가정을 재건할 방법을 찾을 것이다.

내가 말하고 싶은 핵심은 판단력과 생각이 없는 정보는 가치가 없다는 사실이다.

건전한 판단을 내리려면 전체적인 상황에 초점을 맞춰야 한다. 선견지명이 있는 교육자들은 정말로 필요한 건 전문화된 기술을 익히는 것이 아니라 우리의 다양한 문제들을 상호 연결된 전체의 일부로 보는 능력이라는 것을 이미 잘 알고 있다. 우리가 살고 있는 세계에서는 혼자서 살아갈 수 있는 건 거의 아무것도 없다. 거의 모든 것들이 서로에게 영향을 미치고 있으며 따라서 특정한 분야에 대해 정말로 효과적인 조처를 하려면 보통은 전체 분야에 대해 각각 다 조치하는 작업이 필요하다.

제2차 세계대전 중 물가 폭등을 막기 위한 길고도 힘들었던 노력 중에서 단편적인 접근이 아니라 이렇게 전체적으로 접근하는 방식은 대단히 중요한 핵심적인 문제였지만 제대로 되지는 않았다. 의원들을 비롯해 대부분의 행정부 관료들은 통화 통제나 혹은 몇 가지 상품에 대한 가격만 통제하면 충분하다고 주장했지만 임금과 농산물 가격은 대부분 제대로 억제하지 못했다. 나는 이러한 단편적인 접근에 반대하여 우리의 모든 자원과 물자를 하나로 묶어 동원하기 위해 경제 분야 전반에 걸친 연속적인 일련의 조치가 필요하다고 경고했다.

제2차 세계대전이 끝이 나자 나는 다시 한번 이런 연속적인 일련의 조처를 하기 위한 노력했다. 이번에는 전후 평화 분위기 조성과 관련이 있었다. 우리는 전쟁을 치르면서 승리를 위해 전 세계 모든 국가를 아우르는 전략을 세웠지만, 나는 마찬가지로 우리가 가진 역량을 최대한 활용하여 평화를 위한 노력의 모든 측면을 다 수용하는 전략을 세워야 한다고 촉구했다. 많은 관료도 이와 비슷하게 '총체적 외교 전략'의 필요성에 대해 역설했지만 하나로 전 세계를 하나로 아우르는 그런 전략을 위해 수많은 상호 관계를 다 고려하고 연결하는 어려운 작업은 완성의 길이 아직 멀기만 하다.

이런 실패의 원인 중 하나는 여전히 수많은 사람이 손쉽고 빠른 해결책만을 간절히 바라고 있기 때문이다. 미국의 일반 국민이 세계 평화로 가는 길에 지름길은 없다는 사실을 깨닫기까지는 조금 시간이 걸렸다. 만일 제3차 세계대전이 일어나는 걸 막고 싶다면 우리 세대는 남은 전 생애는 물론 다음 세대의 생애까지 모두 다 걸고 노력을 기울여야 할 것이다.

제안된 모든 계획에 대해 우리는 어느 정도 수준까지 목표 달성을 할 수 있을지, 또 생각처럼 되지 않는 부분은 무엇인지에 대해 스스로 자문해 보는 것이 좋다.

또한 우리의 노력이 여러 부수적인 주변 문제들이 아니라 결정적인 핵심에 집중되도록 하는 것이 중요하다. 우리가 마주해야 하는 어려움이 더 복잡해질수록 이 사실을 더욱더 명심해야 하는데, 상황이 어려워지면 질수록 그걸 피하고 싶은 것이 인간의 본성이기 때문이다.

정말로 심각한 위기에 직면해 있을 때 주변 사람들이 사소한 다툼을 벌이는 걸 보고 큰 충격을 받은 경험이 있지 않은가? 나로서는 이런 사소한 다툼이 상황의 심각성에 대한 인식 부족을 반영하는 것이 아니라 오히려 일종의 '주의 산만 법칙'이라고 부를 수 있는 그런 심리를 반영한다고 생각한다. 즉, 사람들은 어떤 문제로 인해 당황하고 좌절감을 느낄 때 일부러 산만하게 다른 곳으로 주의를 돌리는 경향이 있다.

인류는 달리는 속도를 높일수록 방향 감각이 더 나아지는 것과 비슷하게 언제나 냉철한 이성 대신 노력을 먼저 앞세우는 일에 신경을 써왔다. 그렇지만 우리는 그 결과에 상관없이 주기적으로 가던 걸음을 멈추고 우리의 노력이 먼저 해결되어야 하는 핵심적인 문제에 집중되어 있는지, 혹은 제대로 상황을 파악할 수 없는 부수적인 문제에 분산되어 있는지를 자문해봐야 한다.

물론 평화를 향해 나아가는 길에도 이런 방식은 대단히 중요하다. 나는 평화를 이룩하는 길에는 다른 무엇보다 두 가지 문제가 가장 중요하다고 생각한다. 이 두 가지 문제가 제대로 해결되지 않는 이상 평화를 위한 기반을 닦는 일은 가능해질 수 없다.

그 첫 번째 문제는 독일의 분단과 재통일의 가능성이다. 독일이 둘로 분단이 되어 있는 한 주변의 다른 모든 국가는 누군가 무력으로 독일의 통일을 시도하려는 그런 미래에 대비해야 한다. 북대서양 조약기구의 병력은 바로 이런 이유 때문에 필요하다. 소비에트 연방의 직접적인 침략 위협을 막아낼 수 있다고 하더라도 그 위성국가가 한반도에서 시도한 것처럼 어떤 구실을 대고 독일을 하나로 묶으려는 위험은 여전히 존재하고 있다. 또는 독일 내부의 일부 집단이 역시 독일을 '통일'하는 수단으로 무력을 동원해 내부의 '혁명'이나 군사 정변을 일으킬 수도 있다.

제3차 세계대전을 방지하려면 철의 장막 서쪽에서 서독을 지탱해 줄 수 있는 군대가 반드시 주둔해야 한다. 그것도 단지 형식적인 병력이 아니라 언제라도 실전에 투입이 될 수 있는 그런 병력 말이다.

소비에트 연방의 병력은 동유럽에서, 그리고 미국 병력이 서독에서 철수하는 협상안이 나오더라도 북대서양 조약기구는 여전히 필요할 것이다. 그러한 협상안이나 합의는 지금 가능한 것보다 훨씬 더 높은 수준의 상호 신뢰가 만들어지기까지는 그저 실체가 없는 희망

사항일 수도 있다. 또한 독일에 대한 문제가 완전히 해결되지 않은 상태에서 어떻게 진정한 군사력 감축이 있을 수 있는지도 확신하기 어려운 것이다.

항구적인 평화를 위해 반드시 해결해야 할 두 번째 문제는 모든 형태의 원자력 이용에 대한 완벽한 검사 및 통제 제도이며 거기에 협정 위반 시 그에 상응하는 처벌을 주어야 한다. 원자력 이용의 경우 일단 합의가 되고 난 후에는 합의를 무효화 하기 위한 거부권이 절대로 허용되어서는 안 된다.

내가 미국 정부를 대신해서 국제연합에 제출하는 영광을 누리게 된 국제원자력통제계획서에는 미국이 원자력에 대한 독점을 영원히 유지할 것이라고 가정하지 않았다. 우리도 시간이 지나면 다른 나라들이 원자력을 이용한 핵무기를 개발할 것으로 예상해야 한다는 사실을 잘 알고 있다. 그렇지만 단지 한 나라가 핵무기를 보유하고 있든, 아니면 모든 국제연합 회원국들이 다 핵무기를 보유하고 있든 상관없이 군사적인 목적으로 원자력이 전용되는 것을 방지하기 위한 확실한 통제 방식이나 제도가 존재하지 않는다면 어떤 나라도 원자력에 의한 파괴를 막을 수 있는 효과적인 대책을 강구할 수 없다는 분명한 사실은 바뀌지 않는다.

어쨌든 핵무기를 보유한 국가의 수가 증가함에 따라 그러한 통제의 필요성도 점점 더 커질 것이다. 소비에트 연방 측도 그러한 사실을 깨닫게 될 것인데, 당시 유엔 주재 소비에트 연방의 대표였던 안드레이 비신스키Andrei Vishinsky는 세상을 떠나기 불과 며칠 전에 뉴욕에 있는 소비에트 연방 공사관 만찬에 나를 초대했다. 만찬회장에서 어느 순간 우리는 우연히 둘만 따로 있게 되었고 나는 그 순간을 놓치지 않고 소비에트 연방 정부가 핵무기의 효과적인 통제에 반대하는 것은 현명한 일이 아니라는 내 생각을 그에게 전했다.

"원자력을 이용해 핵무기를 만드는 일이 점점 더 쉬워지고 있습니다." 나는 그에게 이렇게 경고했다. "얼마 지나지 않아 다른 나라들도 핵무기를 보유하게 되겠지요. 심지어 소비에트 연방의 위성 국가들도 말입니다. 그때는 어떻게 대처하실 생각입니까?"

나는 계속해서 권총 한 자루가 모든 사람을 평등하게 만들어주었다는 미국 서부의 옛 속담도 들려주었다. "약소국들도 핵무기만 보유할 수 있다면 강대국들을 위협할 수 있을 것입니다."

그러면서 나는 결국 이렇게 결론을 내렸다. "지금이야 핵무기를 보유한 국가가 둘 뿐이라 통제와 관리가 비교적 쉽다고는 해도 나중에 상황이 바뀌게 된다면 그때는 필요한 제도를 도입해 적용하려고 해도 너무 늦을 것입니다."

그 후에 있었던 다른 만남에서도 나는 안드레이 그로미코Andrei Gromyko나 야코프 말릭Jacob Malik, 그리고 드미트리 셰필로프Dmitri Shepilov 같은 소비에트 연방의 고위 관료들에게 같은 말을 반복해서 전했다. 내 뜻이 제대로 전달되었는지는 아무도 알 수 없다. 그렇지만 어쨌든 1956년과 1957년의 군축 회담에서 소비에트 연방 측이 보여준 태도를 보건데 나의 노력이 어느 정도 영향을 끼쳤으리라 짐작된다.

소비에트 연방의 숨은 의도가 무엇이든 상관없이 우리에게 선택의 여지는 없다. 거대한 힘을 통제할 수 있는가 아니면 그럴 수 없는가? 핵무기 실험 금지는 문제에 대한 근본적인 해결책이 되지 못한다. 이러한 실험이 중단되더라도 핵무기 공격의 무서운 위험은 여전히 위협적일 것이다. 강대국들만이 이러한 무기를 가지고 있는 지금의 상황이 영원히 계속되는 걸 다른 약소국들이 받아들일 것이라고 기대할 수는 없다. 핵무기를 통한 공격으로부터 보호를 받을 수 없다면 다른 국가들 역시 자체적으로 핵무기를 획득할 수단을 계속해서 모색할 것이며, 결국 자체적인 무기 실험을 요구하고 나설 것이다.

모든 핵무기를 효과적으로 통제할 수만 있다면 핵전쟁이라는 암울한 위험은 사라질 것이다. 그러면 무리한 핵무기 실험의 필요도 사라진다. 전 세계의 과학자들은 원자력의 평화적 이용을 확대하기 위해 함께 일할 것이다.

과학자들을 포함한 우리는 가진 영향력을 핵무기 실험의 제한뿐만 아니라 모든 핵무기에 대한 효과적인 통제를 위해 사용해야 한다는 사실을 깨달아야 한다.

마찬가지로, 미국의 아이젠하워 대통령이 제안하는 국제 원자력 기구 같은 원자력의 평화적인 사용 범위를 넓히는 조치 역시 중요하다. 그렇지만 그런 평화 기구에 어떤 권한을 이양하든 상관없이 여전히 여러 종류의 핵무기를 개발하기 위해 사용 가능한 핵분열 물질을 포기하지 않고 보유하려는 여러 국가가 있을 것이며, 따라서 핵무기에 의한 공격 위험은 줄어들지 않을 것이다.

핵전쟁의 위협을 미리 막아낼 수 없다면 무의미한 합의나 협정으로 전혀 쓸모없는 안도감에 빠지는 것보다 눈을 크게 뜨고 현실에 맞서는 편이 훨씬 더 낫다.

우리는 효과적인 통제 수단을 찾는 일을 결코 포기해서는 안 된다. 어떤 국가가 어떤 제안을 내놓든 우리는 그것을 경청하고 또 연구해야 한다. 그렇지만 평화를 바라는 깊은 열망이나 또 다른 전쟁에 대한 두려움 때문에 소비에트 연방을 포함한 세계 모든 국가가 자유를 지키고 진정한 평화를 누리기 위해 직면해야 하는 현실에서 눈을 돌려서는 안 된다.

몇 년 전 나는 몇몇 대학생들 앞에서 나를 지금까지 이끌어주었던 철학을 요약해 설명하는 강연을 했다.

나는 전쟁과 평화, 호황과 불황, 그리고 굴종과 자유가 반복해서 이어지는 것이 바로 인류의 역사를 특징짓는다고 지적했다. 이런 큰 변화 뒤에는 언제나 새로운 시작이 있었고 인간은 그때마다 최소한 물질적인 면에서 새로운 차원으로 성장해온 것이다.

그렇지만 오늘날 우리는 문명의 또 다른 주기적인 큰 변화를 견뎌낼 수 있을지 확신할 수 없다. 커다란 변화를 겪고 다시 제자리로 돌아올 때까지의 그 오랜 시간을 견디는 대신 지금 우리는 지속적인 발전으로 이어지는 그런 구조를 열망하는데, 나는 이것이야말로 우리 시대를 지배하는 정신이라고 믿고 있다.

커다란 변화와 회복이라는 견디기 힘든 이런 악순환에서 벗어나려면 한 극단에서 다른 극단으로 오가는 인간의 오래된 성향을 탈피하여야 한다. 이제 우리는 어리석은 복종과 맹목적인 거부 모두를 피할 수 있는 훈련된 이성의 길을 찾아야 한다.

내가 이성의 힘을 믿는 이유는 사람들이 과거에 보여준 어떤 지혜 때문이 아니다. 이성이야말로 인간이 스스로를 다스리는 데 여전히 가장 좋은 도구이기 때문이다. 사회가 어떤 광기에 휩쓸릴 때마다 이성이 그 첫 번째 희생자가 되는 것은 단순한 우연의 일치가 아니다. 인간의 힘으로는 완벽한 이상향 같은 건 이룩할 수 없다. 그렇지만 솟구치는 희망에 대한 열망이 결코 실현될 수 없다면 우리는 또

한 한없는 절망에 빠질 수밖에 없다. 만일 우리가 주어진 문제에 대해 깊이 생각하고, 우리가 가장 소중하게 여기는 것이 무엇인지 결정하고, 개인으로서 그리고 하나의 집단으로서 스스로를 단련하는 법을 배울 수 있다면 모든 일의 우선순위를 파악하고 이성을 가지고 절망을 헤쳐 나갈 수 있을 것이다.

 1 |  2 |  3
 4

1 어렸을 때 나는 수줍음이 많고 예민했으며 엄마의 치마폭을 벗어나지 못하는 아들 같았다. 얼굴에는 주근깨가 있었고 키는 비교적 작았으며, 거기에 스스로를 잘 다스리지 못하는 성격을 갖고 있었다.

2 스물두 살 무렵 나는 권투에 푹 빠졌다. 권투로부터 배운 자제력은 평생 나에게 도움이 되었다.

3 서른다섯 살에 나는 이미 노련한 투기자로서 백만장자가 되어 있었지만 종종 의학 공부를 일찍 포기하지 않았더라면 어땠을까 하는 생각을 하곤 했다.

4 어머니와 아버지는 네 아들들을 자랑스럽게 여기셨고 또 애니를 며느리로 따뜻하게 맞아주셨다.

1 2
3 4

1 월가에서 활동하면서 많은 친구를 만났다. 그중 한 사람이 바로 통신 산업 발전에 중요한 역할을 했던 클래런스 맥케이_{Clarence Mackay}였다.

2 토마스 포춘 라이언_{Thomas Fortune Ryan}은 누구보다도 부드럽고 다정한 남부 억양으로 말을 했지만, 행동만큼은 번개처럼 재빨랐다. 그리고 내가 아는 사람 중 가장 지략이 뛰어났다.

3 대니얼 구겐하임_{Daniel Guggenheim}이 구겐하임 가문을 이끌게 되면서 구겐하임 가문은 미국의 최고 명문가로 떠오른다. 이들은 엄청난 재산을 모았을 뿐만 아니라 그 재산을 현명하게 사용하여 학문과 미술, 음악, 그리고 과학 분야를 지원했다.

4 다이아몬드 짐 브래디보다 더 화려하고 빛나는 사람이 또 있었을까. 그렇지만 그런 겉모습과는 조금 다르게 그는 친절한 사람이었고 또 아주 좋은 친구였다.

| 1 | 2 |
| 3 | 4 |

1 에드워드 헨리 해리먼Edward Henry Harriman은 겉모습은 왜소했지만 그 정열과 상상력
  만큼은 누구보다도 더 대단했다. 내가 처음 월가에 처음 들어갔을 때 가장 닮고
  싶었던 사람이 바로 해리먼이었다.

2 제1차 세계대전이 일어나면서 나는 월가 생활을 청산하고 공직에 뛰어들게 되
  었다. 나는 전쟁산업위원회 위원장을 역임한 후 우드로 윌슨 대통령의 부름을
  받아 파리로 가서 강화조약 초안 작성에 참여했다. 파리에서 나는 프랑스 측 대
  표 루이 루쇠르Louis Loucheur와 영국 측 대표인 윈스턴 처칠Winston Churchill, 데이비드 로
  이드 조지David Lloyd George 등을 만났다.

3, 4 내 호브코 시절 사진첩에서 찾은 케인Cain 3형제와 저택의 요리사 찰리Charlie, 관
  리인 짐 파월Jim Powell, 그리고 나의 사진. 메추라기 사냥을 했던 날.

버나드 바루크의 연보

1870년 8월 19일 사우스캐롤라이나 캠든에서 태어남.

1880년 겨울, 대도시 뉴욕으로 이사함.

1884년 14세 때 뉴욕시립대학교에 입학.

1889년 뉴욕시립대를 졸업하고 휘트홀앤테이텀상회에서 일을 시작함.

1891년 중개업자 A. A. 하우스만상회에서 일을 시작하며 월가에 진출.

1895년 수익의 일부를 나눠 받는 공동 경영 참여자가 됨.

1897년 설탕 회사에 투자했고, 미 의회에서 설탕 관세를 유지할 것으로 판단해 수익을
        다시 재투자했고, 적중한 판단으로 인해 6만 달러의 순수익을 얻음.
        애니 그리핀과 결혼해 1남 2녀를 낳음(첫째 벨, 둘째 버나드 2세, 막네 르네).

1898년 미국-스페인 전쟁에서 차익거래를 통해 큰 수익을 올림.

1903년 독립하여 브로드웨이 111번지에 자신만의 사무실을 열었다.
        자동차를 보고 고무에 관심을 두기 시작. 구겐하임 가문과 함께 고무 사업 시작.

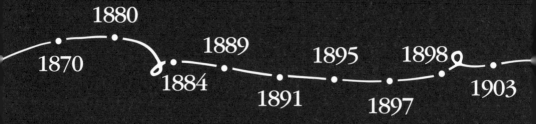

Bernard Baruch's Life Timeline

1904년 11월 콘티넨털고무상사 설립(인터콘티넨털고무상사)

1907년 7월 니커보커 신탁회사 대표의 죽음 이후 증시까지 패닉. J.P. 모건을 도와 150만
        달러를 지원함(맨해튼 은행 명의로 진행).

1912년 우드로 윌슨에 의해 민주당에 입문

1917년 제1차 세계대전 때 국방 이사회의 자문위원회에서 봉사하다 7월, 전쟁산업위원회
        에 임명됨.

1942년 고무 위기를 해결하며 제2차 세계대전에서 연합국의 승리에 큰 역할을 함.

1946년 UN 원자력 에너지 위원회

1947년 1월 UN 원자력에너지위원회 사임

1965년 6월 20일 94세의 나이로 뉴욕 맨해튼에서 사망.

왕관 없는 월가의 왕
바루크의 인생 이야기

초판 1쇄 발행 2023년 1월 20일

지은이 버나드 바루크
옮긴이 우진하
펴낸이 김동환, 김선준

책임편집 심미정   **편집팀** 정슬기
책임마케팅 권두리   **마케팅** 이진규, 신동빈
책임홍보 이은정   **홍보** 한보라, 유채원, 권희, 유준상
디자인 김세민   **표지일러스트** 최광렬

펴낸곳 페이지2북스   **출판등록** 2019년 4월 25일 제 2019-000129호
주소 서울시 영등포구 여의대로 108 파크원타워1. 28층
전화 02) 2668-5855   **팩스** 070) 4170-4865
이메일 page2books@naver.com
종이 ㈜월드페이퍼   **인쇄·제본** 한영문화사

ISBN 979-11-6985-006-3 04320
        979-11-90977-97-5 04320(세트)